大序幕

国家竞争与替代能源大趋势

[美] 亚历山大·V. 米尔切夫 著
Alexander V. Mirtchev

商陆 译

THE PROLOGUE

THE ALTERNATIVE ENERGY MEGATREND
IN THE AGE OF GREAT POWER COMPETITION

中国科学技术出版社
·北 京·

A POST HILL PRESS BOOK
The Prologue: The Alternative Energy Megatrend in the Age of Great Power Competition
© 2020 by Alexander V. Mirtchev.
All rights reserved.
The simplified Chinese translation copyright by China Science and Technology Press Co., Ltd.
The simplified Chinese translation rights arranged through Rightol Media（本书中文简体版权经由锐拓传媒取得 Email: copyright@rightol.com）

北京市版权局著作权合同登记 图字：01-2023-0992

图书在版编目（CIP）数据

大序幕：国家竞争与替代能源大趋势 /（美）亚历山大·V. 米尔切夫（Alexander V. Mirtchev）著；商陆译 . — 北京：中国科学技术出版社，2024.7
书名原文：The Prologue: The Alternative Energy Megatrend in the Age of Great Power Competition
ISBN 978-7-5236-0676-6

Ⅰ . ①大… Ⅱ . ①亚… ②商… Ⅲ . ①能源—研究—世界 Ⅳ . ① F426.2

中国国家版本馆 CIP 数据核字（2024）第 087541 号

策划编辑	申永刚　陆存月	责任编辑	杜凡如
封面设计	东合社·安宁	版式设计	蚂蚁设计
责任校对	张晓莉	责任印制	李晓霖

出　版	中国科学技术出版社
发　行	中国科学技术出版社有限公司
地　址	北京市海淀区中关村南大街 16 号
邮　编	100081
发行电话	010-62173865
传　真	010-62173081
网　址	http://www.cspbooks.com.cn

开　本	880mm×1230mm　1/32
字　数	346 千字
印　张	15.5
版　次	2024 年 7 月第 1 版
印　次	2024 年 7 月第 1 次印刷
印　刷	北京盛通印刷股份有限公司
书　号	ISBN 978-7-5236-0676-6/F·1245
定　价	99.00 元

（凡购买本社图书，如有缺页、倒页、脱页者，本社销售中心负责调换）

推荐语

亚历山大·V.米尔切夫全面探索了不断变化的能源格局，展望了遥远的未来，并概括了学者及决策者在未来几十年中将面对的问题。

——亨利·基辛格（Henry Kissinger），美国前国务卿兼国家安全顾问

亚历山大·V.米尔切夫博士的新书以具有启发性的视角对21世纪全球安全挑战进行了及时的剖析。20世纪的安全挑战与军事实力息息相关，相比之下，21世纪的安全挑战范围更广、覆盖面更全。本书阐述了经济、替代能源大趋势、安全和国防等领域之间的复杂关系及其对当前大国竞争的影响。面对这种错综复杂的关系，米尔切夫博士呼吁决策者站在成功战略家的角度思考问题：要合理排列安全化指涉对象的优先顺序，采用与目标相匹配的手段，并且保持思维清醒。总而言之，本书为国际战略分析及行动方针搭建了一个实用的新框架。

——詹姆斯·L.琼斯（James L. Jones），美国大西洋理事会名誉执行主席、美国海军陆战队第32任总司令、美国前总统国家安全顾问、欧洲前盟军最高司令

21 世纪初期，替代能源技术取得了一定进展，对能源安全的认知与规划也与过去截然不同。亚历山大·V. 米尔切夫的新书极具独创性，揭示了主要经济体的决策者将面临的新困境，并提出了应对新情况的明智做法。

——威廉·H. 韦伯斯特（William H. Webster），法官、美国国土安全咨询委员会主席、美国中央情报局前局长、联邦调查局前局长

这本书非常出彩，其对全球安全、国际经济竞争以及替代能源三者之间的相互联系进行了深刻分析，远超该领域的其他著作。该书是敬业决策者的必读之物，也无疑是美国顶尖大学及军事学院教材的不二之选。诚可谓凝聚独创思想之杰作！

——詹姆斯·G. 斯塔夫里迪斯（James G. Stavridis），美国海军上将（已退役）、凯雷集团运营执行官、麦克拉蒂律师事务所顾问委员会主席、欧洲盟军前最高司令、美国塔夫茨大学弗莱彻法律与外交学院前院长

亚历山大·V. 米尔切夫的新书研究了替代能源趋势对地缘政治、安全、经济及环境的影响，面面俱到，鞭辟入里。正如本书所论，替代能源的快速发展是一种地缘政治现象，彻底改变了现有的能源格局。新一轮能源大博弈将使 21 世纪全球事务发生天翻地覆的变化。

——特拉斯科特（Truscott），英国前能源大臣

本书时效性极强。如今，替代能源技术已经非常成熟。未来，替代能源终将影响全球安全平衡。

——雪莉·M. 蒂尔曼（Shirley M. Tilghman），教授、普林斯顿大学前校长

亚历山大·V. 米尔切夫的著作讨论了当前替代能源开发及其战略的复杂性。本书突出了重大政策挑战（如能源独立、环境、经济安全、国防、核扩散等）以及地缘政治考量，并提出了一种务实且明智的方法来应对能够预料到的问题以及意料之外、不可预见的问题。

——威廉·塞辛斯（William Sessions），霍兰特·奈特律师事务所合伙人、美国联邦调查局前局长

如亚历山大·V. 米尔切夫在书中所说，替代能源大趋势在世界银行确定能源组合、提出政策建议时发挥了关键性作用，并且其影响将逐步扩大。书中对替代能源安全层面的研究非常有趣，并且十分契合世界银行对经济增长及可持续发展的关注。

——拉切尔·凯特（Rachel Kyte），美国塔夫茨大学弗莱彻法律与外交学院院长、世界银行可持续发展前副总裁

亚历山大·V. 米尔切夫的新书就现代全球现象对安全的影响进行了深入的战略剖析，帮助读者更好地理解 21 世纪迅速变化的地缘政治环境，并告诉读者应对重大挑战的方式方法。如果

能理解作者的原始论点及大胆想法，决策者、学者及私营部门都将受益匪浅。

——哈伦·K. 厄尔曼（Harlan K. Ullman），博士、美国国防大学杰出高级研究员、作家

我认为本书很有启发性，期待它早日出版。

——罗伯逊（Robertson），北约前秘书长

亚历山大·V. 米尔切夫对未来的一种可能走向进行了深入研究，即替代能源开发将深刻影响国家安全、经济安全、环境安全及世界地缘政治。各国的决策者应充分理解本书的论点。

——戴维·奥曼德（David Omand），英国前安全和情报协调员、作家

当下的能源革命与之前为发展通信而开发的互联网技术颇为类似。能源的商业模式即将变化，世界的地缘政治格局与许多国家的竞争力将被洗牌，每个人的生活都将受到影响。亚历山大·V. 米尔切夫的著作精准分析了这种变化，绝对不容错过。

——朱塞佩·瑞奇（Giuseppe Recchi），意大利埃尼集团前总裁

推荐序

冷战后，全球地缘政治及地缘经济框架分崩离析。亚历山大·V.米尔切夫博士的新书以富有启发性的视角对 21 世纪的全球安全挑战进行了及时的剖析。本书从替代能源大趋势的角度出发，分析了新大国竞争时代及能源大博弈背景下地缘政治、国家安全与能源三者之间错综复杂的关系。

能源、地缘政治及国家安全之间的关系早已盘根错节。我于 2003 年至 2007 年担任欧洲盟军最高司令。彼时，我一直在研究能源与地缘政治之间的关系，探索北约等传统防务联盟在面对能源安全问题时应该扮演的恰当角色。我们也很关注非传统行为主体构成的威胁，其中包括能源设施遭受重大恐怖袭击等风险。

我在 2009 年至 2010 年奥巴马总统执政期间担任国家安全顾问。保障能源安全是我当时的主要任务之一。在新旧政府更迭之际，我们曾与总统就最契合的国家安全委员会的理想结构进行深入探讨。我为能源安全的地位据理力争，希望它能作为战略问题，在国家安全讨论中占有一席之地。事实上，美国的能源战略始终没有考虑本书中探讨的经济、安全、地缘政治等更广泛的因素。

我在美国政府工作的十年间，替代能源大趋势不断发展，地缘政治与技术格局也在逐渐演变。本书中，米尔切夫分析了当前及今后复杂的地缘政治背后的力量的动态变化，以及这种变化对经济和环境安全的影响。本书有一点非常引人入胜：作者探讨了在当今大国竞争的大背景下，替代能源大趋势如何适应21世纪国防能力、原则及政策的变化。本书还着重分析了核能，但并没有从解决环境问题的角度切入，而是研究了核能对替代能源大趋势未来演变的潜在影响。

事实上，本书的研究对象并非替代能源本身。作者认为，通过深入研究替代能源大趋势的复杂性，使得读者可以窥探未来，普遍安全化将取代传统意义上的安全，即"在防御的基础上，加入经济、健康、环境、国际法则等多方面因素，进一步扩大安全一词的范围"。同时，作者也承认，仅仅被动地接受普遍安全化是远远不够的，因为这样做会使整个体系陷入瘫痪。

普遍安全化可能早已蓄势待发。现代国家安全顾问以及国家安全委员会结构难以顾及非传统安全挑战，疲于危机管理，导致国家安全负责人几乎无法进行大国竞争环境下所需的战略思考或整体评估。本书得出了一个关键结论，即所有可行的安全框架都必须考虑优先事项的动态变化。

为了研究替代能源大趋势的复杂性，本书提出了以下关键问题：当今的替代能源开发为什么演变成全球社会政治、技术经济及意识形态的大趋势？这种演变是怎样发生的？转型中的世界是如何在21世纪初期实现普遍安全化的？在不断演变的能源大博弈中，替代能源大趋势揭示了哪些实现当今及未来能源安全的方式方法？替代能源大趋势又是怎样重新定义环境安全并推动地缘政治绿色化的？在第四次工业革命，特别是人工智能的发展势不可挡的大背景下，替代能源大趋势的未来安全化轨迹是怎样的？为什么动态变化的优先事项对于普遍安全化的世界而言必不可少？若要从不断变化的 21 世纪安全格局中获益，应该采用哪些方法、战略和策略？

本书为分析国际战略、制订行动方案提供了一个宝贵的新框架，质疑了我们对替代能源大趋势的先入之见，阐释了替代能源大趋势对 21 世纪安全动态变化的影响，并为徐徐展开的新大国竞争提供了富有创造性的解决方案。

詹姆斯·L.琼斯

自序

几年前的一个星期天下午，我到位于华盛顿特区的美国国家艺术馆参观，看到了罗伊·利希滕斯坦（Roy Lichtenstein）的画作《奶牛三联画（抽象的奶牛）》（图1）。

第一幅画作是奶牛本身；第二幅拉近了距离，通过分解、重组及重塑，将上一幅图中的奶牛图案进行了转换，使其抽象化；第三幅的距离更近，抽象化程度更高。那么，第一幅图和第三幅图到底有没有关联呢？

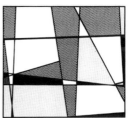

图1　《奶牛三联画（抽象的奶牛）》罗伊·利希滕斯坦，1974

我突然想到，替代能源大趋势在当下和未来的发展及其安全影响的演变与这套三联画的底层逻辑非常类似：第一次迭代形成的是贴近原始事实的具象，而第二次迭代基于第一次迭代而生，尚且可以看出第一次迭代的影子，人们或多或少可以预测出第一次迭代到第二次迭代的进程；但是第三次迭代的结果就难以预测了，因为第三次迭代的大背景不仅超越了人们的认知，还代表着一个完全不同的新现实。套用三联画作为类比，目前替代能源大趋势可以说已经超越了第一幅画的范畴，达到了第二幅画的深度，将我们带入了全新的 21 世纪。

也就是说，当前的发展只是未来的辉煌序幕。未来怎样尚不清楚，而且很可能会远远超出当前的愿景与想象。

因此，我们面临着一个重要问题：怎样才能透过替代能源开发这一具象，寻找出新方法、新战略、新政策和新实践，最终达到丰富知识、积累财富、实现自由、维护尊严的目的。

致谢

在此，我想感谢向我提出建议与批评并给予我支持的朋友和同事们。他们是：亨利·基辛格、詹姆斯·L.琼斯、斯蒂芬·哈德利（Stephen Hadley）、威廉·H.韦伯斯特、詹姆斯·G.斯塔夫里迪斯、特拉斯科特、雪莉·M.蒂尔曼、威廉·塞辛斯、拉切尔·凯特、盖·斯万（Guy Swan）、罗伯逊、戴维·奥曼德、莱昂内尔·巴贝尔（Lionel Barber）、朱塞佩·瑞奇、卡尔·迪米特洛夫（Kal Dimitrov）以及克里斯托·阿利（Kristal Alley）。

我还要感谢以下机构及其领导者的支持：伍德罗·威尔逊国际学者中心及其总裁兼首席执行官简·哈曼（Jane Harman），英国皇家联合军种研究所及其所长卡琳·冯·希佩尔（Karin von Hippel）和前所长迈克尔·克拉克（Michael Clarke），以及乔治梅森大学沙尔政府与政策学院及其首任院长马克·J.罗泽尔（Mark J. Rozell）。

目录

引言

　　人类的幸福，大多不是来自罕见的红运，而是来自每天的一点点所得。[1]

——本杰明·富兰克林（Benjamin Franklin）

　　本书的研究对象并非替代能源本身，而是替代能源作为 21 世纪社会政治、技术经济及意识形态的大趋势而崛起的路径。书中描绘了这种新全球现象背后的安全化轨迹：社会政治、技术经济和意识形态相互交织、共同发展，并与未来能源大博弈等事件相互作用、相互影响。

　　本项目隶属于伍德罗·威尔逊国际学者中心，从替代能源大趋势的轨迹这一角度，分析了即将到来的全球安全挑战。这种挑战的实质涵盖地缘政治、地缘经济、国防、环境、意识形态等多个方面。在此基础上，本研究概述了 21 世纪全球安全转型的方法、策略和政策，以及不断演变的大国竞争。

　　第一，本研究立足于一个久经考验的解释学方法，即以某一动态个体的视角审视新现象。这就好比读者在阅读阿普列乌斯（Apuleius）的《金驴记》①一书时，可以透过主人公的视角认识

---

① 《金驴记》是阿普列乌斯创作的长篇小说。该书真实地反映了罗马帝国的民俗风情和社会文化心态。——编者注

罗马一样。[2] 本书选取了替代能源大趋势作为动态个体，即通过分析替代能源大趋势，进一步研究当下不断演变的安全复杂性。通过分析，我们可以更新现有的知识和工具，不仅关注新生的、不同的事物，而且能让全新的现实更好地融入社会观念及常识之中。因此，本书从替代能源大趋势的角度，审视了当前存在及即将到来的全球安全转型和挑战，并提出了应对措施。

第二，为了更好地研究替代能源的多重性质、演变、影响，以及持续产生的新发现及新形态，本书采用了跨学科的综合研究方法，[3] 集成了经济学、社会学、政治经济学、能源研究、国防研究、政治地理学、外交政策、国际法律研究及科学技术哲学等多个学科的理论知识，评估了全球安全转型的范围及影响。为了全方位地研究替代能源大趋势，本书还援引了大量史实、研究和统计数据。借此，本书对当代替代能源的发展、意义及影响进行了深入的探究，而这些都与全球安全版图中不断变化的力量平衡息息相关。

第三，本书引入了现代世界普遍安全化及动态优先事项的概念框架。如今，越来越多行为主体相互依赖，针对某个主体的安全威胁也会牵扯到其他主体。它们对安全的重视程度随着威胁的动态变化而提高或改变。本书选用了安全化理论的某些要素，由表及里，引入了新大国竞争[4]时代普遍安全化和安全优先事项的概念。[5]

替代能源大趋势涉及多个领域，其技术经济、社会政治及意识形态方面的性质正不断显现并发生变化，其变化速度远远超过了替代能源技术本身的发展及应用速度。

替代能源大趋势已是全球大博弈的幕后操纵者，其控制能力远远超出技术本身。这种替代能源大趋势已经开始影响生产计划及能源分配方式，改变了社会价值观、政治经济优先事项以及商业实践。最重要的一点可能是，它已经成为全世界人类集体想象及共同愿望的必要组成部分。

在新大国竞争的时代背景下，替代能源大趋势在不断变化，竞争主体也变成了有能力对其他国家构成重大威胁的大国。这些大国[6]的军事实力、政治能力、经济实力及意识形态都已经成熟完备，足以向全世界或向战略区域施加影响力并向他国发起竞争。

有些大国已经在某个区域建立了并时刻巩固着统治地位，显然，这对于实力相对强悍的美国而言也是一种考验。

尽管替代能源不断发展，关于新能源资源的研究也层出不穷，但很少有人涉足替代能源发展的安全背景这一领域，也从未有人深入分析替代能源大趋势对地缘政治、地缘经济、国防和环境安全等领域的影响。

本书回答了替代能源不断发展所产生的若干关键问题，同时揭示了当今及未来的全球安全转型。本书的结构也依托这些问题而生，多维度讨论了普遍安全化背景下全球安全转型及替代能源大趋势的安全影响。本书回答的关键问题如下：

- 转型中的世界是如何在 21 世纪初期实现普遍安全化的？
- 如今的替代能源开发为什么能演变成全球社会政治、技术经济及意识形态的大趋势？这种演变是怎样发生的？

- 替代能源大趋势对地缘政治、地缘经济、国防、环境安全及意识形态有什么影响？

- 这种社会政治、技术经济、意识形态的大趋势有什么特点？又有什么驱动因素？

- 替代能源大趋势揭示了哪些有关当今及未来能源安全的内容？

- 在不断演变的能源大博弈中，替代能源大趋势揭示了哪些实现当今及未来能源安全的方式方法？

- 替代能源大趋势是怎样融入 21 世纪大国竞争时代国防能力、理念及政策转型的？

- 替代能源大趋势是怎样重新定义环境安全并推动地缘政治绿色化的？

- 替代能源大趋势是怎样揭示世界经济安全前景变化及地缘经济崛起的？

- 在即将到来的后核武器扩散时代，核能将如何发展？它是否会成为替代能源大趋势的参考标准？

- 在第四次工业革命，特别是人工智能的发展势不可挡的大背景下，替代能源大趋势未来的安全化轨迹是什么？

- 替代能源大趋势揭示了怎样的未来全球安全环境？为什么替代能源大趋势的动态安全化及动态变化的优先事项对于大国竞争时代普遍安全化的世界而言必不可少？

- 若要从不断变化的 21 世纪安全格局中获益，就要通过与盟友及伙伴合作进行力量投射，从而实现技术赋权。在此过程中，应该采用什么方法、战略和政策？

本书建议各国在新大国竞争时代明智并积极地追求创新，迅速进入未知领域。

综上所述，本书的研究细致入微且具有前瞻性，对理论的研究非常深入，对当下和未来的国家安全形势及实践的理解更贴合现实，实用性也更强。采纳本书的建议可以促进能源再平衡、军事实力发展及经济增长，维持稳定的世界局势，最终达到丰富知识、积累财富、实现自由、维护尊严的目的。

第一章

普遍安全化背景下的替代能源大趋势

怎样才能逃出一场永不熄灭的大火？

——赫拉克利特（Heraclitus）[1]

现代替代能源技术、资源、应用及相关概念为什么要整合成 21 世纪社会政治、技术经济及意识形态大趋势？这样的整合又是怎样实现的？

接下来的章节探讨了过去不同阶段人们对能源的理解，替代能源转型之所以能成为现代趋势，是因为可再生能源具有内在合理性。本书的分析围绕 20 世纪至 21 世纪这动荡的一百多年中人们对替代能源的重新定义展开。冷战后，世界发生范式转变，先后启动了全球化及全球技术革命等现代化转型进程，从而推动了替代能源大趋势的形成。

本书为现代替代能源开发作出了如下定义：在一定的社会文化背景下，由一系列不断发展并相互融合的社会政治及技术经济驱动因素推动而形成的替代能源大趋势。这些因素不仅推动了替代能源大趋势的形成，还决定了替代能源大趋势将如何演变。

我们应该将替代能源大趋势作为一种社会建构现象进行分析。[2] 全球社会中不同参与者的知识与行动融合在一起，共同推动了替代能源大趋势的形成。单独个体是无法做到这一点的。

替代能源大趋势的轨迹预示着未来的全球安全版图。本书引入了普遍安全化的概念，概括了世界深刻变革背景下越来越多威胁和行为主体相互影响这一现象，并使用这个概念解释了未来的新安全环境。

在下面的章节中，这些驱动因素将以静态的形式存在，因为这样更容易理解。实际上，在无政府主义的环境中，它们是动态的、混乱的、不断变化的。

一、背景知识：21世纪世界如何实现普遍安全化？

接下来的章节提出了普遍安全化的概念，在此基础上对替代能源大趋势的安全化轨迹进行分析，进而勾勒出未来全球安全格局的可能形态。

普遍安全化的概念概括了21世纪相互联系愈发紧密，相互影响日益加强的不断转型的全球化世界。在全新的安全环境中，越来越多行为主体被联系在一起，议程、竞争、对抗和联盟也层出不穷。这种相互联系意味着这些行为主体之间不可能在完全隔绝其他事务、行业及进程的前提下仅就某个事务实现安全化。

1. 探索并掌握新安全环境

新安全环境从先前占主导地位的威斯特伐利亚体系[①] 国家间

---

① 欧洲经三十年战争后，于1648年10月24日正式签订了《威斯特伐利亚和约》。和约除了明确一些领土的归属、新教诸教派的地位等内容外，最重要的一条就是规定：每一个神圣罗马帝国的邦国都享有主权，可以独立进行外交活动，包括宣战和媾和。威斯特伐利亚体系虽然在后来被其他国际体系取代，但是它所确立的国家主权原则却延续下来，成了现行国际体系的基石。——编者注

关系过渡到了后威斯特伐利亚秩序的新思想、新观念、新目标和新优先事项。在这样的大背景下，几乎所有事务都可以变成安全问题。安全区域不再依据"普遍原则是否相同而划分"。[3]

安全一词的概念不断演变，世界普遍安全化这一概念也随之发展。安全原有广义安全和狭义安全之分，而随着越来越多威胁和行为主体被囊括其中，安全的概念也相应扩大。

狭义安全考量，也称核心安全考量，主要关注一个行为主体对另一个行为主体采取的行动，而这些行动又与军事对抗的最终结果形成了动态关联。经典国际关系理论认为，狭义安全包含着国家为保护其主权及其资源所作出的防御行为。[4] 核心安全则侧重于影响国家间关系的高级政治。只有当大国之间达到平衡状态，且行为主体的战略利益及其获取战略利益的方式（特别是军事方式）为人所知时，[5] 国家间关系才能维持平衡状态。狭义的安全威胁主要指一个国家针对另一个国家采取敌对行动，[6] 以确保"国家领土、政治机构和自身文化的完整性"。[7]

冷战结束后，安全原有的狭义定义得到了扩充，广义的安全概念应运而生。[8] 此时，安全不再局限于国家受到的威胁。安全考量不仅包含以地理区域划分的国家和社会的生存需求，还包括为个人及团体维护社会、经济、文化及物质等方面福祉的需要。广义安全涵盖环境[9]、经济[10]、人口压力及移民、跨国犯罪、水资源、人权、司法和打击有组织犯罪合作等领域。[11] 之前它们被归为面向国家合法性及平民的非传统安全威胁，而如今它们和其他安全威胁共同归属于人类安全的范畴。

能源涉及广义安全的绝大多数领域。正如亨利·基辛格所说，"能源系统如今仍旧以不可持续的方式运行着，威胁着世界持续发展所必需的政治、经济及社会稳定。能源安全是决定当前局势的核心要义"。[12]

本研究引入了安全化行为主体、安全化指涉对象以及默认安全化行动的受众等安全化理论的关键要素，从替代能源大趋势的角度对现代新安全环境展开了分析。

越来越多行为主体宣称其在安全化互动中拥有合法席位。不断变化的安全化行为主体影响着跨境议程，建立了力量结构，进而向区域化进程施压。[13]这些力量结构有能力、有理由说服受众，让它们认同解决现有威胁是至关重要的优先事项这一观点。这样一来，行为主体对威胁的构成因素及应对威胁的正确措施达成了一致理解，并将这种理解强加给了受众。

安全化理论将安全化视为社会政治学的话语过程。当一个问题从政治问题变成安全问题，它就需要更多资源，也更需要人们的关注。换句话说，安全化主体在"谈论安全"。[14]

冷战期间，美国和苏联这两个大国形成了两极格局。在这种两极格局的限制下，能够独立采取安全化措施的行为主体寥寥无几。但是到了 21 世纪，能够采取安全化行动的国家的数量已不可同日而语。安全化行为主体越来越多，导致各国安全议程逐渐趋同，进而形成了区域性安全议程。[15]这些议程涵盖的安全考量也逐渐增多。国家行为主体将区分内部威胁及外部威胁，并选择相应的处理模式，如独自应对威胁或形成区域联盟以便共同改变现有的安全观念与措施。[16] 在这种安全环境中，人类活动产生的影响不再受地理距离或边界的限制；一个行业发生变化，其他行业就注定受到影响，即便它们看起来可能毫不相关。[17]

全球舞台迎来了新生力量。它们不以国家的形式存在，而是以国际组织、政治及社会运动团体、利益集团等形式作为行为主体出现。它们的出现进一步改变了行为主体之间的相互作用，也改变了国家间冲突及安全的感知方式及管理方式。这些非国家行为主体[18] 认为安全资源已经受到了威胁，并用这种观点影响着安全讨论。相关行为主体的观点决定了威胁是什么及应对威胁的方式，从而导致了现有安全概念的转变以及普遍安全化核心方法的演变。

虽然非国家行为主体的影响力日益增强，但是安全领域仍由国家行为主体统领支配。虽说如此，但国家行为主体通过安全化施压的能力也将有所改变，也可以说是被削弱了。[19] 随着作为和平机制的国家间力量平衡与安全的相关性减弱，就会"导致难以辨别其他国家到底是盟友还是对手"。[20]

需要实现安全化的指涉对象可能会快速增加，这也加剧了安全化的复杂性。这一现象对行为主体提出了新要求。同时，因为可利用的资源有限，行为主体也将面临艰难的安全抉择。决定先就哪些对象实现安全化并非易事，因为损害某个对象（如基础设施、国际贸易、环境或能源供给）意味着其他对象（如经济福祉、公民健康或军事实力）也将受到影响。

至此，安全化陷入了两难之境。行为主体需要对很多事项进行评估：威胁到底是主观存在还是客观存在着；威胁可能会造成什么影响；行为主体是否具备应对威胁的能力；就某个威胁实现安全化是否会对更多指涉对象造成积极或消极影响等。[21] 因此，安全议程中的国家安全核心考量纳入了有时被归为"低级政治"[22]的诸多安全事务，例如环境、贫困问题、金融市场和经济发展等。随着针对指涉对象的安全威胁"超越了国界，甚至将摧毁国家主权的神圣边界"，[23]安全政策将对多个领域产生影响，导致出人意料的结果。

如今，安全化受众越来越多，个人、商业精英、政治领袖、军事领导人、评论家、团体、国家人口以及广泛的公民社会纷纷参与其中。行为主体将向这些受众展示其对某个特定威胁的立场以及采取的行动。此时，我们可以适当简化安全化受众，将这一群体视为由一些利益、价值、目标相互联系的个人、团体及实体组成的全球共同体。只有当受众也能接受安全威胁以及行为主体行动对其施加的影响时，才能说成功实现了安全化。

过去，利益实体的划分原则是因地理条件而形成的限制。如今，这些限制在满足一定条件时便不复存在，安全化也随之超越了"言语行为"的空间维度。[24]某个安全化行动只有得到越来越多遍布全球的目标受众的理解及认可，才能算是合情合理的。[25]安全化行动的合理性将反映出目标受众对"不安全"一词的定义扩充，从而使安全化的指涉对象成倍增加。

安全化行为主体和受众之间的区别非常模糊，他们共同推动安全日益走向"普遍化"。受众的姿态越来越主动，他们造成的社会压力对政策制定的影响也越来越大。受众可以表达自身关于威胁、指涉对象及安全行动的立场，也可以用自己的价值观影响安全化进程。受众希望摆脱的那些威胁之间是动态关联的；此外，某一行为主体采取的安全化行动对于其他行为主体而言可能是一种安全威胁，就好比审讯可疑恐怖分子这一行动对于一些受众而言无疑是对人权保护的威胁一样，增添了安全化行动的复杂性。因此，支持安全化行动的受众不仅接受了这种行动，有时还会影响安全化行动的形态及实施，也会影响其他受众的安全。[26]

现代的安全化受众也在不断变化。一些受众代表了超越国家认同与国家边界的思想，并主动就气候变化、移民等一系列问题向国家行为主体施压。一些国家的政治团体、政党和组织等也加入了受众的行列，而这些国家本身就是主要的安全化行为主体。因此，普遍安全化不仅可以被视为机构之间的关系，也可以被视为安全化受众的解放，即赋予受众独立保护人类安全的能力。[27]

安全化行为主体、指涉对象及受众之间的相互作用方式塑造了日渐普遍安全化的环境，反过来也受其影响。简言之，各种条件综合在一起，共同决定了某个指涉对象受威胁的严重程度，也让安全化行为主体可以评估威胁并确定受众是否会接受甚至要求就该指涉对象实现安全化。[28]安全威胁的原有概念与新概念共同塑造了安全环境。因此，不同行为主体的安全化途径相互冲突，造成了21世纪复杂的安全环境，"战略鸿沟以极快的速度扩大……因为物质及意识形态的差异互相影响，互相加强"。[29]

全球安全环境不断变化，实现普遍安全化势在必行。在新环境中，威胁及应对威胁的方式更易被环境左右，同时也受很多因素的影响，包括社会政治压力、对行为主体的要求、现行惯例等。普遍安全化代表着实际方式方法的变化，意味着这些方式方法已经超越了将某个客体指定为安全指涉对象并确定风险是否存在的社会政治过程。事实上，它为一套新方法、新实践的出现奠定了基础。正是因为这些新实践，安全问题才走出了政府及政治讨论的框架，改变了世界整体的运行规则。[30] 在普遍安全化的世界中，安全考量范围更加包罗万象，涵盖了经济、健康、环境、国际法则等领域。[31]

2. 在普遍安全化的世界中，为何能实现安全化？怎样实现安全化？

想要应对内涵不断扩充的威胁，就必须更深入地理解并整合安全化进程的方方面面。普遍安全化的世界加剧了霍布斯安全困境。霍布斯安全困境认为，先发制人、率先出击对于行为主体而言是最理性的选择。然而行为主体、威胁及指涉对象具有多样性，导致对安全化结果的预测难上加难。[32]

在这个普遍安全化的世界中，一国会因很多原因对另一个国家采取安全化行动。安全化行为主体仍旧代表自身及其受众行事，以达到某种效果。行为主体愈加频繁地修改规则与制度，以改变预期结果，预防已感知到的威胁。跨境安全化政策由此而生。[33]

提起普遍安全化，过度扩大安全考量的范围可能会适得其反，让安全一词意义全无，还可能限制安全化行为主体制定实际政策和区分重大风险及非威胁事件的能力。[34] 为了解释不能就一切事物实现安全化这一事实，安全化理论试图假定去安全化通常会带来更好的结果。但是，这种方法的应用相对有限。[35]

在普遍安全化的世界中，需要综合考虑多个行为主体的目标，才能做出理性选择。[36] 这种综合考虑创造了全球安全架构的模式。对替代能源大趋势的分析凸显了普遍安全化世界的安全背景，在追求合理安全的目标时，可供行为主体选择的有效选项越来越少。也就是说，世界实现普遍安全化后，维持社会秩序将变得更加困难。[37] 替代能源大趋势可以回答在普遍安全化的世界中如何进一步实现安全化这一问题。

3. 替代能源大趋势的多重安全内涵

目前，可再生能源只占能源结构的一小部分，因此替代能源技术及资源产生的直接安全影响还十分有限。但本书的观点是，替代能源已经成为 21 世纪社会政治、技术经济和意识形态的大趋势，且沿着自身安全轨迹创造了安全意义。评估替代能源的发展为评估 21 世纪安全考量的复杂性提供了实用的参照。

替代能源的发展本身就会产生直接的安全影响。替代能源不仅是能被安全化的指涉对象，而且是需要安全化的潜在威胁来源。围绕替代能源展开的安全考量包括处理因采用替代能源技术而产生的直接安全问题，确保能源系统不受伤害与干扰，防止对可再生能源的生产及分配能力产生不利影响等。尽管替代能源大趋势目前还不属于国家安全议程的范畴，但以下几章会论证，替代能源大趋势对地缘政治、国防、环境和全球经济等领域均会产生安全影响。

当行为主体将替代能源大趋势安全化时，它们会行使权力，而这必然会对其他行为主体的环境安全、经济安全和技术安全等领域产生影响。行使权力的过程可能会出现不稳定因素，进而引发政策层面的反应。替代能源大趋势驱动因素、属性及其社会政治、社会经济影响的安全化更全面地体现了替代能源大趋势的安全影响，还能够推动安全化规则的制定。从某种意义上讲，人们几乎默认了替代能源大趋势本就应该安全化，因为替代能源大趋势是在世界普遍安全化的环境中发展的。

以下的分析建立在一种理解的基础上，即替代能源大趋势具有社会政治影响，超出了因替代能源大趋势而产生的安全威胁范畴。现代科技进步正在逐步超越既有的政策规定。制定政策时应该综合考虑技术带来的实际利益。替代能源大趋势的轨迹代表着日益复杂的外界形势，而决策者必须认清形势，才能应对不断扩大的安全威胁。同时，替代能源大趋势的轨迹也证明了普遍安全化框架是一种实用的战略工具。

替代能源大趋势预示着全球战略关系的变革。通过分析替代能源大趋势，我们可以知道不平衡的世界系统对安全复杂性产生显著影响的途径。

从传统意义上讲，竞争性地缘政治斗争标志着从一种范式向另一种范式的转变，地缘政治斗争改变了全球趋势；反过来，全球趋势有时也会引发地缘政治斗争。之前，权力周期的更迭往往伴随着战争。如今的范式转变注定会影响未来的世界秩序重建，但暴力不再是实现转变的唯一方式。在后威斯特伐利亚的去中心化世界秩序中，实现全球安全化的重点需要逐渐转移到地缘政治、能源、国防、环境和经济等安全领域。

二、现代替代能源是社会政治、技术经济和意识形态的大趋势

现代替代能源技术及与其相互强化的驱动因素为什么会整合成 21 世纪的社会政治、技术经济和意识形态大趋势？这样的整合又是怎样实现的？

替代能源大趋势由一系列过程及事件集合而成。这些过程与事件相互作用，导致了一种"思维或方式的整体转变，并对国家、行业及组织产生影响"。[38] 趋势是社会群体、团体及政治代理人的集体行动所带来的社会关系及社会结构变化的集合，是行为主体施压于有影响力的对象的结果。替代能源大趋势涉及事件、行动、对象、关系、发展等驱动因素。这些因素相互作用，引发了一种新现象。

替代能源开发已经融入了一种带有明显特征的趋势之中，这些特征都指向了 21 世纪替代能源大趋势：超越了地理边界，覆盖全球；影响着国家和非国家行为主体的行动，进而影响着整个

社会；发展进程将长久地持续下去。本节简要说明了现有技术及其优势和局限性，重点介绍了推动替代能源大趋势形成且相互强化的重要因素，并绘制了从古代到中世纪、欧洲启蒙运动及工业时代的替代能源发展版图。

第二次世界大战之后，冷战期间，可再生能源开始被用作化石燃料的"替代品"。自那时起，社会对能源的理解不断变化，并最终将可再生能源视为一种未来能源的趋势。塑造社会认知并形成趋势的过程包括全球化、世界分裂趋势、世界多极化趋势以及全球技术革命的趋势。

此处借不断演变的安全化理论分析了替代能源大趋势，也为后面章节讨论如何在迅速变化的 21 世纪全球普遍安全化的环境中追求安全这一问题提供了基础。

1. 替代能源技术的前景：梦想与愿景终成现实？

替代能源大趋势的核心是可再生能源技术。水能、风能、太阳能和生物质能等技术已经对能源结构产生了影响；潮汐能、波浪能、氢能、地球磁场发电、高空轨道太阳能发电等处于实验阶段的技术也已蓄势待发，准备闪亮登场。当下的技术革命推动了替代能源的发展。获得清洁、廉价、取之不尽的能源不再只是梦想，而是具有技术、商业可行性且环境友好的解决方案。下面将概述已成型的技术，介绍其如今的真实情况，这些技术取得的成就，阻碍技术进一步应用的因素以及其产生的最明显的安全影响。

（1）水能：早期出现的可再生能源技术

大型水力发电站的发电量占全球发电量的 16% 以上，占所有可再生能源发电量的 71%。[39] 水电改变了一些国家的命运。过去，挪威曾是一个贫穷的国家。一个世纪前，挪威开始大量修建水电站。如今，这些水电站的发电量几乎可满足全国的用电需求。挪威之所以能够实现能源独立，主要归功于修建了大量水电站，另外还有可观的石油产量为辅。水电资源能够为国家主体带来显著优势。

大型水力发电站能够帮助国家主体应对环境威胁，减缓气候变化，但其作用大小尚无定论。许多大型水电站因改变野生动物原有的栖息地，阻碍鱼类迁徙，影响水质及水体流动而备受诟病。

大型水力发电站导致了社会及环境问题，还可能造成地缘政治冲突，因此建设大型水力发电站并不是解决全球能源短缺的一劳永逸的方案。大型水力发电的扩建能力也受水资源等自然条件的限制，且其开发成本居高不下。[40] 尽管如此，一些新兴国家及发展中国家仍在大刀阔斧地兴建大型水电项目，许多项目也得到了世界银行和其他国际机构的资金支持。

"径流式水电站"无须大型水库，因此对环境的影响最小，但这种系统依靠河流来发电，所以效率较低。一些国家会选择建设小型水力发电站。虽然小型水电站的性价比不如大型水电站，但是仍被广泛应用于中国、美国以及南欧和东欧的部分国家。小型水电站[41] 需要在现有水坝上建造新设施，或像美国一样将发电站与现有水坝连通。

传统安全理念认为，在横跨多个国家的大型河流上建设水电设施会引发地缘政治紧张。[42]上游国家想要通过建设水电站和发电厂来解决能源短缺问题，而下游国家担心这些设施会剥夺它们的水资源。上下游国家之间的争端愈发难以解决。因此，处于中亚水系下游的乌兹别克斯坦与处于上游的塔吉克斯坦和吉尔吉斯斯坦之间关系才会如此紧张。

（2）风能、太阳能、生物燃料、地热：技术已成熟，仍需经历新时代的考验

除了水能，风能、太阳能、生物燃料和地热等可再生能源技术也已成熟，是替代能源大趋势的核心技术。

风能发电的原理是利用风力带动涡轮机的叶片旋转，并通过发电机把风的动能转化为电能。[43]风力发电技术很可能起源于波斯，并在12世纪被带到了欧洲。[44]风力发电能力持续提高，某些国家的风力发电量增长十分迅速。[45]风力发电可以减轻国家对化石燃料的依赖程度。2016年，欧盟的风力发电量占其总电量需求的10.4%。至少有11个欧盟成员国的风力发电量超过了这个比例，乌拉圭和哥斯达黎加亦是如此。[46]

然而，风力发电也面临着几个挑战，包括输电设施缺乏、难以连接至电网、公众认可度不高等。发电量的限制及当前管理系统的局限性极大限制了风力发电的利用率。[47]风力发电还具有不稳定性。风能的能量密度小，单机容量不大，无法持续发电，所以不能被广泛应用。此外，对风能持怀疑态度的人认为风电设施

会影响人类的听觉及行为，还可能会干扰其他基础设施的正常运转。但事实上，风力涡轮机会影响人类健康并导致其他危害这一结论尚未得到证实，风电输出不稳定的问题也可以解决。北海地区就通过分散风电厂的位置解决了风力发电不稳定的问题。

风力发电的经济性堪比不受国家补贴的传统能源，有时甚至能达到市电平价。2016 年，陆上风电已经成为巴西、加拿大、智利、墨西哥、摩洛哥、南非、土耳其、中国、欧洲、美国和澳大利亚部分地区性价比最高的电网电力来源。[48] 尽管如此，风力发电技术必须实现质的飞跃，才能克服其不稳定性问题，从而在各个方面与化石燃料比肩。

风力发电的优缺点都会对地缘政治产生影响。尽管美国通用电气等公司正在研发适用于低风速区域的新型涡轮机技术，但终究只有处于最佳风力条件地区的相关方才能从风能技术的广泛应用中获利。这带来了两个问题。一是只有部分国家可以通过风力发电获益。长远来看，人们可能会认为这是剥削及不平等现象。事实上，人们就是这样看待地理分布不均匀的化石能源的。二是尽管欧洲已经实现了海上风力发电的跨境运输，但海上风力发电仍可能引起有关国际水资源管辖权及水资源使用权的争端。

从理论上讲，发电能力最强的可再生能源是太阳能，[49] 因为只要太阳存在，就能释放源源不断的太阳能。从古至今，人们都对太阳能颇有兴趣。1931 年，爱迪生在弥留之际对他的朋友亨利·福特（Henry Ford）和哈维·费尔斯通（Harvey Firestone）说："我愿意投资太阳能领域，太阳能真是太好了！我希望太阳能技术问题能够尽快攻克，别等到石油和煤炭都耗尽了才亡羊补牢。"[50] 尽管人们很早就看好太阳能，但当前的太阳能技术仍需攻克很多难关，高效利用大量太阳能仍是可望而不可即的梦想。太阳能发电主要有两种方式：光伏技术及聚光太阳能技术。[51] 太阳能发电的成本比化石燃料和其他可再生能源更高，但近些年来，随着技术的发展，光伏设备的成本大幅下降，带动了太阳能发电成本的降低。2007 年，太阳能光伏组件的发电成本高达约 4 美元 / 瓦，到 2015 年已经降至约 1.8 美元 / 瓦，而如今太阳能供电的价格相比 2007 年下降了约 80%。[52] 在地中海等太阳辐射强度较高的地区，光伏正迅速接近零售市电平价，这意味着光伏发电的成本几乎与传统燃料发电的成本相同。钙钛矿太阳能电池（由钙钛矿晶体结构类型化合物制造，工艺简单，生产成本低）等新技术即将实现商业化，光伏发电的成本也将随之继续降低。[53] 相比光伏发电而言，聚光太阳能发电具有其独特的优势，即可调度，日落后仍可发电。美国和西班牙等国聚光太阳能设备的装机容量很大，以色列、摩洛哥和南非也在着力应用这项技术。2016年，中国首个聚光太阳能设施在敦煌投产。[54] 虽然光伏电池的转换效率在不断提高，但聚光光伏[55] 可能是快速提升太阳能发电效率的关键技术。近期，使用该技术的太阳能电池效能已经达到了46%。聚光光伏技术的优势在于它能够轻松集成到现有的公共电网中。

随着太阳能的广泛使用，电力的地缘政治学因素可能对国家间地缘经济及政治动态产生直接或间接影响。对欠发达国家而言，太阳能是种宝贵的资源。太阳能技术应用广泛，为太阳辐射强度高的国家带来了地缘政治优势。然而，国家若想将太阳能作为地缘政治工具，就需要对其投入大量资金。发达经济体具有较强的融资能力，所以更容易精进其太阳能技术。

生物质能是指利用可用于工业生产或发电的生物和非生物材料来发电，包括植物、枯树、枯枝、庭院剪枝和木屑等。[56]

人们一直认为生物燃料具有可行性。[57]1893年，柴油机的发明者鲁道夫·狄塞尔（Rudolf Diesel）指出："如今没有多少植物油被用来制造燃料。但假以时日，由植物油制造的油品在能源结构中的地位会与如今的煤油和煤焦油产品一样重要。"[58] 如今，生物燃料技术已经成熟，在实际应用中，生物燃料也可以直接替代化石燃料。虽然生物燃料的产量稳步增长，但生产国气候、收获条件以及食品和化石燃料价格等外部经济因素的波动可能会阻碍该行业的增长。尽管过去10年全球能源总需求增长了21%，但在2005年至2017年间，生物能源在全球一次能源消费总量中的份额一直保持相对稳定，维持在10.5%左右。[59]

如今，许多生物能源技术已经成熟且实现了商业化，但生物质能仍面临诸多供应和应用挑战。[60]生物燃料目前只能替代一小部分化石燃料。汽油中生物燃料的掺混率不足10%，柴油中不足20%。[61]运输、工厂建设和高维护成本也是限制因素。

此外，生物燃料在生产和使用的过程中，会产生环境问题，导致森林砍伐、食品价格上涨，也会对水资源和其他基本资源造成负面影响。例如，乙醇和其他谷物燃料的原材料是玉米等粮食作物，因此生产这些燃料将减少粮食的供应量。此外，各国都出台了刺激生物燃料生产的补贴计划，但大多都忽视了技术的进一步发展。生物燃料对食品、农业和环境等多个领域产生了溢出效应。这让相关政策的制定变得非常复杂，也限制了生物燃料产业的发展。

一些国家需要从敌对国家或竞争对手处进口能源。对这些国家而言，使用生物燃料能够为它们带来地缘政治及能源安全优势。尽管生产及出口生物燃料已经造成了紧张局势（如美国和巴西之间已经产生了生物乙醇贸易争端[62]），但是生物燃料仍可以直接促进能源安全及能源结构的多样化。因此，生物燃料既是一种实用的考量，也是一种可以增强地缘政治实力的政策选择。

地热[63]是现代能源技术中不可或缺的一部分，同时也带来了诸多挑战。早在一个多世纪前，探明的地热能储量就已达到商业规模。但直到目前，地下深层地热能的开发仍处于初级阶段。地热发电厂的建设和维护需要大量资金投入，且选址十分不灵活，大部分都要建设在地质板块交界处。目前，美国在地热开发方面遥遥领先。尽管东非、中美洲和亚洲的地热资源都很丰富，但这些地区开发利用地热资源并不十分充分。

发电厂欲达到一定的发电量，就必须综合考虑蒸汽、热水和储层产能等自然条件，并在此基础上确认钻井数量。地热能丰富的地方往往远离能源市场，导致运输成本增加，所以地热能的生产成本比化石燃料及大多数可再生能源更高。

目前，地热能的开发应用技术尚不精进，且中短期内不会突飞猛进，无法与化石燃料及其他可再生能源匹敌。此外，开发地热能可能导致构造运动、共振效应放大等地质问题，也可能损害生态系统，增加环境成本，产生外部性问题。

人们做了大量的研发工作，试图降低地热能的生产成本。美国政府资助的地热能前沿观测研究计划（FORGE）[64] 致力于开展增强型地热系统的开发和测试。英国在康沃尔等地区开展了地热系统研究，而就在不久之前，英国还认为这些地区并不适于地热资源开采。[65] 虽然深层地热资源的开采利用困难重重，但近表层地热及热交换技术已得到广泛应用。冰岛的供暖几乎都要归功于近表层地热系统。

（3）潮汐能、波浪能、氢能、核聚变能，地球磁场发电，高空轨道太阳能发电：处于实验阶段，进展神速

一些真正的"可替代"能源前景大好，这也为替代能源大趋势带来了潜在优势。潮汐能、波浪能、氢能、地球磁场、高空轨道太阳能等技术目前看来尚且不具有可行性，但随着替代能源大趋势的演变，这些技术可能进一步发展，甚至重塑全球能源安全平衡。若要实现这些技术的能源安全意义，就必须将其理论研究落实到实际应用之中。

潮汐能来自地球和月球之间的相互运动以及地球在太阳系内的运动。潮汐比风能和太阳能更容易预测，因为前者受不稳定性影响，后者随太阳辐射水平和天气情况波动。人们利用潮汐能的历史可以追溯到中世纪。更有资料表明，早在罗马时代，潮汐能就为人们所用。作家、发明家、未来学家阿瑟·克拉克（Arthur

Clarke）曾说："这颗行星明明都是'海洋'，但我们却称之为'地球'。这真是太不恰当了。"[66]潮汐能可以通过三种方式产生：潮汐流、潮汐发电站和潮汐潟湖。[67]潮汐流发电机利用快速流动的水流带动叶片在水下旋转进行发电。这种发电方式非常环保，对已建立的生态系统影响较小。

人们越来越认可潮汐发电的可行性。许多潮汐发电工程被接入国家电网，使潮汐能得到了广泛应用，并实现了商业化。西班牙、瑞典、美国、韩国和中国等国正在进行试点项目。[68]然而，潮汐发电也有缺陷。潮汐发电技术的试验有限，仍有许多没有解决的问题。潮汐发电的初始成本较高，与潮汐规律匹配的储能技术也尚待研究。大规模应用潮汐发电的效率及对环境的影响目前也不得而知。

波浪能技术可以捕获并传输海洋表面波浪产生的能量，从而将其用于发电、海水淡化、向水库泵水等。洋流和波浪的方向不可预测，因此波浪能很难利用。波浪能技术及其基础设施尚处于非常早期的开发阶段，且技术成本很高，所以波浪能技术很难实现大规模应用，[69]但这并没有阻挡人们探索波浪能的脚步。瑞典正在建设大型商用波浪能系统，还有很多国家也在着力破解波浪能系统的实用性难题。[70]

如今，我们很难确定潮汐能和波浪能技术能为特定相关方带来怎样的优势。并非所有国家和行为主体都能利用这些技术，所以这些技术可能导致权力划分方面的对抗，且这种对抗尤其可能发生在领土及海域边界划分不清的国家之间。

从表面上看，氢气热值高，污染小，说是完美能源也不为过。[71] 但是，氢气却是一种特殊的可再生资源。地球上不存在游离氢，所以通常需要从水或碳氢化合物中提取氢气，因此氢气并不是一次能源，而是二次能源。虽然我们很难预测氢燃料电池的长期发展态势，但我们不能否认它的光明前景。氢燃料电池能够为建筑物提供热量和电力，并为车辆发动机提供动力。[72] 氢能具有一定的发展潜力，但氢能技术的成本高昂，实施难度很大。氢能技术的成功应用可能会改变当前的地缘政治局面。

利用核聚变产生巨大能量一直以来都是物理学家的梦想。第二次世界大战后，物理学家开始研究核聚变，并复现了太阳和恒星上发生的反应。高温高压下，氘和氚这两种氢的同位素会融合在一起，形成等离子体，并释放中子和能量。核聚变技术就是要捕获聚变反应产生的能量，并通过常规方法（如蒸汽）进行发电。

世界上有许多实验装置都能实现短时间的核聚变，但触发核聚变反应所需的能量要远远超出核聚变反应所产生的能量。为探索大规模核聚变反应的可行性，七方① 参与了国际热核聚变实验堆（ITER）计划，并在法国南部的卡达拉什建造了一座核反应堆。国际热核聚变实验堆计划旨在证明核聚变作为能源的理论可行性及技术可行性，[73] 目前是这一领域中最大的科学伙伴联盟。该项目耗资暂估约 200 亿欧元。[74]

欧盟聚变发展协议（European Fusion Development Agreement）

---

① 指中国、欧盟、印度、日本、韩国、俄罗斯和美国。——编者注

组织代表欧盟向国际热核聚变实验堆计划贡献了 45% 的投资份额。[75] 该组织公布了欧盟核聚变发展路线图，但其中也承认，聚变反应堆的实现需要多方的共同努力。[76] 中国正在开发自己的聚变装置，俗称"人造太阳"。核聚变的原料取之不尽，应用起来清洁安全，可能在未来的能源结构中占据重要位置。然而，它不仅带来了技术及政治挑战，还要与性价比更高的可再生能源竞争。[77]

利用地球磁场发电是一项实验技术，需要借助电动力缆绳或类似装置进行发电。[78] 目前，这项技术尚处于理论研究阶段，并没有付诸实践，因此很难预测其地缘政治影响。

还有一种革命性的可再生能源，叫作高空轨道太阳能发电。科学家们目前正在进行实验，利用卫星将太阳能转化为射频，并传送到地球。这些卫星配备有太阳能电池板，在隔绝空气的情况下，太阳能电池板可以直接暴露在阳光中，从而显著提高其能量吸收能力。[79]

"大气旋风发动机"也是一种创新技术。该技术利用对流层及纳米技术太阳能板发电。人们也对到月球开采氦-3 有些不太切合实际的想法。虽然这些创新技术可能在现在不具备可行性，但"可替代能源"仍旧可以产生非线性的飞跃。美国科学家在劳伦斯伯克利国家实验室开发出了一种利用病毒发电的压电式发电机，这是一个可圈可点的例子。[80]

这些技术前景光明，但其实际应用路径尚未得到充分验证。地热能、潮汐能和波浪能等实验技术在实际应用上仍然不太可行，其应用主要局限于试点项目。氢燃料电池、地球磁场发电和高空轨道太阳能发电等技术仍需更多的资金及时间投入，才能进一步确定其可行性。

这些未来技术很可能会改变人们的生活。可替代能源的开发及大规模应用会对全球安全产生深远影响，有助于形成新的文明范式，走入弗里曼·戴森（Freeman Dyson）定义的"文明类型"。[81]

目前，主要的可再生能源技术还谈不上相互竞争，它们似乎仍处于线性发展的阶段。然而，替代能源大趋势的驱动因素催化了重大技术经济和社会政治变革，而这些变革又激发了可再生能源非线性发展的潜力。

2. 能源大博弈中逐渐显现的替代能源大趋势特征：替代能源大趋势背后的那些相互加强、相互融合的驱动因素

想要理解为什么替代能源开发代表着现代社会政治、技术经济和意识形态的大趋势，就必须要知道其背后的驱动因素。日益增长的全球能源需求是推动替代能源大趋势的物质力量。其他关键驱动因素包括：越来越多的环境问题、对经济增长的追求、现代技术进步、能源对国防的影响、不断变化的社会道德要求、对赋权新途径的探索，以及持续延伸的全球政策及法律框架。[82]

这些驱动因素是替代能源大趋势的本质，它们构成了替代能源的大趋势。[83]它们的相互作用塑造了替代能源大趋势。它们汇聚在一起，形成了一个整体，却超越了单个因素的简单叠加。这些驱动因素集合了量变与质变。数量与质量随着时间的推移逐渐累积，其过程之缓慢，往往令人难以察觉。总之，这些不断变化

的驱动因素定义了替代能源大趋势，代表了替代能源大趋势的新特征，并体现了愿景、政策及社会反映的转变。

这种新特征与替代能源大趋势的安全轨迹尤为相关。在普遍安全化的世界中，推动替代能源大趋势的各种驱动因素是替代能源大趋势产生安全影响的关键所在。通过这些驱动因素的安全化，替代能源大趋势显露出了元安全化特征，其内涵大于单个因素的简单叠加。[84] 替代能源大趋势及其组成部分形成了协调的整体，相互依存，相辅相成。

替代能源大趋势的元安全化具有巨大的潜力。当替代能源大趋势的驱动因素聚集在一起时，就会产生广泛的安全影响。社会往往向决策者施加压力，敦促他们解决紧迫的问题，因此决策者的短期考量与长期考量往往是不一致的。由于行为主体面临着内部政治压力，并作出了相应考量，行为主体评估和应对威胁的过程被扭曲了。因此，从长远来看，当下的行动可能会适得其反，也可能并不到位。但是，借助元安全化的概念，我们能够分析21 世纪替代能源所产生的安全复杂性。

（1）难以满足的能源需求：将需求－供应计算整合到未来能源愿景中

毫无疑问，全球能源需求增加是替代能源大趋势的首要驱动因素。想要探索独立、多样化、相互依存的能源安全路径，就必须着力在本地寻找可靠的替代能源。替代能源既能替代化石燃料，又能减少碳的排放。

未来学家期盼可以找到随用随取、价格合理、完全可控的能源，以规避供应限制、价格波动、能源操纵等问题。从某种意义上讲，替代能源满足了这些条件。将可再生能源纳入能源安全政策及战略这一举动得到了广泛支持。欧洲人民压倒性地支持使用可再生能源，以降低对能源的依赖并提振经济。[85] 美国民调显示："美国绝大多数民众支持建设更多太阳能电池板及风力发电厂。"[86]

可再生能源的利用程度与不断变化的化石燃料供求关系直接挂钩，也与核能有一定关系。行为主体若要满足自身的能源需求，就需要借助能源独立与相互依赖和供应多样化等各种途径。供应中断或供应受限等能源冲击会导致能源价格波动和分配不当，而这就是当前能源范式的失败之处。

当化石能源供不应求时，各国都会想尽办法维持供需平衡，避免对外部能源的依赖。能源消费国将增加其供应国家的数量，同时寻找新的能源来源。当化石能源供过于求时，情况正好相反。1973 年石油危机及 1979 年石油输出国组织石油禁运事件结束以后，油价都出现了下跌。很多人认为这两次油价下跌阻碍了 20 世纪可再生能源的发展。[87] 这两次危机事件凸显了制定抗冲击的能源政策的必要性，以及减少对化石燃料的依赖的重要性（图 1-1）。

从化石能源转向替代能源也会阻止某些行为主体对能源的获取进行操纵。支持替代能源开发可以"促进替代液体燃料的使用。石油输出国组织会通过操纵石油市场来压制竞争对手。应用替代液体燃料可以使当事国免受市场操纵带来的消极影响"。[88]

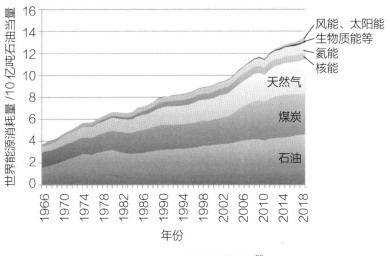

图 1-1　世界能源消耗量[89]

在这种情况下，发展替代能源成了防止敌对方利用对石油和天然气的依赖进行能源操纵的主要手段，因而也是绝佳的解决全球问题的本地方案。

我们应该清楚认识可再生能源作为能源安全解决方案的价值。据相关人士预测，到 2030 年，全球能源需求可能要翻一番。诸如此类的推断也引发了能源稀缺的悲观预期。[90]这些预期可能会促进替代能源的长期发展。另外，新技术、新能源资源以及提高能源效率的新方法不断出现，在一定程度上修正了悲观预期。[91]可再生能源的局限性和优越性是替代能源大趋势的重要组成部分。

（2）主要环境问题的扩展：此时此地建设"新栖息地"的必要性

人类保护环境和自身栖息地的意愿日益强烈，推动了替代能源大趋势的形成。[92] 大量研究表明，人类迫切需要应对人为环境威胁。此时，替代能源变成了减轻气候变化等威胁的主要工具。美国总统尼克松建立美国国家环境保护局，是政府深度参与能源事务道路上的一个重要里程碑。[93]

全球范围的环境峰会尽管实际成果有限，但稳步推动了旨在减轻气候变化风险的全球政策制定与实施。尽快制止气候变化的公众及政治压力将持续推动并影响可再生能源政策的制定工作。

替代能源不仅是环境安全的解决方案，也是人类生存、福祉与自然协调统一的新生态系统需求的焦点所在。除了减少污染，使用可再生能源还预示着人类将以绿色、有益的新方式重建栖息地。"智慧城市"概念就是这一观念的突出代表。智慧城市采用了新一代技术及参与式公共管理模式，同时满足了经济可行性、环境可持续性和人类高质量生活的需求。[94]

总的来说，范围不断扩大的"绿色议程"提升了人们对可再生能源的支持率。替代能源不但对环境友好，而且可以提高公共卫生质量，并促进资源的有效利用。因此，使用替代能源是实现可持续发展的首选解决方案。

随着可再生能源技术的不断精进，各大国家也能以"绿色经济"的新名义提出政治及技术主张。环境因素被融入了外交政策、人类福祉和公民自由等更崇高的目标之中。一些行为主体认为，替代能源能够以一己之力将世界推向一个更绿色、更繁荣的阶段，起到"阿基米德杠杆"[95]一样的作用。

（3）替代能源之于经济增长：替代能源是抵御经济风险的稳定装置

对经济稳定和经济增长的迫切需求是推动替代能源大趋势的另一个关键因素。经济安全是人们关注的主要问题之一。经济安全体现在经济保持稳定增长、经济体系具有多样性及独立性的同时可以创造大量就业机会，以及对经济波动与冲击的恢复能力等方面，还包括掠夺性经济行为、经济力量投射和经济合作等具体内容。

替代能源技术可以逐步提高产能、压减成本，对能源所在地及全球经济都有积极影响，因而可以促进当前及未来的经济增长。可再生能源有助于实现经济多样化，也可以催生新产业。可再生能源是一种公共产品，资源相对丰富，且与其他产业及大宗商品相比更加稳定，不易受价格和供应波动的影响。引入可再生能源技术是创造财富及促进经济发展的新路径。

替代能源开始向解决周期性问题的方向靠拢。特拉斯科特认为，可再生能源能够"实现市场内部的竞争与互联，促使资金流向发电设施及输电网络，且在供应中断时能够互为补充"，[96] 从而有望减少国民产出及价格水平的波动。

归根到底，替代能源大趋势可能为经济体带来新的竞争优势，所以决策者会欣然接受这些预期结果。对处于后工业化阶段的发达经济体而言，这些预期结果尤为重要，因为除了发展服务业，可供这些经济体选择的选项并不多，而技术改造就是其中之一。

（4）全球技术革命：既是前提，也是挑战

全球技术革命期间发明的新技术不仅是替代能源大趋势的驱动因素，也是其前提条件。当下的第四次工业革命将物理技术与数字技术结合在一起，创造了网络物理系统，即从物理系统中搜集数据，并根据这些数据指导物理世界中的智能行动。[97] 人工智能、认知技术、物联网、三维（3D）打印、区块链等突破性技术 [98] 正在改变制造业和物流产业，重塑市场环境，改变商业模式、规范和人们的生活方式等。具体到能源领域，可以肯定的是"人工智能很可能使能源行业迅速实现现代化"。[99]

连通性、智能及柔性自动化等领域的新技术为可再生能源发电及输电提供了技术支持，同时能够降低资本支出，减少运营及维护成本，并解决了去中心化可再生能源发电机组的并网接入问题，使可再生能源发电具备技术可行性及经济可行性，从而推动了替代能源大趋势。蓄电池、微电网、分析软件和智能变电站等多个新技术将被应用至"零售化"电网中：家庭和办公室的电力装置可能变成"网关枢纽"，不仅能够提供能源，还能提供电信连接，并确保安全性。[100]

替代能源技术的进步与技术革命密不可分。只有经过系统化观察、测量和实验，才能取得技术进步。这场技术革命为替代能源打开了新局面，使得替代能源克服了发展早期遇到的质疑和阻力，逐渐被大众接受。当然，"新发明刚刚问世时"，经常会遭到质疑，阻力不断，"一开始，所有人都反对它。可怜的发明家只能顶着压力艰难前行"。[101]

悄然而至的全球技术革命为替代能源大趋势建立了知识、能力和需求框架。换言之，技术革命是替代能源大趋势得以发展的基本所在。如果没有技术革命提供的知识基础，那么诸如智能电网、储能、新材料和物理化学应用等发明就无法问世，替代能源就不可能实现商业化及大规模应用。

此外，可再生能源深深扎根于"进步观念"[102]的积极内涵之中，并被视为下一轮技术突破的种子选手之一。虽然替代能源开发目前仅停留在理论研究阶段，尚未实现商业化，但其发展势头强劲。不论是否被大众接受，替代能源的发展都已被冠以"进步"和"有用"之名了。

技术进步的受益者不仅有民众，还有军队。军队既是技术的主要使用者，又是技术发展的推动者。军用及民用技术相互交流、相互借鉴，进而推动了技术的快速发展。技术与安全息息相关，已经"开始改变民事安全和军事安全的文化及政治意义"。[103]从这个角度来看，替代能源可以利用很多已经投入实际应用的技术和学科知识。

替代能源开发与现代技术革命带来快速增长的预期密不可分。过去 700 年中，这种预期一直推动着技术进步，从而改善了人类福祉。例如，马尔萨斯（Malthus）[104] 的人口理论认为地球资源难以满足 70 多亿世界人口的需求，这个关于人口数量快速增长的预期也进一步推动了技术的发展。随着未来世界的快速变化，替代能源技术将迅速发展，进而重塑整个社会。[105] 探索新的可再生能源技术对能源行业内外都会产生广泛影响。因此，对技术飞跃及取得非线性进步的预期将刺激可再生能源技术的发展。

替代能源大趋势的科技本质赋予了它一定的社会政治意义。21世纪的技术进步呼应了奥古斯特·孔德（Auguste Comte）的观点："人类已经建立了天体物理学、地球物理学（机械和化学）和有机物理学（植物和动物）等学科。现在还能做的就是在社会物理学的基础上完善观测科学的系统。"[106]替代能源开发吸纳借鉴了生物技术、纳米技术、材料技术和信息技术的最新成果，从而能够更有力地引领社会变革。[107]

技术不仅能创造商品、实现长距离运输、治疗疾病，还能对政治及经济产生影响。技术推动了知识的广泛传播，知识传播又催生了新想法、新思路，让人们看到了新希望、新愿景和新目标。

（5）探索新军事能力：重塑战略战术方法与实践，使其适应新安全环境

在新大国竞争及第四次工业革命的大背景下，21世纪的国防领域与可再生能源联系在了一起，这也是替代能源大趋势的另一大驱动因素。事实上，"人工智能、量子计算、自动化等技术将决定社会结构和军事结构"。[108]

国防部门一直在探索具有运作优势、成本优势及效率优势的新能源解决方案，试图以此解决战略问题，获取免费资源，并减轻化石燃料基础设施及供油管线的保护压力。

新出现的地缘政治变化及技术解决方案正在推动国防部门的转型。现有的军事概念及规划开始融入新型技术，从而将军事组织和战略与战术推上了新台阶。替代能源大趋势反映并影响了国

家间竞争和国家重要利益维护的决定性因素，也改变了国防实践。

很多国家的国防部门都在调查研究替代能源的未来效益。替代能源不仅能够替代化石燃料，而且能以不可预知的方式增强军事实力，推动新国防范式的形成。一些现代军事角色及军事任务面临着非对称打击、不可预知性、冲突僵持不下、国家体制失灵等困难局面，[109] 进一步印证了将可再生能源开发纳入全球安全架构的必要性。

除此之外，国防部门还推动了很多技术的发展，并促进了可再生能源的广泛应用。20 世纪初，国防部门将内燃机和机枪结合起来，发明了装甲车和飞机，从而彻底改变了战争。类似地，替代能源也能被应用到国防领域，极大地推动了国防发展，并实现了大规模应用，进而达到全新的高度。然而，在军事行动中应用可再生能源尚需时日，正如当初飞机直到第一次世界大战开始时才被应用到军事领域一样。

（6）新时代的新赋权：国家、社区和个人愿望

可再生能源有望为个人、社区、国家和非政府行为主体带来新的机会，帮助它们解决迫在眉睫的问题，创造脱离外部世界以及现有的基础设施与环境，从而独立运行的可能性。国家和非国家行为主体可以利用可再生能源来改变当下的平衡状态，推动综合事业的提升。

替代能源大趋势将国家主体的能源独立性、地缘政治定位、力量投射能力、抵御波动和冲击的抗风险能力推上了新高度，也让这些国家拥有制定战略和策略的新立场。"地缘政治代理人的

政治理想和政治方案的成败体现在一定的地理尺度结构内"，[110] 所以替代能源可以赋予国家更大的能力。

替代能源开发也有助于提升公民社会对全球决策的影响力。可再生能源赋予了公民社会参与国家事务和影响国内外议程的能力。替代能源甚至开始向集体赋权的角色转变，因为替代能源有能力帮助公民社会克服障碍，从而在多个受全民关注的领域实现社会变革。随着可再生能源技术的不断发展，地球之友等环保组织开始与技术领域联合。鉴于各个行为主体的生物技术及其他技术发展立场有时是相互排斥的，因此这种联合堪称史无前例的壮举。

替代能源大趋势能够帮助社区实现独立，并奉行新的"绿色议程"，实现可持续发展。人们都很关注全球公共资源的命运，各大团体和社区也因此积极寻找有利于环境安全的方式方法。不论是在家还是在单位，团体和个人都能轻松地利用可再生能源，为环境保护作出贡献。这种低难度的环保行为让人们更容易接受之前颇受争议的政策条款。例如，太阳能电池板可以轻易地安装在住宅和商业建筑上。用户能够利用这些电池板获得能源，还可以将多余的能源输送至公用电网并从中获利。

替代能源大趋势可以帮助人们探索能实现国家繁荣、自立自主、自理自治的新方式。随着科学和技术的发展，科技开始成为个人影响政治和决策的有效工具。可再生能源让个人能够参与环境安全和健康，经济安全以及能源安全等领域的政策讨论。尽管目前参与科学发展议程的人数十分有限，但随着参与人数的逐渐增加，他们的影响力也会越来越大。

替代能源大趋势的兴起映射出社会物质性因素（socio-material factors）[111] 的发展生态圈。这些因素正在塑造全新的社会结构以及行为主体、机构及个人之间的权力关系。21 世纪的发展生态圈受到策略的操纵，且这种操纵利用并改造了替代能源大趋势等现代现象，以实现策略目标。这些转变表明，行为主体的社会影响越来越大，甚至颠覆了历史变革中自上而下的变革过程，形成了一个由底层民众塑造的社会。

（7）道德需要：替代能源大趋势是具有"道德优势"的能源形式，道德推动着替代能源大趋势的发展

替代能源大趋势不仅受实际效用的驱动，还受日益强大的社会道德需要的鞭策。替代能源构建了人与自然的和谐关系，从而体现出一种内在的"善"及"道德优势"。规范能源生产及消费的道德不断发展，在道德层面上影响着人类行为及社会秩序。

人们对可再生能源的理解陷入了一种二元对立的善恶观，[112] 对替代能源大趋势的解读也呈现两极分化的态势。许多社会阶层认为，可再生能源体现了一种向善的力量。

替代能源的"本质是好的"，它为人们铺平了通往美好生活和美好社会的道路。可再生能源的倡导者认为："可再生能源更廉价、更安全，而且是一种更明智的能源选择……"[113] 这也是他们对气候变化及可持续问题做出的道德选择。因此，社会成员、大众媒体甚至一些国家都认为，从道德层面来看，替代能源大趋势优于其他能源。

替代能源的道德优越性可能催生出新的政策选择，有时甚至会促使人们做出这些选择。这一现象在本体论上体现在：虽然人（或国家）最初是受物质利益或精神利益的驱使才采取某种行动的，但最终决定行动性质或方向的是行动主体的精神建构或外部世界的"形象"。[114] 在这个二元框架中，否认气候变化和其他环境威胁迫在眉睫的人被纳入了"恶"的阵营。

然而，通过仔细观察，我们可以发现，替代能源开发的道德价值观具有内在的不一致性。这种不一致性在新能源的应用成本问题上体现得更加明显。"能源被视为一种维持生命所必需的商品"，由此产生了一个严重的道德问题，即替代能源政策对穷人的影响。[115] 鉴于当前的市场现实，到底采用多少可再生能源基本取决于它可以节省多少财政资源，所以可再生能源变成了有钱人的游乐场，将穷人拒之门外。这就是替代能源大趋势在最佳的体制与最适合人类的体制二者之间隔出的鸿沟，"一边是体制目标，另一边是人类对美好生活的向往，二者因种种原因联系了起来"。[116]

此外，可再生能源尚难以克服自身的脆弱性，也有很多实际问题没有得到解决。例如，生物燃料的快速发展催生了伦理问题。随着生物燃料在能源结构中所占的比例逐渐提高，投入生物燃料生产的粮食作物也越来越多，这导致了森林砍伐及粮食价格上涨等问题。太阳能及风力发电厂占用了土地，也引发了相关的道德问题。

替代能源技术带来的影响可能不会在此时此地完全显现出

来，但其影响会越来越大，直到"以前的伦理框架无法再容纳它们"。[117] 从某种意义上说，随着社会越来越多地将道德价值观归于政治和经济领域，替代能源技术将是处于道德高点的政策选择。

（8）政策和法规：将驱动因素整合为替代能源大趋势，形成一种远超驱动因素本身的现象

国家监管框架及国际监管框架结合在一起，成了推动替代能源大趋势并整合其所有驱动因素的关键所在。为了充分推动替代能源大趋势的进程，这些框架必须能反映 21 世纪的三个现实情况：第一，人类依赖能源；第二，第四次工业革命正在进行，人类与能源的互动方式将被改变；第三，这些指数型技术会在未来对个人、企业、政府和社会产生极大影响，其具体影响方式暂时还不清楚。

决策者通常着眼于短期目标，如污染防治、技术竞争、利润大小及气候变化等。这带来了一个重要问题：国家和全球治理机构能否制定具有全面性及前瞻性的政策，从而应对那些将要塑造未来能源格局的技术变化？这里的全面性是指，政策应考虑诸多细节，包括创新监管模式，应对在劳动力市场产生的积极及消极影响，改造升级基础设施，有效应对巨大的地缘政治影响及安全影响，应对更广泛的挑战等。

针对新兴技术的监管环境出台积极主动的国家政策，既能推动新技术的开发及应用，又能识别并消除阻碍公众创造力及企业家精神的障碍。大多数能源政策主要围绕化石燃料制定，专门针对可再生能源制定的政策少之又少，但是化石燃料的相关政策经常会影响可再生能源的发展。例如，取消化石燃料补贴这一政策并不是为了推动可再生能源发展而制定的，但必将对可再生能源产生积极影响。这些政策的内容通常截然不同，有时不同的政策所追求的终极目标也完全相反。尽管如此，对可再生能源产生间接影响的能源政策框架为上文探讨的驱动因素提供了发展背景，让它们完成了统一。

国家出台的法律法规能够直接刺激替代能源开发。一些政策直接鼓励可再生能源的发展，还有一些政策削弱了不可再生能源的竞争优势。[118]因此，替代能源大趋势对决策及政策执行过程具有路径依赖性。政策能指导发展，但有时也会适得其反。[119]为了加速替代能源大趋势的进程，根据国际框架调整本国政策的呼声越来越高。

基辛格和乔治·舒尔茨（George Shultz）认为，"解决气候变化问题和能源问题都离不开全球合作。我们必须坚定不移，不能因一些可避免的对抗政策而忘记初心"。[120]一些国际机构和组织相继出台了监管措施，并逐渐树立起了"软法"重要制定者的形象。"软法"即所谓的第二层级国际法律制度，本身不具有约束力，侧重于提供建议、指导方针和标准。[121]2015年通过的联合国可持续发展目标迈出了统一各国政策、形成总体国际框架的坚实一步。[122]可再生能源的国际贸易目前受现行国际法和世界贸易组织规定的管辖。[123]然而，将本国政策向国际框架看齐仍颇具挑战，因为每个国家的具体情况都与其自身独特的社会文化背景存在内在联系。

　　将与替代能源有关的承诺、倡议和法规整合到全球监管框架中可能会催生一系列财政机制，且针对能源行业的限制性措施会进一步巩固这些财政机制。理查德·哈斯（Richard Haass）指出，此类监管政策"将是抑制需求和鼓励开发替代能源及相关技术的主要手段"。[124] 这些政策引入了碳交易及碳抵消机制，为可再生能源提供了更多融资渠道，含蓄地表达了为可再生能源创造市场利基的意图。[125]

　　总而言之，相互融合、相互强化的驱动因素构成了替代能源大趋势，替代能源大趋势又反过来超越了这些因素的总和。在相互作用的过程中，这些驱动因素不以独立事件或现象的形式存在，而是被思想、观念和愿景牢牢捆绑在一起，进而共同产生了实用选择及道德选择。地方、区域和国际法规框架强化了这些驱动因素的作用，并引导了它们的发展。这些因素结合在一起，形成了替代能源大趋势的本质特征。

　　（9）替代能源大趋势对社会的持续建构：影响、创造和再创造

　　替代能源大趋势是一种典型的社会建构现象。它由知识与行动共同构成，二者缺一不可。在它们的共同推动下，替代能源大趋势有了源源不断的动力，并取得了切实的成效。这并不妨碍替代能源大趋势对社会施加影响的能力，因为"所有规则、制度和意外冲突的稳定模式都是可识别的社会架构"。[126]

　　人类与自然的相互作用以及个人、群体、社会之间的内部与

外部相互作用共同塑造了人类环境。社会要素之间的作用是双向的：社会环境塑造了独立个体；反过来，个体的一致行动也改变了周遭的世界。这时，由自然建构的物体和由社会建构的物体之间就没有区别了，因为我们所处的现实环境就是我们赋予其的形式。

用亚里士多德的话说，"有了形式，已有的物体就能通过向外界赋予形式而制造出其他物体"。[127] 这种相互作用的特征是个体为达成某个目标而做出的选择，以及这些选择所产生的有意或无意的结果。替代能源开发也不例外——它们也是由个体与环境之间的相互作用形成的。它们揭示了社会的优先事项，从而为未来的组织方法及社会制度提供了指导。

系统性因素及内在因素决定了人们对替代能源大趋势的看法。系统性因素包括技术的发展以及基础设施的兼容性和灵活性。内在因素包括是否为投入使用做了充分准备，成本的高低以及资源储量是否充足。这些因素都是由社会和技术本身的相互作用形成的。

人们对替代能源大趋势的态度和理念反映出人们为应对威胁人类福祉及生活水平的负面因素并实现安全化所做的努力。这些理念影响着社会群体内部及相互之间的关系，且改变了人们努力的方向，即从社区运动转变为政党运动，从个人选择转变为国家或国际的集体行动。[128] 替代能源大趋势也推动了全球治理新方法的出台。

替代能源大趋势产生的大大小小的影响相当于一种社会罗

夏测试 [①]，能帮助行为主体明确想要达到的目标，并有效衡量某些行动的效果。不同受众的侧重点不同，对替代能源大趋势的接纳程度也不一样，具体取决于替代能源大趋势在环境、经济、能源、国防和政治等不同领域的成本效益关系。个人、国家和非国家行为主体在可再生能源当下和将来的发展框架内确定自己的需求，关注各自的侧重点，并紧紧抓住替代能源大趋势中最切合自身愿景和想法的机会。

三、替代能源的未来简史——替代能源发展的现代建构

人们很早就开始利用如今被归为替代能源的能源。这些史实揭示了从前的社会习俗以及人们实践和认知的变化，并能帮助人们深入理解替代能源大趋势的未来轨迹。

人们并不能总是从历史中吸取教训，但历史可以让人们了解人类的行为模式，而这些行为模式很可能决定未来的走向。人们最应该从历史中学到的是人类发现并创造历史的过程。

[①]　罗夏测试由瑞士精神病学家赫尔曼·罗夏（Hermann Rorschach）开创，是让被试者通过图形媒介，建立起自己的想象世界，在无拘束的情景中，显露出其个性特征的一种个性测试方法。这种测试可以揭示驱使人们行为与情绪活动的秘密特征，从而对他们的心理健康进行评估。——编者注

1. 历史性：替代能源的过去、现在及未来建构是如何形成的？

虽然可再生能源并不是什么新鲜事物，但从历史角度看，可再生能源近一百年才被认定为化石燃料的"替代品"。直到 20 世纪中叶，人类才开始有目的地开发化石能源的替代品。那时，全社会都致力于将替代能源并入能源结构之中，从而在不过度依赖化石燃料的基础上快速发展工业经济。近些年，人们才将替代能源视为化石燃料的补充，或是减少化石燃料负面影响的对策。

可再生能源的历史是被"重构"的。人们挑选出一系列积极向上的传说、史实及猜想，进而描绘出了一幅人类战胜自然挑战，在主宰环境的同时又与环境和谐相处的美好画面。其中不乏英雄事迹和科学发现：从普罗米修斯之火到 2000 多年前希腊的水力发电，从苏格拉底鼓励发展太阳能到 1774 年法国化学家拉瓦锡发明并使用太阳能炉等。

替代能源的历史事实告诉我们，虽然能够大规模投入使用的颠覆性发明少之又少，但是只要技术是可行的，人们就会在日常生活中使用这些技术。事实上，一些创新的可再生能源技术已经得到了广泛应用。如今，这些人为选择的历史事件塑造了人们对替代能源的认知，并且人们将使用替代能源奉为能源利用进入新"黄金时代"的标志。人们不但可以利用大自然中的替代能源，而且能与大自然形成和谐共存的新模式。未来，替代能源终将为人类所用。

人为选择出来的实验、应用和成就引发了替代能源的历史重构，进而创造了一种独特的历史性。这种历史性来自当下人们对过去事物的理解，也就是说，历史事件及成就能帮助人们理解替代能源的当前处境，预测替代能源大趋势的前景。[129] 替代能源的历史重构向可再生能源的现代发展赋予了重要意义，其重要性超过了历史的总和。也就是说，虽然替代能源不是什么新鲜事物，但从被重构的历史的角度来看，替代能源的范围变得更广，意义变得更重大。

替代能源大趋势的出现并不是由单一的突破或发现引起的。人们用不断变化的视角看待能源对人类安全及未来发展的重要性，这才是替代能源大趋势产生的关键原因。替代能源大趋势的历史概括了当下人们对资源枯竭和环境退化的担忧，认为可再生能源确实能够补充现有的能源结构，是继化石燃料之后的可供人类大规模使用的可行能源，也是未来人类发展的有效途径。从本质上讲，当前人们对替代能源历史的理解决定了替代能源的未来。

2."黄金时代"再现：替代能源的"辉煌历史"之从古代到启蒙时代

现代社会对替代能源开发的美好愿景促使人们了解可再生能源的历史，追溯其在人类文明史上的历史足迹。从这些历史事实、推测和再阐释中可以看出，人们似乎渴望回到"黄金时代"，因为那时人们与自然的关系不是剥削与被剥削。反观现在，能源的使用往往与对自然的剥削密切相关。

本书中引用的例子横跨古典时代、中世纪及启蒙时代，但举这些例子并不是为了标榜可再生能源的悠久历史，而是为了说明可再生能源技术在此期间取得的进展，并在如今的替代能源技术发展与过去的光辉历史之间建立联系。

如今，人们认为，可再生能源不但历史悠久，而且在社会各部门都得到了广泛应用，可谓前景光明，充满希望。人们对可再生能源的利用可以一直追溯到古代。水能、太阳能、风能和生物燃料等可再生能源是波斯、希腊和罗马的主要能源来源，也是古代中国人、玛雅人和阿兹特克人的能源来源之一。

公元前 6 世纪，波斯帝国居鲁士大帝命人修建了一套精巧的地下输水管道系统，将雪水输送到波斯帝国的重要区域，用于农业灌溉。有了这个输水系统，波斯才建立了传奇般的波斯园林。据考古证据证实，公元 7 世纪，人们使用风车带动水泵抽水浇灌这些园林。[130] 早在公元前 2 世纪，人类就开始利用水力生产并制造粮食。

人类利用太阳能的历史也很悠久：古代中国人、希腊人和罗马人曾利用曲面镜汇聚太阳光。据传，在锡拉丘兹被罗马人的船只包围时，阿基米德也曾利用大量镜面汇聚阳光，从而烧毁罗马人的船只。[131] 古希腊和古罗马文明也曾使用玻璃搜集太阳能，供家庭使用。[132]

通过这些史实，我们可以看出，可再生能源能够长期有效地服务于人类，并帮助人类实现经济和军事目标。可再生能源是人力及畜力的补充，也塑造了人类征服自然的观念。这些例子就是古代人追求新形式的独立，找寻进步道路的缩影。现代替代能源也是如此。

中世纪时期，人们因使用可再生能源技术而产生了赋权感。当今替代能源大趋势的前身提高了人类改变环境的能力，让人们从第一个千年之交的动荡环境中脱身出来。此外，使用可再生能源还将人类从日复一日的繁杂工作之中解放出来。

水力和风力被应用于广泛的经济活动之中，包括织布、制革、炼铁、锯木，磨坊用水车粉碎谷物等。一些欧洲国家不断改进风帆，巧妙地利用风力，进而成了全球海上航线的霸主，开辟了全球贸易航线。中世纪时期，可再生能源以全新的方式助力人类经济活动，证明了其改造社会的能力，其广泛使用也让人们认识到了它的可靠性和变革潜力。

启蒙时代，可再生能源与理性主义的科学革命一道，共同改变了社会面貌。[133] 启蒙运动带来了科学进步，证明了人类进步有科学的一份功劳。启蒙运动崇尚知识，能源开发也相应地引入精确的科学以及技术、经济范式。事实上，科学研究方法就是启蒙时代的主要成就。科学方法重塑了人类对自然环境的本体论取向，各大文明也得以更上一层楼。

启蒙运动在欧洲大获成功。欧洲是启蒙运动的中心，在利用能源进行力量投射方面具有一定优势。这种力量直接影响了现代全球秩序的形成。[134] 正是因为启蒙运动的影响，替代能源如今才能被视为赋权的工具及社会弊病的解药。人们在替代能源领域取得的技术进步也恰恰说明了当今替代能源的变革潜力。

替代能源与化石能源在投入使用之前都遇到了同样的问题，即受到了灵活性、流动性、位置、基础设施等系统性的限制。可再生能源能否满足人类大量的能源需求，决定着替代能源大趋势将如何演变，到底是万古长青还是昙花一现。

3. 概念重建：替代能源投入实际使用，与化石燃料并驾齐驱，人类从工业革命到 20 世纪后半叶的远大梦想终得实现

化石燃料变成人类的常规能源之后，可再生能源才真正成为"替代"能源。将可再生能源开发看作一种具有独特趋势的概念重建起源于工业革命之后，并在 20 世纪初期逐渐深入。第二次世界大战结束后，可再生能源开发的重要意义逐渐显现出来。[135]在概念重建的过程中，可再生能源的技术发展使它能够与化石燃料相抗衡。只有在可再生能源与化石燃料并驾齐驱，并可以替代化石燃料之后，可再生能源才能实现新发展。因此，一种能源只有在能与已知能源相媲美的时候，才能作为替代能源出现。

在工业时代，工业活动和经济活动如火如荼，能源消耗量也越来越大，替代能源的作用随之日益凸显。工业化初期，水力和风力技术不断发展，人们也做了很多相关的科学实验。

工业革命的核心是创新。物理学、化学及工程学的新发展促进了创新，而创新进一步推动了替代能源实验的开展。在工业革命的大部分时间里，可再生能源都是主导能源。即使煤炭后来居

上，变成了人们的首选能源，可再生能源仍然是能源结构中重要的一部分。19 世纪 30 年代末，鲸油[136] 及其他燃油[137] 的价格逐渐攀升，人们转而使用酒精灯照明、取暖。1838 年，第一块氢燃料电池诞生。[138]1892 年，世界首个区域供暖系统在美国爱达荷州博伊西市建成。[139] 早在石油被大规模应用之前，奥古斯丁·莫超（Augustin Mouchot）等一众科学家就在探索太阳能利用技术（图 1-2）。

图 1-2　奥古斯丁·莫超发明的太阳能集热器，于 1878 年在法国巴黎世界博览会上展出[140]

　　尽管工业时代可再生能源曾被大量应用，但随着煤炭、石油和天然气等后起之秀变成人们的主导能源，太阳能、风能、水能和生物质能相继沦为"替代"能源。然而这并不代表人们完全抛弃了可再生能源。一些政治解决方案不符合当时的财政承诺或成本要素要求，与中短期利益背道而驰，但却符合人类的情感需求。使用可再生能源恰恰体现了人们对这种政治解决方案的一贯追求。可再生能源在某种程度上扮演着实现社会目的的技术手段这一角色。

工业时代的替代能源开发为后工业化时期的文化变迁埋下了伏笔。在那个时期，经济方式发生了转变，走入规模经济时代。规模经济的影响从欧洲蔓延到了整个世界，并鼓励人们创新能源的实际使用方式。

在概念重建的过程中，可再生能源不仅代表着人类为追求新知识而进行的实际实验或言语行为。20世纪，可再生能源代表了人们为开发能取代煤炭、石油和天然气的主导地位的新型能源所做的努力。决策者及整个社会都将可再生能源视为一种崭新的未来，因为可再生能源为人类提供了太阳能、风能等更多能源选择。人们对可再生能源进行了重新定位，认为它能满足人类的能源需求，是可行且实用的解决方案，也可以让人类走上不依赖化石燃料的发展道路。根据概念的具体内容，这个概念重建可以分为两个时期：第二次世界大战前和第二次世界大战后。

第二次世界大战前，化石燃料在能源结构中占主导地位，但人们对可再生能源的热情未减。19世纪80年代，第一批电动汽车问世，亨利·福特研制的T型汽车率先使用了乙醇和汽油的混合物作为燃料。[141] 人类利用生物燃料的例子可以追溯到1900年，1900年巴黎世界博览会展出了法国奥托公司研制的以花生油为燃料的柴油发电机；[142]1906 年，美国时任总统西奥多·罗斯福（Theodore Roosevelt）取消了酒精税；[143]1938 年，美国堪萨斯州的一家酒精厂生产了 1800 万加仑①燃料乙醇；1922 年，加利福尼亚州建造了第一座地热发电厂。[144]

新技术不断走向实际应用，人们对能源使用的思考方向不断创新，寻找化石燃料替代品的热情也与日俱增。长久以来，人类一直有在完善自然的同时开发自然的愿望。替代能源的变革潜力日渐凸显，为这个美好愿景开辟了现代道路。

第二次世界大战后，化石燃料替代品成为推动社会发展的实用能源解决方案，因此越来越多地影响到政策考量。工业化经济体迫切需要扩充能源选择，国防部门能源需求快速增加，技术要求及技术使用强度不断提高，以及化石能源价格上涨，都让人们更加关注可再生能源。

第二次世界大战为替代能源的发展注入了新的活力。第二次世界大战后，核能技术随着军事的发展不断精进，生动体现了能源领域突破性技术发展带来的影响。战争还促成了一系列新技术的落地。1958 年，美国首次利用太阳能为卫星提供动力。[145]卡特政府时期，白宫屋顶甚至安装了太阳能电池板。[146]替代能源技术不断进步，社会和决策者对替代能源的接受程度也不断提高，并且他们相信替代能源具有可行性。这种信任和接纳终将引领替代能源由梦想走向现实。

---

① 美制单位，1 加仑 =3.785 升。——编者注

20世纪70年代爆发的石油危机引发了人们对全球能源供应的关注，所以尽管20世纪后半叶替代能源的经济可行性并不高，但人们依旧对其兴致盎然。美国及欧洲利用可再生能源降低人们对化石燃料的依赖程度。1973年，基辛格呼吁"大力鼓励生产者增加供给，大力鼓励消费者合理利用现有供给品，大力开发替代能源"。[147] 石油危机本可以促进替代能源行业的发展，但是在石油危机过后的几年时间里，石油价格下跌到了可负担水平，决策者随即卸下了寻找替代能源的重担。

技术的重要性日益增加，对政策决策产生了一定影响。雅克·埃吕尔（Jacques Ellul）有言，"国家与技术的结合并不中立"。[148] 依据他的观点，投资新替代能源技术无关科学能力，只关乎政治意愿。[149] 当化石燃料供需关系紧张时，人们倾向于将可再生能源作为主导能源。而当化石燃料供需关系宽松时，人们又觉得将可再生能源作为主导能源的可行性不高。尽管人们的态度摇摆不定，但可再生能源能够向社会赋权，这意味着可再生能源依旧具备吸引力。

4. 转型：全球化及全球技术革命背景下的冷战后范式转变

20世纪，可再生能源被重塑为化石燃料的替代品。社会通过现代社会物质环境的视角看待可再生能源开发，[150] 可再生能源开发与理想未来的联系也越来越紧密。事实上，概念重建指的是社会对可再生能源的认知方式的转变和接受程度的提高。

冷战后发生了范式转换，极大影响了可再生能源的转型，进而改变了与全球政治、社会秩序和政治经济相关的诸多条件。[151]这种范式转变增加了全球能源需求，释放了冷战时期被两极格局压制的广泛资源，并吸引了能够在追求新权力形式方面发挥影响力的行为主体加入其中。此外，它还催生了新的社会态度，改变了政治、经济和文化习俗。

冷战后的范式转变改变了社会的理解和愿景，让人们重新认识与自然的相互作用以及使用能源的方式。人们长期抱有各种期许，持续探索方式方法，才造就了这种结果——"这是一个创造知识并利用知识的过程。这个过程深入整个社会之中，对所有社会公民都产生了极大影响"。[152]正如路德维希·冯·米塞斯（Ludwig von Mises）于启蒙时代来临之际所说，"只有资本积累到一定程度，实验才能从阿基米德和达·芬奇等天才人物的消遣之物发展为对知识有序的、系统性的追求"。[153]新的需求迅速增长，科技知识层出不穷，社会与政治相互作用的形式及权力表现形式推陈出新，都将人们的注意力转移到了替代能源开发上。

冷战后的范式转变也解除了军事和经济资源的束缚，让这些资源可以自由流动，供人们投资和消费。两极格局再也无法适应日益增长的全球能源需求，这也吸引了越来越多的国家、非国家行为主体及全球公民社会的重点关注。冷战后，世界从两极格局走向一国称霸，继而转变为如今的多极化格局。社会能源需求空前旺盛，为替代能源大趋势的形成创造了条件。20世纪末21世纪初期人口结构的巨大转变及人口的大规模迁移也促进了全球能源需求的增长，催生了能源供应和利用的新模式。[154]

在后冷战时代，全球化在定义新国际体系上发挥了极其重要的作用。全球化影响了人类及其生存环境，导致了与资源相关的人口、生态和技术的变化，从而改变了替代能源的发展方式。[155] 甚至有人批判称全球化是西方国家的"发展模式"。[156]

在全球化的作用下，世界各地的能源需求同步增加，这让人们意识到替代能源转型的必要性。全球化为替代能源大趋势的传播提供了渠道，也提高了人们对可再生能源的接受程度。[157]

全球化让世界的联系越来越紧密，其进程"加快了历史的流动"。[158]为了适应这样的变化，政策和传统的权力结构不得不做出相应改变。全球化赋予了替代能源大趋势一种元地理学性质，也就是"一种空间结构，人们根据这个空间结构组织已有的世界知识"。[159]地缘政治空间不断压缩，地缘政治时间持续加快，导致国家、非国家行为主体之间的依赖程度逐渐增强。[160]在全球化的背景下，局部地区的政治事件会引发全世界的关注，国家领土与边界也不再是国家发挥政治影响力的障碍。全球化还带来了新规则、新实践，也形成了进行力量投射及抵御力量投射的组织机构。政策、战略及政治立场也发生了相应改变，从而重新定义了替代能源开发的本质。

受当下全球技术革命[161]的影响，人们对可再生能源的接受程度达到了新高，可再生能源的可行性也得到了高度认可。如今，技术在人类价值观的形成和塑造中发挥着越来越重要的作用，[162]这也为替代能源开发转变为现代大趋势提供了重要条件。

新的重要行为主体不断亮相，新的权力形式也层出不穷。替代能源大趋势的演变受到了这些新兴事物的影响。这种"地缘政治转型"[163]会导致组织、国际关系、政策及法规不断变化，从而造就新的经济强国及政治力量中心，也会产生全新的意识形态建构、知识假设、基本原理及逻辑。[164]

与此同时，更多行为主体即将参与到地缘政治力量投射的行列之中。替代能源是解决全球问题的本土化方案，所以对于希望加强力量禀赋的行为主体而言，替代能源的重要性日益突出。此外，能够影响跨境议程的力量中心越来越多。这些力量中心整合成一张网络，共同呼吁并推动替代能源大趋势的进程，向能够对替代能源大趋势演变产生影响的行为主体施压，从而引导它们的意图、战略及行动。替代能源大趋势之所以能够出现，是因为从冷战时期到后冷战时期，全球事务发生了一系列深刻变化，带来了施加影响的新规则和新机会。

5. 从不可能变成现实：第四次工业革命和人工智能对替代能源大趋势的影响

第四次工业革命以前所未有的技术变革为特征。这些快速变化影响着物理世界和数字世界，并让工业范式发生了根本性转变。这次工业革命实现了超级自动化生产，也见证了机器人技术及人工智能在经济、商业、政治、管理及个人生活等领域扮演着日益重要的角色。我们现在所说的"人工智能"将成为未来变革的核心驱动力。

　　大规模机器类通信将推动"物联网"的发展。物联网是由共享信息的常用物品以及使用移动网络的智能设备、传感器和工业设备所组成的互联互通的网络。5G 移动通信将集合许多能够改变世界的技术创新成果。5G 技术将服务于所有重大颠覆性技术[165]，替代能源技术也是其中之一。5G 技术的开发、控制和接入能力可能在大国竞争中发挥关键作用。

　　现如今，能否挖掘出替代能源技术的全部潜力在很大程度上取决于储能技术和数字电网的进步。[166] 储能技术革命将对电力行业价值链的上下游产生巨大影响，因为储能技术可以取代峰值负荷发电厂，改变未来的输电及配电投入，并助推电力生态系统的数字化进程。

　　第四次工业革命也在改变数字化电网体系结构。能源网络技术的进步将推动替代能源大趋势的发展，具体包括电网侧储能技术，分布式发电的集成传感器及数据分析技术，能源管理智能合约，灵活需求，智能控制系统等。

　　第四次工业革命取得的成果不断推动替代能源走向现实。十年前，这些大胆的想法和技术还只存在于科幻小说之中，而如今已经成为现实。第四次工业革命和替代能源之间产生了协同作用，要求社会重新思考土地、能源、基础设施、技术以及全球经济与本地经济之间的关系。替代能源领域的解决方案层出不穷，改变了人类与能源之间的关系。[167]

　　此外，第四次工业革命在不平等、能源安全、经济安全和国防等领域产生了巨大影响，所以社会迫切需要找到管理新技术世界秩序的方式。我们还不知道到底怎样治理技术世界，能源大博弈将会怎样展开，而且当前民族主义、保护主义及零和关系的政治倾向盛行，因此技术世界很难对全球安全产生积极影响。至于人们是否了解这个新世界，莱昂内尔·巴贝尔给出的回答恰如其分："我们甚至还没弄清楚机器学习和人工智能将何去何从……未来还有更多阻碍……人类思维无法复制。"[168]

6. 未来姗姗来迟：笃定替代能源的美好前景

人们认为替代能源发展得相对缓慢，是因为社会对技术发展的预期不断增强，而替代能源开发并没有达到这种预期。[169]

在工业革命的鼎盛时期，技术进步和对创新的渴望激发了儒勒·凡尔纳等人的想象力，拓宽了他们的视野。现如今，替代能源的潜力同样引发了人们的无限遐想。虽然阿尔文·托夫勒（Alvin Toffler）认为技术进步超出了社会预期，但替代能源大趋势并不意味着"未来提前到来了"[170]，而是代表未来将姗姗来迟。这样的预期会为人们留下充足的准备时间，让人们更加笃定替代能源的美好前景，就像阿瑟·克拉克的著作《2001 太空漫游》（*2001: A Space Odyssey*）等未来主义科幻小说中所描述的那样。

人们迫切希望加大对可持续能源的支持力度，这种紧迫感也让人们愈发觉得当下的替代能源发展缓慢。人们对决策者施加的社会压力影响了决策，有时甚至决定了决策的结果。很多内外在社会因素及全球社会政治变迁共同推动了可再生能源的发展，并塑造了其预期影响。这让人联想到了那些记载着 17 世纪伽利略在公众的大力支持下与中世纪教会对峙的文学作品。[171]

现代的受众不再是替代能源大趋势的被动旁观者，而是主动参与者。他们积极参与到经替代能源大趋势投射的现实的创造过程中。早在这些技术问世之前，替代能源的美好愿景就已初具雏形。第二次世界大战后出生的西方人可能是对当前的技术发展感到最为惊讶甚至失望的人——电影《回到未来2》(*Back to the Future Part II*)中的核聚变动力飞车没有成为现实，动画片《杰森一家》(*The Jestons*)中的单人飞行器和机器人女管家也没有出现。

总而言之，21世纪特有的环境和条件改变了替代能源的当代视角，为现代替代能源大趋势奠定了基础。它代表观念上的新生，就像奥维德(Ovid)的著作《变形记》(*Metamorphoses*)中人变成新形式的故事一样。[172]替代能源的历史重构以及一系列现代条件共同塑造了替代能源。全球化和世界多极化体系的出现以及正在进行的全球科技革命推动了替代能源大趋势的转变，也正是因为替代能源大趋势和现实世界事务之间存在着普遍联系，才使得替代能源大趋势能够长久地持续下去。

一些事件和过程推动着替代能源大趋势的发展。这些事件和过程能够影响并构成人们的日常生活，且往往是由社会建构的。由此产生了真理共识论。这里的"真理"指的是在家庭、村庄、乡镇、城市、国家或全球社会等范围内广为大众接受的东西。[173]实际需求推动了真理的产生，社会观念、愿景和观念建构塑造了真理本身。[174]全球事务和社会对替代能源的态度的转变驱动了替代能源大趋势的发展。全新的经济动力及不断攀升的能源需求等驱动因素创造了人们对替代能源的现代认知，从而进一步创造了替代能源大趋势。

总结：在 21 世纪世界实现普遍安全化的大背景下，替代能源开发怎样演变成了全球社会政治、技术经济及意识形态的大趋势？

- 替代能源开发这一全球现象构成了 21 世纪的替代能源大趋势。太阳能、风能、生物质能、水能、地热能、潮汐能和波浪能等可再生能源实现了转型，有望切实解决能源供需问题。这种转型绘制出了人类使用能源的未来路径，并阐释了人类与自然的相互作用。

- 当下的技术革命、21 世纪变幻莫测的多极格局、国际体系的动态变化、冷战结束后的全球竞争等诸多事件加快了全球化进程，从而推动了可再生能源的转型。人们对传统能源的可利用性、可获得性及其供应安全性的看法发生了转变，并且人们想要抵御能源价格波动带来的冲击。基于这些原因，替代能源大趋势应运而生。替代能源大趋势不仅可以满足基本的能源供需要求，还与重要的道德价值观及现代意识形态相呼应。这些价值观强化了现代社会对未来世界能源使用的认知及准意识形态幻象。

- 替代能源的历史证实了它的合理性，从而推动了替代能源大趋势的出现。人们对替代能源的看法体现在其对替代能源历史的解读之中。站在历史的角度，人们可以看清替代能源大趋势的现在和未来。可再生能源的历史重构与现代的后工业文化并不冲突。人类的能源消费模式与过去的道德及传统联系在了一起，共同预示着新"黄金时代"等美好愿景的到来。

- 这种社会政治、技术经济及意识形态现象是现代的替代能源大趋势。这个替代能源大趋势具有几大显著特征：它是应对 21 世纪地缘政治、社会和经济挑战的创新方式；它覆盖了广阔的地理区域；它对社会政治及技术经济的影响不断扩大；它将长久地持续下去。尽管与化石能源相比，替代能源尚不能望其项背，但替代能源大趋势已然席卷全球，对政治、经济和社会文化产生着极大影响。

- 能源、消费、环境、军事、技术、政治等方面的需求以及各种思想观念推动了替代能源大趋势的进程。全球不断增长的能源需求是替代能源大趋势的主要驱动因素之一，也是佐证替代能源大趋势的物质力量。重要驱动因素还包括日益严重的环境问题、对经济增长的追求、现代技术进步、能源对国防的影响、社会不断变化的道德要求、对赋权新途径的探索，以及不断完善的全球政策及法规框架。

- 替代能源能够赋权个人、国家行为主体及非国家行为主体，这种能力推动着替代能源大趋势的发展。各种驱动因素相互影响，又因替代能源被视为代表着向善的力量而统一并强化，最终造就了这种全球现象。国内外的宏伟计划、政策与法规不断变化，将各种驱动因素聚合为一个整体，共同推动着替代能源大趋势的进程。

● 在这个瞬息万变的世界中，个人与环境之间相互作用，形成了替代能源的大趋势。替代能源大趋势已经成为能源大博弈的组成部分。人们对替代能源大趋势的态度和观念反映出人们为应对威胁人类福祉及生活水平的负面因素所做的努力。这些观念影响着社会内部及社会之间的关系，改变了人类努力的方向，从社区运动转变为政党运动，从个人选择转变为国家或国际的集体行动。替代能源大趋势也推动了全球治理新方法的出台。

第二章

地缘政治中的替代能源大趋势

当违背协议无益于任意一方时，双方才会遵守协议。

——梭伦（Solon）[1]

替代能源会对现代地缘政治产生影响吗？[2] 在大多数情况下，替代能源的影响微乎其微。但今时不同往日，大国竞争时代又来了。

在大国竞争卷土重来之际，替代能源大趋势提供了一个全新的视角，让人们能重新看待地缘政治平衡所面临的压力。值得注意的是，21 世纪变幻莫测的世界多极化格局产生了其特有的力量及影响，并很可能导致紧张局势的进一步升级。在当前地缘政治格局不平衡的背景下，替代能源大趋势对国际关系造成的影响反映了地缘政治的本质，即利用力量实现平衡与统治的融合。

替代能源大趋势的驱动因素和替代能源大趋势本身具有广泛的地缘政治内涵与影响。替代能源大趋势突显了大国之间日益复杂的平衡关系，也展示了当前为实现间断平衡所做出的努力。

一、平衡：替代能源大趋势是影响地缘政治格局的新变量

替代能源大趋势为人们提供了一个具有启发性的视角，让人们能够重新看待现代现象[3]对国际关系造成的影响以及 21 世纪地缘政治格局的重塑。替代能源大趋势的变化体现了 21 世纪世界

格局的复杂性，还能够测试既有的地缘政治格局。

　　替代能源大趋势最突出的地缘政治特征是它能够扩展当代能源版图，并建立全新的相互联系。替代能源大趋势之所以能起到这种作用，是因为资源及能源对现代国际关系有着重要影响。替代能源大趋势是影响地缘政治格局的新变量，也为 21 世纪地缘政治格局重塑提供了全新的解释框架。

1. 替代能源大趋势：重新认识地缘政治平衡

　　从传统意义上讲，地缘政治平衡是指行为主体的实力（主要是军事实力）相当，此时行为主体可以通过与其他主体结盟并建立伙伴关系而确保自身的生存及安全。地缘政治达到平衡时，行为主体间会相互制衡，因此不会出现一国独霸的局面。同时，行为主体将采取持续行动，从而维持一种动态平衡的状态。

　　冷战结束后，平衡的概念发生了转变：可以向行为主体施压的力量[4]更多了，力量中心的数量也增加了。因此，冷战后形成的两极格局逐渐被多极化格局所取代。这些力量中心打破了国界的约束，向整个世界施加权力和影响力。金砖五国是具有代表性的力量中心，其成员国有中国、俄罗斯、印度、巴西和南非。在这些地缘政治行为主体中，中国尤为活跃，对国际格局的影响较大，改变现状的能力较为突出。

　　在从替代能源大趋势的角度评估地缘政治平衡时，技术的重要性愈发凸显出来。第四次工业革命带来了前所未有的技术变革。这些变革不仅推动了替代能源大趋势的发展，还影响了地缘政治格局。行为主体难以阻碍技术的日益普及，因此几乎所有国家及非国家行为主体都能获得技术优势。技术的渗透性正在塑造全新的技术文明生态系统，从而缩小了能够进行地缘政治力量投射的行为主体和其他行为主体之间的差距。[5]

全新的世界多极化格局始终处于动态变化之中，不会停留在现状。因此，地缘政治平衡不能从中央集权的角度加以考虑，而要从压力变化、外部条件变化和新兴行为主体在地缘政治舞台上施加力量的能力变化等角度进行理解。

替代能源大趋势引入了诸多出人意料的影响因素。它们能够改变行为主体之间本质上的力量平衡及表面上的力量平衡，使得新地缘政治平衡的不稳定性更加突出。现如今，国家力量沿着不同国际关系中的各个方向传导。新的 21 世纪地缘政治平衡的形成过程可以比作在国家之间及国家和非国家行为主体之间展开的激烈拉锯战。这些国家及行为主体的经济、政治及军事实力各不相当。

实力的不均衡体现在传统地缘政治格局上。然而，地缘政治本身并不是一成不变的，而是一个过程。地缘政治向相关人士提出了很多问题，需要他们根据不同的环境给出不同的答案。正因如此，概念层面上的地缘政治格局会发生变化，从而适应不断变革的国际关系。

替代能源大趋势似乎具有极大的变革能力。它能够影响行为主体的行动，也能解释传统格局是如何在 21 世纪被重塑的。新地缘政治知识在地缘政治中心及外围区域传播开来，将之前被剥削的边缘化外围群体推到了人们的视野之中。

尽管南北格局与东西格局仍是世界秩序的关键维度，但西方普世主义的势头正慢慢衰减。随着世界逐渐走向普遍安全化，人们对国家利益和安全问题的认识不断深化，很多地区的西方普世主义也已烟消云散。

西方化走向衰落，国家安全利益也不再局限于国家本身，而是与全球事务联系在一起。此外，国家不再是能够解决安全问题的唯一实体。在这个新地缘政治网络中，非国家行为主体在国家事务上的影响力越来越大，并由此提出了自己的外交政策议程。国家安全利益本由政府主导，是自上而下实现的，但非国家行为主体的崛起对这一理论提出了质疑。

这种趋势进一步扰乱了国际体系。现实主义学派认为："国际体系具有无政府性，属于自助体系。国际体系是有能力约束及引导国家行为的最高权威。"[6]这种观点对规范主体行为的标准及条例的制定产生了极大影响，与替代能源大趋势相关的标准及条例也不例外。

新的因素及现象影响着地缘政治格局，也正在改变现代世界秩序的制度安排。新兴体系中的每个群体都有各自的外交政策立场，而且往往与现有的国际框架有所出入。当前的体系框架内存在一定的权力差距，导致不具有代表性的规则冲突频发，一些影响力较小的行为主体也认为它们的利益问题难以被恰当理解或妥善解决。

这里我们可以举个例子。七国集团（以下简称为"G7"）

在国际事务中的地位不断下降以及二十国集团（以下简称为"G20"）的成立，都是世界秩序不断变化、西方议程丧失绝对主导权的体现。尽管国际体系存在失衡现象，但行为主体仍将继续致力于建立具有足够凝聚力且不存在难以接受的分歧的世界格局。占主导地位的行为主体将以自身的条款及条件为引领，最终形成能被大多数参与者接受的格局。

2. 中心－外围动态体系：替代能源大趋势平衡了多重力量中心之间的关系

在地缘政治学中，中心－外围理论是一种空间隐喻，大体用来描述成熟经济体或发达国家（即中心国家）与欠发达国家（即外围国家）之间的关系。[7]这种二分法不但从广义及狭义的层面描述了剥削与被剥削的关系，还充分反映了不平等行为主体之间的政治、军事及经济联系。中心国家在经济关系、军事姿态及与第三方的外交互动中均主导着外围国家，还引导并控制着外围国家与外部世界的经济和政治联系。

自古以来，中心－外围关系就决定了地缘政治的平衡。处于中心的拥有主导权的国家对规模较小、实力较弱的外围国家施加影响力的例子数不胜数。[8]中心－外围关系超越了霸权统治的范畴，并涵盖了发展排头兵和欠发达妥协者在军事力量、农业、贸易和文化等各个领域的联系。中心－外围关系为区域发展提供了合理的解释。

军事统治地位不是区分中心国家与外围国家的唯一标准，例如拜占庭与周边文明的关系，美国与墨西哥、加拿大（三国签订了《美国–墨西哥–加拿大协定》）的关系，[9]美国与哥伦比亚、秘鲁、哥斯达黎加和摩洛哥等发展中国家（美国与这些国家签订了自由贸易协定）的关系等。

只有当中心国家的力量中心与外围国家的力量中心之间保持和谐的利益关系时，中心–外围关系才能维持下去。只要外围国家的统治者与中心国家的统治者保持一致，就能实现这种和谐关系。这中间存在一种传播机制：中心国家的力量中心将自身利益强加于外围国家的力量中心，之后再扩散到外围国家的各个角落。在这种直接联系下，中心国家和外围国家的力量中心可以沟通彼此的愿景及意向。约翰·加尔通（Johan Galtung）认为，中心–外围关系是一种垂直关系。[10]中心国家与外围国家会进行物质交换，双方也都通过出口原材料、优惠贸易条件、出口消费品等途径获取经济利益。在这些垂直关系中，如果中心国家获得的价值超过了外围国家获得的价值，就会形成一种政治或经济上的殖民关系。中心–外围关系是一种统治结构，中心国家与外围国家的力量中心越来越相互依赖，统治阶级的联系也更加密切，而二者的外围部分则相对独立。

这种传播机制导致中心国家和外围国家之间形成了一个中间区域，伊曼纽尔·华勒斯坦（Immanuel Wallerstein）称为"半外围国家"。半外围国家是指位于中心区域逐渐走向衰落的国家（如欧洲的希腊），它们受到逐渐崛起的外围国家（如阿拉伯联合酋长国、哥伦比亚、智利）的影响。半外围国家（如墨西哥、巴西、南非、韩国等）的利益与中心国家和外围国家都有一定的重叠，所以起到了缓冲作用，缓和了中心国家与外围国家之间截然对立的局面。因此，国际体系由中心国家、半外围国家、外围国家三部分组成，其中半外围国家纾解了外围国家的压力及中心国家的剥削，三者也因此凝聚在了一起。在冷战及之前的历史阶段中，中心国家和外围国家之间的区别十分明显。冷战后，多极化格局形成，中心国家和外围国家之间的界限开始变得模糊起来。这主要是因为非国家行为主体逐渐增多，地缘政治实体之间也出现了可以相互影响的新型力量动态关系。21 世纪的中心 - 外围关系根据一组行为主体间的政治、经济及军事力量的平衡与安排而形成。这些行为主体同处于不断变化且迅速扩大的地理影响范围圈内。这时，中心国家和外围国家之间会存在分歧，国家内部的中心 - 外围区域也会存在分歧。

外围国家对西欧及北美的影响较小，而西欧及北美对这些外围国家的影响较大。但在目前的世界多极化格局下，即便西方国家的影响（可以借助国际货币基金组织、世界银行、G7 等机构的力量实现，也可以通过单方面的政府激励实现）仍在扩散，但也越来越多地受到本土的制约。

在世界多极化格局中，中心 - 外围关系不再根据传统标准，即各国的发展情况进行划分。越来越多国家在不同的环境下扮演着地缘政治中心的角色，由此诞生了诸多不稳定的中心国家。外围国家可以根据不同的条件，与不同的中心国家建立联系。东欧、中亚和东南亚的部分国家就在经济、军事、政治、贸易和技术等领域与不同行为主体建立了相互联系，甚至还建立了依赖关系。部分中心国家的力量波动较为剧烈，使得外围国家与中心国家的联系更加错综复杂。在世界多极化格局的大背景下，20世纪类殖民统治模式不大可能借助现代化的渠道传播开来。

在替代能源大趋势的背景下，中心 – 外围关系超越了外围国家和中心国家的传统动态关系，衍生出一种新型多中心地缘政治"几何结构"。尽管各国的替代能源禀赋各不相同，但所有国家都能使用替代资源，所以替代能源大趋势可以被视为一种全新的社会政治及社会经济因素，进而改变了中心国家及外围国家的划分方式。此外，替代能源的主导结构尚未形成，还没有哪个中心国家、半外围国家或外围国家宣称对替代能源的统治地位，所以行为主体仍可以力挽狂澜，扭转局面。

替代能源大趋势反映了中心国家和外围国家之间达成的新力量平衡。新平衡中各方的力量水平和统治地位不断变化，从而避免了单一实体独占统治地位。新形式的力量投射可以赋予外围行为主体信心及实际能力，让它们摆脱或减轻中心 – 外围格局带来的压力。

替代能源大趋势会孕育出新的中心国家，也会使外围国家和中心国家发生地位交换。这使得传统的中心 – 外围关系及作用范围发生了极大改变，中心国家及外围国家的界限也变得模糊不清。如今，西方现代化正日益受到外围地区多样性、文化差异和经济力量的挑战。此外，许多半外围国家和外围国家采用了由国家政府指导、走民族主义道路的模式发展自身经济。

尽管地缘政治学意义上的中心 - 外围关系发生了诸多变化，但这个概念仍可以解释国际关系。[11]21世纪的内外分歧并不比20世纪时更简单，只是在如今这个全球化的世界中，需要纳入国家安全考量的外部影响因素更多了。此外，中心国家对外围国家的影响也在不断变化，双方产生新的分歧，并走上不同的社会、经济和政治进程，比如外围国家会在向上发展时对中心国家施加压力等。中心和外围国家之间关系的性质不断变化，重塑了未来的安全风险。

后冷战时代，多个力量中心同时出现，单一国家夺取统治地位变得难上加难。力量的地域分布这一传统概念也不再放诸四海而皆准。将替代能源大趋势纳入安全考量、地缘政治进程和动态变化中会使当今世界多极化格局大背景下国家间、国家与非国家行为主体间的力量动态关系更加复杂。

3. 东西竞争：替代能源大趋势催生东西方合作新形式

从传统意义上来讲，东西方国家的差异决定了全球政治力量的流动方向，也影响着因地理位置不同而变化的文明及文化焦点。东西方差异是一种地缘政治准则，也就是说政府在制定外交政策时，会假设存在一定程度的对立与竞争。

东西方这一社会学建构是根据文化的不同进行划分的（如澳大利亚虽然地处东方，但仍属于西方国家）。东西方的区分形成了一种"地理框架"，在这个框架之内，"政治领袖和公众都能追求自身的地位及利益"。[12]它还划清了安全对抗双方的界线，任一方都要保证自身的安全。[13]

东西方自古以来就存在诸多分歧。西方文明与东方文明同时存在并相互竞争。在接下来的几个世纪里，西方与东方存在本质上的不同这一观念逐渐形成，并在以欧洲为中心的西方殖民扩张时期达到鼎盛状态。第二次世界大战后，东西方国家的差异进一步扩大。

人们认为，在 20 世纪后冷战时代的多中心国际体系中，西方国家与东方国家之间的差异越来越小。第二次世界大战后，日本、新加坡、泰国、韩国等东方国家开始吸纳并逐渐适应西方的一些优秀发展理念。此外，当今非国家行为主体及公民社会的力量更大，自主性更强，也增加了传统意义上的东西方竞争的复杂性。同时，过去西方国家的成功体现在其经济发展程度及赋权优势等方面，现如今西方国家不再独享这些优势。

如今，东西方国家以谨慎的态度处理相互之间的关系，也明确知道彼此的经济及地缘政治优势。人们对国家的重要利益有了更深刻的理解，所以更关注东西方国家的经济竞争，而不是军事竞争。随之而来的是对意识形态的质疑和对经济竞争的不安情绪。这些负面因素影响着不结盟国家，为新一轮力量平衡的地缘政治博弈蓄力。当今西方经济体之间的不平等现象日益加剧，西方国家内部可能会走上 20 世纪东西方国家因经济发展不平衡而分裂的老路。反资本主义及反西方思潮的意识形态继续扩散，在某些地区已经如火如荼。世界经济重心东移的趋势将进一步助长这些意识形态。此外，一些西方国家积极推行相关政策，但其他西方国家不是不屑一顾就是直接反对，这削弱了西方国家的整体凝聚力。英国脱欧就是最好的证明。

非西方模式在全世界传播开来，人们对非西方模式的接受程度也不断提高，说明了在全球事务考量中，意识形态、社会经济和文化考量优于其他动态关系。与东西方相关的"意识形态"文化不受地理边界的限制，且个人和群体可以同属多种文化。正因如此，生态文化、技术文化才能传遍世界各个角落。替代能源即使不算文化支柱，至少也支撑起了一种正向全球传播且融合了其他文化元素的亚文化。传统文化（由地理决定的文化）和新意识形态文化都影响着地缘政治。

冷战后，东方国家逐渐发展起来。人们寄期望于中国、印度两个新兴大国参与全球秩序的构建，解决紧迫的社会、政治和经济问题。中国和印度都非常重视替代能源（人们有时将其视为公共产品）的发展，并加大了发展力度。在美国前总统特朗普宣布美国退出《巴黎协定》（Paris Climate Agreement）后，新兴国家动摇西方霸权的能力及推动全球环境议程的雄心显露了出来。[14]

替代能源大趋势可能会引发冲突，但也可能催生出东西方合作的新形式。[15]预测替代能源大趋势的未来不仅可以帮助人们从全新的角度理解东西方竞争，而且还指出了东西方国家的共通点，为东西方合作提供了新平台。东西方这种传统二分法也适用于研究替代能源价值链中不断变化的关系。尽管东西方国家之间存在文化差异和价值体系冲突，但东西方国家仍能追求共同的环境目标，只是难度并不小。虽然各国对替代能源大趋势的理解截然不同，但仍能采取协调行动。

4. 南北分歧：替代能源大趋势的迭代改变了分歧及联盟关系

北营和南营是一种地缘政治意义上的分区，其动态变化可以通过替代能源大趋势的未来发展体现出来。替代能源大趋势能够缓和过去的对立局面，也会带来新的争议，进而揭示出新秩序的框架。[16]

冷战时期美苏争霸的两极格局让一些国家彼此结盟，进而演变出了南北分歧。第一世界和第二世界国家主导着世界秩序，并向外围国家，即所谓的第三世界国家施加影响。外围国家通常是指在两极力量斗争中未曾向外施加影响的所有行为主体，[17]大多数位于非洲及亚洲，都是地缘政治影响力有限的不发达国家。

冷战结束后，发达市场经济体被列入北营，其余的欠发达国家则被列为南营。后来，区域内发展不平衡现象日益加剧，迅速发展的新兴市场经济体脱离南营，让国家的归类变得更加复杂，有些区域内部甚至也出现了南北之别。[18]与冷战高峰期时相比，北营和南营的力量差异越来越小。一些南营国家开始崛起，对国际关系产生了重大影响，从而打破了之前的平衡状态。这些国家的实力日渐强大，甚至无须依赖北营国家就能独立发展替代能源及其技术。

现代的南北关系体现了发达国家和发展中国家之间不断改变的力量平衡。南营实体与发达的北营国家一起重构了规范、实践及制度，并在此基础上建立了一种全新的世界秩序。南北之间地缘政治分歧的发展是一个持续变化的过程。这种动态变化将反映出南北分歧背后的环境变化，即南营国家力量不断增强，北营实体可能为应对力量重心的转移而作出反抗。南北分歧不完全是无政府主义的产物，因为其中仍存在建构主义的影子，也包含大国长达几个世纪以来为规范"自助式"国际体系而做出的努力。此外，南北分歧可以作为一个重要框架，用来评估全球政治经济行为主体之间的相对力量、行为主体探索替代能源大趋势的方法及替代能源大趋势对行为主体的影响等。

从投资于替代能源的金融资源在各地区的分布情况中很容易看出，替代能源大趋势仍将传统的南北分歧视为世界秩序的相关维度：全球可再生能源的新投资基本按照南北分歧框架进行分布。替代能源大趋势不能改变南北分歧的事实，但能为南营及北营国家开辟新的合作渠道，为各国创造全新的发展机会，且从长远角度看来甚至可以缩小国家间的贫富差距。但是与此同时，南营国家内部的分歧不断加深，替代能源大趋势也将随之跌宕起伏，造成新的紧张局势及国家冲突。

在替代能源大趋势的映衬下，新兴市场国家复杂的动态变化明晰了起来。新兴市场国家认为发展可再生资源是实现能源安全、技术进步和维护国家利益的手段，所以大刀阔斧地投资可再生资源，这些国家强烈要求在世界规则的制定上占有一席之地。它们还大力发展知识与技术，传播并本地化可再生能源解决方案及应用，从而提升国家的世界地位。

替代能源大趋势可能导致新紧张局势的出现，进而可能加剧南北分歧。南北分歧与由自由市场资本主义引起的不平等密切相关。南营国家认为开采自身资源主要是为了迎合北营国家的利益，南营国家也因北营国家主导的世界体系而经历各种动荡变迁，因此北营国家理应补偿南营国家。南营国家的困境促使它们寻找能够超越北营国家自由市场模式的替代模式。目前，使用现代可再生能源的代价十分高昂。尽管北营及南营国家都在推动绿色产品的自由贸易，但北营国家拒绝以低于市场价值的价格向发展中国家提供替代能源技术，因此通过分配正义来减少南北不平等的尝试没有取得成功。另外，人们也没有就分配正义达成共识。

替代能源大趋势的演变为南北地缘政治和安全分歧提供了新的视角。南营国家可能将继续认为北营国家在应用恐吓策略管理栖息地保护和替代能源开发等全球事务。南营国家可能会要求经济合作与发展组织成员国作出让步，且经济合作与发展组织成员国让步的可能性很大，因为它们曾宣称承担破坏环境的历史责任。[19] 如此看来，因可再生资源而产生的南北争端可能时有发生，并带来经济发展、能源安全和环境等多种问题。

5. 自上而下及自下而上的压力：国家与社会关系的变化

在一国领导受到来自社会的向上影响时，社会政治压力就会经由自上而下及自下而上的不同途径传导下去。这种压力也会影响到替代能源大趋势的进程。替代能源大趋势是一种广泛应用的社会建构现象，既服从于国家的领导，又为民众所驱动，因此替代能源大趋势对国家和民众都有广泛影响。实际上，全球秩序也受替代能源大趋势的左右。自上而下与自下而上的压力改变了"地缘政治互动"，压力与能够改善政治关系的变化建立了新的联系，进而影响到替代能源大趋势的进程。[20]

目前，替代能源开发是自上而下、由政府控制的。国家拥有推动或抑制替代能源开发、布局和使用的主导权。[21]政府在替代能源的发展中扮演着核心角色，其他群体不可能在短期内取代政府的主导地位。替代能源的管理架构是种层级结构，政府机构处于上层，社会和市场处于下层。在国际体系中，中心国家掌握着主导权，向外围国家施加力量。然而如今，这种传统秩序受到了动摇，因为社会和非国家行为主体对国家及国际体系的影响越来越大。[22]

随着国家在替代能源技术布局方面的影响力日益增强，建立全球治理结构的呼声也越来越高。国际层面也在不断努力响应这种呼声，治理气候变化的新方法层出不穷，"绿色"经济蓄势待发。

尽管国家在应对最紧迫的跨国挑战时发挥着主导作用，但大量社会团体和基层运动的出现对国家政策产生了巨大影响。这些民众团体及运动致力于解决一系列问题，如环境威胁、贫困、人类苦难、经济欠发达、区域性贫困等。21世纪社会政治进程速度加快，使得民众对国家政策的影响力逐渐提升。这代表着力量从国家流向非国家行为主体的根本性转变。[23] 受始于社会基层的自下而上的压力驱使，政策会向国内政治及短期利益倾斜，而不考虑战略性的长期解决方案。比如，自下而上的压力迫使苏格兰大规模开发风电，但后期政府不得不叫停开发并缩减风电厂的数量及规模；菲律宾也采取了限制太阳能及风能发展的政策。可再生能源的过度开发会造成诸多不良后果，因此支持可再生能源的政治呼声开始逐渐减弱。

尽管如此，替代能源大趋势仍可以作为一种工具，帮助社会表达自身需求，并将需求转化为压力，以影响政策制定者的短期计划及长期战略姿态。替代能源大趋势也可能影响公民社会和政府之间在处理替代能源、人类安全、发展与自由等问题时的相互作用。这些相互作用的新形式我们将在后续的章节中探讨。

替代能源议程逐渐成形，且它选择了一条区别于过去 50 年国际关系传统及主流方式的道路。这一议程可能会让人类走上不一样的发展道路。站在传统资本家的角度来看，这种促进社会公益的做法要以牺牲商业机构的体量扩大及利润增长为代价。此外，如今的环境保护运动秉持着实现经济、社会、自然环境平衡统一的原则，坚持认为兼顾社会和环境可以促进经济发展，而不是阻碍经济前进。企业界也广泛认同这一认知。许多企业加入了联合国全球契约组织。[24] 这一组织旨在共同推动"可持续发展"，即"在尊重和保护环境的前提下加快世界发展"。[25] 可再生能源是这一组织的重要议程。企业在环境行动主义及社会行动主义的压力下，接受了"可持续发展博弈"的规则，进而向政府施压，确保可再生能源事业能够实现商业化。加入"RE100"倡议[①][26]的公司发起了一场运动，呼吁欧盟采取支持性政策，鼓励更多企业对可再生能源进行大规模投资。[27]

随着施加于政治决策的自下而上的社会压力越来越大，全球公民社会的概念也开始进入人们的视野。这个概念比领土边界划定现有社会秩序或契约的概念更为合理。人类行为不仅受制于公民对国家的隐性和显性义务，还取决于超越主权国家边界的道德考量。改变替代能源大趋势的人类行为会造成社会紧张，特别是当人类行为造成环境破坏时，人们不知道到底谁才应该承担责任。

当这些自上而下和自下而上的压力相遇时，就会产生一系列影响，从而改变替代能源大趋势的方向，甚至左右国际关系准则。社会在塑造替代能源大趋势方面发挥了重要作用，不仅打破了原有的国家地缘政治力量，还让国家考虑将可再生能源纳入其环境、能源和国防政策，从而帮助国家重塑其地缘政治力量。

总而言之，替代能源大趋势是国家与社会关系的重要影响因素，对国内政策及国家关系都能产生一定影响。我们可以从替代能源的发展进程中看出，现代社会普遍存在自上而下和自下而上两种影响力。它们既可以改变地理和政治力量之间的相互作

---

① "RE100"倡议是一项全球性、合作性的商业倡议，由气候组织（The Climate Group，TCG）和碳信息披露项目（Carbon Disclosure Project，CDP）于 2014 年共同合作发起和管理，旨在推动企业向使用 100% 可再生电力过渡。——编者注

用，也可以改变国家之间以及国家和非国家行为主体之间的力量平衡。替代能源大趋势说明了政府和社会之间的互动是如何变化的，以及这种变化是怎样改变全球安全考量的。

替代能源大趋势内生的未来安全威胁需要被安全化。安全化的方法及举措具有一定的地缘政治意义，即以地缘政治互动的形式建立起安全化措施与安全化言语行为之间的联系。地缘政治互动决定了国防、环境等安全化指涉对象在全球秩序中的优先顺序。

从地缘政治的角度来看，安全化行为是能够规范行为主体行为的不断变化的规则体系的组成部分。

二、资源——重新思考能源的政治格局

替代能源大趋势的演变凸显了 21 世纪地缘政治互动的复杂性，也让人们注意到一种全球地缘政治学的新视角。

这种资源地理学以新技术的发展为基础。第四次工业革命带来的巨大的技术变革终将改变能源资源格局，因为低碳世界更需要可再生能源，而不是化石燃料。

此外，化石燃料的存量有限。相比之下，许多可再生能源利用流体的流动产生能量，资源分布广泛。[28] 虽然目前替代能源的利用仍受限于地理位置，但随着技术的进步，替代能源终将实现"去属地化"，从而改变地缘政治环境。替代能源对地缘政治有潜在的影响，即主体可以根据可利用资源的空间分布及流动性禀赋

来实现特定的政治目标。

可再生能源技术向国际关系引入了基于资源的地缘政治新概念、新方法和新价值判断。无论是太阳能、风能和水力发电等已成型技术，还是处于实验阶段的地热能、潮汐能和太空技术，都能做到这一点。在某些情况下，这种新资源地理可以稳定地缘政治局势，而在其他情况下，它可能导致新形式的摩擦和冲突。因此，要想评估替代能源大趋势演变产生的地缘政治影响，就需要进行严谨的地理空间分析。

替代能源大趋势改变了世界能源资源版图，也影响着能源的生产和分配。从古代尼罗河、印度河、长江、底格里斯－幼发拉底河流域发生的冲突到现代安哥拉的石油和钻石，为夺取自然资源的控制权而使用武力的现象早已不足为奇。然而，如今的竞争正迈向新的阶段，新的力量不断涌现，力量的地理分布也不断改变。因替代能源而形成的新地理格局加强了力量的流动性，加快了影响力在行为主体间的传播速度，从而产生了新的安全威胁。

因新地缘政治格局而产生的紧张局势可能导致监管歧视、保护主义和贸易流动受阻等问题。替代能源和石油一样，都会在提供能源的同时造成冲突，从而打造新形式的"可治理空间"，包括知识产权在内。[29]新能源版图反映了变化的资源价值影响地缘政治和地缘经济的方式，从而强化了其他行为主体也可以影响国家安全的认知。

能源对外依存度高的国家及能源储量丰富的国家之间正在进行的国际斗争是一种零和博弈。应对能源威胁的方法依然遵循着这种普适的零和博弈观念。对能源资源的控制属于国家安全考量的范畴，也是破坏国家稳定的因素之一。一些国家之前是能源进口国，但因其拥有丰富的非传统油气资源（如页岩气、沥青砂等），所以将来可能转变为能源净出口国家。但考虑到控制能源资源对国家稳定产生的不良影响，非传统油气资源的地缘政治内蕴也遭到了质疑。能源限制威胁着国家、社会团体和个人的生存，所以重新绘制能源版图可以让行为主体找到在世界秩序中的新定位，从而改变各个国家的安全优先事项。

历史上，资源的配置一直被置于国际合作的大框架中进行考量。各国在地缘政治领域的行动，尤其是涉及资源共享的具体行动，都是由人类的理性和愿望决定的。国际关系英国学派所谓的"国际社会"格局也因此产生。[30] 国际社会的行为受制于一系列不断发展的规则和惯例，并得到了各个国家的统治精英以及更广泛的社会群体的认可。想要解决新的能源冲突，就可能要采取行动来强行获得新资源和新技术。这种行动可能与国际社会背道而驰，并使国际秩序更加紧张。[31]

一些国家的资源禀赋优异，相关技术发展较快，所以能更好地利用化石燃料等资源。可再生能源向现有的地缘政治版图中加入了新的"资源区域"，可以帮助能源缺乏地区发掘新的潜力。只要发展中国家拥有大量未开发（且基本未体现在能源版图中）的可再生资源，就能借此实现快速增长，巩固其政治地位。

随着可再生能源发电规模的逐渐扩大，地缘政治的杠杆作用可能会显现出来。事实上，在不断变化的全球能源版图中，新的力量中心可能会崭露头角，从而影响地缘政治平衡。后面几章会讨论到，一些挑战和脆弱性决定了地缘政治格局的变化程度，以及变化中的受益者到底是谁。

1. 太阳能：帮助南营国家和其他地区挖掘潜能

太阳能可以改变某些国家的电力禀赋，从而深刻影响地缘政治版图，国家的南北属性也可能因此改变。目前，太阳能发电装机容量占全球总用电量的1%，[32]仍呈现本土化发展的态势。然而，美国西南部、中国青藏高原、非洲萨赫勒地带①、中东、澳大利亚的大部分地区都处于"太阳地带"，日照时间较长，资源禀赋较优异，今后太阳能的发展可能会向这些区域倾斜。尽管目前太阳能的用途十分有限，但许多人认为，太阳能将成为规模最大的可再生能源来源。[33]

过去十年，太阳能光伏发电能力增长强劲，但各地区的增速并不均衡。亚洲遥遥领先，占全球新增产能的2/3。前五大太阳能市场是中国、美国、日本、印度和英国，合计新增产能占全球的85%；紧随其后的是德国、韩国、澳大利亚、菲律宾和智利。德国、日本、意大利、比利时和澳大利亚是人均太阳能光伏发电量最高的国家。[34]显然，如今的太阳能光伏发电领跑者并不都是

---

① 萨赫勒地带是非洲北部撒哈拉沙漠和中部苏丹草原地区之间的一条长超过3800千米的地带，从西部大西洋伸延到东部非洲之角，横跨塞内加尔、毛里塔尼亚、马里、布基纳法索、尼日尔、尼日利亚、乍得、苏丹共和国，南苏丹共和国和厄立特里亚10个国家。——编者注

那些太阳能资源禀赋优异的国家。这一现象凸显出"地理条件以外"的驱动因素对大量且有效利用太阳能的重要影响。这里提到的驱动因素包括融资、明确的政策方针、健全的法律框架、发达的输电基础设施等。非洲和中东等地区虽然资源丰富，但不具备这些驱动因素，所以不能很好地利用自身的太阳能禀赋。

只要行为主体通过开发太阳能资源来挖掘力量禀赋，那么同处一个区域的行为主体之间的关系就必将受其影响。这些新的动态变化将对太阳能发电目标的有效性，支持项目的可持续性以及太阳能发电和配电对非对称威胁（如破坏、恐怖主义和有组织犯罪）的脆弱性提出质疑。

总的来说，大规模开发太阳能的预期正在改变行为主体之间的力量关系，重新定义着能源供需关系，并影响着世界秩序。南北营的可再生资源分布不均，导致能源消费国产生了对能源安全的顾虑。这与当前消费国对化石燃料供应的担忧如出一辙。此外，南营国家的太阳能禀赋到底能够帮助贫困国家提升国家地位，掌握地缘政治力量，还是会助长如今的"资源诅咒"，令资源丰富的国家比需要进口资源的发达国家增长得更缓慢，现在仍旧不得而知。

2. 风能：具有颠覆性潜力？

对一些国家而言，风能可能具有颠覆性的潜力，能够赋予它们新的力量。风能资源丰富，分布广泛，永不枯竭，且未来可能成为能源结构的关键组成部分。据斯坦福大学全球气候与能源计划的研究人员估计，世界风能资源的利用率若能达到 20%，其效用就高达 2000 年全球能源总需求的 7 倍。[35] 风能资源禀赋最好的地区有北美、北欧、南美南端、澳大利亚塔斯马尼亚岛、非洲北部及西北部、蒙古和斯里兰卡。[36] 其他优势地区尚待发掘。

全球风力发电量稳步增长，目前已占全球总发电量的 7% 左右。[37] 中国、美国和欧盟在风力发电领域一马当先，印度也跻身世界前五。亚洲、非洲、拉丁美洲和中东地区的部分国家相继进入风电市场。[38] 人均风力发电量最高的国家有丹麦、瑞典、德国、爱尔兰和葡萄牙，均为欧洲国家。[39]

风力发电技术应用广泛，海上风电与陆上风电齐头并进。鉴于中国大力发展陆上风电，风能市场的重心已经从欧洲转移到了亚洲，向东西方动态格局施加了不小的压力。与陆上风电相比，海上风电技术难度更大，成本更高，但发展势头强劲。欧洲的海上风电发展尤为迅速。与其他可再生能源一样，风能也可以帮助国家摆脱对化石能源的依赖，并使不曾因全球化而获益的人们受益，从而引发"自下而上的再全球化"。[40]

尽管如此，人们尚未充分证实风力发电的安全性及不良后果，风力发电也可能在本土及区域范围内导致发展不平衡，甚至引发紧张局势。如果大规模部署风电设施会对气候产生巨大影响，那么城市甚至国家间关系就将因此陷入紧张状态。未来，人们可能会对风力发电产生依赖，风能资源丰富的地区也可能时有冲突发生。

3. 生物质能：受国家利益驱动的竞争优势

从地缘政治的角度来看，生物质能是争议最大的替代能源之一。生物燃料的原材料是玉米等谷物、甜菜和甘蔗等农作物，所以生产生物燃料对其他基础性自然资源具有很大影响。

撒哈拉以南非洲的生物质能潜能最大，南美和俄罗斯紧随其后。欧盟和美国未来可能是生物燃料的进口国。中国潜力不小，日本则略逊一筹。东南亚国家及印度的潜力较大，但仍旧不及迅速增长的人口对能源的需求。澳大利亚和太平洋岛屿可能会成为生物燃料的主要出口国，生物燃料的生产量可能高达当地消费量的六倍。[41] 目前，美国和巴西种植了大量适合作为生物燃料的作物，其他国家也可能具有巨大的潜在产量，尚待人们发掘。[42]

拥有地理优势的发展中国家可以从生物质能中获取力量。适合种植生物燃料作物的国家往往赋予生物燃料以政治和地缘政治价值。这种价值已经超出了生物燃料作为能源的直接效用。巴西快速发展生物质能及相关产业就能明确说明这一点。生物燃料也可以加剧国内和区域的紧张局势。美国和巴西之间就因争夺市场控制权及进入市场的渠道而展开了激烈竞争。[43] 生物燃料虽然有其优势，但生产生物燃料会对环境产生负面影响，也会在国家行为主体之间形成利益冲突。这是因为生产生物燃料会对水、土地和某些作物等稀缺资源产生不利影响，导致区域性供应短缺、食品价格上涨和中长期资源配置失衡等问题。生物质能的生产成本高，所以为鼓励生物质能的发展，国家需要对生产生物燃料给予高额补贴。这可能引起国家间的经济纠纷，打破现有的经济平衡。非洲及亚洲等争议地区极有可能因生物燃料生产而引发冲突。事实上，这些地区也因化石燃料而冲突不断。

4. 水能：表现优异，但未来发展空间有限

水力是能源结构的重要组成部分。水力资源的利用程度完全取决于地理条件及水量大小。目前，水力发电是全世界最主要的可再生能源，其发电量占可再生能源总发电量的71%。[44] 水力发电的潜力及当前的水电部署具有明显的空间异质性。欧洲未开发的水电容量占总容量的50%，而非洲这一比例却高达90%。[45]

中国和美国的水力发电量最大。新开发建设项目集中在中国、拉丁美洲和非洲等国家和地区。[46, 47]

水力发电技术已经成熟，且水电的价格相当具有竞争力。然而，水力发电会导致环境问题，所以发达国家的水电产能扩张有时会受到制约。发展中国家尚有巨大的水电潜能亟待开发，但却面临着重重阻碍，如财政能力有限，政策支持力度不够等。政策方面的问题具体包括保护水坝的执法力度不够，守法意识不强，缺乏操作和维护设施所需的培训，获得的技术支持有限，以及潜在的环境影响等。[48]

水力发电的地缘政治意义主要在于对资源的控制与获取。开发水能可能威胁环境及经济安全，导致冲突的发生。[49] 实际情况是，当一个国家因开发水能而影响其邻国获取水资源时，紧张局势就会加剧，新的争端也会随之产生。在替代能源大趋势的背景

下，因开发水能而导致的争端要比开发其他形式的可再生能源导致的争端更紧迫，更需要尽快解决。[50] 同时，水电开发规模的扩大也会导致本土及区域性的环境安全问题，造成国家、公司、环境保护组织和生物多样性团体等行为主体之间的紧张局势。水电开发还可能引发资源冲突，导致人民生活水平下降，全球安全失衡等问题。

5. 地热能和潮汐能：对许多国家而言前景乐观，但仍处于试验阶段

地热能和潮汐能的开发高度依赖专业技术、地理地质条件、气候条件等客观因素，且目前仍处于早期阶段，尚未对地缘政治关系产生重大影响。[51] 一旦潮汐能和地热能进入大规模应用阶段，就会极大增强某些行为主体的力量，并创造出新的能源出口国。由此导致的力量失衡可能会重塑盟友之间的关系，也可能让昔日的能源进口国摆脱对能源供应国的依赖。地热能及潮汐能的未来影响难以量化，这种不确定性会引起安全风险及地缘政治风险。地热能及潮汐能的空间分布无章可循。目前，全球有 24 个国家的地热发电站已经投入使用，82 个国家正在开发地热发电项目。[52] 土耳其和印度尼西亚的新建项目最多。肯尼亚是非洲最大的地热生产国。卢旺达正对其地热储备进行勘探研究。[53]

开采地热能可能会引发地震，导致自然灾害和冲突，这些严重后果引发了人们的担忧。活火山及较年轻的死火山区地下温度最高，地热能也最丰富。其余地区也都有地热能。

潮差大且潮流速度大的海域极其有限，所以很难估计潮汐能的蕴藏量。迄今为止，韩国、英国、美国、法国、加拿大、中国等国家比较注重海洋能源的投资开发。[54]潮汐发电尚未达到一定规模，还无法准确评估其地缘政治影响。中短期内，国家及非国家行为主体不大可能重视地热能与潮汐能的开发，也不会向它们分配过多资源。

6. 来自太空的能源：新前沿

太空太阳能技术及电动力绳系等技术仍处于实验阶段，远谈不上实际应用。但不可否认的是，这些技术能够获取太空的能量，将能源竞争扩展到了近地空间，进而扩充了全球能源版图的范围，为发展潜力不确定的区域创造了新的机会。掌握必要技术的行为主体能够从中挖掘巨大潜力，并超越其他竞争者，成为这一行业的先驱。

长期以来，人们一直在研究如何从太空中获取太阳能，以及怎样将这些太阳能运回地球。大家普遍认为这种做法成本过高，不切实际。但是，日本宇宙航空研究开发机构（Japan Aerospace Exploration Agency）致力于开发太空太阳能系统，美国和印度拟共同建造太空太阳能阵列，各个国家做出的种种努力都表明，太空太阳能作为替代能源大趋势的组成部分，未来将对地缘政治及全球安全产生一定影响。

然而，其他行为主体可能将这些技术的开发应用视为一种安全威胁。值得一提的是，目前的地缘政治考量并没有将太空视为一种资源。此外，这些技术很可能被转用于军事目的，影响全球的军事平衡。总的来说，这些技术纳入了新的地缘政治和安全考量，其核心是太空资源的利用和国家之间为开发太空资源而展开的竞争。

7. 稀土元素：亦是冲突的潜在来源

电池、太阳能电池板、电磁、风力涡轮机等替代能源技术都需要使用钪、钇等稀土元素。稀土元素具有独特的物理及化学性质，可以满足替代能源技术的特殊需要。持续稳定地获取稀土元素并非易事，因为这些元素极其稀缺，且储量只集中在一小部分地区。生产国内部的紧张情绪也会限制稀土元素的供应。稀土化合物的开采及加工过程的毒性很强，对土壤和水资源有极大的负面影响，将造成环境问题。

在替代能源大趋势中，稀土元素满足了利用自然资源发电的需求。为了抵御稀土元素供应中断的风险，相关人士正研究这些关键元素的替代品，以及回收这些元素的有效方法。然而，目前尚未发现可以取代稀土元素的替代品。

三、行为主体之老面孔与新形象——能源大戏的主角

从替代能源大趋势的演变中，我们可以看出国家及非国家行为主体是如何为掌握新力量而开发新方法及新战略的，我们也能明白新的资源地理是怎样影响行为主体之间的关系，怎样对能源

供应国及能源消费国之间的关系产生意料之外的影响的。[55]

研究替代能源大趋势可以让我们更深入地了解地缘政治互动的未来走向，也能让我们知道行为主体将怎样受到影响，传统关系是否会改变，以及地缘政治结构将怎样随之变化。替代能源大趋势这一全球现象会促使国家行为主体探索提升地缘政治地位的新途径。

同时，替代能源大趋势带来了全新的视角，让我们能以不同的角度看待政府间国际组织[56]、非政府间国际组织[57]、跨国公司、有组织犯罪团伙及恐怖组织等非国家行为主体提升其地缘政治影响力的方式方法。杰夫·贝索斯（Jeff Bezos）指出，气候变化威胁"需要大型公司、小型公司、国家、国际组织及个人齐心协力，共同抵御"。[58]

地缘政治行为主体的角色不断转换，促使人们站在行为主体所做行动的新角度，重新理解地缘政治主题。在替代能源大趋势中，地缘政治及安全角色越来越多，行为主体所扮演的角色也在不断转变，从而影响到了地缘政治平衡。

1. 动态变化的、相互关联的网络：多维度联盟与对立的流动平衡

站在替代能源大趋势的角度，我们可以更好地理解地缘政治的动态变化，也能找出一些问题的答案：谁影响了地缘政治，它们怎样影响地缘政治，地缘政治的规则是什么，这些规则适用于什么情况，行为主体怎样遵守规则等。地缘政治的传统用语称地

缘政治互动的参与方为"治国方略的代理人"。20世纪末，充当代理人角色的绝大多数是国家，因为国家是能够在地缘政治舞台上投射重要力量的唯一实体。经典地缘政治学试图解释并预测国家的战略行为，认为国家是处理外交问题及本土问题的主权行为体，国家间关系是不同国家为争夺领土及其资源而展开的竞争。国家通过施加地缘政治力量，建立起特定地区的空间、资源及人口需要遵循的秩序。

对于不同的行为主体而言，替代能源大趋势驱动因素的意义不尽相同，行为主体对替代能源大趋势的反馈也并不一致。一些行为主体认为，开发替代能源可以解决环境、能源安全挑战等人类生存的关键问题。而其他行为主体认为，开发替代能源意味着未知的风险，也意味着脆弱性与威胁。因此，替代能源大趋势为解决地球环境问题带来了曙光，同时也让各国面临着艰难的地缘政治抉择，即在开发替代能源很可能影响到与其他国家的良好关系的前提下，是否还要坚持开发替代能源。对国家行为主体来说，这是一种典型的囚徒困境[59]；由此产生的相互作用及影响既出于本能，又是故意而为之。为了赢得这场博弈，国家必须具有一定的韧性，即艾德丽安·阿什特（Adrienne Arsht）所说的"经历剧变后迅速复原并适应新常态的能力"。[60]

（1）21世纪行为主体不断变化的力量禀赋

替代能源开发的地缘政治意义取决于依其而设的具体战略。替代能源开发可以催生新的力量，也能削弱行为主体的统治地位。[61]发达国家、发展中国家及其他国际行为主体的数量不断增加，力量禀赋也在不断变化，在这场大博弈中初次登上地缘政治舞台的角色有了全新的定位。这些全新登场的利益相关方不仅会推动新战略平衡的产生，也会改变外交关系的行为准则和既定做法。它们会出台直接或间接影响替代能源大趋势的政策，从而向其他主体施加力量。替代能源的大趋势反映了传统国际关系的削弱，体现了地缘政治互动以出人意料的方式进行重塑。力量和利益决定了行为主体间的关系。替代能源大趋势囊括了越来越多的影响因素，这些因素将颠覆力量和权力在等级制度框架内形成的平衡。国家也需要摒弃看待及处理世界事务的传统方法。

（2）打破平衡

替代能源大趋势要求各个国家突破地理边界的限制，走上统一的新道路。替代能源大趋势也为威胁力量中心及地缘政治平衡的不受控制的外围地区提供了新选择。那些自认为已在替代能源竞赛中败北的行为主体可能会将重心转移到建立新型区域能源联盟上，进而导致失衡。

借由替代能源大趋势的演变，我们可以看出不断改变的参与方对自身及他人的力量投射能力做出的价值判断。价值和感知利益的变化会导致力量转移（如从西方转移到东方），从而打破既有的力量平衡，造成力量重组及紧张局势。许多国际冲突都源于资源竞争，替代能源大趋势也同样会挑起冲突。[62] 在替代能源大趋势的驱使下，行为主体可能凭借监管歧视、保护主义、妨碍贸易流动等手段获取新形式的地缘经济力量。转型进程一旦加速，就可能导致具有竞争优先权的大国之间相互较劲，彼此争夺资源，进而造成前所未有的经济转型。

行为主体的力量禀赋及地缘政治目标不断改变，因此替代能源大趋势可能导致前所未有的国际争端。替代能源大趋势可以重新定义联盟的共同利益，让昔日的盟友分道扬镳：美国与欧盟，[63]美国/欧盟与俄罗斯，[64]西方与中东都莫不如此。因替代能源大趋势而形成的新的力量禀赋是能否结盟的评判标准。快速发展的经济体可以借此获取新的软实力来源，从而改变发达国家和发展中国家之间的力量平衡。冷战后范式转变的背景不断变化，放大了替代能源大趋势对能源结构产生的影响。能源依赖性的改变可能引致全球范围内的紧张局势。

受替代能源大趋势的影响，国家间的联盟关系加速变化。这可能会加剧本土及区域紧张局势，甚至造成区域不稳定等问题。化石燃料出口国会因进口国减少采购量而损失收入，直至演变成国家甚至整个区域的动荡局势。进口国需要针对这种情况作出额外的政策承诺，从而稳定整体局势。因此，化石燃料储量丰富的国家，特别是经济高度依赖化石燃料出口的国家极有可能因替代能源的开发而冲突不断，甚至走向崩溃。[65]此外，替代能源出口国最终可能集结成类似于石油输出国组织的团体，迫使能源进口国接受新的外交政策立场。[66]

在世界多极化格局中，逐渐兴盛的区域主义可能伴有由现代趋势引发的新形式的冲突。[67]金砖国家之间的协定和美欧签署的《跨大西洋贸易与投资伙伴关系协定》等正式及非正式协定是应对 21 世纪新安全及经济问题的解决方案。区域化的区域二字不局限于纯粹的地理层面，还可以指由其他分界线划分出来的区域：基于地理划分出来的区域，如欧盟；基于组织和机构而形成的区域，如世界贸易组织、国际货币基金组织；因公民社会运动而构成的区域，如环境运动。冷战后，区域主义兴起，民族国家的力量及影响力日渐削弱。

（3）改变行为主体的地缘政治立场

替代能源大趋势会将行为主体置于全新的国际制度框架中。可再生能源的开发会推动新平衡的形成，进而可能改变新兴经济体的地缘政治立场。各个国家的优先事项不断改变，可能会让人们认为世界不平等现象更严重了，并将转变人们对全球平衡的认知。[68] 例如，中国和印度这两个金砖国家成员国需要确保来自外部的能源供应，因此两国会积极参与国际竞争，保持国际地位。俄罗斯将竭力维持与欧洲相互依存的关系。以亚洲国家为代表的迅速发展的经济体在应对能源安全和气候变化问题时存在诸多共同利益，所以它们可能会在区域力量中心的引领下展开新一轮的合作。

各国力量禀赋的发展并不平衡，这导致国家及非国家行为主体间形成了一个不稳定的框架。在这个框架内，它们可能会以全新的方式应用国际关系准则，扮演新的地缘政治代理人的角色。政府间国际组织、跨国公司、非政府间国际组织和其他非国家行为主体正在探索达成地缘政治目标的新途径。借助替代能源大趋势的轨迹，我们有可能预测出不断演变的力量禀赋造成的影响。

2. 国家行为主体：新姿态及对未知结果的追逐

尽管全球公民社会的力量不断壮大，国家仍是主要的地缘政治力量和安全化行为主体。虽然替代能源技术的广泛传播及应用改变了能源供求双方的特征及行为，但替代能源大趋势的方向依旧掌握在国家行为主体的手中。国家的触角可以经由一定的视觉听觉机制、监管及传统的政府工具等渠道延伸至受众，因此国家仍将是重要的安全化行为主体。受众也更愿意接受来自国家的限制及约束，甚至盼望国家可以积极主动地加以制约。

国家扮演着地缘政治代理人的角色，为达成特定目标或改变其他代理人的观点及立场，就需要对其施加力量。经典观点认为，国家只有通过军事力量及外交手段才能实现力量投射。[69] 地缘政治力量的发挥往往涉及针对各种各样的资源进行的或明确或含蓄的谈判，也是在赌特定资源竞争的未来结果以及资源的利用方式。这些资源既包括有形资源（如资金、矿产资源、基础设施等），也包括基于知识的无形资源（如文化领导力、市场优势、技术进步、国防防卫姿态等）。无论作为谈判对象的资源性质如何，力量的交换显然都是一种零和博弈：想要达成目标，就必须付出代价。事实上，这种观点过于简单化了。随着新资源能力的引入，这种力量交换不再是零和博弈，因为与冲突双方有关的各种行为主体（如邻国、政治盟友、非政府间国际组织，以及设在特定领土内的国际公司等）都能从中受益。

（1）力量投射策略

想要寻求新力量形式的国家可以从替代能源大趋势中获取思路。行为主体追求的新力量形式可以改变如今零和的全球政治范式。借助这些新力量形式，冷战后崛起的大国可以探索全新的发展路径，即便它们失去来自极具竞争力的大国的庇护，也依旧能够融入全球经济。实现这一目标的途径包括：

- 弥补差距。能源消费国目前通过实现能源独立及多样化等方式保障能源安全。它们将替代能源纳入了国家政策，用共同的方法及战略对抗能源供应国，这标志着能源消费国迈入了全新的国际动态关系。行为主体可以凭借其掌握的替代能源，对能源价格及市场施加更大的影响力。只要条件允许，行为主体甚至可以摇身一变，从能源消费国转变为能源供应国。这方面的实例有：欧盟[70]在非洲发展太阳能产业，巴西进行生物燃料革命，丹麦大力发展风力发电等。

- 对冲能源赌注。石油输出国组织及其他国家级别的油气公司可以加大力度开发替代能源，对冲能源赌注。一些化石燃料供应国考虑到了潜在的经济和地缘政治红利，投资了长期可再生能源项目。[71]在替代能源大趋势的驱使下，各国若想增强经济实力，就必须改变石油及天然气主导工业的现状，走上能源多样化的道路。然而，替代能源大趋势也可能导致区域性问题，改变发达国家与发展中国家、传统能源供应国与能源消费国之间的相互依存关系。

- 从利益相关方转变为股东。替代能源技术可以让国家行为主体在动荡的世界中掌握更多控制权，从而超越利益相关方的角色，晋升成为新安全平衡中的少数股东。新兴国家尤其适合发起与替代能源相关的环保行动，借此强化内部安全，提升国际地位。世界多极化加剧了脆弱性，因此很多行为主体通常会将影响国家利益的决策内部化。这样做的最终结果是，19 世纪及 20 世纪初期力量平衡博弈中的部分场景又会重现。发达国家和新兴经济体对 G20 全球治理机制的反应截然不同，就是场景重现的明确例证。[72]

- 发掘最不发达国家的增长潜力。最不发达国家将替代能源视为减轻能源成本负担，实现经济增长，促进社会发展的一种手段。可再生能源开发的前期投入巨大，但如今发达国家会免费或以极低的费用向最不发达国家提供相关技术，传授该领域的经验，从而刺激最不发达国家的经济增长及社会发展，降低安全风险事件的发生概率，节约应对安全风险的成本，同时发达国家也能借此机会与欠发达国家建立联系，并从中受益。[73] 欠发达国家的经济增长及社会发展反过来也将减少发达国家的对外援助支出。随着规范性框架的逐渐完善，自上而下传导的压力日渐加大，迫使技术先进国向欠发达国家提供替代能源技术支持，而未曾考虑发达国家是否有能力进行这种技术转让。这种压力将进一步影响发达国家，使其更积极地响应公民的需求。在冷战后的范式转变中，美国前国家安全顾问兹比格涅夫·布热津斯基（Zbigniew Brzezinski）提出的全球政治觉醒将环境安全置于重要位置。全球环境运动及因其而起的国家级环境运动就是全球政治觉醒的有力证明。

（2）替代能源大趋势向决策施压

对可再生能源的大力投资牵动了部分民众的既得利益，因而得到了这部分人的大力支持。绝大多数发达国家民众都支持可再生能源开发计划，以防止或缓解气候变化，减少能源依赖性。

从替代能源大趋势中，我们可以看出社会是怎样对原本由国家主导的政策制定过程施加重要影响的。[74]20 世纪著名的政治理论家汉斯·摩根索（Hans Morgenthau）曾指出，非国家行为主体的影响力越来越大，甚至可以向至高无上的国家权威施压（"国家拥有在其领土内制定及执行法律的最高法律权威，因此国家权威独立于他国而存在，且在国际法的管辖下享有平等地位"[75]）。

在这种情况下，描绘替代能源大趋势的安全轨迹可以帮助我们更深入地了解国家获取力量并向他国进行力量投射的方式。地缘政治代理人影响国际政治及国际关系进程的方式由其政治力量决定，但以国家为中心的世界体系观已不能充分反映现实情况，因为国家虽然仍是主要行为主体，但不再享有完全的行动自由。

3. 非国家行为主体：掌握新力量，登上大舞台

通过对替代能源大趋势未来变化的预测，我们可以发现一个由控制权划分的新地理格局。它强调了国家与非国家行为主体之间不断变化的平衡关系。非国家行为主体的影响力越来越大，这

决定了当今的全球环境，也推动了替代能源大趋势的演变。非国家行为主体的安全化行动愈发频繁。替代能源问题是很多非国家行为主体的首要议程，这使得当下世界多极化的安全格局更加错综复杂。

全球化赋予非国家行为主体地缘政治力量及安全化力量，这往往会牵扯到主权问题。全球化的影响力覆盖了大量地区、社会团体及对领土及政治力量漠不关心的政治主体，因而削弱了国家主权，并为开展经济活动、政治实践、惯常行为创造了新条件。因此，对国家行为主体而言，掌控国内外经济及政治议程的难度越来越大。国家层面可以利用的手段越来越少。一些地方性问题、区域性问题及国际问题已不能依靠单一国家解决，而是需要国家与国家、国家与非国家行为主体合作共同解决。

在全新的资源地理格局下，非国家行为主体在追求新目标时享有与国家行为主体同等的权利。替代能源大趋势的预期演变证明了传统地理学差距在逐步扩大，加强了关于空间战略重要性发展[76]及地缘政治学发展的意识形态论述。[77]替代能源大趋势也赋予新老行为主体以新地缘政治属性，为新联盟注入活力，加剧分歧，重塑现代地缘政治。非国家行为主体在建立跨国组织及规则等方面的能力越来越强，[78]追平甚至取代了国家行为主体在处理全球环境等事务方面的地位。

（1）非国家行为主体：提出各种新方案及启发式方法，推动多样化世界的构建

能够对地缘政治及安全产生影响的非国家行为主体日益增

多，规模已然十分庞大。大型跨国公司、意识形态运动、非政府间国际组织、宗教团体等代理人越来越频繁地代表其支持者行事，同时也积极与其他国家及非国家代理人互动。此时，外交政策不再仅局限于确保领土完整及保护政治文化机构的范畴。如今，许多非国家行为主体不仅着眼于维护国家安全，还特别关注其他安全问题。为了达到目的，它们甚至可以左右国家的外交政策。暴力行权的非国家行为主体就是最典型的例证。不同类型的非国家行为主体为能源格局带来了不同的影响。

- 政府间国际组织。政府间国际组织代表国家利益，承认国家主权，但它们的权力越来越大，已经超出了国家所赋予的权力。这些政府间国际组织推动了全球准则及制度的建立，始终致力于实现能源再平衡，并促成了影响国家行动的国内外政治的结合。如此种种，说明其影响力已经上升到了新的高度。政府间国际组织还承担了其代表国的部分主权事务。替代能源大趋势的进一步发展将决定这种主权转移到底会损害国家利益，还是会如其所愿，打破零和博弈的魔咒。

- 非政府间国际组织。非政府间国际组织的数量不断增加，对一系列国家行为的影响力在逐渐增加，与替代能源大趋势相关联的国家行为也在其中。受非政府间国际组织的影响，国家及非国家行为主体的议程加速融合，非政府间国际组织也在决策过程中扮演顾问、批评者甚至领导者的身份。非政府间国际组织以替代能源开发为出发点，意图进一步延伸影响力，将能力范围扩展至全球监管机制。非政府间国际组织甚至有能力建立起跨国治理框架。非国家行为主体在世界范围内推广"绿色信条"。借由此举，它们得以成功应对气候变化等环境威胁，而且规避了传统的发展进程，开辟出了新的发展道路。非政府间国际组织体现了替代能源大趋势的主观现实，即全球公民社会因解决跨国问题的需求而获得并积蓄力量。同时我们也要认识到，某些非政府间国际组织可能阻碍甚至破坏替代能源大趋势的新兴议程，比如游说使用化石燃料的团体等。

- 跨国公司。大型跨国公司在世界多极化格局中扮演着双重角色。它们的议程十分明确：通过控制外界及使用权力来获得经济利益，实现发展。几十年来，跨国公司始终在政府间关系上占据着稳固地位，引导国际政策及战略的制定过程，履行原属于国家的职能。比如，许多跨国公司参与了气候变化谈判，并影响了发达国家及发展中国家的立法架构及政策架构。化石燃料供应国和消费国均处于受影响之列。跨国公司还影响着技术转让。它们借替代能源大趋势之机打入新市场，从而在支撑替代能源当前发展的公共与个人互动中站稳脚跟。此外，跨国公司完全有能力改变与替代能源大趋势相关的全球战略和安全考量。各国也会直接或间接依赖于主权财富基金，而主权财富基金的管理方式及战略都与跨国公司极为相似。

- 恶意组织、有组织犯罪、恐怖组织。这一群体对世界多极化格局的影响相对较小，但却不容忽视。这些非国家行为主体以发动战争、制造冲突等戏剧性方式影响着国际关系架构。这种影响在一系列被称为反恐战争或长期战争的战争和冲突中表现得尤为明显，牵涉到世界主要大国以及一些支持以激进的方式解释意识形态的非国家行为主体。它们不仅会影响美国、欧盟、俄罗斯、中国、印度等国家，还会影响整个世界体系。替代能源大趋势具有潜在的军事影响力，所以恐怖组织可能会把替代能源打造成大规模杀伤性武器，或利用常规军事手段扰乱、破坏、损毁替代能源基础设施。[79] 恐怖组织的目标对象既有发展中国家，也包括发达国家。改变河流走向，破坏发电设备及输电设施，毁坏重要基础设施都在它们的考虑之中。尽管这些组织对替代能源大趋势地缘政治的影响相对较小，但它们的所作所为大大增加了替代能源开发的成本，也质疑了替代能源大趋势的安全意义。

（2）改变关系范式

替代能源大趋势为非国家行为主体提供了新平台，赋予它们维护全球秩序稳定的合法权益，进而重塑了国家及非国家行为主体之间的关系。[80] 随着国家力量的外扩，国家与非国家行为主体之间的冲突也在不断增加。力量不再集中于中心国家，而是逐渐向外围国家扩散，将基层公民社会与精英力量的紧张关系推到了风口浪尖。这种紧张关系体现在国家及个人之间，当权者及公民社会之间存在的典型矛盾中。[81] 政府控制无法面面俱到，往往会疏漏本国领土内的部分个人及组织，且"新闻、研究机构、游说团体等机构已纳入现代治理体系之中"。虽然政府对个人及组织的控制力逐渐下降，但政府在协调、干预、出台法律规范非正式组织行为等领域的控制力却在逐渐增强。事实上，一些现代国家就是由这些非正式组织构成的。[82]

替代能源开发本身不能改变行为主体的整体战略和政策，但会改变它们的姿态、价值观和期许，进而改变其发展方向。通过对可再生资源未来变化的预测，我们可以看到一些力量在冉冉升起，改变了新地缘政治平衡中国家行为主体及非国家行为主体的角色。通往新平衡的道路不会一帆风顺，因为地缘政治结构调整会涉及新联盟的建立及现有联盟的瓦解。推动替代能源大趋势前行的关系范式往往隐藏在表面之下：这些范式可以左右力量较弱的行为主体的命运，对力量中心产生巨大影响，并永久改变国家及非国家行为主体的处境。

近期，非国家行为主体在推动替代能源大趋势方面的作用不断增强。这与非国家行为主体不能维护全球安全的传统观念形成了鲜明对比。随着"冷战"后发生范式转变，非国家行为主体对国际关系的影响变得愈发明显。[83]

总结：替代能源大趋势揭示了 21 世纪世界安全的复杂性。在新大国竞争时代，世界安全以极快的速度重塑着地缘政治分歧及立场。

- 替代能源大趋势的安全轨迹突出了造成当前地缘政治不平

衡局面的几个重要因素，并针对未来新地缘政治竞争中影响全球平衡的因素提出了几个重要问题。替代能源大趋势的预期演变说明了行为主体新获得的向外国施加影响并进行力量投射的能力是如何进一步影响到地理空间及地缘政治平衡的。替代能源大趋势可能导致各国争夺新全球资源版图，进而挑起地缘政治分歧，最终造成能源空间及地理紧张局势。

- 替代能源大趋势让我们能以全新的视角看待 21 世纪的地缘政治动态变化，包括中心国家及外围国家的关系变化；东西方合作的新形式，东西方分歧及紧张局势的持续；以及南北之间因追求以能源为主的新形式力量而引发新地缘政治及安全分歧的可能性。一旦自上而下的压力与自下而上的压力相遇，就会对替代能源大趋势等现代发展产生极大影响。国际关系的不确定性加剧，冲突越来越频繁，因此可以预见，新兴行为主体的力量不容小觑。

- 替代能源大趋势对新资源地理版图的影响及更加宽泛层面的影响不局限于改变能源供需关系。替代能源大趋势还会影响地缘政治的动态变化及稳定局势，既能缓解当前的竞争和冲突，又可以制造新的竞争和紧张局势。到底何去何从，取决于替代能源大趋势的发展方向，以及行为主体对自身战略的调整。此外，人们需要重新思考资源稀缺的问题。

- 未来，替代能源对资源版图的影响在很大程度上取决于技术的发展及资源的开发利用。也就是说，替代能源大趋势的未来迭代是当下的全球技术革命，特别是人工智能技术突飞猛进的直接结果。能源大博弈的新一轮迭代也由此成型。

- 替代能源大趋势表明，越来越多行为主体将加入地缘政治角逐，而已然身处其中的行为主体将扮演新的地缘政治角色。国家及非国家行为主体对地缘政治议程的影响力越来越大。喜闻乐道的新力量禀赋能够重新调整国际关系，特别是地缘政治联盟。替代能源大趋势引入了一系列新的影响因素，从而改变了空间、领土、资源的排序过程。替代能源大趋势还修改了对地缘政治代理人的力量平衡具有决定性意义的地缘政治准则。此外，替代能源大趋势还解释了非国家行为主体对决策的影响力越来越大的原因。国家不再是跨境互动的唯一掌控者，这对国家主权提出了新挑战。

- 从替代能源大趋势的角度分析地缘政治平衡，我们可以看出，21世纪地缘政治的复杂性不断提升，安全威胁日益加剧。替代能源大趋势可以催生新地理空间，改变战略竞争范围，因而能够体现动态变化。替代能源大趋势还改变了行为主体的角色，对传统主权的稳固地位提出了质疑。

- 从替代能源大趋势的角度来看，世界体系仍以竞争为主线，但国家间关系的变化速度会越来越快。联盟不再坚不可摧，采取有力措施就某些事务实现安全化的呼声越来越高。未来的全球地缘政治具有无政府性，这可能会引发一些问题，如力量的空间位置，行为主体将新形式的力量投射作为实现安全化的工具等。同时，某些形式的力量将脱颖而出，成为新大国竞争不可或缺的一分子。

第三章

变革领域中的替代能源大趋势

在一点点的基础上加上一点点，再加上一点点，很快便会积少成多。

——赫西俄德（Hesiod）[1]

尽管未来难以预测，但替代能源大趋势无疑已成为一场运动，引发了全球变革。替代能源大趋势本身变幻无穷，同时将改变与其有关的一切事物，进而对能源、国防、环境、经济等领域产生安全影响。

替代能源大趋势的安全轨迹横跨多个领域，显示出了安全的不同层面是如何在不断变化的现代社会体系中相互交融的。在现代社会体系中，显性安全与隐性安全相互作用、相互影响。替代能源大趋势的发展孕育了拥有力量投射能力的新行为主体，并为行为主体提供了实用的新工具。但同时，一些新安全风险也随之出现。

一、现代能源安全时代——考虑到替代能源大趋势

长期以来，能源始终在维护国家、社区及个人安全方面发挥着重要作用。能源安全的概念在当代不断发展，并逐渐融入更广泛的国家安全考量之中。即便是能源安全平衡发生的微小变化也会对其他安全领域造成很大影响。本节研究了在 21 世纪时代挑战的背景下，能源安全的概念是如何变化的，以及替代能源开发是怎样影响能源安全的。

尽管可再生能源的开发和利用取得了一定进展，但在 2010 年到 2020 年间，全球能源消费的预期增长仍将由化石燃料满足[①]。不同机构对可再生能源的预期可能有细微的不同，但大多认为可再生能源在中短期内不可能实现市场增长及快速发展。[2] 因此，替代能源大趋势能否够改变能源结构尚不得而知。

目前，替代能源只占能源结构中的一小部分，但已然引发了大量能源安全问题，并对全球技术革命背景下替代能源技术的发展速度提出了疑问。

接下来，我们将讨论替代能源大趋势能否进一步影响能源帝国主义、资源民族主义等地缘政治姿态及实践，并形成"能源超级大国"等概念。本节还深入探讨了替代能源大趋势带来的新地缘政治工具。

1. 能源安全的覆盖范围越来越大：保障能源安全与应对新威胁及维护稳定的新方式

在 20 世纪的大部分时间里，各行为主体都在努力解决因化石燃料供应（主要来源于中东地区）中断及操纵而导致的能源安全问题。20 世纪末，拉丁美洲及俄罗斯等重要能源供应国也开始成为行为主体的防备对象。随着社会对能源的依赖程度越来越高，国家开始将能源作为安全化的指涉对象，并给予普遍关注。能源从一众资源中脱颖而出，逐渐成为关乎国家生存的重要因

---

① 本书英文原版于 2020 年出版。——编者注

素。此外，人们认识到了化石燃料的局限性，所以能源安全在国家安全议程中的重要性也越来越高。能源枯竭、供需波动，行为主体获取化石燃料的能力受限，使得无法获得能源供应变成了一种生存威胁。人们需要就此实现安全化，并对传统方法进行修正。

（1）能源安全的新层面

国家的主要能源考量在于始终能够以合理的价格获得稳定供应的资源。[3] 鉴于此，地缘政治代理人会向能源丰富的地区投射力量，从而确保其能以可接受的条件获得稳定可靠的能源供应。针对化石燃料的安全措施反映出，能源资源的相对稀缺会导致能源不安全问题，进而危害到国家安全。[4] 隶属国际能源机构等组织的能源消费国已逐渐接受这些能源安全路径，这在它们的制度中也有所体现。

对能源资源的控制始终与国家存亡息息相关，各个国家就如何处理因争夺能源资源而产生的冲突也持有不同立场。现实主义理论认为，能源安全是出口国和进口国之间的零和博弈。现代能源安全战略旨在打造一种更微妙的能源安全形势，进一步探索能源独立及能源系统韧性以外的领域。

如今，全球经济互联互通，各国能源相互依赖，能源安全路径也充分考虑了相互依赖的概念与实践。[5] 人们也因此更清楚地认识到，"绝对能源安全"并不存在。能源相互依赖这一概念仍是行为主体之间争论的话题。行为主体对该问题的看法由特定的战略利益、资源禀赋、人口分布、经济构成，以及能源供给能力和价格波动等本国能源特性决定。然而，在这个相互依赖的全球网络中，能源供给的脆弱性与能源资源的地理分布却将能源供给国和能源消费国牢牢绑在了一起。

因此，实现能源安全的途径侧重于满足自由化且相互依赖的市场的需求，以及长久以来对能源供应多样化的需求，同时致力于积累并适当管理能源资源的战略储备。基于能源相互依赖的处境，能源技术也在不断精进，以满足能源供应可持续及多样化的需求。

在普遍安全化的世界里，能源安全的范围不仅覆盖了对能源供给及消费的威胁，还延伸到了因能源实践引起的更广泛的威胁。其他因素也直接或间接地影响着能源安全格局，且可能塑造21世纪新的能源图景。这些因素包括全球温室气体排放监管体系，来自国际公众的要求解决资源枯竭及环境可持续性问题的压力，以及不断向前迈进的技术脚步等。虽然目前世界主要能源来源仍是石油和天然气，但如果将上述因素都考虑在内，那么替代能源大趋势就可能对全球能源安全产生诸多影响。

人们在管理能源的使用时，已经开始考虑能源对动植物的生活环境及生态系统产生的影响。这里，因使用能源而导致的环境破坏被喻为"不受控制的大型实践"。[6]为确保国家的能源安全始终维持在可接受的水平之上，全球公民社会向国家施加的压力越来越大。可接受的能源安全水平通常意味着要将能源价格控制在一定范围内，并确保能源供应的多样化。替代能源是实现能源多样化的方式之一，它可以在维持经济增长的同时，尽量减少对环境的破坏。

安全化还涉及能源关系及能源依赖，它们都具有明显的地缘政治影响。在现代世界体系中，地缘政治力量中心地区与外围地区之间的关系盘根错节，能源安全在这种关系中亦扮演着越来越重要的作用。

替代能源大趋势也为我们提供了一个全新的分析视角，回答了全球能源系统性的威胁如何实现安全化，才能解决对其他国家安全利益造成的影响。能源领域的安全化行为会对其他领域产生溢出效应。一般来说，因能源依赖性产生的安全威胁与地理位置的接近性密切相关，地缘空间能源安全综合体的概念便由此而来。在这些综合体内部，供应国和消费国之间的相互依赖关系实质上是以争夺资源为标志的。活跃于该范围内的公共及私人机构令这种相互依赖关系及能源安全的内涵更加复杂，从而影响着行为主体的安全化政策。

可再生能源对能源安全的影响可能会围绕两个焦点展开。其一是，替代能源为行为主体提供了额外的选择空间，准入门槛不高，且可以缓冲并减少能源价格冲击，因此可以对全球能源系统起到稳定作用。其二是，尽管替代能源能够为行为主体提供新资源、新选择及新愿景，但从某种角度来看，替代能源仍具有一定破坏性，因为它扰乱了全球能源系统的现状。替代能源对能源安全的影响广度在很大程度上取决于化石燃料的供需变化。一些社会观念及社会理解能够决定传统、非传统化石燃料与核能的可接受性、可行性及吸引力，就也能对替代能源对能源安全的影响广度有一定影响。

（2）技术革命对能源安全的影响：为新途径提供动力

全球技术革命推动了替代能源的开发，人们也开始寄期望于替代能源对能源安全战略产生的积极影响，即确保能源供应可靠、价格合理，同时不加剧气候变化。第四次技术革命见证了纳米技术、自动化、人工智能、生物工程和物联网的突飞猛进，它们为能源安全概念增添了全新的元素。如今，能源安全不仅包括自然资源的可利用性，还包括了国家对分布式储能、5G 通信网络、生物工程材料（如用于制作电池的锂）、智能公用事业网络及电力网络等技术的掌握程度。这些技术的重要性日益提高，以至与石油、天然气、太阳能及风能一样不可或缺。

全球技术革命如火如荼，为行为主体创造了发展新型能源的机会，并促使行为主体寻求新的能源安全途径，向新的能源结构过渡。这场革命取得了许多相互关联的重大突破，它们反过来又掀起了更大的发展势头。用他人的话说，"技术革命及其技术经济模式广泛传播开来，经济与社会受益于此，实现了生产力的提高及生产规模的扩大。发展的大潮就这样不停歇地奔涌向前"。[7]受技术革命的推动，替代能源大趋势整体正以新动态节奏向前迈进。替代能源大趋势对社会政治及技术经济的影响已远远超出能源安全的范畴。因此，正如其他全球现象一样，替代能源大趋势也对经济投入产出、政治决策及社会秩序产生着极大影响。技术革命对替代能源大趋势的影响体现在诸多方面，如产生脆弱性，改变经济关系，诱发激烈的破坏性竞争，影响当下的能源供需关系及地缘政治平衡等。

技术革命提升了技术水平，提供了更多选择，加之人们在各个方面做出的不懈努力，都引导着能源结构向可持续及多样化的方向发展。[8] 例如，替代能源正逐渐纳入国家电网，智能电网的建立也指日可待。

21 世纪，新技术范式不断演变，能源逐渐转离传统化石燃料。出于预防能源价格上涨、化石燃料枯竭、污染物排放增加、全球气候变暖等目的，各国政治立场及社会观念实现了高度统一，越来越多新出台的能源政策开始着眼于其他能源，而不再将化石燃料作为主要能源来源。为适应这种转变，汽车制造商、石油公司等多个行为主体发生了战略转向。

技术进步本质上是无序的，因此替代能源大趋势在发展过程中可能会衍生出新的安全脆弱性。第四次工业革命中产生的技术有助于实现智能电网和万物的互联互通，但同时也带来了新的威胁，比如网络攻击等。能源系统间的相互联系日益密切，距离不断缩短，意味着一旦发生冲突，不同系统的能源市场及能源价格将会出现连锁反应。电池、嵌入式发电等新技术加剧了电网系统的安全脆弱性。全球普遍欠缺处理大规模网络攻击的经验，加之国家及非国家行为主体的能力逐渐提高，增加了网络战争及攻击的可能性。

替代能源的技术进步之快甚至超出了人们的预计。这些进步从根本上改变了目前的技术经济行业，如运输业、建筑业等。技术革命也推高了能源需求，从而间接推动了可再生能源的生产。

2018 年，摩根士丹利金融服务公司的分析人员指出，"挖掘"加密货币所需的能源几乎与阿根廷的电力消耗量齐平，对全球能源需求增长的贡献高达 0.6%。因此，参与加密货币"挖掘"的国家可能会加大可再生能源的开发利用。[9]事实上，在日益全球化的世界中，技术发展可以产生电力，但技术发展本身也需要消耗大量能源。

2. 替代能源技术的可行性：为确保替代能源大趋势为未来能源安全贡献力量而需要应对的挑战

技术革命推动了替代能源大趋势的发展，亦是替代能源大趋势发展的前提条件，同时为替代能源大趋势及替代能源技术的线性及非线性发展奠定了基调及预期。然而，一项技术从起步到改变世界的过程需要大量努力，而且技术对替代能源大趋势的影响也可能对市场及经济关系不利。不同形式的生态、技术和社会政治的外部性问题也可能因此而起，对替代能源大趋势的未来产生负面影响。

可再生能源技术的发展与当前的能源需求尚不匹配，因此可再生能源技术的发展迫在眉睫。[10]然而，人们虽然迫切想要发展可再生能源技术，试图以此满足自身的能源需求，但是并没有考虑到替代能源技术的测试及评估手段尚不完备的现实情况，这也阻碍了技术的发展与实际应用。事实上，可再生能源的整个生命周期（生产—处置—以工业规模投入实际应用）大多没有经过全面的权衡及测试。想要进行测试，就必须制定并执行有关跨境应用替代能源的多边协议，如同于撒哈拉沙漠开展的沙漠科技（Desertec）计划 [11] 所设想的那样。

替代能源系统面临着极大的技术限制，包括不稳定性问题、能源输送方式、储存能力、技术设施脆弱性等。它们阻碍了替代能源系统的发展，制约了替代能源作为传统化石燃料的补充的能力。替代能源大趋势的影响大小可能取决于当前的技术缺陷及人们应对挑战的方式。事实上，技术方面的劣势可能会促成非线性的突破。简言之，劣势可以变成优势，障碍可以变成坦途，未来的画卷正徐徐展开。

（1）不稳定性限制：应及时储存传输

不稳定性限制是更广泛地整合可再生能源所面临的重大挑战之一。太阳能、风能技术受不稳定性的影响最大，其实际应用受到发电量波动的限制，因此不适合作为需求高峰期的基本负荷能源。[12]

实际应用能源替代品的成本本就不低，而管理不稳定性会进一步抬高成本。即便是现在，国家也必须储备大量化石燃料，以维持能源供应的稳定。这在很大程度上违背了投资替代能源的本意。此外，不稳定性还可能导致产能过剩，危害电网的正常运行。为保证能源的稳定供应，就必须修建传统的基础设施，并设置备用的天然气发电机，而不能以核电站或煤电厂代之，因为它们不能在极短时间内完成启动。此外，不稳定性限制较小的地区（如风力或阳光充足的沙漠或平原等）与主要电网的连接也离不开昂贵的基础设施。

不稳定性问题并非无药可解。电网能够适应来自天然气、水力、核能和煤电厂等渠道的可变负荷。电网亦能容纳低于总容量的 20%~25% 的风能发电波动。然而，当风力发电量占电网总容量的比例较大时，不稳定性就会让整个局面愈发复杂，因为在风力微弱时，需要利用备用手段进行发电，而在风力强劲时，会导致能源的浪费。欲解决不稳定性问题，就必须开发出新的储能形式及能源使用模式，同时进一步提升电网性能，使电网能够根据需求重新分配能源。[13]

（2）输电问题：应改善现有电网性能

输电基础设施数量不足，极大限制了替代能源的广泛应用。替代能源技术的大规模应用会影响电网的正常运行。例如，随着插电式混合动力汽车和电动汽车的逐渐推广，投资大规模风电及太阳能发电的呼声也越来越高，对电网管理的要求也更为严格。[14]能源来源具有差异性，不同能源来源产生的电能如何融入区域及国际输电系统也是亟待解决的问题。[15]当前，变化正在悄然发生，太阳能发电成本的持续下降就是其中之一。[16]

如今，人们达成了普遍共识，认为只有大力建设基础设施，才能将替代能源纳入全球能源传输系统，即所谓的"智能电网"。[17]建设更多的智能电网基础设施以及提高能源储存与释放能力可以更好应对可再生能源发电量的波动。因此，智能电网技术、实践以及智能电网与现有电网的整合才是实现能源政策及技术目标的关键。技术目标包括但不限于提高消费效率，在现代基础设施中应用更多新技术及新燃料，以及为电力供应提供更完备的安全保障。[18]

（3）储存能力的限制：需要更多的电能和更大的能量密度

储存容量也制约着替代能源的实际应用。在确定可再生能源是否可行，以及替代能源大趋势的影响时，能源储存是需要着重考虑的关键因素。储能技术的应用是在电量供应高峰期储存能量，并在用电需求高峰期输出能量，从而实现备用电源、负载均衡、频率调节、电压支撑、电网稳定供应等效用，亦可以用于应急能源系统。[19]然而，要想实现更高水平的可再生能源并网，就必须大幅提升电力系统的灵活性。[20]现有技术的水平仍十分有限，无法长期有效地储存并使用非化石能源。事实上，储能是挡在可再生能源发展面前的一座大山。未来，储能技术及可再生能源技术的进步可能会是决定能源转型的关键所在，既能左右转型速度，又能影响转型规模。

如今，抽水蓄能是最常用的储能技术。该技术是发明时间最长、技术最成熟的水电储能方案。其他技术仍处于发展及转型阶段，尚未投入大规模的实际应用。[21]如果人们加大对储能技术的研究及投资力度，那么替代能源取代化石燃料的进程甚至可能超出人们最乐观的预期。相反，若储能技术发展缓慢，那么替代能源的实际应用仍要推后。目前，储能问题尚未解决，因此很难实现替代能源的持续发电及输电。

（4）基础设施不完善：需满足能源效率的新需求

因开发替代能源基础设施（如发电厂、输电线路、管道）而造成的安全脆弱性是阻碍替代能源实际应用的另一大障碍。替代能源设施往往位于偏远地区且分布散乱，所以很难监控，其安全性也不易保证。确保新建基础设施及供应链的安全，防止恐怖主义分子蓄意破坏，依旧是能源供应国及消费国，特别是发展中国家的关注焦点。针对替代能源设施设计的分布式系统有助于维护基础设施的安全稳定。在基础设施方面，美国还面临着另外一个安全问题，即私营部门掌控着 80% 的能源，但其保护基础设施的能力不及国家。[22]

替代能源的基础设施与其他能源设施一样，极易受到物理攻击和破坏。输电系统和电网变得"更智能"了，但其遭受重大损害的可能性也随之增加了。若袭击得逞，整个经济都可能被扰乱。对于恐怖分子而言，袭击能源基础设施极具吸引力，因为袭击能源基础设施能够迅速造成明显、重大的经济损失及破坏，甚至可能危及生命。所以，智能电网的安全系统需要更新换代。"智能"意味着从集中发电和集中控制转向公用事业与最终用户之间的双向通信，将分散的可再生能源与目前以化石燃料为主的分布式发电资源结合起来。然而，如果智能电网在设计之初未充分考虑安全问题，那么就远称不上智能。通信量的增加将导致网络脆弱性的加剧。[23]

控制、监视能源基础设施的信息通信系统极易受到网络攻击和入侵。替代能源基础设施非常依赖数据的准确性，所以要重点关注数据的打包、整理及解释，也要避免基础设施受到与数据有关的威胁。同时，还需要应对因技术故障而产生的安全威胁，如由电网或发电厂故障导致的停电、断电等意外情况。

欲杜绝上述特殊事件，就必须经过漫长的、代价高昂的适应过程，也必须改善物流基础设施。例如，进一步扩大电网容量是美国国家安全的当务之急，因为输电能力是能源安全的重要考量。但是，目前太阳能和风能发电厂不是美国国家能源基础设施的主要组成部分，它们的安全优先级也远不如核能基地、大型水电站、炼油厂、管道和国家电网等关键设施。

若能解决技术兼容性问题，替代能源就能加速投入应用。这里的重中之重则是确保离网发电及电网要求（如交流/直流供电）的兼容性，以及生物燃料与车辆技术的兼容性。如果技术之间不兼容，那么可再生能源的有效性将会降低，导致短缺和不匹配等问题，进而产生新的能源安全风险。

尽管替代能源的可行性尚不明朗，实际应用也存在一定困难，但国家和非国家行为主体仍在大力推进可再生能源的发展。它们逐渐意识到，在未来几十年内，为了应对资源枯竭带来的安全问题，适应从化石燃料向非化石燃料的转变，它们必须改变消费及利用能源的政策和行为模式。技术飞速发展，越来越多替代能源投入实际应用，引来了利益相关者的投资与关注。

一些国家可能拥有利用当地或区域资源发电的技术，其材料与资源需求也可能迅速增加。另外，它们越来越重视能源效率，这可能会促使它们在降低能耗方面实现重大突破。新的社会观念更加注重技术发展带来的影响，其中又以替代能源大趋势为重中之重。这不禁让人想起伯蒂·伍斯特（Bertie Wooster）对他叔叔乔治（George）的评价："早在医学证实酒精是种食物之前，他就发现了这一点。"[24] 从本质上说,替代能源大趋势早已为社会观念所左右,且很久之后,替代能源大趋势的技术发展才相继被定义或实现;如此,社会设想出了替代能源大趋势的未来,并最终实现了设想的愿景。

3. 替代能源大趋势改变了人们的态度:带来全新的社会政治意识、态度、能源关系

力量与知识相结合,形成了全球政治秩序。能源是这种结合内部的重要因素之一。虽然替代能源资源尚未被用作投射地缘政治影响力的实用工具,但若替代能源的开发应用程度急剧加深,就很可能影响新外交政策的基调。更重要的是,替代能源大趋势的预期影响说明了当今社会现象是如何改变社会政治立场、观念和态度的。

能源资源及围绕能源资源展开的竞争会逐渐改变地缘政治行为主体的态度。能源帝国主义和资源民族主义是能够影响行为主体态度的最主要的社会政治及社会文化观念。地缘政治态度和意识形态的形成往往体现了希望保持自身优势的行为主体与渴望获得优势的行为主体之间的不平衡或不平等。这一分析揭示了替代能源大趋势日益融入现有的地缘政治观念,并造成能源领域新动态变化的程度深浅。

(1)能源帝国主义:重塑消费国与供应国之间的关系

替代能源大趋势的发展轨迹可以进一步解释能源帝国主义这一地缘政治概念。[25] 能源帝国主义的概念如今更侧重于大国与

其势力范围之间的影响，而非控制关系。能源等竞争激烈的领域是其关注焦点。替代能源大趋势可能会成为改变能源帝国主义概念的关键点，因为替代能源大趋势消除了地理条件对利用资源的限制，进而改变了因资源的空间布局而固有的所有权。更重要的是，替代能源大趋势削弱了能源帝国主义所关注的竞争领域。

作为一种自然资源，能源一直是帝国主义的核心内容，也是全球力量建立及重新排序的主要根据之一。国家之间的关系往往取决于对化石燃料等能源资源的控制和获取。由此可见，西方国家的主流世界观是二元对立的，由此形成了能源消费国及能源供应国之间的支配关系。从这一概念延伸开来，能源消费国也可以通过直接投资并开采目标国家的自然资源来施加影响。因此，某些国家的主权财富基金投资于他国资源的现象也可能导致了能源帝国主义这一看法。

能源帝国主义具有内在的对抗性，会导致地缘政治局势紧张等后果。能源资源丰富的能源供应国时常觉得不公平，往往有强烈的被剥削感，在以低于市场成本价出口能源商品时尤甚。而能源消费国通常认为，能源供应国对资源的操纵程度已经损害到了其他国家的利益。消费国将能源视为必需品，认为供应国不应无理拒绝供给，但供应国却将能源视为商品。由此可见，供应国和消费国都认为，能源所固有的地缘政治力量是一种零和博弈，即一方获益多少，另一方就损失多少。能源供应国认为，能源消费国意图控制能源资源就是能源帝国主义的体现。建立平等主义贸易机制可以减少控制现有能源资源的需求，从而抵消能源帝国主义的负面影响。

地缘政治平衡与能源消费国和供应国的战略目标二者间存在着对立关系，塑造了人们对能源帝国主义的看法。替代能源大趋势可以直接影响这种对立关系。替代能源大趋势的预期演变可能会使消费国不再需要，甚至不再坚持对供应国实现经济和政治霸权。因此，替代能源开发可以重塑传统的地缘政治态度，消费国对向供应国施加地缘政治压力的需求也会逐渐降低。供应国可能需要衡量与消费国的关系，考虑是要保持开放、维持现金流，还是要通过限制和操纵能源来提升地缘政治影响力。这样一来，替代能源对消费国产生了"结构式诱惑"，使消费国以"类帝国主义"[26]的方式实现对供应国的主导。工业及知识基础雄厚的国家可以将替代能源技术作为工具，用于对基础薄弱的国家施加影响。前者可以利用该工具维持理想现状，即一旦平衡被打破，前者就可以撤回相应的技术支持。

替代能源大趋势还体现了被帝国主义主导的新领域所固有的风险。例如，生物质能和太阳能等可再生能源的重要性日益增加，跨境政治控制的新需求可能会随之出现。能源帝国主义也对部分恶意非国家行为主体的议程产生了极大影响。这些行为主体将能源帝国主义纳入意识形态，并将能源帝国主义作为其行动的动机和理由。

（2）资源民族主义：替代能源大趋势对化石燃料供应国的影响

资源民族主义通常指把自然资源能力当作外交政策工具的意

识形态。各种以国家为中心的意识形态和地缘政治基础都支持将资源控制权转化为地缘政治影响力。从某个特定民族国家的角度来看，这些基础与国家认同关系不大，而与国家力量、野心及利用资源影响跨境议程的能力息息相关。奉行资源民族主义的政府会通过控制特定资源（特别是能源）的使用权来影响其他行为主体的战略。资源民族主义的运作方式并不唯一，既包括单方面切断资源供应的公开形式，也包括利用资源影响经济等不易被公众察觉的方式。[27] 当国家意图掌握本国自然资源使用的控制权，进而将国家政治利益置于既定的国际工业和贸易惯例以及投资者关系之上时，通常就可以说这个国家奉行着资源民族主义。委内瑞拉、[28] 玻利维亚、[29] 厄瓜多尔[30] 和阿根廷[31] 都曾是资源民族主义的追随者。这些国家的领导人普遍认为国家政府应当接管自然资源，从而摆脱西方国家的影响。

即使意识形态因素逐渐淡去，资源民族主义的生命力仍旧非常顽强，可能阻碍国家走向更开放的能源政策的脚步。墨西哥能源部门曾由国家控制长达几十年，后向私人投资开放。[32]2017 年，一个国际财团在墨西哥发现了大型油田，之后墨西哥政府便计划出台新的收益分享法规。这引发了投资者的不安情绪。[33]

资源民族主义主要适用于资源丰富的能源供应国，但消费国也可以利用更广泛的资源民族主义形式来加强对其他国家自然资源的控制。国际机构以及缺乏自然资源、相信自由贸易、开放投资环境的国家都认为，资源民族主义与全球市场的主导范式背道而驰。因此，外国投资者、企业界及其母国反对资源民族主义也就不足为奇了。它们认为，利用经济工具实现以国家为中心的政治目标的做法都"具有负面影响，支持这种做法无异于与政治抗衡"。[34]

我们暂时还不知道资源民族主义将引发怎样的冲突。民族主义不是所有暴力冲突的导火索，但 20 世纪的两次灾难性世界大战及许多其他战争的爆发都直接关乎民族主义。正如其他形式的民族主义一样，资源民族主义会让决策趋于激进，人们也越来越多地将经济战略作为意识形态和政治工具使用。

通过研究替代能源大趋势的驱动因素对国家安全的意义，我们可以知道，现代趋势和发展为何减轻了供应国为自身政治需要而操纵能源储量的压力。实际上，未来更广泛地部署可再生能源可以减轻因化石燃料而导致的国家间紧张局势，全球能源格局也可能因此超越目前的零和状态。替代能源大趋势能够改变、减少或消除国家对自然资源的依赖，削弱甚至剥夺供应国限制他国获取能源的能力。替代能源大趋势会对供应国、消费国以及中转国之间的新力量角逐产生重大影响，新一轮能源大博弈也将由此产生。替代能源技术的进步也有助于重新定义地缘政治学，使其出现更多变化，并画就一幅全新的地缘政治版图。罗伯特·卡普兰（Robert Kaplan）称其将"变化不停，混乱不堪"。[35]替代能源大趋势的技术进步决定了体现在这张版图上的地缘政治及地缘经济新变化。

替代能源大趋势着重说明了化石燃料消费国因追求能源独立而对资源民族主义产生的影响，而且预示着可再生能源可能重走化石燃料的老路。总之，供应国的资源民族主义会提升消费国对能源独立的需求，而实现能源独立的目标又进一步推动了替代能源大趋势。

然而，替代能源大趋势也可能为替代能源供应国提供释放资源民族主义情绪的平台，也可能导致其对新事物的依赖。北非将大部分太阳能发电量出口至欧洲就是一个典型例子。

（3）反美及反西方态度：替代能源大趋势的弦外之音

替代能源开发可能会影响甚至改变能源供应国的反西方态度。资源丰富国认为西方插手其能源事务与剥削其国家利益无异。替代能源大趋势削弱了化石燃料的地缘政治重要性，因此可以缓解这些国家的紧张情绪。替代能源大趋势让人们以全新的视角看待能源消费国及供应国之间的传统对抗关系，改变这些国家，特别是化石燃料供应国的反美及反西方态度。但是，替代能源大趋势的发展也可能助长反西方情绪，因为有时人们会认为在技术领域占据主导地位的西方国家拒绝与欠发达国家分享可再生能源技术，蓄意剥夺欠发达国家因可再生能源发展而可能得到的收益。所以说，替代能源大趋势可能会促成两种截然不同但又同时存在的结果：替代能源大趋势既能缓解如今的对抗关系，又可能会产生新的紧张关系。

从某种程度上说，反美、反西方情绪是国际问题国内化的一种形式。具体到能源领域，国家主体认为能否在本国领土内获得资源与经济发展及国家安全息息相关，且将西方与美国力量视为一种威胁。

替代能源开发会对反美、反西方态度产生直接影响，对能源供应国态度的影响更甚。将替代能源大趋势纳入全球能源安全考量，就可以知道因化石燃料引起反西方情绪而导致的紧张局势能够在多大程度上得到缓解。替代能源大趋势也可能剥夺资源丰富国的地缘政治影响力。鉴于可再生能源的预期发展，反美、反西方态度可能会进一步弱化或更容易发生偏移。然而，中东、北非和拉丁美洲的化石燃料供应国对西方的敌意不大可能褪去；替代能源大趋势可能减少供应国的收入，这也将加重供应国的敌对情绪。

同时，化石燃料供应国可能会认为，大规模部署替代性能源技术意味着西方国家的蓄意限制。还有一种情况是，如果人们认为西方国家阻碍非西方国家获取替代能源或技术，人们的反美及反西方情绪就会愈演愈烈。很多供应国的技术都不足以支撑自身的替代能源开发，所以上述情况极有可能发生。人们也担心美国将掀起一股由替代能源大趋势引领的新帝国主义浪潮。[36]

替代能源大趋势表明，现代现象可以改变行为主体之间的依存关系，从而为既定的地缘政治态度引入新的价值观。冷战结束后，西方自由民主制或瓦解或削弱，在物质、意识形态和宗教价值等因素的共同推动下，恐怖组织逐渐兴起。替代能源大趋势与互联网的发展极为相似，"美国政府在冷战期间开发出了互联网，但现在各国政府都在限制互联网技术及其实际应用"。[37]可再生能源的发展也会以未知的方式影响行为主体的态度及行动。

4. 能源安全化：力量投射的新方式？

能源可及性及能源供应的安全化将影响行为主体的力量投射

能力。行为主体一旦建立起特定的能源安全机制，就注定会影响其他行为主体。例如，消费国若能实现能源独立，就会对其他供应国产生影响，也会获得相对竞争优势。因此，对于某些行为主体而言，替代能源大趋势是安全化机制的一部分；而对于其他主体而言，替代能源大趋势意味着安全威胁。

将替代能源大趋势的发展纳入能源安全及国际关系平衡之中，不但凸显了行为主体进行力量投射的新形式，还揭示了向其他主体施加影响的新途径。事实上，替代能源大趋势的驱动因素为国家和非国家行为主体提供了行使政治影响力的新工具。在普遍安全化的大背景下，替代能源大趋势可以改变人们对威胁的感知，因而变成了一种地缘政治影响力。替代能源大趋势既能产生真实的影响力，也能产生感知意义的影响力。不论形式如何，替代能源大趋势都会转化为新形式的威慑。替代能源不大可能靠一己之力改变威慑战略，但确实可以解决能源依赖及能源稀缺问题。替代能源大趋势的预期发展甚至可能赋予国家和非国家行为主体新形式的"软实力"。

（1）替代能源带来的地缘政治力量："软实力"的新维度？

替代能源可以提升行为主体的"软实力"。软实力一词最早由约瑟夫·奈（Joseph Nye）提出，定义为"通过吸引而非强制的方式达到期望结果的能力"，也可以解释为通过非军事手段改变并引导其他行为主体行为的能力。软实力的大小与其对特定行为的影响力度直接相关。[38] 如果一个国家的文化、价值观和制度能够引起其他国家的尊重，又或者它能依靠自身的外交能力及在国际机构中的地位更顺利地建立联盟及伙伴关系，进而采取一致行动，那么这个国家就具有较强的软实力。源于文化魅力的软实力可以长久持续下去，却不能像源于经济实力及自然资源的硬实力那样当即就能发挥效用。在这种情况下，替代能源大趋势可能会改变行为主体间的力量平衡，我们也需要重新审视什么是力量，特别是替代能源大趋势等现象是怎样促成新形式的地缘政治及地缘经济力量的。

要想明白替代能源大趋势是如何产生力量的，就要先理解什么是力量，了解力量的表现形式、制度基础及传播渠道。力量源于生物（人类）与政治的结合。地缘政治力量的概念与苏珊·斯特兰奇（Susan Strange）所述的结构性权力类似，即"决定办事方法的权力，决定国家与国家、国家与公民、国家与公司之间相互关系的框架的权力"。这一概念认为，权力是相对的，对比基准是那个决定关系结构或世界秩序结构的行为主体。斯特兰奇认为："如果两方都能决定关系结构，那么一方的力量相对大一些，另外一方的力量就相对小一些。"[39] 在现代世界体系中，结构性权力渐渐不再以国家为单位，而是由新兴力量中心向四周发散开来。

从物理学的角度讲，能源本身就代表着力量：能源产生的能量可以改变物体的状态或运动方式，而力量则是利用能源并将能源输出为实用或功能性能量的大小。从地缘政治和地缘经济的角度讲，能源资源是一种衡量标准，意味着行为主体影响其他行为主体行为的能力。

因此，替代能源大趋势有能力为国家主体带来新形式的地缘政治力量。能源资源对社会经济状况及人民生活水平的影响极大，因此在全球力量政治中占有举足轻重的地位。能源以资源的形式存在，与是否被人类使用无关。同样，国家既可以利用地缘政治及地缘经济等力量，也可以藏而不露，从而引起某种反应，作出价值判断，避免某种结果，改变人们的偏好及观念等。

替代能源大趋势也能够为国家带来基于资源的经济力量，这种经济力量可以进一步转化为地缘政治影响力。在替代能源领域占上风的国家可以将这种优势作为其他领域的筹码。然而，有优势的国家不大可能轻易转让替代能源技术，更不会将至高权威让渡给那些试图将可再生能源作为强加观点的工具的新兴国家。

站在替代能源大趋势的角度观察，我们可以发现，越来越多行为主体正在改变力量投射的方向。如果发达经济体在替代能源开发方面取得进展，成为能源供应国，那么全球力量平衡可能会进一步重塑。这些国家可能会建立起"可再生能源的石油输出国组织"，这反过来又会引发新的紧张局势。但这并不意味着新兴力量中心将无法掌握可再生能源技术，也不代表它们无法从其他国家那里获得可再生能源技术。例如，许多亚洲国家的经济持续增长，这些经济体可以凭借日益提升的技术能力打造替代能源的未来。

（2）威慑要素：获得新地缘政治工具，提升说服力，更轻松地阻止他国行动

通过分析替代能源大趋势的传播，我们可以更好地理解可

再生能源怎样催生了新形式的威慑力。自第二次世界大战结束以来，威慑的方式基本保持不变，但威慑的利弊观已时过境迁。亨利·基辛格曾指出："威慑首先是心理层面的活动，通过构成超出对手接受范围的风险，使对手远离某一特定路线。威慑能否达到目的，取决于对手的判断。"[40]

换句话说，"威慑是对后果预期的管理。只要威慑者能够让对方相信实现某个目标所付出的代价将超出获得的收益，且威慑者实施威慑的成本低于放弃目标的成本，威慑即可成立"。[41] 威慑者试图将特定行为主体对其弱势的认知转化为对该国的持续威胁，进而达到特定的目的。这些威胁往往立足于关乎国家建立及存亡的战争历史上。[42]

过去，威慑目标及威胁仅针对国家或联盟用来抵御武装侵略的狭义国家安全及国防资产。[43] 随着时间的推移，威慑目标及威胁对象进一步扩大，囊括了特定国家所感知到的收益及损失。替代能源技术等新技术可以加快行为主体发挥影响力的进程，扩大行动的影响力，从而改变当今威慑地缘政治的框架。

冷战结束后，威慑与经济、政治、军事霸权之间的联系不再那么紧密。基于两极平衡格局形成的盛极一时的威慑形式逐渐弱化，新威慑形式逐渐出现，它们有时也被等同于软实力。威慑的范围不再局限于表现出对侵略的反应能力。现如今，威慑涉及一种综合的安全化方式，并将风险作为一组综合因素进行管理："风险正变成国家安全的重要概念。"[44] 国家和非国家行为主体忙于应付新出现的非对称性风险，它们需要重新判断风险的"不确定性及潜在损害的有限性"。[45]

冷战结束后，能源安全问题不断升级。作为国家间关系的有效政治威慑机制，能源的威慑力不断提高。技术也成了构成各种威慑的要素，技术本身甚至也成了一种威慑力量。技术威慑也可以作为一种纠偏工具：新型核武器的使用加速了第二次世界大战亚洲战场法西斯军事力量的瓦解。一旦与能源结合起来，技术的威慑能力便会成倍增加。确切地说，贯彻落实用可再生能源代替化石燃料的政策可以对抗化石燃料供应国对油气供应及价格的操纵。

能源的威慑作用已经在化石燃料上得到了体现。[46]能源消费国和供应国之间的相互影响是行为主体行使国家力量的工具。如果贸易伙伴"难以放弃与某个国家的贸易往来，也不易找到能够取代这个国家的市场及供应来源"，那么这个国家就可以从它的贸易伙伴处获得军事、政治及经济优势。[47]

然而，在今后，使用能源作为威慑手段可能会带来意想不到的后果。将能源作为威慑手段的行为主体可能会遭到全球能源市场的排斥。[48]能源也可以起到平衡作用，帮助维持现状，采取适当行动。威慑可以通过将能源供应国及消费国整合在一起的发展模式来实现。在这些发展模式中，资源贫瘠的国家必须发展自身的资源基础，或者与资源丰富国建立互利互惠的贸易关系。[49]因此，拒绝利用贸易优势向其他国家提供帮助也是一种威慑因素，能够防止依赖贸易关系的国家采取某种行动或坚定特定的地缘政治立场。虽然在化石资源方面的相互依赖关系非常明显，但替代能源也可能受到类似的限制，如地理、工业基础设施、习俗惯例、经济实力等。

替代能源大趋势也能让能源消费国摆脱对化石燃料供应国的依赖。替代能源能够对操纵油气供应的行为起到威慑作用，进而改变行为主体的立场，并影响它们的行为。替代能源大趋势及其他关乎能源的动态变化为资源外交创造了条件及形式，进而起到威慑作用。

随着替代能源的大规模开发利用，资源贫瘠国可以想方设法走向能源独立。化石燃料供应国可能会利用其能源优势阻止或劝阻国家和非国家行为主体继续开发替代能源。[50] 替代能源大趋势能够改变力量平衡局面，阻止对能源供应及市场的操纵。

替代能源大趋势的轨迹指出了应对固定的、可量化的威胁与挑战的新方法，还显示了替代能源大趋势的威慑能力，反映出冷战后政治威慑实践和人们对它的理解发生了更广泛的转变。然而，尽管替代能源具有威慑作用，但单纯靠替代能源并不能实现能源独立，也不能实现永久和平。也就是说，"威慑的问题在于它最终落脚于比较心理学：人们永远无法知道什么会威慑到潜在的敌人，只知道什么能威慑自己"。[51]

（3）提高地缘政治影响力：多了个谈判筹码，甚至有更多加成？

在国家、地区和全球谈判中，行为主体能够将替代能源大趋势带来的优势作为筹码。替代能源大趋势的潜力不仅是一种威慑能力，而且可以转化为新形式的影响力。与威慑不同的是，影响力的覆盖面极广，行为主体也享有更多自由，能够在霸权强加的国际标准及规则框架之外采取行动。影响力以经济、政治强制力等形式存在。[52] 能源资源可以传递不同类型的影响力，既可以是惩罚性的经济力量，也可以是对其他主体的地缘政治或地缘经济行动做出反应的能力。

新技术的获取、发展及管理可能成为地缘政治影响力的新驱动因素。地理条件、现有的基础设施、劳动力市场的灵活性、人口结构、教育体系、资本流动性等因素决定了国家在利用替代能源技术等新兴技术方面是否存在优势。

对于发达经济体而言，替代能源大趋势能够引导技术经济发展及市场运作，从而提高经济体的影响力。这种影响力实质上就是抑制其他国家发挥优势。对于发展中国家和新兴经济体来说，可再生能源取得的突破性进展既能让它们与发达国家同台竞技，又能为它们提供支撑地缘政治谈判的经济资源。因此，这种影响力不仅使行为主体对潜在威胁做出同样的反应，而且还能让行为主体主动影响其他主体的行为。

在地缘政治学中，影响力往往等同于对可以影响特定行为主体行为的外部压力的敏感性及脆弱性。能源生产可以创造收入，从而形成经济力量，行为主体也能够拒绝或允许其他主体利用能源资源，这些都是能源生产施加影响力的方式。例如，行为主体若能拥有大量管道和能源基础设施，就能摆脱对特定供应国或消费国的依赖。对供应国和最终消费国而言，"拥有多条能源供应线路就意味着拥有更多选择，这一点至关重要"，同时也是影响力的来源之一。[53] 若能向难以控制的行为主体提供替代能源技术，就能改变它们的行为。这种影响力也能以惩罚性经济机制的形式运行，比如出台禁运措施，从而切断能源收入，剥夺收入带来的优势。

谈判过程中的共有逻辑及价值判断具有不确定性，因此在地缘政治谈判中施加新影响力实属不易。如今，世界多极化格局与后现代的共识体系趋势渐行渐远。在共识体系中，所有人都遵守规则，"政治是可能性的艺术"。[54] 合法性与普遍接受性对于地缘政治代理人而言无关紧要。而现实是，文化、种族、宗教、经济、政治等重点领域的覆盖面越来越广，标志着与社会发展及政治互动的老旧传统分道扬镳。差异越来越多，多元化、碎片化、去领土化趋势越来越明显，全球及本土变化越来越大，地缘政治代理人尚未充分理解这些动态，也没有将其纳入自身的战略及行动中。力量和空间问题悬而未决，为冷战后变幻莫测的世界地缘政治互动的未来变化提供了线索。

美国等发达经济体致力于提升地缘政治影响力，这进一步推动了替代能源现代化和技术进步的进程。替代能源能够减轻能源依赖程度，也能为谈判增添新选项，从而减少需要做出的战略承诺。美国退役将军、前国家安全顾问詹姆斯·琼斯曾指出，通过开发替代能源等途径实现能源结构多样化大有裨益，"为确保长期能源安全，能源市场的灵活性需要再上一个台阶"。[55]

替代能源大趋势也能为发展中国家带来新的地缘政治影响力，这反过来可能扰乱全球平衡，产生新的安全问题。北约第11任秘书长夏侯雅伯（Jaap de Hoop Scheffer）[56] 曾提出开发可再生能源必须面临的问题："一些替代能源供应国是否应该在塑造全球安全新秩序时发挥更大的地缘政治影响力？"[57]可再生能源还是发展中国家的资金及技术来源。举个例子，欠发达国家越来越想在相关谈判中占有一席之地，并要求发达国家为其提供更多技术支持及财政援助。它们可能将限制替代能源技术的传播与拒绝向其提供援助二者混淆起来，而发达经济体也可能因此背上冷漠自私的骂名。

替代能源开发的地缘政治影响力在很大程度上取决于领先者与落后者之间的互动。全球平衡一旦改变，就可能触发社会经济和社会政治紧张局势，以致动用武力，激发资源冲突。"开发自然资源极有可能带来力量及冲突"，[58]替代能源大趋势将制造能源安全威胁，因此"如今我们必须采取行动，从而避免未来因资源而起的冲突"。[59]

化石燃料消费国如果拥有丰富且廉价的可再生能源，就能抵御供应国的不利行动。拥有可再生能源的行为主体既可以自己利用这些能源，又可以向资源缺乏的行为主体提供能源，从而获取政治利益。援引乔治·凯南（George Kennan）的话，可再生能源可以帮助国家"巧妙而警惕地反击不断变化的地理及政治观点"。[60]西方发达国家可以利用替代能源技术作为外交政策中的"胡萝卜加大棒"。

总而言之，替代能源大趋势表明，各国将寻求新的方法来增强谈判能力，而替代能源开发可以减轻未来的能源安全威胁，减少对能源的依赖。技术发明既可以成为一种"普遍的威慑力"，也可能导致更具破坏性的国家间暴力冲突。[61]

5. 核能：为替代能源大趋势的未来绘制可能的路线图

核能是目前唯一切实可行的化石燃料替代品，它已成为当前能源格局中既定的、实用的、不可或缺的一部分。[62] 核能的发展可以为替代能源大趋势的未来及其安全轨迹指明方向。在后核武器扩散的背景下，核能的地位十分特殊。

核能发展已经影响了渗透在替代能源大趋势中的愿景和一些做法，替代能源大趋势本身的技术经济发展模式也可能依此展开。核能同样需要政府的广泛介入，而市场这只无形的手对核能的影响相对较小。社会态度和政治观念也影响着核技术的发展和实际应用，这可能是全球社会影响可再生能源大趋势的一个缩影。同时，限制核能的进一步传播可以刺激其他可再生能源技术的发展，为替代能源大趋势提供更多动力。

（1）核能：可能是替代能源开发的样板

核能是一种独特的能源资源。作为一种非化石燃料，核能已经投入使用长达半个多世纪，且很有效。核能技术进步带来了意想不到的成果。与军用雷达技术被应用于家用微波炉的例子类似，民用核能发电源于曼哈顿计划实验室进行的武器研究，这些实验室的建立是为了生产可部署的核武器。最初被认为具有大规模杀伤性的手段，已经成了可行的发电工具。[63] 四十多年来，核能满足了世界上很大一部分能源需求，也是除水能以外的另一种大规模投入实际应用的非化石燃料。[64] 如今，核能发电量约占全球总发电量的 10.5%。[65]

核能的优势比其他非化石能源更加广泛。核能满足能源需求的能力与化石燃料旗鼓相当，但却是目前唯一"环境友好"的能源。相比之下，化石燃料工厂产生的有毒污染物和废物的数量远远超出了核电站。[66] 核能基本上不排放污染物，可以大规模生产应用，相对而言能效较高。虽然核能不是真正的"公共产品"，但它能量密度高，[67] 具有可及性，已建立相关的基础设施，因此对于想要解决能源安全问题的国家而言颇具吸引力。

许多发展中国家和发达经济体都在大力发展核能。[68]2016 年，五大核电巨头（美国、法国、中国、俄罗斯和韩国）的核电产量占世界总核电产量的 70%。其中，美国和法国的核电产量占世界核电产量的 48%。[69]

虽然三哩岛、切尔诺贝利和福岛等孤立事件引起了不少负面舆论及一系列政治回应，但核电在全球能源格局中仍发挥着重要作用。核电在全球电力中的份额于 1996 年达到峰值，后持续下降，至 2016 年降至 10.5% 左右。尽管如此，核电的发电总量一直在增加。[70]

核电是化石燃料的有力竞争者。尽管核电的前期成本居高不下，但相比天然气等不能直接获得的化石燃料而言，核电的成本更加低廉，污染物排放量也比化石燃料更少。但是，有证据表明，替代能源的经济性、环保性可能可以媲美核能。[71] 如果替代能源的价格持续下降，那么替代能源大趋势将得到加强，其未来也将更加确定。

核能技术已经经历了几个发展阶段，其动态变化预示着替代能源大趋势可能出现的转变。第二次世界大战后，核电技术达到了一个高峰，但在三哩岛和切尔诺贝利两个灾难性事件发生之后，核电面临的社会阻力越来越大。随着时间流逝，这些灾难逐渐被人们淡忘。尽管后来发生的福岛事故也曾让人们质疑核电的安全性，但自 21 世纪初以来，人们开始支持核能发展，核电也走上了复兴之路。

核能未实现的技术决定了其改变全球能源格局的潜力天花板。可再生能源也是如此。前文曾提及，核聚变可能是未来的能源来源。人们寄期望于通过核聚变反应获取稳定的电力供应，以满足峰荷需求。目前核聚变发电未能进入实际应用，技术尚停留在理论研究阶段。

背离化石燃料对地缘政治、国家和全球安全考量的影响也将决定核能对可再生能源开发的影响。核能能够揭示替代能源大趋势的发展方向，体现出决策者在安全和技术进步之间必须面对的权衡取舍。核能的接受程度及其吸引力受到社会态度和相关政治观点的制约。如今，替代能源大趋势与 20 世纪末核电所处的两难境地如出一辙。替代能源的潜力得到了一致肯定，但面临的挑战也十分严峻。

尽管替代能源大趋势与核能发展历程有相似之处，但作为一个整体，替代能源大趋势并未被社会怀疑或诟病。核能模式不是替代能源大趋势的唯一选择，但核能为决策者放大替代能源优势提供了事实支撑。

（2）反核情绪及防止核扩散的做法：用替代能源取代核能

核能是一把"双刃剑"，因为一国的能源安全路径很可能成为另一国的战略弱点。核能的能量密度大，产能高，可以满足能源需求，目前是化石燃料的唯一替代品。然而，核能也为大规模杀伤性武器的开发和扩散开辟了道路。正是由于核能的潜在缺点，同时考虑到可再生能源技术及应用对环境的影响较小，安全问题相对较少，所以可再生能源开发、技术及应用才备受支持，得以加速发展。事实上，可再生能源不但可以作为化石燃料的替代品，还可以作为核能的替代品。

尽管大量学术层面及技术层面的研究表明，核电站的安全标准十分严格，[72] 但全球社会仍对核能的安全性及透明度持怀疑态度。所有大型基础设施系统都会或多或少地出现技术故障，核电站也在所难免。虽然新技术降低了出现技术故障的可能性，但也不能完全规避风险。此外，一些政府抵制核能的开发与应用。例如，新西兰于 1987 年出台《无核区、裁军和军备控制法案》，澳大利亚、奥地利和爱尔兰奉行"无核"政策等。在某些情况下，政府也会因政治压力而改变政策走向。

美国最先爆发了反对核能的抗议运动，之后这股势头迅速蔓延到了欧洲和世界其他地区。20 世纪 70 年代末，反核运动成为社会和政治环境的一个特征。在三哩岛事故和切尔诺贝利灾难的推波助澜之下，反核运动鼓动了政治和经济力量，多年来阻碍了核技术的发展。尽管核电站很少发生严重的安全事故，但 2011 年福岛核泄漏事件再次将核能安全问题推到了风口浪尖。为了缓解福岛核事故引发的公众的担忧情绪，一些国家在核能开发问题上采取了强硬立场：瑞士暂停了升级核反应堆的计划；中国暂停了核电项目的审批工作，直到新安全规则出台才重启审批流程；德国决定不再发展核武器，甚至决定关停 1980 年之前建造的七座核反应堆。反对核能的行为主体力量过于强大，以至于有的国家尽管对核能持积极态度，但也很难大力发展核能。

尽管核能的安全规定非常严格，但有所保留的沟通机制使人们觉得核能缺乏透明度，因而更加不信任这种技术。同时，人们还担心核能的发电过程及其排放的废物会对人身安全及环境造成损害。核能可能引发的安全问题，人们对核能缺乏透明度的认知，以及普遍对核能的抵制，多重因素交织在一起，对替代能源大趋势的发展产生了全方位的影响。一些正在逐渐放弃核能的国家意识到，需要另寻他路弥补由此产生的亏空。逐步淘汰核能或取消核电计划的政治决策可能导致更多资金流向可再生能源的开发。从技术角度来看，德国和瑞士等欧洲发达经济体可以考虑划拨一部分财政支出，建立替代能源的重要资本基础。例如，德国逐步淘汰核电的决策起初促进了可再生能源的发展，因为德国有足够的资金投资于拓展替代能源的发电能力。2011 年，德国有18 个核反应堆处于运行状态，而 2017 年仅有 8 个仍在运行。尽管如此，德国仍是电力净出口国。[73]

核能的发展发生在后核扩散时代，因此人们更希望能用可再生能源代替核能。目前，后核扩散仍处于初期，无核国可能会大力发展核能，因此民用核技术转用于军事目的的可能性也大大增加了。[74] 此外，冷战后，盟友关系尚未定型，因此开发核武器于军事而言依旧具有必要性。[75] 许多国家也对发展民用核能兴致颇丰。

核技术的进步正进一步削弱已然很紧张的国际核不扩散体制。一些国家认为，拥有核技术的国家会对新兴国家和非国家行为主体施加影响力，这种优势逐渐覆盖了核技术带来的风险。这种看法也加速了核不扩散体制的衰退。奉行核不扩散体制的后果似乎超出了国际社会的控制。矛盾的管辖权问题、无效的多边途径、非法扩散区域、核武器对某些非国家行为主体的吸引力等因素都使现实情况更加复杂。[76]

使用可再生能源替代核能，可以加强反核扩散及核不扩散体制的成效。作为核不扩散体制的成员国，发达经济体可以以优惠条件向其他国家提供适当的可再生能源技术，并协助其可再生能源发电并网、电网维护及进一步发展。换言之，技术领先国可以向能源贫瘠、技术短缺的国家转让替代能源技术，从而达到让后者放弃开发核能及核武器的目的。领先国将走政治途径决定是否采纳这一做法，因为这一决定并非出于纯粹的能源考量，还涵盖了经济联系、国家安全考量、地缘政治平衡和社会政治等多方面因素。就这一点来说，核能可以影响地缘政治决策，国家需要对是否放弃核能作出抉择。

应该注意的是，彻底放弃核电可能不利于替代能源的发展。一些国家的用电需求不断增加，电力供应量却持续减少，所以它们不得不寻找快速、可靠、廉价的能源解决方案。目前的解决方式主要是升级化石燃料设施，如加设天然气站或增加进口量。

一些欧洲国家认为对俄罗斯天然气的依赖意味着能源安全脆弱性。[77] 核电退役后,各国都要寻找新途径弥补相应空缺,但拒绝可再生能源,选择化石燃料的理由却不尽相同。[78]

同样,行为主体可能拒绝其他国家以放弃核能为条件向它们提供替代能源技术的要求,因为它们认为这样做对技术的接受者及提供者都没有好处。放弃替代能源可能是出于经济压力、政治紧张,也可能纯粹出于技术考量。政府并不能提供全部替代能源技术,因为越来越多替代能源技术专利由私营部门的公司占有。这些公司不以阻止核扩散为目的,它们有不同的考虑和动机。此外,太阳能发电技术对于光照不足的国家而言可能没有太大吸引力。核能是军民两用技术,在带来挑战的同时,也为一些国家行为主体创造了必然优势,如武器销售等。

总之,核能和可再生能源之间有一个重要区别:后者的社会接受程度越来越高,而人们却越来越不信任前者。但是,人们不接受核能并不代表核能发展和替代能源大趋势之间没有相似性。事实上,我们可以从中看出,公众看法是怎样影响可再生能源和核能的未来发展的。如果人们认为可再生能源技术具有潜在危险性,会造成严重的环境及安全问题,那么人们对可再生能源的接受程度也会降低。此外,后核扩散局势也增加了可再生能源替代核能的可能性。

（3）后核扩散时代的问题:从核能的军民两用性质看可再生能源的潜在武器化

尽管目前还不能百分之百确定世界已经进入后核扩散阶段,

但可以肯定地说，没有哪个行为主体可以控制、停止或扭转核武器的扩散趋势。不论从技术发展的角度来看，还是从实现预期战略目标的角度来看，将民用核技术转化为军事核技术的进程都是难以控制的，更不用说阻止它。冷战后范式转变带来了诸多变化，后核扩散时代的到来就是其中之一。对核不扩散的重视也影响了替代能源大趋势及其未来，将替代能源武器化的可能性排除在外。

核能既可以用作燃料，又可以当作武器。核能对可再生能源的影响最大，也能说明可再生能源可能的未来。一方面，核能的危险性较高，而如今的可再生能源是安全的核能替代品。另一方面，如果技术进步到一定程度，可再生能源也能用于军事领域，那么可再生能源与核武器的扩散就相差无几了。因此，核能的发展路径就是可再生能源的现实参考。此外，如果可再生能源有实现武器化的可能性，那么军方就可能推动可再生能源范式的改变，就像当初军方改变核技术的发展范式一样。后扩散时代安全环境错综复杂，想要解决核武器扩散问题就要诉诸更全面的政策解决方案。所有安全考量都将影响到为适应不断发展的可再生能源大趋势而调整政策的过程。

二、21 世纪的国防转型——替代能源大趋势的影响

替代能源大趋势如何适应当下的国防转型？当今世界之所以发生着深刻的国防转型，是因为国防威胁和挑战的性质发生了彻

底改变：技术取得重大进步，行动的不对称性加剧，对远征作战的需求更大，国防事务也超出了传统的国家安全考量范畴。

国防部门是行为主体应对暴力冲突的代理者。暴力冲突是关乎国家存亡的最严重的安全威胁。在普遍安全化的世界中，面临安全威胁的人类活动领域不断扩大，且各国相互侵占彼此的活动领域，因而有可能引发军事冲突，威胁到了国家的生存。为了确保国家安全，行为主体采取了相应策略以应对大量传统与非传统安全挑战，进而引发了深刻的国防转型。[79] 从替代能源大趋势的角度来看，国防转型意味着安全战略及实践适应普遍安全化世界的过程。

本书并未对国防转型进行全面梳理，而是选取了替代能源大趋势这个角度进行深入探讨。在技术革命的推动下，替代能源大趋势已经深入国防战略、政策及实践之中，可谓国防转型的先行军。替代能源大趋势对军事能源考量的影响极大，而且替代能源大趋势本身就是一个独特的安全议程。

本节研究了将替代能源解决方案整合进全球国防机构及军事机构事务中所带来的潜在国防影响，还探讨了国防转型对替代能源开发的影响，以及国防转型为替代能源大趋势带来的动力和指明的方向。

1. 不断增加的国防任务：替代能源大趋势的视角

国防部门的事务范围不仅出于军事考量，还取决于范围更广的安全考量。比如说，环境安全和资源稀缺都可以成为破坏稳定的罪魁祸首。未来几十年中，国家间将为争夺能源而展开竞争，这可能是挑起战争最直接的理由。尽管战争往往具有地域局限性，但战争的影响力会波及全球，威胁到不同国家和地区的民众。这就要求我们探索安全化的新路径。尽管现代世界的威胁和安全要求不断变化，但大多数西方发达国家仍固守冷战防御体系，所以探索安全化新路径是至关重要的。

可再生能源很有可能重塑全球能源结构，因此我们应该以全新的视角看待未来的风险，评估冲突的性质及来源。将替代能源纳入新能源格局之中会导致新能源供应国的崛起，因此可能会加剧全球的不稳定性。[80]国防部门需要做好应对风险及变化的准备，实现替代能源大趋势驱动因素的安全化，并扩大可再生能源的应用。

为了配合国防部门的工作，军方可能需要奉命保护不断发展的可再生能源的国际电网及相关设施，也可能要转变对新兴的可再生能源供应国的态度，就像过去他们改变了对化石燃料供应国的态度一样。国家不必继续介入化石燃料生产国等动荡地区，因此国家的国防立场很可能发生变化。这些考量将影响国家的战术部署，同时，国家应该仔细检验其空间布局，特别是在边远地区的布局，以确保对可再生能源的利用达到最高效率。

现代化、自动化、智能化的军事部门是目前世界上能源消耗量最大的机构之一。美国国防部的能源消耗约占联邦政府能源消耗总量的80%。[81]居高不下的能源需求消耗了大量国防预算，限制了后勤的灵活性（前线作战尤甚），也可能因保护能源长距离供应线路而使人们付出生命代价。战区对能源的依赖程度极高，因此国防部门不得不承担向战区输送燃料以及在战区内部运输燃料的风险，考虑燃料依赖性对作战效果的影响，支付能源费用，遵守能源领域的法规、政策以及更广泛意义上的相关政策。

因此，能源与力量投射、军事统治及政治息息相关，"可以说，从意义最广泛的物质角度来看，历史就是人类不断提高能源控制能力的故事"。[82] 替代能源大趋势强化了力量投射关乎国家存亡的观念。托马斯·霍布斯（Thomas Hobbes）在《利维坦》一书中也提到了这一观念，称君主之间是互相猜忌的，他们始终保持着战斗状态及姿势。[83] 因此，尽管替代能源大趋势在军事行动及实践中的实际应用仍然相对较少，且其今后的应用受技术进步的制约，但国防规划者仍对替代能源兴趣颇丰。

国家能源安全攸关国防部门的利益。能源是维持武装部队及武装作战的血液，所以如何改变政策路径以保护国家能源安全是国防机构和国际军事联盟面临的核心问题。将替代能源资源及其技术整合到国防领域可以增强国防领域的能源安全。[84]

国防部门的安全化事务不断扩充，环境安全考量也成了其中的重要因素。环境威胁会对作战环境、作战基地及作战后勤产生负面影响，因此会削弱军事能力，降低国防设施与基地的效率。环境风险会影响军事承诺及军事能力，因此，战略规划需要更灵活，将因环境挑战而起的意外因素也考虑在内。替代能源开发可以极大缓解环境问题。主要国家的军事部门应用替代能源，全球范围内的非军事领域也部署替代能源，可以抑制环境退化，防止能源冲突。

替代能源大趋势似乎势不可当。其优势及与国防实践的融合程度都是各国必须要面对的问题。这方面的一个重要考量是引入替代能源对作战、后勤的潜在作用，以及对普遍存在于当前军事思想中的效能、效率之间权衡的潜在影响。虽然替代能源开发为军事提供了新的解决方案，但同时也制约着军事的发展，造成了技术漏洞、网络威胁、物理破坏的风险等脆弱性。[85] 同时，针对军用及民用替代能源的系统性保护、安全监督及政策法规的制定都并非易事。国防部门需要将这些问题和因素纳入其安全化议程之中。

2. 替代能源：刺激国防转型的技术要素

过去几年，技术飞速发展，安全挑战应接不暇，安全化需求日益增加。这些变化决定了 21 世纪初期国防部门的转型。战争是瞬息万变的，变革性事件齐聚，扭转了既定的实践范式和观念。虽然这种彻底的变化并不经常发生，但随着时间推移，它们终将传播开来。当诸多彻底的变化同时发生时，所谓的"军事革命"就如期而至了。[86]

（1）技术进步对国防转型的影响

鉴于社会路径和固有知识的不同，各国将新技术转化为军事优势的能力也有大有小。例如，最早发明了火药的人，却未能将火药应用到军事领域，而欧洲在火药的基础上发明了枪支，并借此占据了军事主导地位。火药革命、工业革命、核武器革命和信息革命都是革命性事件在时间和空间上相互融合的例子。这些事件重塑了战争和军事实践的特征。这些革命的底层逻辑并非技术决定论。事实往往恰恰相反，人类的创造力推动了真正具有革命性的技术的发展。例如，弥补核武器的破坏性后果这一做法具有政治必要性，而该做法也造就了核武器的诞生。

掌握新技术对国家主体而言意味着极大的作战优势，意味着它们的军事组织、战略、战术、思维和准备工作都能上升到新的高度。然而，技术发展和重大变化通常不是国防转型的核心要素，因为应用成本更低、效率更高的技术并不能帮助国家主体迅速占据主导地位。正如 H. R. 麦克马斯特将军（H. R. McMaster）所说，这种认知"牢牢植根于一个广为人们接受但本身存在根本缺陷的关于未来战争的概念，即认为监控、通信和信息技术意味着'重要的作战空间知识'，美国军方也可以部署精确打击技术来实现对任何对手的'全光谱统治'"。[87]引发军事革命的根本原因是人类理解并应用技术进步的方式。

历史上，全球军事实践的几次转型改变了战争政策及路径。伴随转型而来的是更广泛的趋势和技术进步的融合，它们重新定义着军事力量的应用。国际关系也迎来了新时代。例如，工业革命和如今的信息革命重新定义了现代军队的角色和能力，军队也不再像从前那样依赖工业化大规模生产，而是越来越依赖复杂的计算机控制系统。人们认为该系统对军事行动至关重要。国防机构已将相关的技术变化落实到了制度层面，也重新修改了军事准则，改变了先前确立的战争方法及目标。

国防转型过程和武装冲突法[88]都要求军队重新解释战争行为，并改良军事方法，使其与最新的技术进步保持一致。将技术进步纳入军事战略规划这一任务颇具挑战性，必须准确及时地评估技术的未来影响，但技术却"终将在极度不确定的条件下加以应用。受不确定性的限制，人们很难做出正确的预测"。[89]

在大多数情况下，人们并不认为技术进步具有"颠覆性"，只觉得技术进步能够推动战术的更新换代。即便是专门服务于军事目的的技术进步也是如此。20世纪的两个武器系统改变了此后的军事战略规划。直到1940年，海军规划者仍认为航空母舰是第二梯队的海上作战平台。航空母舰是在两次世界大战之间发展起来的，但"英国、美国和日本海军未能充分认识到空中力量对海上战争的贡献"。[90]1942年，航空母舰的战略重要性才凸显出来。与之类似的是，在两次世界大战之间，大多数军事规划者都轻视了潜艇的重要性。即便德国潜艇在第一次世界大战期间几乎切断了英国的经济动脉，英国也没有将潜艇纳入其战略计划之中，而且没有制定合适的反潜作战方案。

在两次世界大战之间，U型潜艇被划归为次级军事能力。尽管U型潜艇具有新军事能力，但1936年签订的《限制海军军备条约》并未针对性地修改海战法，而是沿用了水面舰艇规则约束U型潜艇。这并不足以应对新产生的威胁。潜艇本就是一种隐形武器，再多法律纠纷也无法改变这一现实。因此，反潜战并没有迅速发展，因为其假设就是错误的。同样，适用于新兴技术的战争规则也非常不透明。越来越多以关键基础设施为目标的网络行动也没有被明确的规则加以约束。

对于想要提高力量投射能力并确保未来几十年一直保持战略优势的军队而言，以技术传播为基础的全球技术革命放大了技术创新的重要性。技术放大了投射力量的欲望，并将其转化成了一种物质力量。颠覆性技术的作用尤其明显，史实也证明了这一点：蒙古人靠反曲复合弓统治了中亚草原；西方在近代靠火炮确立了统治地位；核武器的发明改变了战争逻辑和战争方式。出于同样的原因，破坏性或毁灭性的替代能源技术可以为军队引入新的空间及时间参数，重塑战争行为及行为主体之间的关系，重新定义世界多极化格局的力量投射能力。

（2）替代能源：大国竞争中潜在的颠覆性因素

技术本身既不是简单的解决方案，也不能保证既定目标的实现。在国防领域及其他各种领域中，技术知识和能力并不总是等同于智慧。军队一旦应用替代能源技术等新技术，就需要重新审视组织、战略和战术。在引入推动军事变革的颠覆性技术时，变革能力的重要性尤为突出。颠覆性技术对现代军队的力量运用、[91] 组织结构、军队体制、力量编成及部署等提出了挑战。[92] 无人系统的应用就是实例之一。[93] 无人系统不仅为战争输送了新层级的力量，还提升了部队的控制力及持久力。[94] 美国创新了无人系统的生产及使用方式。其他各国军方掌握无人系统技术的程度不尽相同，优势也有大有小，但都具备技术发展的基础，并实现了技术的快速发展。这削弱了美国军方的技术优势。[95]

其他国家不断挑战着技术领先国的技术统治地位，这促使领先国大力投资技术的全新应用，以继续保持领先地位，或是获得全新的战略战术优势。人们对定向能武器的关注度日益提升。定向能武器为军事增添了意想不到的能力，还可能带来新形式的空中力量。[96] 附加制造技术也具有潜在的颠覆性，因为这种技术无须依赖工业基础，就可能颠覆不断变化的经济及军事平衡。越来越多国家及非国家行为主体也因掌握了该项技术而拥有了生产先进武器的能力。[97] 新技术可以扩大行为主体的军事指挥范围及武装力量控制范围，从而显著提升防御攻击能力。例如，新网络技术能够加快战场情报的处理过程，提升决策速度，指挥官也能利用该技术向士兵和无人系统平台发出指令。[98] 新网络技术还提高了目标获取及反应速度，亟待行为主体提出新战术、新战略，实现技术效益的最大化。

替代能源大趋势也能帮助国家开发新的军事能力，实现军事实践的重组，进而推动国防转型。替代能源开发能够为国家主体提供直接军事优势，如提高能源使用效率，增强国家的作战效能，降低作战风险及成本等。替代能源开发最终可能会催生新的军事平台及军事系统，以及具有网络化作战能力的战斗机。大力发展替代能源技术可以为国家带来新的作战能力，推动军事准备站上新台阶。

军方一直追随着技术创新。只要能够相应地制定适宜的政策和激励措施，军方就有望获益。正如丘吉尔对英国海军决定将能源从煤炭转向石油的评价一样，"骆驼只消喉咙一动，虫子就轻松进肚了"。[99]

上文只讨论了整合替代能源开发对国防转型的积极影响，但同时，我们必须考虑替代能源技术重塑国际体系的能力以及应对其地缘政治影响的能力。这是因为，替代能源技术必将改变战争的起因、对象及方式，这也是国防部门不断扩充的安全化任务的基本因素之一。替代能源技术具有破坏性，既可以制造问题，又可以解决问题。替代能源技术创新的速度难以跟上新军事能力进步的步伐，所以行为主体更容易因实际的力量平衡而误入歧途，成为战略误判的受害者。因此，替代能源技术可以改变行为主体施加军事影响力的能力，也能重新平衡军事力量关系。更广泛的安全考量在安全化中的角色日益凸显，国家在制定国防政策的过程中也应该考虑替代能源开发带来的新机会和新选择。替代能源带来新挑战的同时，也会促进更广泛的"安全社区"的形成。

3. 国防战略的转变：替代能源大趋势突出了新能力、新任务，以及新战略接触与战略合作

预测国际力量平衡的变化趋势，挖掘优势的最大潜能，都是治国方略的重中之重。理解如何依靠技术进步来驾驭预期的军事力量，且不过度美化技术进步，也是治国方略中至关重要的组成部分。对技术的利用不能仅停留在获得优势的层面，更要将变革纳入制度框架，将优势保持下去。尽管技术创新的先驱者占据着一定优势，但历史已经证明，军事技术创新的速度非常快，以至于原先的技术弱国也能在冲突中利用新技术对抗强国。这种现象推动了新技术解决方案的发展，也让在不同战争环境或新战争环

境下对"未来战士"[100]的预测更进一步。作为国防转型的一部分，新技术的引入对国防规划人员和指挥人员提出了新要求，即必须确保充足的国防准备，以应对不断增加的不确定性。毕竟，"战争中，唯一不可避免的后果是意外的后果"。[101]

决策者需要利用新资源来解决战略挑战。美国海军上将迈克尔·马伦（Michael Mullen）曾指出，"突飞猛进的技术和作战变革极大地改变着作战方式，对新平台和新能力提出了要求"。[102]战士个体会受到这些新能力和新限制的影响，进而改变自我，成为"未来战士"。这些新能力将改变行为主体的价值观，还将改变未来战争的成本效益分析标准。随着战略价值判断的改变，行为主体感知到的军事力量平衡也将发生变化，督促行为主体采取行动来扭转错误观念，也促使其他行为主体加强国防建设。

替代能源技术不断发展，如今也为国防部门所用。替代能源既为国防事务提供了一系列解决方案，同时也制约着国防事务。现在，石油的应用相当普遍。未来，可再生能源可能取代石油，成为广泛应用的能源来源及力量投射的全新方式。利用可再生能源也能减轻对特定能源供应来源及能源供应国的依赖程度。若能源供应不稳定，国防机构就需要调整其内部结构及运作方式，以满足自身需求，这也为能源供应国带来了影响力和力量。如果可再生能源的应用普及开来，那么进口国就无须再忌惮供应风险，供应国也不能再因供应化石能源而获得影响力。正如美国国防部前部长罗伯特·M.盖茨（Robert M. Gates）指出的那样，"只要减少一小部分石油供应，就能产生巨大的经济和安全影响"。[103]

可再生能源的应用更加广泛，国防部门和军方也需要相应考虑引入替代能源对有效性及效率的影响。人们通常认为，"衡量国家国防效率及国防有效性的标准是每单位支出所提供的战斗力"。[104] 国家在能源领域的财政支出较易衡量，但能源在各国军事领域的产出却各不相同，具体产出多少取决于各行为主体的政治考量及军事单位的类型。因此，"利益竞争"等军事学说认为，如果要在当下的有效性与未来的效率之间作出权衡，那么站在目前的时间点来看，有效性比效率更加重要。例如，"9·11"事件发生前，温伯格和鲍威尔主义[105]主导着美国的军事思想。他们认为军事行动的有效性是以效率为代价的，并主张建立强大的军队，以击败敌人。这两种学说的结论是，对于军事行动而言，能源的有效性比效率更重要。但是，部队如果能够提升能源使用效率，就无须再依赖外部能源供应渠道，部队的战术力量也能得到增强。[106] 有效性和效率之间的权衡也是建立新武器系统的基本考量。新武器系统虽然可以提高作战的有效性，但也向军队提出了更多要求。如果武器系统所托非人，或是在盟友和对手考量中引入了新因素，那么军队就需要花费更多精力。

国防部门能否利用替代能源的优势，取决于替代能源是否能满足有效性及效率的需求。有效性和效率的权衡是现代军事理论的组成部分。为应对新出现的紧张局势与冲突而进行的交战和国防任务都会考虑这种权衡。[107] 将替代能源开发整合到国防部门是一个更广泛意义上的安全化议程，涉及很多选择、指涉对象及威胁。

替代能源大趋势揭示了不断演变的国防转型形态，进而要求行为主体提高军事准备水平，以应对新的不稳定局势。军事力量要进一步发展，才能应对资源枯竭、能源安全、跨国犯罪、经济不稳定、传染病和"失败国家"等新型安全威胁。国防部门要重新评估现有框架在应对替代能源冲突及因主要消费国和供应国之间传统能源关系的恶化导致的区域动荡形势方面的效力。

只有采取新保障措施，才能处理因战略资源枯竭或敏感地区替代能源生产而导致的环境外部性。最后，必须制定国内和国际规则，并依此规范替代能源技术的整合。这些规则将有效推动全球主要军事机构间建立有利的、非对抗性的合作平台。

4. 替代能源助国防一臂之力：融入新战略环境，适应新力量投射及合作形式

军事行动动用了各种能源，风能、煤炭、石油、电力，不一而足。自古以来，能源的使用一直是军事行动的主要战略战术考量。蒸汽机和内燃机大大提升了大型机动部队的火力与机动速度，同时极大增加了战争的能源消耗量。军队开始依赖更复杂的平台和设备，这一点在石油引进后体现得愈发明显。在过去一个世纪里，军队对石油的依赖性极大增强。

在海军行动中，一些国家使用了核动力潜艇以及巡洋舰、航空母舰等大型水面战舰。这些都离不开化石燃料和核能。能源本身及其在军事行动中的应用对军事和战争造成了深远的影响。这种影响往往出乎人们的预料。替代能源的应用也将对国防实践及

军事行动产生类似的影响，促成新的能源使用及力量投射形式。

国防部门意图将替代能源大趋势带来的好处和优势应用到国防转型中，以服务于特定目标。在战术方面，替代能源既可以增强新军事能力，解决后勤和作战问题，又可以增强军事力量投射能力，同时进一步升级军事基地、远征部队及前沿设施，提升军事行动的有效性和效率。在战略方面，国防设施、工业和军队已经将可再生能源作为安全化及国防转型的一部分，从而对其加以利用、整合与制度化。

美国海军陆战队退役上将詹姆斯·卡特赖特（James Cartwright）在一次关于为未来做好军事领导准备的小组讨论中发表了"渐进创新"的重要观点。虽然他所说的渐进创新针对的是军事战术及装备，但用它来形容替代能源大趋势及其发展真是再合适不过了。为改变已有架构而进行的创新通常需要消耗过多时间及精力，而且面临着极大制度阻力及文化接受压力。战术、技术和程序的创新必须经历彻底研究、调整目标、扎实提升的过程，才能真正"融入制度"。浮于表面、原地踏步的"创新"只会徒劳无益。[108]

从更宽泛的角度来看，替代能源在国防实践中的应用越来越广泛，为技术进步提速奠定了基础。如果激励措施得当，将可再生能源引入国防领域就能促进技术的发展。例如，美国军方引入能源技术，为核能的商业化铺平了道路。美国海军鹦鹉螺号核潜艇于1954年开始服役，3年后，美国第一座核电站投入运营。军方向可再生能源研发投入经费可能会推动创新进程，刺激技术进步，实现经济增长。

（1）优化军队的能源供应、使用及后勤：实现短期战术效益和长期国防能源安全

替代能源技术目前仍不具备实际可行性，但是一旦投入使用，就能起到提高能源韧性、供应灵活性、后勤灵活性、作战效率的积极作用。具体来说，替代能源技术可以改变军队在效率、有效性及力量投射三个对象之间的取舍偏好，进而改变军队使用能源的方式。国防政策和声明需要平衡这些重要对象，也要充分考虑当今冲突和行动的不对称性，以及发生更传统意义上的武力对抗的可能性。国防部门认为，替代能源能够在不大幅降低有效性的前提下提高效率。例如，军方的目标是减少战争期间的能源需求量，以提高作战有效性。然而，如果过分强调节约资源的必要性，以致牺牲了作战任务的有效性，那么过分追求效率就弊大于利了。

主要国家的军方已经为高强度战争做好了充分准备，国防后勤、基础设施、国防姿态、能源需求都能满足作战要求。冷战结束后，人们越来越重视维稳和救灾行动，这对国防设施提出了更多要求。

军队高度依赖前方作战设施[109]及总部基地，因此必须优先满足二者的能源需求，同时减少固定建筑物及其他基础设施的能耗与能源需求。固定设施的能源消耗量占国防部门能源总消耗量的1/4。美国国防部需要维护500多处固定设施内的30余万栋建筑物，总面积22亿平方英尺（1平方英尺 ≈ 0.0929平方米），每年

电力费用将近 40 亿美元。[110] 前线作战不涉及这些固定设施，因此它们是下一代能源技术的理想试验平台。到 2015 年，美国国防部的能源强度降低了 19.9%。这一表现虽未及 30% 的原定目标，但也可圈可点。此外，美国国防部拟于 2025 年实现可再生能源供电量大于等于总用电量 25% 的目标。截至 2016 年，该目标进程已经过半。[111]

国防基地和基础设施将受益于替代能源技术的引入及应用，实现基地能源供应多样化，消除对有限的能源供应来源及能源种类的依赖。替代能源系统不仅可以提高效率，还可以完善甚至取代基于化石燃料的发电系统。许多国家的国防机构正致力于减少甚至消除化石燃料的供应脆弱性。随着化石燃料政策的收紧，这些国家都在积极寻找提高效率的解决方案，以协调作战有效性与财政和环境问题之间的关系。

若要实现迅速、果断的力量投射，就需要保证国防能源的强大韧性。这与恰当的训练和装备同样重要。前方基地和设施需要使用大量能源来满足远征作战的需求并应对相关风险。因此，保证战区能源供应不间断成了一个主要问题，需要优先加以考虑。例如，作战一方欲提前在前方基地部署陆军力量，就需要建设油库及供油线路。此外，某些国家的能源来源完全依赖潜在对手国的能源供应。替代能源开发可能增加能源供应的多样化，提供军方所需的灵活后勤能力，以应对未来复杂的作战环境。

在军队远征作战的后勤需求中，水与能源是需求量最大的资源，要确保高效、安全地运输。利用替代能源能够减少军事行动对化石燃料的需求。[112] 军队减少前方战区对化石燃料的需求越紧迫，替代能源大趋势对国防军事行动的预期影响就越大。近些年某些地区发生的军事干预行动表明，在几乎没有基础设施的不利环境中进行资源密集型高速作战的情况越来越频繁。建设大型基础设施及配套设施将产生高昂的维护费用和大量财政支出，占用作战及后勤资源，耗费大量人力。另外，能源价格的波动也是一种风险。例如，化石燃料的价格每上涨 1 美元，美国军方的燃料成本就会增加数十亿美元。[113]

能源考量往往会左右军事力量的战略定位，限制军事行动的空间范围。对化石燃料的依赖决定了国防设施的组织结构。如果军队不必依赖化石燃料，那么军队的作战能力将得到增强，军队发起强力军事行动的范围也将进一步扩大。在这种情况下，借由可再生能源提升国防机构机动性的行为主体可以最大限度地利用自身的可再生能源技术优势，将其应用于遥远战区。

引入替代能源之后，军事行动后勤可以适应在不同战区进行大规模作战的军事行动要求，从而提升作战灵活性。高度依赖化石燃料不仅会限制作战范围，还将加剧军事力量的脆弱性。[114] 退一步说，碳氢化合物本身就具有可燃性及动力学不稳定性。同时，保护后勤车辆需要动用无人作战平台（用于侦察和打击）、攻击直升机、固定翼战斗机和轰炸机，这些都会占用其他军事行动的人力和资源。后勤护卫的负担减轻后，士兵就能转而投入军事行动，从而提升军队的作战能力和战术能力，不同战区之间的"转移和部署也将更加灵活"。[115]

军队依靠后勤运输线来获取食物、水、弹药等物资供给，因此使用替代能源资源及技术不能彻底消除军队对后勤运输线的依赖。尽管如此，替代能源仍能缩短运输车辆在公路上行驶的时间，进而减少运输人员的伤亡，同时节省费用。例如，2009年至2010年，美国海军陆战队进行了地面可再生能源网络系统的现场试验，得出的结论是应用可再生能源能够节省大量燃料。有了这一结论的支持，海军陆战队系统司令部迅速完成了该系统的最终设计，并加快了相关的采购工作。[116]

对远征作战的强调使物资补给更加复杂，特别是陆上与海上补给路线的安全。军方需要保护跨越国际水域的海上能源生产和供应线路。例如，在西欧消耗的石油和天然气中，约65%是经由地中海区域的利比亚、摩洛哥等管道输送过来的。为确保上述油气来源及其他能源供应的安全性，由北约、欧盟和美国领导的联盟发起了反海盗行动，以抵御通过亚丁湾（位于也门和索马里之间的水域）的油轮等海上运输工具所面临的威胁。自2001年10月以来，执行北约"积极奋进"联合行动任务的船只一直在地中海巡逻并检查过往船只，在必要时也会护送货船。未来，因保卫能源供应安全而进行的军事行动可能围绕其他地区展开，如霍尔木兹海峡或位于挪威附近的北约"北部高地"区域等。随着全球气温上升，北极航道畅通有望，北部高地区域的安全保卫行动也就情有可原了。

一些海上平台、输送替代能源的海上航线等替代能源基础设施必须加以适当保护。例如，潮汐能和波浪能发电会引发一系列海上安全问题及能源输送安全问题。沙漠科技计划项目旨在将撒哈拉沙漠的太阳能发电经由水路运输至北非和欧洲。这类项目既描绘了替代能源的美好愿景，又将挑战摆在人们面前。

为了实现能源供应的较高成本效益比、通用性及个性化，武装力量不但需要考虑后勤保障及供应安全，还需要考量其他因素。远征作战将越来越常见，因此军队需要适应不同的气候、地形和力量编成要求。非对称战争在现代冲突中所占的比重越来越大，这为军事后勤和机动性带来了不小压力。为了应对这些挑战，美国军方正在研究利用可再生能源增加能源供应的创新方法。[117]国防后勤现代化及转型应灵活适应这些新方法，甚至要打破传统，以获取战术上的大幅提升，服务于未来的军事行动。总的来说，如果能找到一种方法，既能应用替代能源，节约化石燃料，又能提高效率，那么就能减少作战期间的加油次数，延长作战时间。然而，替代能源在应对干扰时缺乏足够的灵活性，不过鉴于隐身和诱骗技术[118]可以对抗诸多干扰，应用替代能源仍能帮助军队获得战术方面的大幅提升。

（2）提高作战能力：提升前线作战力，形成新型作战能力

技术发展可以让国家率先发现自身的优势所在，而武器化则意味着将技术优势应用于实际，进而获得领先地位。美国国防部前部长查克·哈格尔（Chuck Hagel）曾指出，"纵观历史，军方必须适应新威胁、新武器、新动态变化以及新地缘战略现实。那些没去适应、不能适应或不愿意适应新态势的军队都已溃败，并消失无踪了"。[119]在适应新态势的过程中，常有新武器（包括与

替代能源技术相关的武器）投入使用。这些新武器构成了国防转型的一部分，国防部门也将受益于此。

虽然可再生能源系统在中短期内不太可能取代化石燃料发电系统，但未来，可再生能源仍有可能极大提升战力，增强部署能力、隐身能力、生存能力及机动性，并提高效率，优化能源管理及作战系统。另外，国防部门部署技术解决方案时，不只要考虑成本及可行性问题，更需要考虑主观能动性对军事决策过程的影响。人们企图保持对某些领域的控制，所以在一定程度上限制了技术的发展。如果没有这些限制，某些领域的技术可能会更加先进，如无人驾驶飞行器、卫星侦察和能源等。[120]

传统飞机系统的后勤需求极大。由化石燃料驱动的载人战术飞机需要大量载人加油机随行，为其补充燃料，以满足其空中飞行的需求。需要人为保护的军事平台体量巨大。[121] 从这个角度来看，无人系统的发展极大地推动了替代能源的大趋势。

为了融入世界多极化体系，应对涉及面广且愈加频发的非传统冲突等挑战，国防机构可以借替代能源开发来获得军队层面上的压倒性优势。[122] 军队向来走在技术开发的前列。它们对替代能源开发的下一次迭代的看法很可能与它们看待网络安全的方式如出一辙——用美国总统里根的话说，网络安全是"国家安全行动和军事斗争准备的关键因素"。[123] 考虑到技术进步往往源于军事应用，又或将迅速发展以适应军事应用需要，这种类比就更加恰当了。

替代能源不仅能够提高能源效率，节约燃料，还可以增强后勤链的灵活性。例如，使用替代能源可以延长航天飞机的飞行距离及其在空间站的停留时间。非化石燃料技术（如核动力舰船等）可以减轻能源依赖程度，提高"持久力"，也能应用到无人驾驶的空中、地面、海上系统的开发之中。这有可能引发军事能力的革命。由于能源的持续时间及提供的动力受限，无人平台和自动情报收集设备的持续运行时间也十分有限。为了解决上述问题，各国加快了新设备的研发速度，典型的有处于实验阶段的能量自律战术机器[124]以及智能电源管理系统。普罗托奈克斯公司（Protonex）开发的 SPM-612 型士兵电源管理器重量不到一磅①，可以通过太阳能、汽车电池、燃料电池、能量撷取装置等途径获取电力。[125]

"未来的超级士兵"需要整合通信、网络、持久力、火力、射程等方面的新优势。替代能源技术可以在很大程度上增强士兵的作战能力，提高指挥官的指挥控制速度及精度，也可能成为向战争目标区域供电的新方式。这些技术最终可能促成纳米技术的军事应用，打造能源独立的超安全作战中心，为生物质转化、微波武器、聚变推进器提供生物及化学工具。

部分设想可能在未来的几年内就能实现，其他的则需要一代人的努力，甚至更长时间。借整合替代能源来增强作战能力并非易事，原因之一是武器系统越来越少，但越来越精密。新型武器系统的平均生命周期比老式武器系统更长，因此今天设计的武器

---

① 英制单位，一磅 ≈ 0.454 千克。——编者注

平台对能源网络的依赖性更强。同时，新武器平台需要履行更广泛的任务和职能。[126]

国家需要克服种种挑战，以维持并增强战略优势。技术能够将国际政治的巨大竞争力与人类固有的创造力结合起来，因此国家可以凭借技术领先取得主导地位。技术为地缘政治竞争提供了新途径，也为评估地缘政治代理人的能力提供了新指标。国家将获益于技术及其带来的力量投射能力，所以替代能源也是增强作战能力的重要考量。

新技术的种种愿景及其增强作战实力的能力表明，军事行动可能会向太空发展。培养太空作战能力（如动能武器和微波发射平台）不仅是 21 世纪战场的新"制高点"，还将重塑备受争议的地缘政治格局。未来，空对空及空对地武器可能投入实际应用，因此军事战略需要相应更新，以适应新需求。[127] 这些新技术要向着低成本、高收益的方向发展。考虑到太空环境"拥挤、竞争激烈"，[128] 且对手能以极低的成本攻击卫星，美国战略司令部主张培养"更有韧性的、更分散的能力"。[129]

军事领域已经开始应用核能技术。然而，其他替代能源技术走向"武器化"，尤其是应用到太空武器领域，目前来看仍是天方夜谭。虽然一些实验已初步证实了使用太阳能制造微波射线发射器的可行性，但可再生技术的武器化尚未取得实质性进展。尽管如此，相关技术的研发速度正逐渐加快，且在短期内就可能导致作战能力的变革。

（3）意料之外又情理之中的连带后果：国防领域的技术进步改善了社会的技术基础

国防部门历来是孕育新技术的温床，而社会的技术基础往往也会因此得以改善。替代能源在国防部门的应用亦是如此。

两千年前，为提升快速远距离力量投射能力，罗马帝国开始大力建设道路基础设施。自那时起，安全化一直是新技术和基础设施发展的主要动力。军事机构有能力承担大规模、高风险且对私营行业而言无利可图的项目。[130] 过去一个世纪中，美国国防部及其下属国防组织完成了许多项目，也取得了重大突破性进展。互联网的诞生就是其中之一。[131]

美国军方能够架起跨越"死亡之谷"的桥梁，因此在推动整体技术发展方面发挥着重要作用。所谓的"死亡之谷"是指技术在开发早期阶段与商业化应用阶段之间的巨大鸿沟。[132] 美国军方进行技术研究的价值及其将产品"推向市场"的能力不容低估。

国防部门拥有大量实验室和仪器设备，足以支持将技术创新转化为实际效益的过程。军事技术进步能够促进民用技术的广泛发展，这就是安全化带来的出人意料的后果。

实现技术突破以应对国防、军事和民用领域挑战的紧迫性一如既往。重大突破往往发生于冲突期间或地缘政治压力激增、不确定性高涨的时期。正如1812年战争期间的封锁提高了煤炭价格，扩大了无烟煤冶炼的使用一样，当前和预期的能源需求也可能推动可再生能源的广泛应用。[133] 美国拥有诸多为应对大型项目而研发的社会及军事技术，这些技术为替代能源开发的革命性技术进步打下了坚实基础。拥有先进技术的北约国家之间的合作可以进一步扩大更广泛的技术基础。

军方可以自主探索利用新技术达成目标的方式方法，是久经考验、集聚优势的主体。能源安全对军队而言尤为重要，因此国防机构很可能在替代能源大趋势的进程中发挥重要作用，甚至也会影响替代能源大趋势在非军事领域的进程。当下的作战规划和加强国家安全（包括能源安全）的举措以及史实都能解释这一现象。[134]

鉴于外部挑战日益严峻、民用与军用之间的界限逐渐模糊，国防和军事转型似乎在所难免。转型将更加侧重于相应设施的保护，以整合民用及军用发展，进而推动国防技术发展融入更广泛的社会进步之中。国防机构能够从与私营承包商的合作中获益，因为私营部门的参与能够引入商业力量，技术也可以依靠商业投资保持可持续性，而不必再依赖政府补贴。

5. 全球国防机构应用可再生能源的实际情况：美国遥遥领先

以美国为首的一些国家需要减少化石燃料的使用量，并解决环境安全问题，因此它们正在转变对将替代能源应用于军事领域的态度，也将相关技术与成果纳入到了自身的政策、声明及行动之中。这种态度转变不仅局限于国防设施，更随着技术的扩散跨越了地理边界。

虽然引入可再生能源并不是北约的优先事项，但能源安全于北约而言具有战略重要性。替代能源大趋势的驱动因素具有普遍性，其影响十分广泛，因此北约选择将替代能源纳入自身行动及路径之中。

除技术领先的北约国家外，其他国家也逐渐成为新的民用及军事中心，以及替代能源等多种技术的发展中心。

（1）国防需求：推动替代能源市场的整体发展

美国替代能源开发的国防市场已经表现出明显的稳健性，国防部门对替代能源开发的支持力度及国防市场的韧性甚至超过了美国可再生能源行业的平均水平。2011 年至 2015 年间，美国军方的可再生能源发电量几乎翻了一番，而同一期间美国的可再生能源发电量仅增加了 2.6%。[135]

2011 年，美国成立了陆军能源倡议特别工作组（U.S. Army Energy Initiatives Task Force），[136] 在多个设施采购项目中协调私营部门与国防资源的关系，以此支持可再生能源市场的发展。[137] 国防部门履行竞争性招标程序，并就替代能源技术及替代能源供应签订相应合同。

美国国防部门在替代能源开发等高级研究领域也遥遥领先。美国国防部高级研究计划署聚焦最重要的科学发现及创新。高级研究计划署的年度预算约为 30 亿美元，其研究任务覆盖了所有安全部门。[138] 高级研究计划署的研究任务涵盖各个领域，覆盖面十分广泛，但其工作重心倾向于应用范围广泛且在 3 ~ 10 年内就能实现商业化的技术。该机构开展的替代能源项目[139]针对多个能源领域展开研究，包括基于藻类的喷气燃料、纳米电池、波浪能以及太阳能和风能技术，还有微生物燃料电池和太空时代技术等。这些项目将取得突破性进展，有望广泛应用于国防以外的领域。

国防企业等私营部门已经开始研究国防部门需要的替代能源解决方案了。例如，洛克希德·马丁公司正在开发一种海洋热能转换技术，该技术利用温度较高的地表水和温度较低的深层水之间的温差进行发电。波音公司正在开发一种高能效的太阳能无人机，可以在空中停留数月，执行遥感、侦察和科学实验任务。开发和使用替代能源的商业案例越来越多，这进一步推动了更有效的武器系统、战术机动平台和网络中心传感器的发展。

私营国防企业不断扩大替代能源开发的规模，并在替代能源领域占据着优势地位。这些企业能够将民用及国防应用整合在一起，并以此强化整个社会的技术基础。它们既有技能，也有基础设施及商业化能力，足以进行技术开发，完成整个开发周期。

（2）美国国防部：命令、政策与倡议

美国国防部是美国能源消费量最大的机构，[140]也在替代能源解决方案的开发及整合方面发挥着主导作用。随着作战需求的日益增加，寻找新能源解决方案已经成为国防部的优先事项。美国国防部前副部长米歇尔·弗卢努瓦（Michèle Flournoy）表示，国防部"考虑到能源竞争及气候变化对美国军方未来作战环境的实际影响，将能源及气候变化视为未来安全环境的因素之一。同时，鉴于国防部是美国能源消费量最大的机构，我们也会思考如何进一步提高设施以及燃料使用的效率，以及怎样才能成为市场领导者并促进可持续能源的创新及投资"。[141]

到 2030 年，美国国防部预计将在可再生能源开发上投入约 100 亿美元，并"将成为美国清洁技术革命中最重要的驱动因素"。[142]

美国《国防授权法案》规定，到 2025 年，在美国国防部生产或采购的能源中，清洁可再生能源占比不应低于 25%。《能源独立与安全法案》为国防部的设施用电设定了关键指标，还允许国防部采取创新机制，引入私人融资来发展先进技术。[143]

国防部相应制定了作战能源战略，其主要目标有三："一是提升未来能力，二是降低风险，三是提高当下作战的有效性。"[144] 为达成上述目标，国防部需要"大力提升作战人员的能力，同时对既能减少能源需求又能提高能源保障能力的计划及倡议给予适当激励"。[145] 该战略旨在实现能源多样化的目标，从而强化能源供应保障，也致力于将替代能源技术整合到各种空中、海上、陆地平台之中。例如，可再生能源解决方案可以减轻商业电网中断对国防设施的影响，也能节约外购电量。

国防部还承担着维护环境安全的任务。受国家及国际层面法律和政策的影响，美国国防部大力推行"绿色"计划，即推动替代能源大趋势向前发展。2009 年和 2010 年，《美国复苏与再投资法案》向国防部提供了 120.2 亿美元，资助 17 个州的 45 个节能项目。国防部着力开展改进综合设施能源属性的项目，如在建筑和基础设施上安装风力涡轮机、太阳能光伏系统和太阳能发电系统，测试多种实验性的可再生能源等。美国陆军的"净零"计划（Net-Zero）也是其中之一，旨在实现军事设施发电量覆盖其用电量的目标。[146]

尽管技术方面仍存在障碍，但对军事优势及能源安全的追求极有可能推动替代能源技术的发展。反过来，国防部门和军方大量应用替代能源技术也将导致未来军事能源系统、能力及政策声明的转变。

（3）美国海军、空军和陆军：军队的可再生能源实践

美国军方的规划及军事力量发展已经融合了替代能源技术与其成果。海军、陆军、空军的替代能源路径大同小异，但实施速度及强度却不尽相同。不同军种的能源需求及具体路径有部分重叠，但并不完全相同。各个军种的直接经验各异，能源安全及环境威胁对不同军种作战产生的直接影响不同，这些因素都左右着各个军种对替代能源整合的关注度及努力程度。另外，美国军方仍在对替代能源的合理应用方式进行评估。将替代能源整合至作战与设施领域必将困难重重，各个军种必须针对各自的作战环境解决相应的问题。

美国海军一直积极引入并使用替代能源技术，以此应对作战安全、气候变化和能源安全等挑战。美国海军利用可再生能源发电以及采购可再生能源发电的总量超过了海军总能耗的25%。2016 财年，可再生能源约占据美国海军总能耗的28.2%，这一数字直接说明美国海军达到了增加可再生能源使用量的目标。[147]

美国海军为应用替代能源作出了种种努力：海军制定了《北极路线图》，以综合战略的形式直指北极冻土解冻问题。美国海军还宣布组建"大绿舰队"，即完全使用替代燃料供能的航母打

击群，内有由核能驱动的航母以及由生物燃料和石油混合供能的护航舰艇。此处需要说明的是，美国第一艘燃油驱逐舰"保尔丁"号于1910年服役。一年后，美国海军内华达级战列舰不再使用煤炭作为燃料，而是开始使用石油，标志着军队舰艇供能来源的彻底转变。[148] 由空中战舰、水面战舰和潜艇组成的"大绿舰队"的动力源以核能为主，以生物燃料、混合电力推进技术、燃料电池等为辅。"大绿舰队"于2012年开始测试，2016年正式投入使用。[149]

迄今为止，空军是美国国防部门中燃料消耗量最多的单位，其消耗量占国防部门消耗总量的一半以上。空军非常重视能源的稳定供应，因为能源供应稳定有助于提高作战的有效性。替代喷气燃料为机队提供了额外的燃料选择，使用替代喷气燃料也是空军能源解决方案的一部分。2010年3月，美国空军完成了一架新型飞机的试飞，其所有发动机均使用掺混了生物燃料的喷气燃料。[150]2017年，美国空军全部机队均能使用掺混了替代航煤的喷气燃料执行飞行任务，且已研发出两种现实可用的掺混航煤。[151] 美国空军于"2017—2036年能源转型计划"中指出，在非应急行动中，增加具有价格竞争力的嵌入式替代航空燃料混合物的使用量，是保证能源供应的战略手段之一。[152]

美国空军也在使用可再生能源为美国空军基地供电，以提高能源韧性、降低能源成本。例如，2007年，美国空军在内华达州的内利斯空军基地建造了13.2兆瓦的太阳能电池阵，继而于2015年又建造了15兆瓦的太阳能电池阵。电池阵包含43200

块高效光伏电池板，由专门设计的机器人进行清洁。此外，美国陆军还在亚利桑那州图森市的戴维斯·蒙森空军基地建造了14.5兆瓦的太阳能电池阵。[153]

美国陆军设施的能源消耗量高居美国国防部各单位设施能源消耗量的榜首。2016财年，美国陆军设施的能源消耗量占总设施消耗量的35%。[154]美国陆军设施体量极其庞大，也极易受到因基础设施故障及自然灾害造成的商业供电中断的影响，因此陆军必须将确保作战能源安全作为其优先事项。美国陆军的政策目标是，到2030年，部分甚至所有陆军设施与基地都能摆脱对电网的依赖。为实现这一目标，美国陆军需要增加可再生能源来源及其技术的使用。[155]事实上，为满足多种作战需求，美国陆军发起了多样化的替代能源计划。[156]陆军"净零"计划是美国陆军的标志性工程之一。根据该计划，到2030年，美国陆军应建设25个净零设施。所谓净零设施，是指能源可以实现自给自足的设施。2015年，美国陆军启动了17个试点项目。[157]

（4）北约路径：全球安全环境不断变化，新挑战层出不穷

能源安全尽管不是北约的首要优先事项，但对于北约而言仍具有重要的战略意义。能源安全对北约政策结构的影响越来越大：一是因为北约有义务保障其成员国的安全，二是因为冷战结束后，北约的安全格局不断变化，对变革的需求也越来越紧迫。在转型过程中，北约更加注重信息和情报共享、稳定行动、国际和区域合作、危机管理、关键基础设施保护和国际能源合作等事项。[158]扩大可再生能源的使用能够极大提升北约能源安全水平，

推动技术转型，提高作战效率及有效性。但是，北约仍需解决一系列问题，才能建立起对可再生能源基础设施的依赖。

北约领导人已经认识到，一旦能源等资源的流通受阻，所有成员国的共同安全利益就将受到损害。北约鼓励机构及国际层面对能源基础设施风险进行评估，并就应对攻击、破坏及操纵的方法开展研究。然而，即便不考虑整体安全环境威胁的复杂性，单就能源安全威胁而言，其复杂性之高就足以说明，"与其说是能源安全，不如说我们不得不承认并忍受各种意义上的不安全"。[159]尽管如此，北约仍在探索保护能源基础设施，抵御恐怖袭击的方法。[160] 例如，欧盟国家正在建设数据库，存储重要能源基础设施的数据，并特别关注那些一旦失效就将产生重大跨境影响的关键基础设施。[161]

针对能源供应、能源系统和能源市场的直接威胁并不是界定北约作战安全环境，要求北约议程、政策及程序安全化的唯一威胁类型。操纵或切断能源供应的威胁越来越突出，后果也越来越严重。一个典型例子是2006年和2009年爆发的俄乌能源争端。[162]

尽管困难重重，但北约仍致力于提升能源安全水平，并将能源安全上升到了目标政策的高度。在欧洲依赖能源进口、能源与环境安全之间的联系日益紧密的现实情况下，以及在恐怖分子和海盗对能源供应施加的武装袭击威胁不断增加的大背景下，北约在2010年里斯本峰会上发布了新战略概念，对能源安全问题给予了高度关注。[163]北约正在重新评估其在能源安全方面的作用，维护海上通道、协助成员国应对能源挑战等均在北约的职责范围之内。此外，北约也与特定地区的国家进行直接军事接触，以提高其能源政策能力。

能源供应中断威胁能够让北约与欧盟联手，共同保护重要能源基础设施，应对故障、破坏、操纵及攻击事件。[164] 然而，北约和欧盟尚未公开和平时期保护区域外能源基础设施的战略。[165]

替代能源开发能够减轻北约对其他国家能源供应的依赖程度，也能一定程度上化解能源紧张及能源冲突风险。然而，尽管替代能源开发可能会提升北约军队的作战能力，但是在更广泛的测试与部署尚未落地之时，替代能源技术对北约的力量投射及防御能力的综合影响仍不得而知。

北约不仅要解决能源安全问题，而且面临着环境恶化的挑战，因为在某些地区，技术发展带来的好处不足以抵消其对环境造成的破坏。环境安全正推动着北约的安全化及转型，北约成员国也已经意识到了环境问题的重要性。环境安全威胁将促使北约积极应对环境灾难或针对能源设施的恐怖袭击。具体来说，北约可以加速出台替代能源安全政策，成为可再生能源基础设施的发展中心。鉴于北约无法引入大量私营部门参与应对民用及军事问题，北约可以将相关的决策职能移交给更擅长处理环境安全威胁的组织。[166]

当下是北约采取行动的最佳时机，因为替代能源技术的部署已经给北约及欧盟各成员国和私营部门带来了新的行动挑战。2008 年，北约前秘书长夏侯雅伯曾表示，气候变化将改变能源勘探和运输路线，进而影响全球安全。他特别提到了挪威附近的

"北部高地"区域，称"随着极地冰层的融化和通往亚洲的西北航道的开放，越来越多航线将经过这个异常偏远、荒凉的地区。一旦发生环境灾难甚至恐怖袭击，再想介入这一区域就难上加难了"。[167]

美国、北约和欧盟就环境安全因素对能源和其他安全领域的影响有一定了解，但并未将所有影响纳入其战略思想之中。事实上，环境安全对能源供应安全的影响最为关键。北约在能源效率及替代能源政策方面的能动性极低，只能管理独属于北约或所有成员国共有的设施设备，因为各个成员国会单独就本国相关事项做出决策，"即使北约下了指令，各成员国也未必能达成共识"。[168]欧盟的情况与北约如出一辙。尽管欧盟越来越需要搭建更有能力、更有效的单独及联合防务结构，欧盟也刚着手制定协调一致的欧洲国家防务政策，但欧盟目前还不能界定欧洲军事问题，更谈不上解决问题。

网络安全也是北约安全议程的重点之一，网络安全与替代能源开发的结合更是重中之重。北约已经认识到，随着可再生能源和储能设备的运用更加广泛，欧洲大陆的网络基础设施和能源电网面临的网络安全威胁也日益严峻。跨国输电线路将成为能源供应安全的核心要义，而可再生能源也将频繁受到威胁。

地缘政治需求也在推动北约的转型，迫使北约成员国的军队适应冷战后以交易性联盟和混合威胁为特征的世界多极化格局的现实情况。大西洋联盟的任务是确保其成员国的安全，但21世纪北约国家面临的威胁更加多变，其对手也更加难以辨别。[169]安全保卫任务涵盖的安全考量愈发广泛，因此北约需要采取具体的政策措施，并就其对成员国能源、经济和环境安全产生的影响进行更广泛的重新评估。因此，北约若想改变对成员国的影响，就必须相应变更其实质路径及战略。鉴于替代能源大趋势将影响地缘政治的发展方向并最终决定北约的成功与否，替代能源大趋势成为北约的重要考量之一。

北约成员国必须做好充分准备，以应对替代能源可能带来的冲突，因此提升成员国的作战能力是一项紧迫且必要的任务。替代能源冲突有其独特之处，但大方向上可能与过去发生的能源冲突类似，如1973年由石油输出国组织引发的石油危机。

北约的体制及结构问题必将限制其有效应对地缘政治挑战的能力。北约成员国的安全考量方向各异，在全球环境优先事项的确定上存在政治分歧，对成员国的贡献、北约的整体目标以及当下的军事基础差距有诸多不满，[170] 这些因素都阻碍着北约的国防转型。因此，替代能源大趋势的驱动因素与核心技术可以推动北约转型新框架的形成。

（5）中国：持续探索可再生能源的实际应用

除美国等外，中国也在探索可再生能源的实际应用，是可再生能源领域的重要力量。中国对能源应用的重要性有着透彻认识。中国在积极推进替代能源的发展与整合。

推动全球国防转型是中国的重要安全考量。事实上，这也是整个亚洲的重要安全考量。过去几十年中，中国经济快速增长。在经济上行的拉动下，中国的国防能力逐渐提高，对维护内外部地位及稳定局面的需求也更加强烈。中国正在按照自己的理解和期望影响着世界秩序。

中国对国防在国家长期战略中的重要性有了全新的认知，这种认知转变影响着中国的转型。中国需要提高国家实力，以应对扰乱中国稳定局面的潜在内外部威胁以及对国家发展有巨大影响的欧亚部分区域所遭遇的威胁。中国积极推进转型也反映了其提升国力的意愿。

中国已经开始向以技术和创新为重点的新经济发展阶段过渡。借此契机，替代能源产业可能会加速发展。中国出台了《能源发展战略行动计划（2014—2020年）》《国民经济和社会发展第十三个五年规划纲要》（以下称"十三五"规划）等，其中均规定了大力发展可再生能源发电以及减少温室气体排放的宏伟目标。《国民经济和社会发展第十四个五年规划和2035年远景目标纲要》设定的可持续发展目标更宏大，还加入了可再生能源技术的发展目标。[171]

中国不但致力于利用可再生能源技术实现能源安全，还在积极探索可再生能源技术。自古以来，中国一向注重创新，造纸术及火药等古老发明直到今日还在被广泛使用。如今，中国在大力研发可再生能源技术，以增强力量投射能力，确保能源安全，抵御能源供应风险及贸易风险。经过长时间的积累，中国已经具有相当程度的经济影响力，研发投入已成规模，替代能源等领域也取得了一定突破。

（6）其他地区的不平衡发展：发展势头不够强劲

其他国家也开始在国防领域应用替代能源，但它们的技术部署尚处于实验阶段或概念验证阶段。部分国家已经认识到了能源安全对国防部门的重要性，但它们并未付诸多少实际行动，将替代能源开发纳入综合国防解决方案的实践也寥寥无几。然而，这些国家的私营部门可以极大推动军方对替代能源技术的开发和应用，同样，军事技术需求可以作为实现技术商业化的催化剂。

可再生能源的整合可能会影响全球军事策略和思想。例如，在交通领域应用可再生能源将对军队产生极大影响。印度、法国、英国、挪威等国计划在 2030—2050 年实现不再生产以化石燃料为动力的汽车的目标。[172] 这种私营部门的可再生能源技术发展也会影响到国防部门。

虽然欧盟的国防机构尚未制定出一套完整的替代能源统一方案，但部分国家已经在特定领域取得了实质性进展。例如，丹麦和法国军方在利用替代能源提高能源效率并应对全球变暖等领域遥遥领先，且各自有其国防计划与更广泛的议程。[173] 丹麦军方致力于优化建筑能源方案，在战争中使用清洁能源，提升能量转换效率，而且丹麦军方的实践及路径正在向更"适应环境及能源"的方向转变。[174] 法国针对可再生能源的应用开展了诸多研发活动，如柔性仿生太阳能电池，"Advansea 概念船"（一种高级全电力驱动联网船只）等。[175] 法国造舰局（DCNS）与爱尔兰 OpenHydro 公司联手开展潮汐能发电技术的研究。

英国国防部认为，替代能源开发既能带来新能力，也有助于应对气候变化。英国国防部在 2009 年国防技术计划 [176] 以及国防战略审查决议[177]中提出了新能源安全路径，达到了刺激创新、降低军队能源成本的目的。英国国防部还与私营部门就定向能武器、储能和能源系统等一系列项目展开了广泛合作。[178]

虽然上述国家对可再生能源的整合程度较深，但其他欧洲国家的整合程度相当有限，这也反映出不同社会贯彻落实相同政策的难度之大。即便欧洲或北约能够拿出可供模仿的"指导"或模式，这些参考也很可能不会与军事有紧密的联系。[179]尽管已有个别成功案例，但有限的互操作性和共同政策的缺失阻碍了替代能源开发在欧洲军队内部的整合。

北约及欧盟军队的能源效率政策和替代能源政策有着天壤之别。二者尽管就最广泛、最模糊的事项达成了基本共识，但对诸多具体问题的看法大相径庭，包括替代能源的战略影响、当前的国际资源争夺战、气候变化可能引发的冲突等。同时，欧洲国家正在施行紧缩措施，导致国防部门向替代能源技术的投资缩减，国防开支也全面削减。

在世界其他地区，希望保持优势的军队并未重点关注可再生能源的整合。各国的战略目标及战略利益不同，因此可再生能源的整合进度也参差不齐。

以色列是各种技术领域，尤其是军事技术领域的佼佼者。在作战环境中，以色列军队使用太阳能电池充电器供能，并开发出了为军事基地供能的新方法。以色列空军于2017年年初启动了其规模最大的替代能源项目，即位于拉蒙空军基地的太阳能发电站，随后于2018年又新建了两座太阳能发电站。[180]此外，以色列空军还在测试利用太阳能为无人机供电的新技术。以色列的国防部门和民用部门在可再生能源领域的联系十分密切，因为能源安全及独立与国家的总体安全息息相关。

加拿大拥有丰富的页岩油、天然气、铀及水力资源，用谷物生产燃料的能力也十分突出，是世界最大的能源生产国之一。与英美两个北约成员国一样，加拿大正致力于降低武装力量对化石燃料的依赖程度。但是，与其他北约成员国相比，加拿大的步伐相对缓慢了一些。加拿大国防部和加拿大武装部队直到最近才制定了一项综合性的"国防能源与环境战略"，[181] 其中提到了由替代能源供能的设施，以及使用合成燃料混合物的军事舰队等。尽管如此，加拿大优越的地理位置赋予其巨大的水力发电潜力，且加拿大也已着手测试风能、太阳能和生物燃料等可再生能源及能效技术，探索将可再生能源更广泛地应用到军事领域的途径。鉴于大量的能源跨境流动，加拿大还密切关注与其南部接壤的美国是如何开发并整合替代能源与技术的。

6. 可再生能源究竟可行与否：是否符合国防要求

可再生能源在军事行动、程序和战略中的整合程度取决于军队使用可再生能源对提高军事有效性、效率和作战能力的帮助有多少。然而，可再生能源的整合也应满足一定前提，即不应以牺牲力量投射能力为代价提高能源效率。基于这个前提，可再生能源技术的利用程度也取决于它克服可能有损军方履行核心职能的典型脆弱性的能力。

（1）重要障碍：作战、安全及基础设施

国防部门和军队在整合可再生能源与技术时将面临严峻的作战、安全及基础设施挑战，因为整合可再生能源要求相关部门对资源、系统、实践与法规进行重大重组。这一点与化石燃料的应用极为相像。此外，地缘政治也会让挑战变得更加复杂。未来，可再生能源将在军队的能源基础设施与作战基础设施中占据越来越大的比重，因此拥有替代能源技术的关键原料并保证原料的稳定供应将至关重要。

储能技术是将可再生能源应用于作战的主要障碍。[182] 储能是作战需求的重要部分，军方也对储能技术给予了高度关注。为应对不断加剧的作战不对称性，军用车辆的供能逐渐脱离对内燃机的依赖，这也是储能技术的发展方向之一。

作战面临的另一个问题是设备干扰。设备干扰对风力涡轮机的影响最大，因为风力涡轮机具有独特的"电磁属性"，这种属性会随环境条件变化而变化。[183] 分布在军事训练、测试及开发设施附近的风力涡轮机可能对 2000 英尺以下的空中作战产生不利影响。[184]

例如，位于《全面禁止核试验条约》规定的监测区域附近的风力涡轮机可能会提高地震环境噪声水平，进而影响监测区域的正常运作。[185] 虽然人们可以采取一定措施来应对这个问题，但这些措施并非无懈可击，因此英国、德国军方均反对在军事基础设施附近安装风力涡轮机。目前，电子发射及替代能源技术的磁效应尚未经过完整测试，因此我们还不清楚设备干扰问题是否会阻碍可再生能源的国防整合，以及在多大程度上阻碍着国防整合。

　　基础设施的脆弱性以及设备的性能与兼容性问题也亟待解决。可再生能源应用的扩大意味着可再生能源基础设施需要更充分的保护，以抵御袭击、事故及自然灾害。因此，国防机构可能会重点关注新基础设施的脆弱性。[186]

　　变电站和变压器极易受到攻击，因为它们通常位于偏远地区，且无人值守，几乎没有实体屏障。尽管国家能够诉诸武力来保护大型变电站，但这样做的成本未免太高了。能源运输设施在建设之初就考虑了安全问题，所以迄今为止，恐怖袭击对能源运输设施的影响相对有限。目前，我们还不清楚要向可再生能源基础设施叠加多少冗余和保护措施才能解决安全问题。例如，针对能源基础设施的网络攻击不但频率高，而且后果严重，因此保护计算机化能源网络免受网络攻击至关重要。同样，极端气候事件及重大自然灾害的后果也极其严重，因此救灾与危机管理也非常重要。

　　生产替代能源离不开稀土材料，而这种关键材料的获取及稳定供应问题也非常棘手。稀土资源丰富的国家逐渐成为可再生能源资源的重要供应国。因此，即便军队对传统能源与供应的依赖程度将逐渐减轻，军队仍要承担保卫能源资源的重任。

　　军方极有可能得出切实可行的解决方案，以扫清上述障碍与脆弱性，确保军事行动的有效性和效率。可再生能源技术可能会经过安全化，以新形式投入使用，从而既能涵盖核心安全考量，也能覆盖能源与环境保护等更广泛的安全考量。事实上，能够提升能源安全性及其他安全性的资源与技术是军方的关注焦点，代表性技术有绿色替代燃料技术及注重燃料效率的新型航空航天技术。

（2）制度惰性：实际作战与战略及制度之间的脱节

在变革过程中，不愿意改变惯常做法的惰性可能会降低变革效益，阻碍新趋势的发展及新任务的执行。国防转型也是如此。制度障碍可能会对替代能源技术和实践的整合及预期扩展产生负面影响。尽管国防部门的想法已经发生了转变，但范式思维仍旧止步不前。所以说，"军队必须由未来学家掌管，不论他们是否情愿"。[187]

对部署替代能源解决方案的抵制情绪源于战术和战略需求之间的分歧，这是国防任务范围扩大的结果。新工具与新方法尚未渗透到国防机构的作战考量之中。在大规模部署可再生能源时，军方的优先事项与能力并不匹配，再考虑到当前的技术水平及技术准备程度，替代能源整合的学习曲线可能难以逾越。[188] 军方需要构建新型教育体系及培训结构，并不断吸收新技术，才能找到多层面的、灵活的途径。

若要实现整合，就必须在后勤保障、人力和物资之间找到平衡，还需要考虑对于国防任务而言极其重要的问题：提升作战能力；减少针对后勤线脆弱性展开的不必要的武力保护；减轻燃料装卸及运输负担；减轻能源供应中断的脆弱性；保持战区内能源安全的战略重要性等。

安全化议程可能引发管理工作、民事整合及环境保护方面的新实践，所以不断扩大的安全化议程将带来新的问题。例如，引入替代能源技术会改变法律、技术、社会及环境，这些变化将极大提高解决冲突的难度，给国防部门带来重大挑战。[189]新颁布的法规以及全球与区域的潜在条约非但不会加速可再生能源应用的进程，反而会阻碍可再生能源的发展及整合。

（3）技术整合的障碍

为确保作战能源安全，维持作战能力，在恶劣的环境中执行任务，现代军队对技术的依赖程度越来越高。部队与士兵掌握的指挥、控制、作战等领域的高科技越来越多，已经具备自主作战及协同作战能力。各种技术为作战提供了可行的解决方案，但同时，技术也增加了作战的复杂性，提高了作战强度。如果军方没有根据技术本身的优劣势相应调整其方法论及实践，那么复杂性就可能成为削弱作战有效性的因素。

适应新技术会直接影响作战有效性及效率，且这种影响将长期持续下去。新技术对国家联盟的影响尤为明显，因为各个国家的技术发展水平与能力参差不齐。面对新技术，军方必须在新能力和共性优势之间做出权衡，而且若要将通用技术用于不同用途，就需要确保方法及设计的灵活性。例如，如果能够放开专用设备的使用，引入可以提高作战灵活性的混合式装备及模块化装备[190]，那么可再生能源的国防应用就将更进一步。

技术互操作性及技术兼容性一直是北约的侧重点。这是因为北约由多个国家组成，这些国家的国防能力不同，技术发展水平也高低不一。[191]当多国部队共同作战时，若某个部队的装备不能与其他部队的装备协调工作，或者因部队间的装备不兼容而导致作战失败，甚至出现自己人打自己人的局面，那么作战有效性及效率都会迅速降低。因此，北约正在探索如何让成员国军队的设备与系统实现广泛集成及标准化。

综上所述，替代能源的国防整合过程要经过艰难、长期且即时的权衡，[192]这可能会导致作战及战略摩擦。联盟及联盟作战长期面临着资源互操作性的问题，发生摩擦的可能性也更高。因此，尽管军队会引入可再生能源，但在今后较长一段时间内，军队仍将实行传统化石燃料与替代能源系统并行的能源模式。

（4）向国防领域引入替代能源的代价：可预见的短期负担与潜在的长期优势

将替代能源解决方案纳入国防战略有一个非常明显的缺陷：与化石燃料相比，替代能源的成本高得离谱。军方能够有效推动替代能源的应用，是因为军队拥有极大的政治空间以及丰富的财政资源，有能力引领替代能源的开发与整合。后文更详细地讨论了可再生能源技术的大规模应用存在的内在经济障碍。简单来说，如果替代能源不能大幅提升作战效率，那么从中期来看，鉴于国防设施的能源成本极高，人员生命、培训、战略部署都会产生额外成本，此时再使用替代能源就得不偿失了。

尽管替代能源技术具有显著优势，国防部门也在整合这些技术，但其国防整合缺乏足够的外部支持，导致军方的成本负担居高不下。例如，某些北约成员国尚且欠缺推进可再生能源整合的激励措施。北约内部各成员国的国防投资增长速度不均，[193]因此对于新技术的资金投入也颇具争议。

最后，国防机构及政府必须考虑军方及社会整合或放弃整合可再生能源的机会成本。这些成本可能体现在防御能力不足、人员伤亡和整体技术基础的扩张受限等方面。可再生能源整合对军事和非军事领域的影响暂不可知且无法量化，因此机会成本难以准确计算。然而，美国等采取紧缩政策的国家将把机会成本纳入其国防议程及国防规划之中。

三、重新审视环境安全——替代能源大趋势重新定义全球栖息地的安全化

替代能源大趋势对环境安全的意义是什么？社会越来越关注全球栖息地受到的威胁，环境安全在国家安全议程中的重要性也被提到了新高度。一系列环境安全政策及法规的出台推动了替代能源的发展，国家、区域政策及监管措施逐渐融入全球治理框架之中。

技术发展与社会期待推动了替代能源大趋势的发展，进而对环境安全产生了诸多益处，如降低二氧化碳排放量，减少有害的能源副产品，减轻经济活动对人类健康及环境产生的副作用等。下文将探讨社会观念与信仰是怎样推动替代能源大趋势的发展的。

在替代能源大趋势的影响下，"环境地缘政治"在国际关系中的地位越来越高。地缘政治"绿色化"意味着逻辑的转变，即

将以国家为中心的世界体系提升到世界和社会的层面。

1. 环境安全的现代新定义：替代能源推动了可行环境政策的出台

替代能源大趋势的未来轨迹表明，现代环境安全构想糅合了其他因素，要求人们从现代技术的角度看待自然。如今，我们追求资源的充分利用，追求人性与自然的融合，追求与自然共栖而非剥削。人类的环境愿景已然时过境迁。当下，我们以现代视野看待环境安全，探索如何在既不降低生活标准及消费水平，也不阻碍繁荣发展的前提下，实现人与自然的和谐共处。

持续改善人类生存状况的目标与尽快消除社会对环境产生的负面影响的愿景是紧密相连的。[194] 因此，国家与非国家行为主体和公民社会更加坚定了将有碍人类福祉的威胁纳入环境安全路径的决心。公众对此持支持态度，寄期望于"绿色"行动既能减少碳排放，又能提升大众福祉。公众的态度进一步坚定了行为主体与公民社会的决心。

栖息地退化的风险严重威胁着国家及非国家行为主体的其他重要利益，影响着行为主体之间的关系，造成了竞争、紧张局势甚至冲突。因此，政策制定者要审慎斟酌环境威胁，"将其作为国际体系的外部性加以考虑，而不是可以通过惯常的政治结构及相应的社会价值观来解决的内部问题"。[195]

21 世纪初，替代能源已经发展为切实可行的解决方案，能够帮助国家及非国家行为主体应对紧迫的环境挑战，包括气候变化、生态系统退化、必要资源稀缺等问题。替代能源开发已被收入政策工具箱，影响着地缘政治、环境及其他全球安全考量。替代能源开发广为世界各国所接受，它塑造了环境安全的定义，促进环境安全的实践。

（1）环境安全：扩展了全球栖息地安全化的概念，扩充了政治考量的内容

从改造自然栖息地到优化生存空间，环境安全自古以来就塑造着人类历史。[196]过去，干旱、饥荒等自然灾害经常会导致人口大迁徙。如今，世界依旧会为这些自然灾害付出沉重的代价。厄尔尼诺现象，美国卡特里娜飓风，海地、智利、日本的地震，菲律宾的台风，种种自然灾害造成的毁灭性影响（有时气候变化会使后果更加严重）令各个国家束手无策。连这些灾难的后果都令各国无力招架，更不用说提早预防了。

环境威胁无国界，因此备受全球社会关注。环境安全是个高度政治化的问题，不仅局限于国家内部，更上升到了跨国层面。[197]然而，为应对环境威胁而出台的政策的覆盖范围终究有限，成效也并不明显。这些政策主要围绕预防、应对自然灾害的负面影响，以及解决环境污染、垃圾和濒危物种等问题而展开。国家行为主体为环境安全问题设定了不同的目标，因而选择了不同的跨境路径，但并未取得实质性进展。一些国家坚决将环境安全与损害国家利益的明确威胁区分开来，这从某种程度上解释了可行政策行动欠缺的原因。事实证明，作为安全化的指涉对象，环境威胁往往过于分散，其原因难以确定，其影响也难以衡量。行为主体需要确定其原因，定义其影响并制定适当的政策措施，才能应对环境威胁。

　　尽管环境安全在政策议程中的地位还谈不上牢固，但过去几十年中，环境威胁的影响越来越明显，环境安全在国家安全中的重要性与相关性也在随之提升。环境安全不仅是一个政策概念，更是一种政策工具，其覆盖范围越来越广，影响到的政策也越来越多。"全球公域"起初是一个军事概念，如今成了推动环境安全政策进入国家及非国家行为主体当代议程的重要因素。[198] 20 世纪 60 年代，全球公域开始引起人们的重视。这一概念认为，对水、空气，以及其他自然资源等共享商品的主权控制是不可持续的。这种观点催生了对环境安全的新理论，广为流传的增长极限论就是其中之一。增长极限论得出的结论是：必须遏制发展中国家的经济增长及工业化进程，以避免超过地球的生命维持能力。受此理论影响，20 世纪后半叶，全球人口控制行动正式启动。约翰·K. 加尔布雷斯（John K. Galbraith）早在 1973 年就曾提出警告，称破坏环境是"显而易见、迫在眉睫的危险"，指出"对环境的担忧急速扩张"，并呼吁通过立法限定"消费端与生产端对环境的破坏"。[199] 具有讽刺意味的是，借着"显而易见、迫在眉睫"的名头，各国都在分头采取行动，意图就环境问题实现安全化，应对环境威胁带来的直接影响。

　　20 世纪后半叶，环境退化仍是环境安全考量的关注重点。人们认为，环境退化可能引发行为主体之间的冲突，带来社会苦难，尽管冲突的"教唆者"与"敌人"尚未现身。因此，环境安全的概念需要相应扩展，将对国家有重要意义的战略考量囊括其中，包括社会政治自主、国家及人民的生存、经济福祉水平等。

如果人类栖息地及其自然资源受到威胁，国家间和国家内部就可能爆发暴力冲突或争端，因此，环境安全的概念和政策要在国家安全考量中占有一席之地。国家间因争夺水等自然资源而发生冲突的例子可以向前追溯到公元前 355 年至公元前 323 年[200]亚历山大大帝远征波斯之时，甚至有近期调查表明，早在新石器时期，泰尔赫姆（德国）、阿斯帕恩和施利茨（奥地利）等地发生的人类大屠杀也是由人口迅速增加导致的气候问题及资源紧张问题引发的。[201] 后来在安哥拉、印度尼西亚、利比里亚、塞拉利昂、索马里、塞内加尔、苏丹等地爆发的冲突也大多因争夺资源而起。[202] 这些冲突大多局限于国内，不涉及国际层面，但国家内部暴力事件会削弱政府及区域安全，进而增加爆发国家间冲突的可能性。值得注意的是，叙利亚战争及其引发的难民危机“可能与该国长期干旱有关。长期干旱导致农村贫困人口涌入城市”。[203]种族、经济、阶级等与环境安全不直接相关的复杂因素通常是这类冲突的诱因，因此环境安全与暴力冲突之间的因果关系并不明晰，各国就预防此类风险作出的决策也常常是无的放矢。

尽管环境安全的重要性不断提升，但传统的国家安全议程几乎不会涉及环境安全问题。[204] 虽说如此，环境威胁还是逐渐被视为全球系统性风险，挑战着由因果关系和责任支撑的传统安全框架。人们也会认为，从政府政策释放的信号来看，“能源安全”比“环境安全”更加重要。[205] 鉴于替代能源可以帮助政府应对不断变化的环境安全挑战，替代能源作为保护栖息地的可行工具，成了安全争论的焦点之一。

（2）替代能源对政策工具箱的再定义：切实可行地应对环境威胁

替代能源大趋势为环境安全再定义提供了一种机制，也为行为主体提供了应对环境安全威胁的可行方式。将替代能源大趋势逐渐整合至更广泛的安全政策中，有助于行为主体解决环境安全之外的问题。随着现代替代能源技术的发展，气候变化等环境问题开始受到积极可行的政策机制的制约。

替代能源大趋势逐渐为人接受，且替代能源技术也在不断精进，这些都为替代能源大趋势对环境安全造成颠覆性影响做好了铺垫。逐渐提升的接受度缩小了难以识别的威胁与为有效应对这些威胁而制定的政策之间的差距。作为一种多维现象，替代能源大趋势可以提供解决方案，应对通常难以捉摸的多维挑战。从国家安全的角度来看，替代能源开发可以有效解决很多严峻的环境安全问题，如栖息地退化、森林砍伐、环境难民、粮食危机、生物多样性丧失、水资源短缺和资源枯竭、自然灾害的前兆，以及环境恶化导致的全球冲突等。利用替代能源解决环境安全问题的先决条件是制定多边环境安全政策，确保在不损害经济且不降低人民生活水平的前提下遏制环境退化。

越来越多的行为主体将替代能源解决方案纳入其应急措施之中。有些行为主体甚至会为替代能源纳入政策开通快车道。这种不断外延的政治实践的核心在于寻找应对气候变化的性价比最高、破坏性最小的方法。[206] 替代能源彰显了用技术解决方案代替政治解决方案的潜力，并在技术和环境之间建立了直接联系。[207] 环境安全本质上是一种愿望与对未来的期许，而替代能源大趋势将把这种期许变为一种实际可操作的战略，用以应对尚且没有解决方案的环境威胁。这样看来，替代能源大趋势的发展变成了治理问题。

可再生能源技术不仅能为环境问题提供解决方案，还能帮助人们利用栖息地来满足自身需求，同时避免对栖息地的过度开发或损害。人类与自然的相互作用最终形成了人为定义的生态系统，在其中，技术与自然并存，自然资源不能独立于人类活动而存在。替代能源技术对自然的破坏性最小，因为替代能源具有可再生性，能够在不过分改变当前环境的情况下与其融合。

之所以要将替代能源开发纳入环境、经济等更广泛的安全路径之中，是因为替代能源开发与人类福祉、健康及繁荣息息相关。从追求健康的生活方式到践行所谓的"绿色生活方式"，环境安全问题正在逐渐走进人们的日常生活，并被纳入意识形态及多种信仰体系之中，进而形成了发展、福祉及安全观念。如今，环保俱乐部、欧洲绿党、公司总裁、发达国家及发展中国家的政治领袖等形成了合力，共同发起了现代化、全球性的环保活动，为可持续且有效的环境政策正名。近期的一项调查显示，气候变化和环境破坏在公司总裁的议程上占有重要一席：50% 的公司总裁担心气候变化及环境破坏会对公司的发展前景造成威胁。[208] 此外，积极投资"绿色"基础设施建设的国家及国际项目越来多，[209]屋顶花园、共享自行车都是常见的绿色项目。在发展中国家，越来越多城市发起了"绿色"城市倡议。绿色城市倡议旨在应对城市人口的不断增长，优化垃圾处理及水资源管理。

公众支持度逐渐升高，政府措施的力度不断加大，为更广泛的环境与安全问题带来了更多资金与资源。但是，即便国家措施不断扩充，也不能取代更具建设性的全球政策的作用。尽管环境安全威胁可以对多个国家同时产生影响，但欠缺长远性的政治考量仍在限制国家间环境安全合作的范围。重大灾害可能会使国家主体跳出各自主权利益的束缚，集中展开行动，也能使私营部门的行为主体作出自我牺牲，为人类安全贡献力量。深化环境安全领域的合作，为突发环境事件打好提前量，都对行为主体大有裨益，这会促使行为主体积极开展协调工作。

替代能源开发突出了一个环境学理念，即根据主权将国际体系划分为多个地理区域阻碍了对环境威胁的应对。一些环境安全倡导者认为，替代能源是应对环境威胁的通用解决方案。替代能源大趋势可以有效防止环境对领土完整、经济增长、国际稳定、个人与社区福祉造成的损害。因此，环境安全的概念经过再定义，变成了"人类栖息地安全"。料想替代能源大趋势将在再定义的过程中扮演越来越重要的角色。

（3）社会价值观作用于环境安全：替代能源大趋势对话语的影响

替代能源大趋势既是一种技术现象，也是一种社会现象。它融合了社会观念、社会思想与社会实践，反映出社会将其意志强加给环境安全等安全议程的能力日益增强。替代能源大趋势在环境安全中扮演的角色放大了社会建构对政策制定的影响。社会建构与社会愿景增强了可再生能源开发的紧迫感，但这种紧迫感与替代能源技术的可行性及当前的世界能源储量并不相称。替代能源大趋势之所以会产生诸多影响，很大程度上是因为它象征着可再生能源对社会的承诺。这种象征反过来又肯定了社会对替代能源大趋势的理解，从而实现了自我强化。替代能源大趋势丰富了公共话语，进而对社会潜意识造成了实质入侵。多年前，"绿色"和"环境"只与外围利益相关者挂钩，而如今，"绿色"已经成为公民社会的惯用语。

将替代能源大趋势纳入现代社会价值观似乎有悖于过去的观念，即"人类将逐步脱离自然，创造更适合他们的环境"。[210] 社会观念经过重塑，成为一种意识形态的传播机制。替代能源大趋势驱动因素的相互影响借由这种机制得以发挥，替代能源大趋势也因此定性。替代能源大趋势体现了"客观现实"和"社会建构现实"之间的分歧。人们对可再生能源的展望以及未来可再生能源将无处不在的预期决定了人们对待可再生能源的方式。这种由社会建构的现实推动了替代能源大趋势的发展。事实上，替代能源的发展映射出的不是社会进步，而是"社会互动与社会模式之间的复杂关系"。[211]

可再生能源大趋势已经渗透道德的宏观结构，并整合到经济、政治、法律等社会机构之中。作为一种准意识形态，替代能源大趋势将改变这些机构的管理内容，如将环境问题纳入经济考量，或是在确定能源需求时考虑社会责任因素等。替代能源大趋势在不同观点与想法之间架起了一座准意识形态桥梁，通过统一对固有社会规范与价值观的理解，达成了广泛的一致性。[212]

替代能源开发不论置于何种意识形态背景，都会形成中心统一的话语。这些话语都围绕着共同利益展开，认为可再生能源从某种意义上来讲是一种"政治概念，是多种共识相互重叠而成的焦点所在"。[213] 对替代能源大趋势的认识来源于一种话语，称替代能源大趋势既能保证社会秩序的连续性，又能引领社会秩序的发展。这一话语将替代能源融入环境安全、政治、经济、国际关系等重要思想中。替代能源开发的愿景将塑造社会秩序及其发展进程，搭建替代能源的发展框架，并推动可再生能源的现实应用。

2. 环境政策：新兴的跨国可再生能源制度框架

之所以将替代能源纳入环境安全战略和国家政策，不仅是为了寻求应对环境威胁的解决方案，还为了达成更广泛的经济、能源和技术目标。政策不断发展，模式也愈发多样化，有时不同国家的政策模式甚至天差地别，但这些政策都指向同一个目标，即减轻环境安全威胁的负面影响。在共同目标的指引下，各国建立了能源价格设定、可再生能源组合标准、固定上网电价、投资补贴、配额制等制度。

随着替代能源开发被纳入政策及制度框架，替代能源大趋势继续保持着良好发展势头，各国也纷纷产生无限遐想与憧憬。环境的安全化与替代能源开发的安全化相互促进，二者的概念及其实践呈现出相辅相成的发展态势。

（1）与替代能源相关的传统环境政策：配额、补贴、固定价格及排放限制

替代能源大趋势借由新制度框架渗透到了社会各个方面。正如加雷斯·波特（Gareth Porter）所说，"环境安全关乎受公共政策影响的外部力量施加于社会及人口福祉的全部威胁"。[214] 绝大多数国家都出台了专门针对环境安全的政策，[215] 本地、区域及国际环境政策与重要战略也因此实现了和谐统一。然而，上文刚刚提及，尽管相关政策层出不穷，但将环境安全纳入国家安全政策与实践仍然面临着重重阻力，更不用说将其纳入全球安全政策与实践了。环境威胁的持续时间较长，往往会历经多届领导团体，通常会超出决策者的关注范围，因此难以制定切实有效的政策。

替代能源大趋势对政策制定及政治事务的影响在很大程度上源于公众舆论的影响。公众舆论大多呼吁环境保护，特别是支持可再生能源的使用。温室气体含量的增加不但导致了太阳辐射增强、地球轨道偏移、板块运动、大陆漂移等自然气候变化，还是导致全球气温上升的主要原因。[216] 托马斯·弗里德曼（Thomas Friedman）曾表述了一种全球社会共识："我们不知道未来气候到底会发生怎样的变化，但气候变化绝不是无稽之谈。"[217] 因此，正如雪莉·蒂尔曼（Shirley Tilghman）所言，"拓展知识的边界十分重要"。[218] 由于政策影响通常经由信息传递实现，媒体（尤其是社交媒体）充当了社会与决策者之间的中介。这也导致了社会推

脱环境问题的责任，并将其转嫁到政府的头上。此外，多国政府接受甚至采纳了非政府间国际组织提议的政策，这意味着替代能源这一准意识形态赋予了非国家行为主体影响决策的重要能力。目前，在某些国家，非国家行为主体才是推动环境制度框架建立的主要动力。

迄今为止，涉及替代能源开发的政府政策、措施及目标大多围绕最紧迫的环境威胁——气候变化展开。[219]2005 年，有 55 个国家将可再生能源发展目标列入了国家政策之中。2015 年《巴黎协定》正式签署后，这一数字上升到了 195 个。[220]《巴黎协定》的长期目标是将全球平均气温较前工业化时期上升幅度控制在 2 摄氏度以内。为达成这一目标，多数国家提交了"国家自主贡献"方案，就扩大可再生能源使用规模、提高能源效率作出了承诺。2016 年，共有 117 个国家提交了"国家自主贡献"方案，其中有 55 个国家提出了可再生能源的具体目标，89 个国家提到了可再生能源。[221]有些可再生能源政策目标不具有法律约束力，政策目标也会不时修订。然而，各国能够以可再生能源政策目标为基准，推动可再生能源的使用，这些目标也可以在一定程度上照进未来。

可再生能源政策的全球版图体现了形形色色的可再生能源路径及范围。同时，各国也向着共同的环境目标齐头并进。即使替代能源组合标准等措施针对的主要问题并不是气候变化，但可再生能源确实能够大幅减少温室气体排放。

设定目标是一种重要手段，但设定目标不等于实现目标。为了确保目标的实现，各国政府完善了进一步开发替代能源的政策机制。受监管的能源定价机制[222]、投资补贴[223]、固定补贴价格[224]、可再生能源配额制[225]等都是政府支持可再生能源发展的主流措施。各国政府的具体发展目标不同，采取的措施也有所不同。[226]

尽管可再生能源的激励政策五花八门，但它们都离不开公众的持续参与，并且形式以补贴及限制为主。这些命令控制型及市场激励型政策会迫使企业应对环境退化与气候变化带来的外部性，因此可能引发一些实质性变化。然而，没有确凿的数据能够证明，这些政策切实有效地推动了替代能源等行业的技术发展。因此，我们很难知道这些制度与政策将如何改变市场参与者的行为。[227]

尽管环境问题已然十分紧迫，但环境政策仍未充分考虑替代能源大趋势的发展需求。例如，碳污染等外部成本尚未纳入能源定价，这削弱了可再生能源的竞争力，阻碍了可再生能源的发展。欧洲环境署前主任汉斯·布吕宁克斯（Hans Bruyninckx）曾表示，"虽然我们已经成功就一系列环保政策达成一致，但贯彻落实这些政策实非易事。欧盟已经向着绿色经济目标迈出了坚实的步伐，但仍需再接再厉，保持前进势头。欧盟有望于2020年或之后实现绿色经济目标"。[228]

向环境安全政策中纳入替代能源大趋势需要服从国家的优先事项，有时也会受制于利益冲突。环境安全威胁与替代能源政策的制定及管理过程常因缺乏明确性与政治共识而受阻。环境风险具有独特的性质，对安全政策的制定造成了几大障碍，为实施政策与保持政策可持续性增加了难度：

- 环境风险造成的威胁没有其他安全问题造成的威胁那么明显。人们没有把环境风险造成的威胁当成真正的威胁来看待，也难以确定其影响。
- 环境安全问题的解决措施有时会严重损害经济利益。
- 应对环境威胁的政策通常只有在全球层面进行协调并实施的情况下才能取得实际效果。
- 环境规制的外部成本有待进一步了解。环境规制失衡可能模糊技术赢家与技术输家之间的界限，导致僵局等长期问题。

针对环境出台的一系列战略、政策与法规制约着替代能源大趋势的进程，催生出各种各样的模式，有时不同模式之间甚至会出现相互矛盾的情况。尽管非国家行为主体与国际组织出台了一系列环境规制，支持可再生能源的发展，激发了可再生能源大趋势的巨大潜力，但当前的立法与规制可能妨碍可再生能源的发展，阻碍它们在抵御环境风险方面发挥作用。例如，法律法规要服从政治，在紧缩时期更是如此。美国"索林卓（Solyndra）公司事件"[229] 就是政治阻碍国家可再生能源发展的典型事例之一。此外，虽然可再生能源提供了降低能源不确定性的解决方案，使国家行为主体能够贯彻落实国家安全核心原则，但它们也可能阻碍其他安全措施发挥效用。据计算，2007 年至 2008 年间，生物燃料的快速发展导致粮食价格飙升，许多国家的粮食短缺情况进一步加剧。据估计，因生物乙醇生产所需的谷物增加，粮食价格上涨了 20%～40%。[230]

　　替代能源大趋势背后的愿望与观念可能会改变社会及政策，进而制约技术的发展，限制为环境安全而做的准备工作，也使替代能源大趋势难以发挥全部效用。同时，考虑到替代能源的作用尚未得到证实，替代能源对环境安全的潜在影响尚不明了，因此必须要对替代能源开发进行一定程度的监管。

　　（2）建立完善的环境规制体系：利用联合全球规制框架推动替代能源大趋势

　　能源独立性和能源经济效益等自上而下的国家考量，以及非政府间国际组织与全球公民社会自下而上的环境目标，决定了旨在推动替代能源大趋势的大多数国家战略。近几十年来，由于人类活动导致了气候变化加速，环境安全在全球社会意识中扮演了重要角色。民间社会对环保政策制定的影响越来越大，因此人们更加重视集体安全考量，认为环境安全政策应该着眼于更广泛的利益，而不是服务于某个人或某个国家的需要。这种集体环境安全考量的前提是，与替代能源相关的法规（包括再分配计划）能够反映出环境正义运动的共同目标。[231] 在这种大背景下，人们已就地理空间因素对国际绿色政治的作用达成共识。可再生能源倡导者认为，需要重塑地缘政治秩序，以应对新的环境威胁。[232] 然而，这一观点的落脚点是未来的威胁，而不是当前的情况，这导致政策无法与替代能源大趋势带来的挑战及替代能源大趋势本身的特点相匹配。

　　只有展开广泛的国际合作，才能适应不断变化的国际环境规制体系。各国需要舍弃自身的制衡机制，才能融入国际合作之中。欧盟内部的环境政策框架说明了这一点。世界大同的美好愿望及采取集体行动共同应对环境安全问题的必要性挑战着国际法对主权国家的规定。各国的环境法规融合成为区域性环境制度，并进一步向全球环境规制框架靠拢。例如，欧盟和东盟等区域性国际组织都制定了环境安全政策。《北美自由贸易协定》及后来取代该协定的《美国－墨西哥－加拿大协定》都纳入了环境安全问题，其中包含要求签署国达到汽车排放标准的条款。这类区域性条约协议虽然没有直接关注替代能源对环境安全产生的影响，但为之后的替代能源整合提供了平台。

新兴的全球规制框架由一系列原则、规程、指导方针、协议和条约构成，它们正逐渐成为全球治理机制的组成部分。[233] 该框架旨在使用软法律以及受国际法管辖的具有法律约束力的文书来治理国际行为。1972 年，联合国人类环境大会于瑞典首都斯德哥尔摩举行。自那时起，已经签署并批准了数百个多边环境协定。这些协定要求签署各方监测并评估其环境状况，还需上报其应对环境威胁的具体举措。一些环境公约也相继出台，它们通常拥有一定的法律地位，如欧盟的 EUR-Lex 法规数据库以及欧洲环境署的报告义务数据库（Reporting Obligations Database）等。联合国环境规划署承担了保护环境安全的职能，并提供了大量观察、评估环境状况的指导方针。[234] 1992 年在里约热内卢召开的联合国环境与发展大会，1997 年的《京都议定书》和 2015 年的《巴黎协定》都针对碳排放等环境目标制定了全球性的命令和条约。[235]

　　环境问题的严重性和公众对替代能源技术的广泛支持为政客们争取到了更多的资金，人们也开始接纳之前不被接受的全球战略。鉴于此，各国开始尝试采纳增加税收、减少能耗等措施，全球规制框架的驱动力也得以加强。这就是"两害相权取其轻"的道理。但是，这种情况产生了重大的安全影响，让推动可再生能源发展的后果变得更加难以预测。此外，人们认为替代能源取之不尽，用之不竭，这种观念进一步改变了限制的框架及可供选择的政策。（图 3-1）

多数美国人支持发展太阳能与风能，未过半数民众支持发展化石燃料

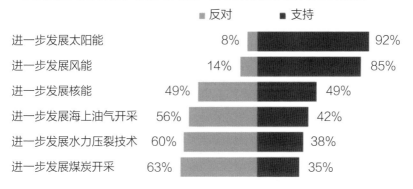

图 3-1　美国公众对可再生能源及化石燃料的支持程度[236]

注：未明确表态的被调查者数据未显示在图中。

资料来源：美国皮尤研究中心。

　　许多国家正在搭建环境规制框架。不同国家的框架正逐渐融合，凝聚成推动替代能源大趋势的主要力量。国内法与国际法越来越多地体现了人类保护全球环境的责任。[237]全球对气候变化危害的关注也为全球强制性治理框架的搭建奠定了基础。在该框架下，环境问题足以改变全球外交与国际关系。为加快探索环境安全威胁的潜在解决方案，全球已经建立了统一的治理体系，其中替代能源开发被视为解决问题的主要工具。治理体系对各国提出了额外要求，这将对国际关系产生不同影响——某个国家为"摆脱"环境威胁而采取的行动可能摇身一变，成为另一个国家的安全问题。

此外，在考虑环境规制的全球化时，应该注意不要低估环境和替代能源的政治化程度。大多数涉及环境安全的措施是由政治代理人基于政治便利原则决定的，而不是根据对具体问题的实际了解决定的。替代能源开发更是如此。政治代理人不清楚解决方案应该服务于怎样的目标，也缺少系统性的流程，他们往往根据不同议程的要求决定如何解决安全问题。其结果是，"内部人士"和"外部人士"对特定的行业、政策或社会目标分别持有支持或反对意见，二者之间始终存在分歧。随着围绕替代能源展开的斗争的覆盖面越来越广，这种分歧也逐渐蔓延至全球。但事实上，这些斗争很少以实现可再生能源开发的实质性转型为目标。

3."绿色"地缘政治：替代能源大趋势是促进环境安全合作与竞争的关键点

人们认为替代能源将对环境安全产生颠覆性影响，因此将其置于地缘政治博弈的中心位置，并赋予其广泛的安全影响。地缘政治、地缘经济和环境之间相互联系，意味着各国为解决直接或间接影响国家安全的问题而制定战略时，应该将经济与环境安全也考虑在内。鉴于国际关系议程的覆盖面广、复杂性高，替代能源对环境安全的预期影响既有可能打通新的合作渠道，也可能引起新的争论。

替代能源大趋势在环境安全话语中的轨迹体现了决策者在应对环境挑战和环境问题时面临的日益复杂的压力。"绿色"政策成为国家层面的重要事项，环境安全也被置于全球层面的重要位置。这表明，环境安全作为地缘政治考量的重要性将显著提升，环境安全因素可以提高国家及非国家行为主体施加力量的能力，并影响它们的政治议程。

（1）合作与结盟以促和平：将替代能源大趋势纳入全球生态重组

环境风险不受政治边界的限制，因此解决环境问题必将影响地缘政治行为主体之间的关系。[238] 替代能源能够维护环境安全，因此作为一种全球解决方案，替代能源赢得了越来越广泛的社会支持。替代能源可以促进国际合作，也能缓解由环境问题导致的紧张局势及国际冲突。范式转变能够引发群聚效应，使替代能源开发转变为现代替代能源大趋势。范式转变既体现出人们从"经济人"向"生态人"的过渡，也体现了人们受这种过渡的影响。[239] 随着环境安全逐渐升级为全球问题，替代能源大趋势及其预期效用开始被人们视为应对环境问题的"不二之选"。替代能源大趋势是保护全球环境、抵御系统性环境破坏的主要方法，同时还能维护领土完整，保持经济增长，并增进个人与社区福祉。

可再生能源技术及其进步引导着公众意识，并为实现减小有限资源压力、防止冲突等具体目标增添了新动能。

现代地缘政治学开始蒙上了绿色色彩，并涵盖了替代能源大趋势在应对环境威胁方面的预期作用。目前，我们还不知道替代能源应对环境风险的能力如何，再加上替代能源可能引发地缘政治博弈与冲突，因此地缘政治的"绿色化"愈发重要，毕竟可再生能源很可能加剧国家间以及国家与非国家行为主体之间的紧张局势，也是潜在冲突的导火索。可再生能源资源本身，开发可再生能源技术所需的自然资源，以及替代能源开发导致的基本资源枯竭都是引发紧张局势、造成冲突的可能原因。同时，替代能源大趋势也促成了新和平联盟的组建，进而开辟了全新的合作领域。[240]

环境安全突破了国界的限制，模糊了国外及国内政治问题之间的界限，迫使国家行为主体将部分权力让渡给新兴的政府间国际组织或准政府组织。环境安全还将环境非政府间国际组织等非国家行为主体与联合国、世界银行等政府间国际组织囊括到21世纪不断演变的环境地缘政治动态变化之中。[241] 这些行为主体意图通过实施行动路径、提出政策建议及制定环境治理制度等方式来塑造全球治理议程，以达成一定的环境安全愿景。环境地缘政治学的观点颇多，或出于霸权主义思想，或被政治大国边缘化了。一些行为主体把环境考量当作一种工具，用于将某些国际社会成员的影响强加给其他成员。总而言之，替代能源开发既有可能是一种解决方案，也有可能产生内生风险，因而为环境安全和地缘政治增添了新的内涵。

环境地缘政治吸纳了外部团体的观点，因此有时会超出地缘政治代理人实施的高级政治的范畴。受此影响，国家及非国家代理人越来越多地参与到彼此的环境实践中。这种相互作用创造了地缘政治环境话语，进而影响了地缘政治环境实践。反过来，既定的地缘政治环境实践也会创造相应的地缘政治话语。因此，环境问题及生态已经归入公共管理领域，且拥有自己的程序及执行机制。

为了寻求应对环境威胁的解决方案，外交与国际关系中出现了新颖的、更具合作性的途径，反映了人们的"绿色"愿景。作为一种重要的社会话语，环境安全强化了社会在评估国家行为主体行动方面的作用。从本质上讲，正如诺埃尔·卡斯特里（Noel Castree）所说，"尽管新的'环境地缘政治秩序'还没有出现，但可以说，'环境地缘政治'确实是缓慢固化的国际秩序的一部分"。[242] 可再生能源开发不受国界的限制，国际层面也形成了集体管理体制，用于规范各国内部的资源使用，且使用可再生能源为"全球公域"带来了外部性，这些因素都影响着外交政策。同时，保护自然栖息地已是当务之急，国际层面应尽快建立环境责任原则，利用替代能源对抗环境退化问题。

为确保环境安全，国家行为主体开始在非国家行为主体的协助下追求团结合作，并共同制定安全框架，重塑战略环境，探索后威斯特伐利亚式合作治理模式。环境安全挑战的规模及严峻性前所未有，生态的相互依存关系也日益加深。这种依赖关系定义了人类的相互作用，也提升了团结合作与共同采取环境安全行动的重要性。即便环境问题出现在特定区域或国家，造成了区域性的不稳定问题，但这也敦促着其他行为主体思考区域性问题对全球安全产生的影响。印度尼西亚及亚马孙地区的森林砍伐、亚洲的水资源短缺和非洲的粮食短缺等区域性环境问题就是典型例子。为了更好地就维护环境安全展开合作，应建立预防及对话机制，确保因环境压力引发的争端不会演变为国家内部或国家之间的暴力冲突。

然而，人们普遍认为，气候变化问题如果不能得到妥善解决，就将对全球安全产生重大影响。这种看法持续向政策制定者施压，[243] 因为"气候政策意味着安全与和平政治"。[244] 例如，一些人认为能源生产国与消费国之间将进行"大谈判"。用世界银行前行长罗伯特·佐利克（Robert Zoellick）的话说，这些国家将"沟通交流扩大能源供应的计划，其中也会涉及石油、天然气以外的能源形式；提高能源效率，减少能源需求；为贫穷国家提供能源援助；思考国家政策与化石燃料生产与气候变化政策的联系"。[245] 事实上，替代能源解决了能源再平衡问题和环境安全问题，是一种应对气候变化问题切实可行的解决方案。美国前副总统小艾伯特·阿诺德·戈尔（Albert Arnold Gore, Jr.）曾指出，"想化解气候危机，就要采取大胆措施，而应对经济危机与能源安全危机的措施与应对气候危机的措施完全相同"。[246] 因此，推行替代能源可谓一箭双雕。

然而，合作机制尚未成型。迄今为止，联合国等国际组织暂未将环境和自然资源考量有效纳入其军事干预行动与维持和平行动之中。想要通过使用可再生能源实现更广泛意义上的环境安全，就必须打通教育、培训、信息交换、能力建设、管理众多行为主体的机制等诸多过程。然而，替代能源大趋势的预期结果可以向全球决策者制定的可持续发展目标引入新的维度，进而促进国际合作。

缓解贫困、促进可持续发展的合作可以利用替代能源大趋势的环境安全作用，因为替代能源大趋势可以让经济稳定与环境安全之间的联系更加紧密。[247]越来越多的国家处于经济扩张状态，这涉及经济与环境的权衡以及增长极限论的观点。可再生能源等新技术不仅可以让各国在减少环境危害的情况下实现经济增长，还能助贫穷国家一臂之力。正如世界银行前行长詹姆斯·沃尔芬森（James Wolfensohn）所说，"新兴的清洁能源技术能够帮助贫穷国家实现发展，而不必像过去的发达国家一样支付对应的环境成本"。[248]在可持续发展的前提下，长期经济发展未必会损害环境安全。因此，替代能源是一种潜在的解决方案，有时还可能被视为解决世界环境问题的"灵丹妙药"。

越来越多的民众支持替代能源，这种支持进一步转化为替代能源大趋势全球环境治理机制建立的推动因素。民众要求国家出面应对环境威胁，这些迫切需求融合成一套广为接受的理念与方法。作为一种准意识形态，这些理念和方法已在全世界流行开来。这种准意识形态体现了人们对可再生能源的美好愿景，因此获得了社会各阶层的广泛支持。

最终，各国可能会成立和平联盟，替代能源作为连接各国的纽带，将在其中发挥重要作用。替代能源也是环境问题切实可行的解决方案。利用可持续能源解决跨境环境安全问题的前提是建立健全的治理体系及高效的管理机制，并实现自然资源与环境的可持续利用。这一解决方案会促进社会、经济及政治稳定。围绕环境外交与体制建立的和平联盟通常是非官方的。大量事实表明，各国已在这一领域展开了合作。[249] 这些合作旨在通过环境途径实现生态与政治效益的双丰收，具体例子包括联合国环境规划署为提高各国环境治理水平、提升地方实力，进而实现联合国可持续发展目标所做的努力。[250] 国际层面可以采取协调行动，利用替代能源开发来缓解气候灾害及由其引发的社会经济问题带来的潜在冲突与不稳定性。举例来说，如果极度干旱的地区能够使用太阳能水泵取水，从一定程度上减少水资源短缺，就能缓解危害性更大的移民问题以及由此引发的部落战争。

（2）分歧与冲突：利益分歧和新争论点

随着替代能源大趋势的发展，地缘政治考量与环境安全考量相互融合，这可能会加剧全球政治的复杂性。替代能源大趋势将导致国家行为主体在诸多领域产生分歧与冲突，因此国家需要开发独出心裁的安全化方法。替代能源大趋势可能引发新的竞争，各国可能就可再生能源技术、能源资源及生产可再生资源所需的资源展开激烈角逐。干旱、水土流失、海平面上升等环境退化问题都可能引发冲突。这可能是因为，积极开发可再生能源可能导致水、粮食等人们赖以生存的资源出现短缺，地缘政治冲突可能因获取这些关键资源而起。替代能源大趋势既是保证环境安全、应对地缘政治挑战的实用工具，又是一种不稳定因素。若要有效利用替代能源大趋势，就要采取政策措施，避免或减轻替代能源大趋势带来的负面影响。

为了获取并掌握发展替代能源技术所需的某些资源，国际层面可能会展开新形式的竞争。某些资源位于局势不稳定的地区，而行为主体往往会不惜一切代价来争夺这些资源。为获取可再生能源技术和资源，各国会相应改变其生产模式及战略，这可能会引发更激烈的竞争，进一步加剧国际紧张局势。一个典型例子是电池技术。太阳能的利用离不开电池技术，而锂是制造电池的重要原料。据估计，世界的锂资源储量能够满足不断增长的需求。[251] 然而，锂资源集中分布于拉丁美洲，智利、玻利维亚、阿根廷三国盛产锂矿，被喻为"锂三角"。[252] 为开发锂资源，这些国家都在积极吸引投资，但鉴于该地区的政治局势并不稳定，我们有理由相信这些国家吸引外资的难度不低，因此争夺锂资源的斗争就在眼前了。

环境风险及环境退化可能是地区之间的冲突点，也可能导致国家内部冲突及国家间冲突。在人类历史上，围绕环境掠夺的争议层出不穷。环境掠夺是指行为主体以破坏环境为手段胁迫其他行为主体。环境破坏导致的现代争议以很多形式存在，既有工业中心与农村之间的冲突，也有工业国家与发展中国家因彼此对气候变化的影响而发生的冲突。对于发展中国家而言，气候变化可能会加剧粮食短缺、水资源短缺和疾病传播，还会加剧贫困现象及社会紧张局势。全球变暖是气候变化的特征之一，可能极大地加剧不稳定性，具体体现在加剧政治动荡、威胁区域稳定、增加安全成本等方面。[253] 尽管环境破坏的快慢难以断定，但通信水平的提高将放大环境破坏产生的影响。这可能会助长恶意行为主体的气焰。正如安东尼·津尼（Anthony Zinni）将军所指出的："气候变化和局势不稳定、恐怖主义之间的联系都不难理解"。[254]

作为世界温室气体排放量最大的两个国家，中国和美国在共同探索建立气候变化联盟的方式。两国为加强技术、研究、保护和替代能源展开了诸多双边合作，2013 年 4 月成立的中美气候变化工作组就是其中之一。新兴经济体可以比照两国的合作结成联盟，通过代理人实现更强大的地缘政治影响力。新兴经济体也可以利用两国合作的契机，就具体问题与其他国家达成一致意见，从而以集体的形式共同采取行动，不再孤军奋战，正如哥本哈根气候峰会结束时各成员国团结一致，齐心协力一样。[255] 但是，中美两个世界最大经济体之间展开的合作有时也会面临一些问题，并非一帆风顺。

"环境帝国主义"悄然兴起。这一概念及其在现实生活中的具体表现也会增加冲突发生的可能性。对于发展中国家和新兴国家而言，北营发达国家及其应对环境退化的政策是推动议程的一种手段。南营国家怀疑北营国家是在借全球环境安全之名，意图控制全球自然资源，并将部分环境成本转嫁给南营国家。它们还认为发达国家及其公司拥有并控制着替代能源技术，这更加重了它们对北营国家的怀疑，导致了关于替代能源技术转让及其知识产权的激烈争论。

　　人们通常用政治无道德论来解释地缘政治冲突的本质。围绕可持续发展而发起的环境运动即便不能解决实际问题，也会试图通过挑明环境退化对社会和国家间关系的影响来纠正政治无道德的本质。人们通常认为，政治就是运用权力来控制他人，因此政治没有也不需要有道德和理性。国际政治更是如此。在国际政治中，通过裁减军备或全球治理等方式实现地缘政治的"文明化"或把地缘政治置于一般"游戏规则"之下不过是幼稚之举。事实上，国内政治往往根据公认的国家权力、社会规范与公共联系来判定某一事件是否合法，而在国际地缘政治的领域，合法与非法之间的界限就模糊得多。然而，环保主义与"绿色"地缘政治都强调以符合伦理、可持续性、人道主义的方式对抗环境退化，因此，"道德"地缘政治的出现不足为奇。地缘政治学的理论和实践正在经历进一步的改变，人们对权力工具的理解、发展与应用也随之发生了转变。例如，环境退化的潜在影响加剧了社会压力，迫使政府采取跨境行动，对环境问题加以干预，即便对不涉及国家利益的环境问题也是如此。

　　替代能源大趋势即将出现的迭代可能会进一步加剧围绕食品、水及其他基本资源展开的争端和对抗。资源稀缺尚未导致有组织暴力犯罪的快速升级，却导致了越来越多以控制资源为由的冲突。可再生燃料、电力等能源的价格一旦上涨，就可能助长反对派的不满情绪，影响国家政策议程，甚至可能引发国家间冲突。例如，资源冲突往往与国家发展及创收息息相关，这可能导致国家以放弃最优价格、牺牲环境的可持续发展为代价，过度开采特定资源。例如，水资源压力是可能导致未来冲突的潜在原因之一，全球已有 20 亿余人面临水资源紧张的困境。[256] 各个地区的水资源供给情况各异，这可能会导致冲突和巨大的移民潮。预计到 2050 年，地球上有半数以上人口可能生活在缺水的环境中（图 3-2）。[257]

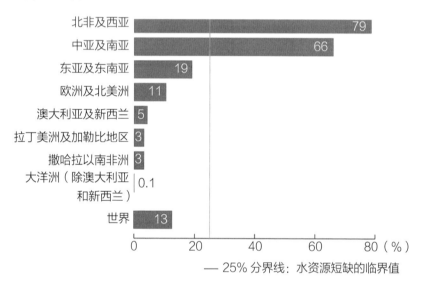

图 3-2　各地区的水资源短缺程度：开采出的淡水量占可用淡水资源总量的比重（2014 年前后）[258]

政策制定者暂未充分考虑替代能源资源的利用对水、食品等必需品产生的影响。[259] 早在公元前 4500 年，水资源就曾引发国家间战争。[260] "绿色化"世界肯定能够化解一些重大风险，但也会制造新的风险。高强度使用可再生能源可能会导致稀缺性问题，进而产生跨境不确定性，甚至将引起区域或全球对抗。生产某些替代能源需要用到大量的水，整个地区的供水可能会因此受到影响，资源冲突的可能性也相应增加。尼罗河水资源争端就是一个典型例子。埃塞俄比亚、埃及、苏丹三国因在埃塞俄比亚修建大型水电站而争执不断。地处尼罗河最下游的埃及担心修建大坝会大幅减少水资源供应，因此强烈反对该项目。尽管三国曾就该项目达成一系列临时多边协议，但最终未能就下游国家负面影响的控制机制达成一致意见，导致紧张局势不断升级，最终走向仍不明晰。[261]

替代能源开发也加剧了人们对粮食危机的担忧情绪。随着以生物燃料为首的替代能源解决方案的实际应用越来越广泛，粮食与能源之间的竞争也变得越来越激烈。例如，美国向农民提供资金支持，鼓励农民放弃种植大豆，转而种植玉米，为生物燃料的制备提供原材料。在资金支持的驱使下，农民可能会选择耕种生物燃料原材料，而不是粮食作物。

另一个备受争议的领域是引领全球环境问题安全化的制度基础设施。制度基础设施仍然受威斯特伐利亚的影响，也受国家主权和国内政治的支配，有时还是矛盾立场和紧张局势的源头。国家利益对"绿色地缘政治"的影响往往与正常逻辑相悖，似乎也与其他参与国的预期目标背道而驰。鉴于冷战后世界多极化格局缺乏政治上的可预测性，不同立场也不再以冷战时期的势力边界作为划分。

国际环境安全政策的贯彻落实也可能引发地缘政治争论。与替代能源相关的环境政策已经超出了贯彻落实的范畴。正如萨基

（Saki）所说，"克里特人创造了超出当地承受范围的历史"。[262] 替代能源开发的环境安全作用为国家及非国家行为主体创造了不同的战略利益。因履行气候变化承诺与法规而进行的可再生能源开发可能导致国际紧张局势。环境法规与安全政策融为一体，使事情变得错综复杂。行为主体可能会作出非理性的、主观的决定和行动，这可能会带来意想不到的后果。因此，各行为主体应该更加谨慎，避免"因肤浅的理由"而陷入艾默生（Emerson）所谓的历史的细节之中。[263] 当以非常主观的视角制定政策时，这一问题经常被忽视。

如果不重视环境安全风险，那么环境的未来可能一片黯淡，全球大灾难也可能就在眼前。尽管如此，发生重大灾难的可能性确实可能被夸大了。人们预测极地冰盖可能消失，破坏性风暴将更加频繁，但不论怎样预测未来的环境条件，重要的是不要错误理解环境恶化与暴力冲突的关系。如果认为环境恶化终将走向暴力冲突，那未免太夸张了。

（3）替代能源应用的环境可行性：被忽视的"绿色地缘政治"问题

替代能源开发对"地缘政治绿色化"的影响取决于核心技术的环境可行性。目前的替代能源技术非但不能实际解决环境挑战，甚至可能产生副作用，对环境造成破坏性影响。具有讽刺意味的是，现有的替代能源技术远称不上"清洁"或"安全"，甚至还会让它们原本要解决的环境问题变本加厉。人们尚未充分了解替代能源在生产、储存和运输过程中所产生的副作用，污染、破坏环境的可能性也不容忽视。可再生能源技术可能会导致"不可预见的环境事件,从而进一步导致严重问题或重大变化"。[264] 替代能源大趋势的演变过程将取决于如何应对替代能源技术的环境脆弱性及其造成的环境安全隐患。

我们还未能充分了解应用替代能源对人类健康和环境产生的影响。例如,地热发电与垃圾焚烧不仅会释放二氧化碳、含硫气体等有害气体,还可能导致土石滑坡和土壤退化等问题。潮汐能和波浪能技术仍处于早期开发阶段,但已有证据表明,这类技术可能会对生物圈造成破坏。

风力发电对人类健康的影响一直颇有争议。一些风力发电厂的噪声污染十分严重,会引发头痛、头晕、睡眠不足等健康问题,因此可能遭到当地居民的抗议,甚至导致发电厂关停。例如,位于美国马萨诸塞州法尔茅斯的两台风力涡轮机遭到了当地居民的控诉,马上就要被拆除了。研究表明,如果风电厂的选址靠近居民住宅,那么风力涡轮机的噪声就将对当地社区造成实质性影响。[265] 陆上风电厂往往会遭到居民的强烈反对,因此开发商不得不寻找其他的,可能更昂贵的解决方案。一家欧洲电力运营商推出了一项新计划,即在北海的一座人工岛上修建一座风力发电枢纽,向荷兰和英国提供居民用电,但该项目的经济可行性仍备受争议。[266] 总之,必须要采取适当措施来控制噪声、阴影闪烁、视觉影响、反射光等风力发电的污染,以减轻对人类健康造成的负面影响。这些污染也可能极大地改变人类的生活方式。

如今,风力发电仍会污染环境,因为风力发电目前仍不能完全脱离对化石燃料的依赖。此外，风力发电是土地密集型产业：风力发电厂的发电量仅是常规发电厂的零头，但风力发电厂的占地面积却是常规发电厂的数百倍。

尽管公众普遍认为太阳能是种清洁能源，但事实上，太阳能发电也可能对人类健康和环境产生不利影响。目前，大规模部署太阳能加热系统及光伏系统对环境及人类健康的影响尚不明晰。[267] 近期就公用事业规模太阳能发电系统（USSE）的环境影响展开的一次审查显示，该系统对生物多样性、水资源的使用和消耗、土壤和灰尘、人类健康和空气质量、输电线路走廊、土地使用及土地覆盖变化等均会产生复杂影响，"这种影响贯穿着生命周期的各个阶段（包括建造、运行、退役等），影响时快时慢，时大时小，时长可达 25 年到 40 年"。[268] 利用太阳能产生的主要问题包括土地使用、水资源使用以及光伏电池生产所需的大量有害物质等。因此，需在充分了解太阳能应用所产生的直接与间接环境影响的基础上进行权衡，以合理的方式利用太阳能。

尽管生物燃料得到了广泛支持，但生物燃料仍有可能对环境造成明显的副作用，如排放有害气体、占用土地及水资源等。生物质发电厂和化石燃料发电厂的发电原理类似，都是利用可燃物的燃烧来发电，因此生物质发电厂同样会排放大量有害气体。[269] 尽管生物质发电的二氧化硫及汞排放量比煤炭更少，但生物质仍然会产生氮氧化物、二氧化硫、一氧化碳、颗粒物等污染物。总之，在有排放限制的区域大规模部署生物质燃烧发电厂仍有待商榷。[270] 另外，一些生物燃料的生产需要消耗大量水资源。在可再生能源中，水电的水足迹最高，生物燃料紧随其后。[271] 生物质在燃烧过程中，会向大气排放二氧化碳。欧洲环境署表示，一些生物质项目的碳排放量可能会超出同等效用的化石燃料的碳排放量。[272] 土地占用问题在很大程度上取决于生物质能源作物的生产是否以牺牲粮食生产为代价，以及使用土地时是否奉行了可持续的原则。如果农民为获取相关补贴而种植能源作物，而不是粮食作物，那么玉米等主要粮食产品的供应可能会发生短缺，价格也可能出现上涨。乔恩·沙莱曼（Jörn Scharlemann）与威廉·劳伦斯（William Laurance）曾指出，即便使用甘蔗生产乙醇的效率再高，如果热带森林被夷为平地，用作甘蔗种植，就将导致大气中的温室气体含量大幅上升，那么用甘蔗制乙醇的好处也就被抵消了不少。再加上热带森林具有保护生物多样性、水文功能以及土壤等有益环境的功能，天平就更向另一边倾斜了。[273]

第二代生物燃料和使用转基因植物作为替代燃料的来源也正在得到认真考虑。使用柳枝稷等非粮食作物生产的第二代生物燃料[274] 似乎可以解决生物乙醇生产所固有的粮食与燃料冲突问题。然而，使用纤维素生产乙醇所需的能量远远大于纤维素乙醇能够释放的能量。目前，人们定义某种作物是否环保，只看这种作物燃烧时排放的温室气体有多少，而不关注对环境的总体影响，如致使森林和农田减少、生物多样性丧失等。原本种植玉米、大豆等生物燃料原材料的农民也越来越多地种植转基因作物。

这些技术的实际能力及其预期应用规模可能会掩饰意想不到的对环境的负面影响，从而引发安全风险。可再生能源技术应对环境威胁的能力与其未经证实的环境影响之间具有矛盾性，这种不一致性正在影响替代能源大趋势的发展，将导致意料之中及意料之外的环境安全后果。

总之，替代能源大趋势的环境安全属性使国际政治变得更加复杂。人们通常认为，替代能源开发能够切实可行地解决环境问题，而环境问题恰是政治议程的最前沿问题。掌握了核心技术，就能助力经济增长，重塑利益相关者的地缘政治立场，迫使地缘政治发生重新定位。然而，因履行气候变化承诺及相关法规而进行的替代能源开发也可能引发摩擦。

4. 替代能源大趋势在应对环境安全挑战方面的作用

与其他地区的安全化相比，栖息地的安全更具有自反性。环境安全化涵盖了广泛的指涉对象，包括生态系统、动植物群和人类种群。另外，环境安全化不是某个民族国家或地区的特权，而是许多安全化行为主体共有的权力。气候变化、污染，以及胡乱使用自然资源等环境问题越来越多地被视为全球安全威胁，这强化了环境地缘政治的重要性。与环境有关的人类生存威胁具有多样性，因此环境安全政策的制定难度很大，实施起来就更不容易了。因此，环境安全化行动能否成功，取决于相关优先事项的选取，而这又取决于对未来环境安全风险的预测。

（1）普遍安全化世界的新环境安全优先事项：将政策目标转化为切实可行的安全化机制

冷战结束后，人们站在更现代的角度为环境安全作出了新定义。环境安全的现代概念并未反映出环保主义或绿色运动的内涵，而是被行为主体视为决定其未来生存的关键因素。[275] 替代能源大趋势将重新定义环境安全，将可持续发展及民生保护等问题纳入环境安全考量。随着环境安全问题的不断扩充，未来要应对的环境威胁将更加复杂，新的分歧与对抗也会出现，需要置于特别优先级的安全问题也将显露出来。

尽管还不是首要的优先事项，减轻环境威胁仍将有助于应对经济冲击，解决冲突，减轻国家间与社区间暴力威胁。行为主体需要采用一种更具有情境性的方法，即在特定的威胁评估框架内识别并应对威胁。对不同环境威胁的迫切性、影响及解决方案进行量化，是未来制定政策的大前提。因此，必须要确定环境安全化的优先事项，并付诸实际行动。

怎样确定环境安全的优先事项，才能达到最佳效果？合理评估未来风险并非天方夜谭，但某些威胁确实可能被过度夸大或低估，造成安全措施不到位的后果。因此，某种环境威胁紧迫性的衡量标准在很大程度上取决于未来风险的性质。实际上，一些风险较易识别，因此能够更快、更有效地得到解决与纠正。例如，氟氯化碳可能会破坏臭氧层，这直接促使全球就臭氧层问题达成共识，导致工业用及家用氟氯化碳被逐步淘汰。

当环境安全风险的影响不再显而易见，或是未得到一致认可时，优先事项的排序就非常困难了。气候变化等威胁是颇具争议的科学问题。气候变化的影响没有那么明显，而且对缓解气候变化的价值进行量化时，需要考虑政治辩论、道德立场、经济战略等要素，每一个因素都能让政策制定者一头雾水。各方即使能够就构成威胁的罪魁祸首达成一致意见，也可能在制定最佳应对措施方面出现分歧。许多环境威胁具有渗透性，导致环境安全化的科学方法与因社会及利益集团向政府施加压力而促成的所谓的政治方法之间出现分歧。

要制定合理的环境安全优先事项，就必须确定要保护的对象。可保护的对象有很多，具体选择哪些对象取决于当前的政治压力、道德考量、经济需求及长期安全战略。然而，选择再多，归根到底都只是民族国家、人类自身等人类机构与生物圈之间的博弈：一方面，保护人类机构的政策可能会对生物圈产生负面影响，大型捕食者的灭绝足以证明这一点；另一方面，保护环境的法规会对国家产业的国际竞争力产生负面影响。那么，这种博弈怎样影响未来环境安全优先事项的选取与排序呢？实际上，要从国家安全的高度解决环境风险，就需要出台相关政策，这可以类比军事、经济、地缘政治等安全问题的解决方式。要实现环境的安全化，资源、财政支持、流程改进、新知识等也必不可少。

第一，要确定优先事项，就需要分别评估采取行动和不采取行动的成本，以及预期的成果。环境安全不同于更传统的安全考量，因为可以开展环境安全行动的行为主体并不明确，而且安全化的行为主体与受众也并非泾渭分明。随着人们对未来环境安全威胁的担忧情绪逐渐升温，不同行为主体必将关注不同的领域，并将紧急处理这些事务。不同行为主体的价值观与观点各异，因此各行为主体很难就成本与预期成果达成共识。若要达成共识，就必须让跨境合作与协调更上一个台阶。各国必须进一步深化合作，采取共同行动以实现环境的安全化。从传统现实主义的角度来讲，参与环境安全化的行为主体应有权修改本国的安全路径，才能与整体相协调。因此，尽管环境威胁会波及全球各个角落，但未来的安全化仍将是地域性的。安全化行动是否成功、是否合法，将取决于行为主体能否向其拥护者解释诸多措施的合理性。换句话说，对于所有行为主体而言，环境安全化的优先事项都应该是"不造成损害"，次之便是就损害所包含的内容达成共识。

第二，确定优先事项还要考虑另一个因素，即将环境退化可能对国家安全考量产生的负面影响纳入安全化框架之中。环境风险具有跨境性及渗透性，这种性质将影响到许多国家及非国家行为主体的地缘政治立场与地缘经济立场。因此，环境安全的概念不断扩充，涵盖的问题也不断增加，其中包括污染、全球变暖等广泛存在的环境问题，也包括资源消耗、生产实践的水平与模式，以及可能影响人类生存的一系列问题。在普遍安全化的世界中，环境安全化优先事项的确定需要考虑优先事项实际实施后可能产生的副作用。值得警惕的不仅有环境问题可能引发的意外后果，还有融资、开发、引入、利用安全化机制可能带来的负面影响。各国都应尽量减少甚至避免这些负面影响。与可再生能源、经济、国际贸易、未来能源供需的可持续性、相关技术与实践的可用性与可及性等事项相关的领域更应如此。

第三，环境安全化的首要优先事项需要与社会对环境安全的理解相契合。21 世纪，为营造安全、干净的人类栖息地，人们开始尝试回归自然，应对环境冲击，以非剥削性的方式与自然共存。这种社会观并不意味着回归自然会降低人们的生活水平。乔恩·巴内特（Jon Barnett）观察发现，环境安全意味着在资源与废物处理能力之间建立平衡，"即便环境和社会系统出现扰动与变化，也能确保每个人都能享受最基本的福祉"。[276] 换句话说，从当今全球社会的角度来看，实现环境安全不能以牺牲技术、消费、舒适生活为代价。

值得注意的是，就栖息地实现安全化时，行为主体的利益、目标和方法可能会出现分歧。在环境安全领域，越来越多行为主体表达了自身的利益诉求，其间，利益冲突时有发生。行为主体的利益分歧决定了它们所关注的领域也各不相同。考虑到安全措施必将在人类空间中加以实施，为行为主体所关注的领域也将反映到空间层面，未来也会成为各自的安全优先事项。当不同行为主体对某一空间对象的安全持有不同看法时，它们会以主动或被动的方式渗透到其他行为主体的战略利益领域之中，"对于重点空间，可以用特定的方式进行干预"。[277] 发达经济体和发展中经济体应特别关注二者间可能出现的重大利益分歧。这种分歧确实已经存在，而且未来也不大可能消失。一些发展中国家坚持"发展在先，环境安全在后"的原则，反映出当今国际环境安全话语背后的不平衡现象。越来越多行为主体愿意并且能够向着环境安全化的目标努力，但是安全优先事项背后的价值观恐将导致对立的方式方法，还可能造成新的安全挑战。

（2）未来环境安全威胁的联合形态

这种以国家为中心的，看似一成不变的环境安全路径正在悄然改变。替代能源大趋势的环境安全作用向政策制定者施加的压力越来越大，迫使他们参与全球合作，找到破坏环境的根本原因并一举击破，并以这种方式使地缘政治逐渐向着去空间化的方向发展。

环境地缘政治在国际关系中的地位愈发重要。替代能源大趋势的发展需要引入新框架，但新框架的引入可能会影响到力量优势相互作用的霸权可能性与边缘化趋势。地缘政治的"绿色化"意味着以国家为中心的世界体系上升到了以世界与社会为中心的层面。随着替代能源大趋势被融入环境安全化进程中，各国的利益观发生了一些转变，进而导致了安全考量及谈判立场的改变。

可以合理预测，即将面对的环境威胁是各种风险的集合体。哈维尔·索拉纳[1]曾强调，气候变化"堪称威胁倍增器，会加剧本就脆弱又易发生冲突的国家及地区的紧张局势"。[278]因此，环境不安全会造成其他安全问题，影响国家行为主体之间的相互依存关系，扩大彼此之间的分歧。如果环境安全优先事项仍然只着眼于环境变化对人类造成的威胁，那么环境威胁与国家冲突之间的相关性就可能被置于脑后。尽管全球安全议程已经将社会所受的环境冲击置于重要位置，但该议程并没有覆盖环境退化可能导

---

[1]　哈维尔·索拉纳是一位西班牙政治家。由于其在欧盟外交、防御问题方面的重要权限，索拉纳经常称为"欧盟外长"。——编者注

致的全部后果。

四、全球经济安全——在竞争升级的背景下，替代能源大趋势更需要依赖地缘政治战略

关于经济安全的演变，替代能源大趋势揭示了什么？为了回答这个问题，本节讨论了经济安全不断演变的概念，以及经济安全在整个国家安全议程中的地位。经济安全的定义不再局限于防止其他行为主体操纵经济，还包括针对国家主权和国家生存的直接威胁，以及更广泛的因素与考量。

本书站在替代能源大趋势的角度，探究了现代经济安全概念包含的一些至关重要的因素，包括应对第四次工业革命带来的深刻变革以确保经济增长，以及抵御外部冲击和市场波动的能力。

本节讨论了国家经济战略在应对国家经济安全重要事务时所发挥的日益重要的作用，而这种经济安全有时不属于单一主权国家的范畴。本章从替代能源大趋势的角度探讨了不断演变的经济安全概念，进而说明了地缘经济对于国家行为主体应对经济威胁的重要性。

本节评估了替代能源市场的现状，并在当前市场资源分配机制的基础上，探究了行为主体如何最大限度地发挥替代能源大趋势对经济产生的积极作用。

1. 经济安全的演变：替代能源大趋势在经济安全考量中的地位

经济增长、稳定、发展以及从经济冲击中恢复的能力等经济政策考量正在逐渐进入国家安全议程，同时也是地缘政治行为主体的首要优先事项。地缘经济是一个相对较新的术语，用于"描述商业方法与冲突逻辑的结合，克劳塞维茨用这个词描述战争逻辑"。[279] 地缘经济尚未取代地缘政治，不过经济实力确实是重要的外交政策工具，也是地缘政治力量的决定因素。

经济安全考量是替代能源大趋势的驱动因素。价格合理、便于使用的能源对经济稳定增长、创造就业机会的重要性日益增加，恰恰证明了这一点。替代能源大趋势揭示了全球经济安全面临的机遇和挑战：一方面，替代能源大趋势可能推动经济发展；另一方面，替代能源大趋势可能耗费过多资金，导致资源分配不当，进而危害经济安全。

（1）从替代能源开发的角度理解全球经济的安全化

过去，经济安全仅从狭隘的、以国家安全为中心的背景出发，这只能反映军事行动的经济成本以及行为主体采取的国家间对抗性经济措施。传统的经济安全方法归属于更广泛的安全的范畴。阿诺德·沃尔弗斯（Arnold Wolfers）为安全给出了如下定义："从客观角度讲，安全意味着不存在对特定价值构成威胁的因素。从主观角度来讲，安全是指人们不担心这些价值将会受到攻击。"[280] 在经济安全的传统定义中，一个行为主体可以使用经济、政治、军事等手段威胁另一个行为主体的经济价值。为确保经济安全，行为主体还需牺牲经济、增加军费，以巩固军事实力。

经济安全概念的内涵正在不断扩充，逐渐纳入了可以提高或削弱经济系统稳定性的因素。如今的内涵扩充与之前不同，先前主要集中在明显蓄意的"经济行为。这些行为出于恶意，并且作为一种安全威胁，能够造成重大危害"。[281] 如今，经济安全既包括运用经济政策工具来消除国家利益所受到的威胁，也关乎国家安全的经济基础，即国家为确保生存所必需的资源。

对于不同受众而言，"经济安全"的确切定义也不尽相同。[282] 有时，经济安全意味着经济投入，如资源、劳动力、资本等。有时，经济安全指对特定经济体内部的某些关系或交流的保护。有时，经济安全涵盖了社会、军事、文化等领域所受的威胁，并且与经济产出、经济关系及感知的国际立场息息相关。尽管经济安全的不同定义各有侧重，但各种定义都着眼于影响经济福祉最紧迫的问题。经济安全逐渐纳入了导致"因无法提供足够保护而可能面临重大经济损失"的威胁。[283] 在这种情况下，行为主体要为经济安全化提出相对明确的概念，也就是说，要确定被保护的对象、保护这一对象的方式，以及实施保护行为的主体。

经济安全的概念在不断扩充，其地缘政治意义也在向外延伸，不再局限于一个行为主体对另一个行为主体的操纵。经济安全不仅关乎一个国家的总体经济脆弱性，还愈发关注新兴经济大国带来的风险，以及非国家行为主体的跨境影响。全球经济增长战略经过了重新调整及评估，各国对经济增长与能源等生产要素的重要性也有了新的看法。如果一国的经济不够稳定，不能保持增长态势，那么该国的就业情况、军事实力和地缘政治地位都会受到相应影响。

经济安全逻辑不断演变，迫使各国更加关注外交政策中经济手段的使用，同时注重地缘政治战略制定过程中的经济竞争与合作。地缘经济具有对立性，并从此衍生出一种新范式。在这种范式中，经济政策工具带有地缘经济的特征，因为代理人为确保外部安全与内部安全，在面对竞争及冲突时，通常会考虑使用贸易关税或基础设施补贴等工具。国家需要加强地缘政治力量的经济基础，因此国家经济战略已经上升到了新的高度，政策制定者也已经将经济战略当作力量投射的优先工具。

地缘经济的重要性日益凸显，随之产生了一个问题：地缘政治影响力与军事力量背后的经济安全考量能否被其他安全考量所取代？

作为一个经济安全因素，能源的重要性日益增加。能源能够促进国家经济发展并提升军事实力，是一种地缘经济力量。所有经济活动都或多或少地与能源相关。改善能源的可及性，降低能源的成本，都能促进经济增长、提升投资效益、提高生产率。能源商品及服务的开采、处理与运输能够创造就业机会与价值，因此能源部门对经济而言至关重要。作为资本密集型产业，能源可以刺激投资，还在很大程度上决定了国家生产率的高低。[284] 能源不仅能够直接提供就业机会，还能间接创造很多就业岗位。能源行业对高水平工人有很大需求，因此人力资本投资居高不下。[285]
这些需求产生了源源不断的投资流量，从而为其他行业创造了额外的就业机会。能源对基本公共服务具有重要的经济意义。行为主体必须提供卫生、通信、交通，以及消防等应急响应服务，并满足基础设施的能源需求。

替代能源开发可能会降低能源价格，减少投资资金的占用，创造就业机会，减少国家对化石燃料的依赖，还有助于经济的稳定增长。经济增长离不开能源，而替代能源既能化解经济安全风险，又能增进大众福利待遇，这就是推动替代能源大趋势的潜在经济安全考量。

替代能源技术为解决贫困、发展成本、生产率受限等潜在问题提供了灵活性更高、适应性更强的机制，也创造了新的经济部门，提升了社会的技术基础。替代能源与技术能够影响国家的资本基础，也能取代一部分不可再生资源。一旦外部能源供应中断，可再生能源还能为国家提供一定韧性，避免能源基础设施故障，维持能源供应。在某些情况下，替代能源可以降低成本，解决现有的技术障碍，从而对社会经济的动态变化产生影响。

例如，低成本、易获得的替代能源可以减轻发展中国家的能源偿债负担。[286] 随着替代能源大趋势的发展，欠发达国家可能成为可再生能源（特别是太阳能及生物质能）的主要生产国。可再生能源能为这些国家开辟新的经济增长源泉，而且从长远来看，也能极大地提高这些国家的生产力、竞争力及公民的生活水平。[287]

在这一大背景下，替代能源开发已成为影响各国经济安全考量的一个重要因素。替代能源开发并不能解决所有经济安全威胁，但的确有助于缓解传统能源带来的经济安全风险。替代能源开发可能产生的负面经济影响也应纳入涉及地方、区域和全球经济安全考量与承诺的战略中。

（2）起稳定作用的因素：增强经济韧性

尽管替代能源大趋势对全球经济安全的积极作用仍不明晰，但替代能源技术有望带来一系列解决方案，从而增加经济投入，助力全球经济体系稳定，创造并维持新的经济增长源，促进经济发展，减轻经济周期、经济波动、经济冲击、经济操纵造成的危害。

借由替代能源巩固经济安全可以减少不稳定性，这对国家而言是有益的，因为不稳定性越大，市场参与者的行为就越不理性。市场行为也常常受到道德判断的影响。无论道德判断正确与否，它们都会引发行动和观念建构，从而让市场难以分辨长短期事件，以及近期与更遥远的历史事件。可再生能源的部署提高了经济的稳定性，也可能会带来更广泛的经济安全利益。

第一，替代能源大趋势可以增强经济韧性，让经济体更好地应对经济增长的周期性、波动性及经济冲击。如果能源价格不妨碍经济增长，也不会造成系统性财政和货币失衡，那么我们就认为能源价格是适当且稳定的。能源价格骤变会影响生产率、消费和通货膨胀，最终会削弱国家财力，降低人们的生活水平，危害经济安全。能否实现稳定增长以提升经济安全水平，取决于经济体能否以可预测、可接受的价格获得能源。而部署替代能源有助于实现价格可预测、可接受的目标。"廉价"且可获取的能源通常被认为是"现代性的本质特征"。[288] 美国总统克林顿曾提及可再生能源的经济前景，"尚待开发的替代能源及节能技术市场高达数万亿美元"。[289]

第二，替代能源大趋势有助于经济力量的投射，还能缓解非生产性的经济竞争压力。作为经济增长的驱动因素，能源历来是国际竞争与冲突的根源。然而，19 世纪到 20 世纪初，人们通常认为经济进程与市场是引发无意义战争的根本原因。如今，各国之间的经济依赖程度逐渐加深，跨国公司崛起，国际贸易增长，因此通过经济手段而非军事手段获取新资源更为有效。

经济进程本身不太可能达到防止暴力冲突的目的，但在经济进程的推动下，军事力量已不再是实现某些地缘政治目标的必要手段。同时，尽管经济有时也是引发战争的潜在导火索，但大多数情况下，经济进程能够对潜在的暴力行为主体加以约束。然而，一般来说，经济并不是战争政治中唯一的颠覆性因素，因为"人的本质虽然是经济的，但同时还是政治的、宗教的，而且可能也是军事的（也许是好战的）"。[290]

第三，替代能源开发也有助于打击掠夺性经济行为，有时也能限制影响深远的经济操纵行为。化石燃料生产国可以操纵能源市场，妨碍经济增长，甚至扰乱能源供应，从而造成重大经济损失。替代能源技术能够帮助国家减少化石燃料使用量，甚至使其不再使用化石燃料，因此可以有力遏制价格操纵行为。

　　法国大规模应用生物乙醇发电厂，丹麦大规模部署风电，都是典型例子。为了应对能源价格波动和资源匮乏等经济安全威胁，国家既需要制定本国政策战略，也需要出台相应的外交政策战略。"能源是种资源"这一概念推动了替代能源大趋势的发展，突出了替代能源在防止能源操纵方面的效用，以及资源话语与经济投入话语的逐渐趋同。[291]

　　因此，替代能源可以降低利用经济影响力实现地缘政治目标的可能性。追求经济影响力通常与能源进口国的资源枯竭及能源出口国的"充裕性悖论"[292] 相关。可行的替代能源技术可以缓解能源短缺国家面临的资源短缺带来的威胁，而且可以帮助过度依赖化石燃料出口的经济体实现经济再平衡。为了避免化石能源的经济影响力褪去后，替代能源的经济影响力取而代之，国家需要在经济再平衡的过程中引入多边或条约机制，以减轻因替代能源扩张或因国家自认为在替代能源竞争中败北而引发冲突的危险。

　　第四，替代能源大趋势可以促使国家与盟友及伙伴建立新的经济合作模式，以发挥稳定经济的作用。替代能源开发树立了一种观念，即可再生能源可以改变能源消费国和供应国之间的平衡，进而导致新旧市场的更替。这反映出信息技术对转型的影响，也推进了地缘经济合作。因此，作为能源结构的组成部分，替代能源的发展以及新电网技术与分布式储能技术将促使电力公司升级其商业模式，打造新型能源市场。

　　例如，借助第四次工业革命带来的超连接性，国家能够在区块链的基础上创建并管理本地能源社区，通过降低成本、资产定价等方式优化经济体系。各国都寄期望于借替代能源发挥经济影响力，这也凸显了替代能源大趋势的地缘经济意义。人们通常会认为各国将独立发展替代能源，但事实是，各国更可能在替代能源领域加强地缘经济合作，这体现了替代能源对全球经济的重要性。非国家行为主体发展可再生能源的宏伟目标在很大程度上取决于实际应用可再生能源的合作性国家政策。

不论替代能源对经济稳定作出多少实际贡献，人们所感知到的替代能源的重要性也将在未来经济和地缘政治力量平衡的构建中发挥作用。例如，能源消费国可以在与传统能源和可再生能源供应国开展合作并相应调整自身能源路径的过程中发现经济安全优势。能源消费国可以在各国的共同目标及自身体制机制的基础上，利用可再生能源带来的优势，打破现有的能源竞争模式。这种经济合作的演变将取决于能源消费国联盟履行义务的政治意愿是否强烈。

替代能源大趋势的预期演变将起到稳定经济的作用，也可能催生更稳定的全球经济新模式。这种新模式更加关注人类，也更向社会倾斜。这种新模式决定了全球社会政治与社会经济的发展。

替代能源开发影响着不断演变的经济安全概念，进而正在逐渐改变国家的战略价值判断。将替代能源的扩大部署纳入服务国家安全的经济目标之中，将改变国家经济安全战略的性质。可再生能源对经济发展的影响可能是多方面的，既可以助推经济增长，应对大宗商品价格波动和供应中断导致的周期性、系统性失衡，也可以创造新产业、新方法。替代能源具有多重用途，但我们还未能知其全貌。

（3）导致破坏的因素：经济损失、不确定性、紧张局势和冲突

如果行为主体能够共同确保全球经济持续增长，那么随之而来的经济繁荣及人们生活水平的提高可能会逐步缓解地缘经济的紧张局势。然而，若要实现这一目标，就需要满足若干条件，其中最重要的是在如今这个资源稀缺的年代，能否掌握资源的可用性及可及性。可再生能源也是一种资源，受制于错综复杂、变幻莫测的国际环境，因此，替代能源大趋势可能会破坏全球经济体系，并削弱其有效性。人们已经确定，替代能源能够改变经济战略，影响全球政治经济形态。替代能源的成本高，可能引发资源配置不合理的问题，因此会破坏经济安全。此外，可再生能源能够改变能源供应国与消费国之间的关系，甚至消除能源依赖，进而改变能源部门的体制框架，产生广泛的经济影响。

可再生能源的复杂性大约可以用混沌理论加以阐释。可再生能源可能从多个方面起到破坏作用，这也是可再生能源融入全球经济的最大阻碍。一个国家引入替代能源，就可能产生意想不到的后果，颠覆其他国家的经济平衡与战略。事实上，已有实例证明了这一观点，比如一些国家曾宣布对从一些国家进口的太阳能电池板征收高额关税。[293] 替代能源大趋势的发展可能导致能源供应及价格体系失衡，产生威胁全球经济增长的新外部性问题。从长远来看，替代能源大趋势可能对其他行业产生经济影响，造成

行业失衡，进而在区域乃至全球范围内产生多米诺骨牌效应。

替代能源开发绘制了新资源地理版图，图上也出现了新能源中心及相应的外围区域。[294] 这种力量转移可能会引发经济竞争甚至冲突。替代能源大趋势的经济安全内涵可能向世界政治经济版图引入新的黑暗地带。政治经济决定了现代地缘政治的许多地理因素。替代能源大趋势将成为塑造政治和经济地理格局的关键因素，危害经济稳定及国家安全。

随着替代能源大趋势的发展，人们开始疑惑替代能源开发所需的新资源及技术将产生怎样的经济对抗。经济对抗既能以经济战略等较为温和的形式存在，也能以较为激进的方式存在。这种激进的方式通常体现在国家或国家集团对国际层面的干预。用"干预"一词描述冲突会让人们质疑直接及间接管理国际关系的规则的合法性。[295]

替代能源开发可能会引发新形式的国家间资源竞争，这种竞争可能发展成实实在在的冲突。资源的可用性及可及性对经济增长与稳定有极大影响，因此资源冲突逐渐成为各国关注的焦点。与意识形态、政治、宗教、民族等原因相比，战争更多因资源而起。之所以如此，是因为经济力量对地缘政治主导地位的重要性日益增加。保护现代工业社会发展所需的资源在经济安全中的地位越来越高。替代能源大趋势可能催生操纵资源供应的新方式，削弱行为主体的经济力量。替代能源大趋势还可能导致贸易壁垒和监管冲突，进而引起地缘经济摩擦和经济冲突。替代能源大趋势已经撼动了化石燃料供应国的经济安全平衡，欠发达国家的经济增长也受到了一定影响。

替代能源的轨迹还表明，发达经济体和发展中经济体之间可能出现紧张局势和争议点。"中心"与"外围"国家的划分不再取决于地缘政治声望和军事主导地位，而是经济力量与技术发展水平。虽然替代能源大趋势可能会模糊"中心"和"外围"国家之间的界限，但它也可能重新定义"中心"国家对"外围"国家施加经济力量的方式，特别是在贸易与技术领域。这将增加冲突发生的可能性。一些外围国家无法通过国际贸易、专业化甚至工业化等方式挑战传统的比较优势理论。此外，所谓的"自由贸易"也并不自由，因为贸易历来遵循着主要贸易国主导的规则。19 世纪末以前，行为主体一直依靠军事力量来维护贸易规则。[296]如今，部分国家认为，自由贸易协定只会让那些坐享"自由"贸易成果的国家受益。[297]冷战后，全球电力网络更加分散、多维，这些国家逐渐衰落，这为替代能源的贸易设置了重重障碍。替代能源开发导致的能源再平衡可能会引发区域甚至国际范围内的"贸易政策军备竞赛"。行为主体出于自身利益考量，试图借助军备竞赛的方式纠正经济失衡的现状。发展较快的替代能源生产国将在这一过程中获得优势，而落后的国家也将引入配额、税收和进口关税等政策措施。反过来，在气候变化法规的大背景下，这些贸易限制也有可能引发"绿色贸易战"。

长远看来，替代能源大趋势很可能有助于地缘经济力量平衡的重塑。随着发展中国家和新兴经济体的迅速崛起，它们的经济力量逐渐转化为地缘政治影响力，这种变化重塑了传统的地缘政治关系。如今，新力量中心与传统力量中心在施加力量方面的区别越来越小。可再生能源开发是促进经济增长的手段之一，中国与印度两国都在该领域投入了大量资源。

未来几十年中，第四次工业革命和能源大博弈将从根本上改变经济体的行为方式，导致破坏升级、安全水平持续降低。机器将逐渐取代低技能工作者，劳动力两极分化加剧，叠加文化焦虑盛行，这些都是政策制定者将要面对的问题。生物工程、机器人和基因技术都将提出"人何以为人"的问题。

替代能源大趋势的演变突显了可能影响全球经济稳定的一系列问题。替代能源大趋势可能产生破坏性后果，仿佛某些历史趋势的重现（如城市化对罗马农业的影响，西班牙金银供应过剩的影响等）。与其他现代现象一样，替代能源大趋势也可能揭露出全球政治经济结构的新弱点，如国家普遍依赖自然资源等。尽管替代能源大趋势可能会取得新进步，但也可能导致地缘经济摩擦，排挤其他行业，产生新的贸易壁垒，引发规制冲突，操纵替代能源的供应及获取，进而造成更广泛的经济冲击。

2. 强势的力量是造市者：推动替代能源大趋势的经济需求和政策工具

作为一种政治计划，替代能源足以改变世界，也成为政府确保经济增长的主要来源以及确定发展方向的决定性因素。替代能源开发有助于实现经济安全及技术进步，因此得到了政府的支持。从中短期来看，国家将通过一系列政策、倡议及法规，确保替代能源大趋势的加速发展。

从中长期来看，国家出台这些政策是为了发展可再生能源的私营部门市场，并逐步取消可再生能源的激励措施。政府针对私营部门出台了一系列替代能源政策及激励措施，试图吸引私营部门参与开发生物燃料、风能、太阳能等替代能源市场。有时，政府有意在起步阶段掌握更多主动权，支持特定技术的发展，并在技术开发早期到实现商业化期间建立国内产业，助力初创企业穿越"死亡之谷"。能够影响并管理可再生能源的关键政策工具包括能源使用定价以及能源的储存、运输和分配机制。在替代能源大趋势的背景下，规制起到了约束作用，而财政刺激则起到了激励作用，二者相得益彰。

（1）追求经济增长：成本、生产率和新工作岗位

替代能源大趋势的预期轨迹揭示了能够推动经济增长的各种新因素。替代能源大趋势的某些要素是国家行为主体的核心经济发展考量，其中又以技术及其固有的、独立于现有经济关系与承诺的能源供应能力为重中之重。国家可以借助替代能源建立新产业，以新形式实现经济增长。

替代能源大趋势能在多大程度上推动经济的可持续增长，取决于可再生能源能在多大程度上替代化石燃料，以及实现重大技术变革的能力大小。对最不发达国家而言，将可再生能源技术纳入全球发展政策和战略的重要性不言而喻。尽管可再生能源的初始成本可能很高，但从长远来看，可再生能源能够提高效率，节约资金，抵消国家为促进经济增长而使用会破坏环境且成本高昂

的能源所产生的负面影响。

可再生能源的价格可能低于化石燃料，因此可再生能源的广泛应用将有助于降低能源成本。美国近期开展的一项研究表明，"风能及太阳能光伏发电的组件（如电池板、逆变器、机架、涡轮机等）价格大幅下降，发电效率大幅提高。因此，与无政府补贴的传统发电技术相比，风能及太阳能光伏发电技术的成本竞争力大幅提高"。[298]

可再生能源将提高能源生产的本地化水平，并且可再生能源系统更加分散，这也是成本降低的原因之一。不同的可再生能源可以整合至同一个系统之中，共用一套基础设施，因此能够实现规模经济，降低整体成本。就目前的汽车与发动机技术而言，可再生能源电动车要比燃料汽车的动力成本更低。可再生能源发电厂没有燃料投入成本，而且环境成本也更低（图 3-3）。

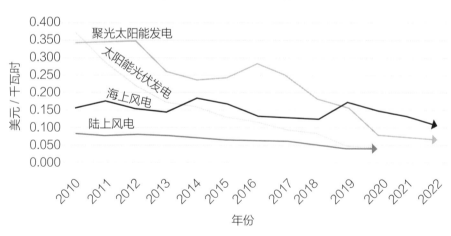

图 3-3　风能和太阳能光伏发电的无补贴平准化成本[299]

注：以 2018 年为基准。

替代能源开发可以显著提高生产率。尽管替代能源技术的起点不高，但过去十年中，替代能源一直是增速最快的行业之一。替代能源提高了相关部门及终端用能部门的生产率和效率。新西兰的泰能制造厂（Tenon Manufacturing）主要生产松木制品，该厂通过更好地控制地热能，将木材干燥效率提高了 5%。[300] 可再生能源开发及其带来的市场机会与企业进步，也可能催生与可再生能源产业链直接或间接相关的新产业，进而创造出新的经济增长模式。这一进程如何发展，将决定全球经济将怎样适应由此产生的巨大变革。正如阿尔文·托夫勒所指出的，"过去三百年来，社会一直在经历巨大变革。随着时间流逝，变革的势头非但没有减弱，反而愈发强劲"。[301] 只有运用新的运营、管理、消费方法才能应对这些变革，而这些新方法也将决定国家利用替代能源大趋势优势的方式。

替代能源开发有望创造新的就业机会。政策制定者和社会逐渐将替代能源技术的发展视为促进经济增长、创造就业机会的工具。现实中，全球可再生能源就业总体上呈现积极趋势。据估计，可再生能源技术创造的就业机会将多于化石燃料技术创造的就业机会。[302]

国家逐渐接受了替代能源大趋势与创造新就业机会之间的关系，这种联系也成了国家的主要政治考量之一。世界各国政府都寄厚望于"绿色经济"能够创造大量就业机会，而在其中，可再生能源发挥着重要作用。[303] 然而，2015 年之后，可再生能源创造就业机会的速度放缓，表明长期就业形态尚且不够清晰。可再生能源投入实际使用的速度以及技术进步将促进就业。然而，值得注意的是，可再生能源的具体情况各不相同：虽然太阳能光伏和风能提供的就业岗位数量在持续增加，但太阳能加热制冷以及大型水电行业提供的就业岗位数量却有所下降。[304] 各国的状况也有所不同，2016 年，巴西、德国等主要市场的可再生能源就业情况都不容乐观。[305] 尽管可再生能源可以极大地改善就业状况，但可再生能源的实际应用还需要权衡一系列事项，包括传统能源市场的情况、投资趋势、政策变化，以及可再生能源行业内部的新技术整合。然而，无论就业人数在短期内如何波动，可再生能源都将从根本上改变就业市场的状况：可再生能源行业的就业门槛更高，从业人员的薪资水平也更高。[306]

替代能源能够有效应对经济不稳定问题。例如，气候变化的支持者与反对者都认为，从长远来看，如果清洁、可靠、价格合理的能源不能充足、及时供应，那么全球经济增长就将受到限制。开发化石燃料的替代品不仅是谨慎之举，而且能促进经济增长，推动可持续发展。尽管替代能源部署可能无法从根本上改变能源消费模式，也不能完全消除能源行业的波动，但它可以重新定义不同生产要素的作用，也有助于经济的稳定增长。

（2）技术进步：致力于与替代能源相关的转型

经济体现着国家的技术水平，因此技术发展必定会影响经济增长模式与战略。[307] 人们普遍认为，技术创新是经济增长的主要原因。从替代能源这一实例中，我们可以直接看出，在其他生产要素保持不变的情况下，技术创新是怎样提高产量的。约瑟夫·熊彼特（Joseph Schumpeter）在他的著作《资本主义、社会主义和民主》中指出，新技术能够提高特定资源的生产率，稳定的技术创新能够推动资本主义的发展，实现经济腾飞，他称之为"创造性破坏"。[308] 诺贝尔经济学奖获得者罗伯特·索洛（Robert Solow）也支持这一看法。经他调查研究，20 世纪上半叶，美国资本投入收入仅占美国国内生产总值的 1/3 左右，但技术变革带来的产出增长已占美国工人总产出增长的 85%。索洛的经济增长模型研究了投资与经济增长之间的关系，也为替代能源大趋势的未来技术发展提供了指导。[309] 一些人认为，技术可以提高增长率，并有助于社会财富及经济财富的增长。[310] 因此，替代能源领域的技术发展可以让全球社会的技术经济基础发生彻底转变。

替代能源大趋势可能引发技术"启蒙"，替代能源大趋势的技术进步所产生的经济影响也将更广泛，并持续传播下去。替代能源等技术趋势能够改变人类的行为方式，影响社会等级关系及人类的价值判断，进而改变经济关系。20 世纪的后工业社会向 21 世纪的信息社会转变，体现了技术对经济关系的影响。在这期间，商业运作方式、商品和服务的生产及销售方式以及人们的日常生活都发生了翻天覆地的变化。例如，从家族企业向股东制企业集团的转变不仅影响了企业行为，还引发了一系列社会反映，如反全球化、"占领华尔街"运动等。21 世纪技术革命改变的不仅是人们的通信和交通方式，还有社会习俗与社会互动。相比之下，之前的技术从未改变过社会习俗与社会互动，二者之间可谓毫不相关。从某种意义上讲，随着技术的发展，决策权向分享知识、控制知识的社会技术团体转移。因此，部署并追求替代能源这一现代技术经济现象可能将对世界人口进行技术与学术"再鉴定"，还可能提高生产率。劳动力需要新技能，人们也逐渐认识到可再生能源技术的潜在优势，二者共同推动了替代能源的发展。

从本质上讲，替代能源开发加快了能源等领域的创新进程，推动了经济的持续增长。很多古典经济学家和新古典经济学家认为，物质资本及人力资本投资的积累是长期经济增长的重要因素之一。这一理论也适用于可再生能源。20 世纪 40 年代末发展起来的哈罗德 – 多马模型（Harrod–Domar model）探讨了投资率与国内生产总值增长的直接关系。[311] 人力资本积累将导致国内生产总值增长这一观点得到了广泛传播，先后为理论经济学、发展经济学所用。为了确保可再生能源推动经济的持续增长，行为主体必须持续投资人力资本，尤其是技术技能领域。

虽然经济考量往往是某项技术成功与否的决定性因素，但事实上，替代能源技术决定了经济框架。经济结构正逐渐变化，以适应新技术带来的问题。这一点在通信和信息技术领域体现得尤为明显。替代能源大趋势将实现具有广泛商业意义的持续改进，也将带来全新发明成果，因此将带来变革压力。

各大经济体为变革性的新技术打造了一种生态系统。在替代能源大趋势的背景下，不论可再生能源技术的发展速度是快是慢，最终形态如何，都将对政治考量及社会态度产生影响，这一生态系统也已蓄势待发。替代能源行业的经济指标围绕着人们的预期甚至人们的期盼逐渐成形并重塑。

人们的希望和期盼何时才能变成现实，如今我们还不得而知。事实上，长期以来，可再生能源的研发投资时高时低，但自2004年以来，该数值翻了一番，[312]前景大好。持续投资已经降低了可再生能源的发电成本，其中太阳能发电成本的降低幅度最大。然而，资金来源不同的投资体现出，可再生能源尚未达到全面商业化的阶段。[313]

尽管替代能源大趋势仍处于初级阶段，但它对全球经济安全考量的影响已然不容小觑。推动替代能源大趋势演变的社会压力说服了政策制定者，让他们相信替代能源可以极大推动经济增长、经济多元化及发展进步。目前的任务是让替代能源走入市场。

（3）政策工具包：财政、制度和融资激励

随着替代能源大趋势进程的加速，促进可再生能源发展的相关政策也逐步完善，其中以制度政策、财政激励、融资政策这三种政策工具为主。越来越多的政策涵盖了与替代能源及其他能源相关的内容，以向某个国家或全球共同目标行进。大多数国家设定了可再生能源在能源结构中的占比目标，纷纷计划在未来十年内或二十年内，实现可再生能源发电量占总发电量10%~30%的目标。一些国家还设置了比较小众的目标，如可再生能源占一次能源或终端能源的比重、可再生能源供热的比重、特定技术的装机容量，以及生物燃料占道路运输燃油的比重等。例如，欧盟全境统一了可再生能源目标，即到2020年，替代能源发电占比达到 20%。[314] 2017 年欧盟《可再生能源进展报告》指出，欧盟多数成员国按照既定计划稳步推进。[315] 欧盟议会于 2018 年 1 月通过了一个可再生能源长期发展目标，即到 2030 年，可再生能源占比必须达到 35%，远高于欧盟 2020—2030 年清洁能源计划中设定的 27% 的目标。[316] 美国 2013 年气候行动计划设定的目标是，2012—2020 年，风能、太阳能、地热能等可再生能源发电量翻一番。[317] 但是，2017 年 3 月，特朗普总统签署了一项行政命令，撤销了该计划，使得美国接下来的行动轨迹变得扑朔迷离。中国"十三五"规划设定了可再生能源发电量占总发电量 27% 的总体目标。

为确保可再生能源目标的实现，各国纷纷出台相应政策，促进可再生能源的实际应用，其中最常见的能源价格控制措施包括上网电价（FITs）[318]、税收抵免、净计量电价等。上网电价通常以长期合同的形式执行，其中规定可再生能源发电商将以高于零售价的价格向电网供应可再生电力。目前，上网电价是最常见的可再生能源激励机制。但是，在可再生能源实现大规模部署之后，拍卖制度便会取代上网电价，成为最常用的激励机制。[319]

另一个常见措施是可再生能源配额制。可再生能源配额制是指，电力零售公司通过自己生产可再生能源或从可再生能源发电商处购买可再生能源证书，确保其可再生能源电量达到装机容量、发电量或售电量占有一定份额。此外，一些国家政府还实行直接投资资本补贴、财政拨款、退税等财政政策。许多国家，以及美国、巴西、澳大利亚的一些州，加拿大的一些省还出台了投

资及生产税收抵免、进口关税减免等财政支持政策。净计量电价
也是一种政策激励措施，可再生能源发电商将以每千瓦时或其他
指标为单位获得相应奖励。该机制主要用于支持小型分布式可再
生能源系统的部署。

为支持可再生能源发展，越来越多的国家制定了相关目标，
也出台了对应政策。近期的一项研究表明，自 2005 年以来，各
国采纳的政策工具的数量有了大幅增加。[320] 政策通常会根据特定
技术与市场的发展状况进行调整。例如，由于太阳能光伏设备的
成本骤降，太阳能光伏装机容量超出了预期，因此，为遏制装机
容量的激增，许多国家就太阳能光伏发电的上网电价政策进行了
修订。

国际层面的替代能源法规得到了世界贸易组织等国际条约与
机构的大力支持，但是世界贸易组织等机构的设立初衷并非解决
能源贸易冲突。世界贸易组织的协议和规则主要关注进口壁垒，
而非出口壁垒。多数国家未对出口关税进行约束，这是因为出口
关税对于这些国家而言是一种财政收入来源，而不是发展能源解
决方案的激励措施。一些尚未根据替代能源开发的具体情况进行
调整的，由在位者主导的现有基础设施正在削弱可再生能源国际
法规的效力。能源与其他商品不同，能源的运输离不开电网或管
道，并且储存难度极大。因此，多边框架无法解决能源运输、固
定基础设施的搭建与使用等问题。就世界贸易组织而言，能源受
《能源宪章条约》管辖，涵盖 50 余个签署方及 30 余个观察员国，
其中包含 10 个国际组织。

《能源宪章条约》遵循世界贸易组织的指导方针，涉及投资保护、自然资源主权、环境和能源效率、技术转让、技术获取、争端解决等内容。然而，该条约并未涵盖国家能源政策、能源私有化及强制性第三方准入等规定。总之，该条约的目标是在非歧视的商业化基础上，促进技术的获取及转让。

3. 替代能源市场：处于私营部门和公共部门的重叠领域

替代能源市场逐渐成形，太阳能和风能等相对成熟的替代能源技术市场发展得也相对较快。公共部门仍主导着这一新兴市场的发展，而私营部门发挥的作用也越来越大。为加强可再生能源市场参与者与出资者之间的互动交流，资本市场的基础设施也在相应调整。国防工业亦将极大地促进替代能源市场的进一步发展。

（1）新兴的替代能源市场：全球投资模式

如今，替代能源市场正逐渐成为公共部门和私营部门政策的混合体，分别在不同行业部门承担着开发和应用可再生能源的不同责任。

越来越多的现代可再生能源[321]被用于发电、供暖、制冷以及运输。然而，可再生能源在全球能源消费总量中所占的份额仍然相当有限。2015年，可再生能源占全球能源消费总量的比例为10.2%（不含传统生物质能）。据估计，可再生能源电力的主要消费行业对可再生能源的需求还将进一步增加，[322] 其中大部分需求来自电力部门。在供给端，太阳能和风能的前景最为明朗，吸引的政府投资最多，2016 年太阳能与风能领域的投资额占全球新增投资额的 93%。[323]

美国、欧洲和中国的流动性高，能源需求旺盛，是全球最大的可再生能源市场。[324]发展中国家也在竭力开拓相关市场。例如，气候投资基金[325]等多边倡议旨在激励财政投入，扩大可再生能源投资规模。

可再生能源行业发展涉及一系列金融工具，包括财政拨款、融资优惠、商业债权及股权、贷款、风险缓释工具等。全球可再生能源融资主要用于公用事业规模的太阳能和风能资产，形式通常是由股权和无追索权债务构成的混合融资。[326]

可再生能源的资本市场逐渐成形，标准普尔全球清洁能源指数、纳斯达克清洁能源指数等股票指数密切跟踪着可再生能源行业的表现。虽然可再生能源市场的凝聚力不高，活力也不强，但市场交易量在逐渐增长，这反映出人们对可再生能源的兴趣在不断提高。近期比较引人注目的交易有：特斯拉公司以 49 亿美元收购美国太阳城公司（SolarCity），这几乎达到 2016 年特斯拉公司企业并购增长额的一半；意大利国家电力公司（ENEL）以 35 亿美元回购其子公司意大利绿色发电公司（Enel Green Power）31% 的少数股东权益。其他交易还有：中国国家电力投资集团以 21 亿美元收购太平洋水电（Pacific Hydro）；德国风电设备制造商恩德公司（Nordex）以 8.64 亿美元收购西班牙阿西欧娜风电公司（Acciona Windpower）；西班牙恩德萨国家电力公司（Endesa

Generacion）以 13 亿美元收购意大利绿色发电公司西班牙分公司（Enel Green Power España）60% 的股份；塔塔电力可再生能源公司（Tata Power Renewable Energy）以 14 亿美元收购威尔斯邦可再生能源公司（Welspun Renewables）等。[327]

2004 年以来，可再生能源的投资增长了五倍。然而，过去十年中，可再生能源投资的增长率并没有明显的起伏变化。从市场的动态变化中，我们可以略观一二：2016 年，关键技术成本的下降影响了资金流，投资额出现大幅下降，太阳能行业（–34%）和生物燃料行业（–37%）[328] 更是首当其冲。然而，市场动态变化背后的关键因素是政策变化。研究人员曾指出，"2015 年，可再生能源投资额达到峰值，部分原因是关键市场急于在政策支持力度减小之前完成项目。德国、日本和英国降低了上网电价，是政策支持力度减弱的具体体现之一"。[329]2016 年，南非、墨西哥和摩洛哥的投资额出现了大幅下滑，这是因为这几个国家推迟了拍卖制度的实施。[330]

市场活动和投资流动也受到参与者自身面临的经济形势的影响。例如，石油天然气巨头英国石油公司（BP）在经过 40 年的研发后退出了太阳能行业，之后印度塔塔电力公司立即决定收购英国石油公司所持的塔塔英国石油太阳能公司 51% 的股份（该公司是塔塔电力公司及英国石油公司的合资公司，已存续 22 年）。这一决定体现了印度太阳能市场的预期规模及增长。[331]

替代能源的投资顺应了政府的激励措施，而总体经济状况及能源需求进一步决定了投资模式。经济增长、收入水平、利率等宏观经济考量以及技术进步在很大程度上决定了利益相关者在替代能源领域的投资意向。另外，"绿色"投资也要符合政策优先事项的要求，并解决人口增长、环境退化、化石燃料成本等问题。资金明显流向替代能源开发，将在未来产生广泛影响。

（2）打造市场的策略：从鼓励公司合作到替代能源融入全球市场

国家负责制定可再生能源目标，为替代能源提供贷款担保，直接投资替代能源的研发工作，因此在推动替代能源大趋势时发挥着重要作用。替代能源大趋势传播背后的意识形态架构与价值观，以及替代能源技术的创新性与不足，都反映着政府对替代能源行业的领导。尽管近期私营部门的投资有所增加，但鉴于私人投资者普遍不愿意承担风险，私营部门对投资风险高企的替代能源行业信心不足。市场看重短期收益，因此商业企业对短期效益不乐观但长期成本节约明显、积极代际效应显著的项目兴趣不高。然而，替代能源行业对国家的过分依赖可能会使政府不堪重负，还可能导致经济发展的波动性加剧，错过更有前景的增长路径。

某些行业自身无法实现资源的有效配置，因此需要依赖国家层面的支持。国防、警务、事故处理、应急等"公共产品"[332]以及基础设施莫不如此。国家干预新兴公共产品技术已经让人们议论纷纷。从本质上讲，人们倾向于认为，私营部门无法解决或难以解决的外部性将阻碍创新的脚步，因此政府的干预势在必行。当技术进步影响到公共产品时，私人投资者的风险规避倾向将阻碍发展，此时国家需要出手干预，以应对短期市场偏见。国家的支持覆盖了公共产品的创新、开发及上市阶段。此外，国家是唯一有权使现有市场参与者将其传递给社会的公共产品外部性内部化的机构。化石燃料的碳排放就是一种负外部性。

国家通常充当最终的规则制定及执行机构，负责构建、维护、保护市场。市场不能脱离国家独立存在。冷战后，国家干预市场的能力越来越强，国家要求市场活动服务于国家的社会工程目标及社会和谐目标，而且国家赋予市场的主动权越来越大。例如，尽管社会福祉是国家政策层面应该考虑的问题，但国家也鼓励市场参与社会福祉原则的社会架构，并赋予企业以社会责任。另外，将商品和服务归于"公共产品"导致了国家效率低下的问题，例如，美国政府通过向低收入家庭提供购房补贴来实现财富的再分配，这是造成房地产泡沫的原因之一。许多分析人士认为，房地产泡沫是导致金融危机的罪魁祸首。

政府采取了多种激励措施来刺激可再生能源的生产，也逐步填补着可再生能源的空白市场。除国防等部门以外，[333] 政府部门鲜少直接生产可再生能源，但政府的激励措施能够有力推动替代能源市场的发展。国际可再生能源署的数据表明，2013年至2015年，年均直接公共投资约400亿美元，占总投资的12%~16%，2016年下降至210亿美元，占总投资的8%。[334] 但事实上，用于促进可再生能源发展的公共财政支出占总投资的实际份额要大得多（图3-4）。因此，考虑到监管工具、财政激励措施等政府支持方式，"2015年西欧公共融资占可再生能源总投资的 55% 以上，直接公共投资约占可再生能源总投资的 20%"。[335]

此类激励措施极大地推动了可再生能源市场的发展。例如，对于国际可再生能源署报告中提及的西欧国家而言，2015 年，约半数可再生能源发电量得到了可再生能源支持计划的援助。[336]

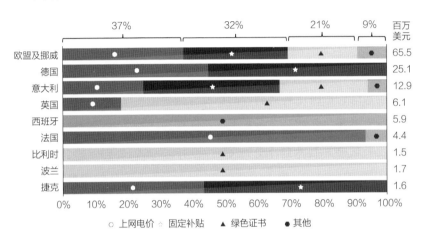

图 3-4 欧盟及挪威用于支持可再生能源的总财政支出
（按具体支持机制分类）[337]

注："其他"大类包含个别国家实行的政策支持机制。比如，就西班牙而言，"其他"包括已建项目投资额返还、经营费用返还等机制。

数据来源：欧洲能源监管委员会，2017。

替代能源开发的现状可以类比阿波罗计划。民间社会的政治愿望与压力推动了替代能源大趋势的发展，并且政治关切和实际需求的重要性往往超过了经济安全考量。若要以全球共商的气候目标为导向扩大可再生能源技术的规模，就需要向该行业投入大量资金。为了将全球平均气温上升限制在 2℃ 以内，到 2050 年，可再生能源在一次能源供应中所占的比例应增长到 65% 左右。据估计，要实现这一目标，到 2050 年，可再生能源投资总额应达到 250000 亿美元，年平均投资额应达到当前年平均投资额的三倍。[338] 替代能源仍存在价格与贸易条件难以预测、监管要求不一、基础设施欠缺等问题，种种问题削弱了私营部门涉足可再生能源的灵活性及能力，因此市场能否吸引足够资金仍是疑问。

尽管新替代能源市场的开发力度很大，现有市场的发展势头也很强劲，但由于替代能源的商业应用有限，私营部门对替代能源研发的投资仍受固有局限性的制约。可再生能源融资风险高，这是替代能源技术离不开国家研发预算（尤其是国防研发预算）支持的原因之一。出于增强地方经济、提升企业全球竞争力等考虑，各国政府都支持可再生能源技术及相关领域的创新工作。"清洁能源倡议"旨在推动"美国清洁能源制造业的创新、增长与竞争力提升"，是一种多方向计划。[339] 技术先进国将得益于替代能源企业为国家运营带来的可持续性。[340]

然而，政府的研发资金往往会限制私营部门的能动性。若接受政府提供的资金，则股东和市场就更难获得大量研发投资。为了明晰替代能源部门的成本与回报，各国已着手评估化石燃料价格波动及不确定性造成的风险。只有当替代能源技术进一步发展，使得替代能源能够替代传统燃料，从而降低化石燃料价格波动带来的能源安全风险时，国家向替代能源研发投入更多资金才能算是明智之举。[341]

受技术进步速度、能源市场压力、政策变化等一系列因素的影响，可再生能源市场呈现出较大的波动性。德国的太阳能行业就是一个典型例子。该行业营业额从 2007 年（44 亿欧元）到 2011 年（133 亿欧元）增长了两倍，然后急剧下降。随着市场竞争加大，德国太阳能行业就业岗位几乎减少了一半。另外，近期德国的海上风电似乎方兴未艾。2014 年德国修订的《可再生能源法》大力倡导可再生能源的生产，海上风电顺势而起。[342] 提高可再生能源市场的稳定性与可预测性能够极大地帮助其吸引投资，并实现既定目标。因此，未来几十年中，国家将在能源部门转型过程中起到激励、协调公共利益伙伴关系的作用。

虽然国家推动了替代能源市场的发展，但国家的支持与干预也会对替代能源市场产生一定负面影响。从广义上讲，国家可以贯彻"有益于公民"的规则与实践（如对乱扔垃圾的人施加惩罚或限制使用烟花爆竹等），从而应对公民的非理性决策对社会福祉产生的负面影响。然而，依赖政府评判行为是否理性这一举动存在内生性风险。若将社会福祉置于首要位置，那么公民权利就将受到压制，公民犯错的权利也会被约束。此外，政府官员也是公民，他们的行为也可能不够理性。在这种情况下，国家即便是出于好意，也可能对社会产生负面影响。20 世纪初的美国禁令就是一个典型例子。

国家需要一定时间才能适应经济与技术的进步。这种时间上的滞后性是影响企业寿命的重要因素，国有部门、私营部门企业都受制于滞后性的影响。一批西方国家乘上了技术转型的风口，抓住了技术趋势带来的新市场利基，进而跻身精英国家之列。这一现象加剧了不平等现象，促使各国利用税收政策与贸易法规来管理技术对劳动力市场产生的负面影响，但这些措施也只是杯水车薪。在后经济危机时代的全球政治经济中，技术进步导致的不平等现象加剧以及工作岗位流失得到了更多关注。政府需要对抗这些负面影响，但市场仍被视为独立个体，不易受政治与意识形态的影响。能源市场规模巨大，经济效益极高，因此人们认为能源市场更易与政治影响分离。

实际上，市场从来都不是完美无缺的，因为市场不能完全隔绝外界的干扰，也不能提供完美信息。市场是交换商品、服务和思想的场所。一些法律法规约束着某些市场活动，也对选择自由加以限制，从而起到保护市场的作用。例如，在未受到威胁时，禁止随意欺骗他人。在这种情况下，特定市场的自由是社会与国家就可接受的监管约束水平达成共识而形成的建构。这种共识既可以是强制达成的，也可以是自愿达成的。因此，市场监管和市场运作机制取决于政策决策，而并非出于效率与成果的理性计算。

市场监管的变化不会完全脱离主观因素的影响。其中涉及某种市场环境下的活动范围，这取决于社会、政府组织和政策制定者的观点和态度。因此，市场需要一种平衡，允许政府参与到特定市场之中，并提升私营部门的参与度，[343] 以减轻国家在推动替代能源市场发展方面的负担。

（3）经济可行性：市场是否会因放大替代能源大趋势对未来经济安全的贡献而蒙受损失

可再生能源市场的增长及私营部门参与度的提升将放大替

代能源大趋势对经济安全的贡献。这取决于私营部门暂且不愿意独立解决或无法独立解决的若干问题能否得到解决。这些问题包括：考虑到投资回报率较低，国家未必会持续向可再生能源投入大量财政资金；投入资金不足，投资回收期过长；经济、监管、公共产品产生的负外部性；因既得利益至上而导致的扭曲；客户基础不稳定；公私伙伴关系有限；替代能源技术具有内生的脆弱性；替代能源开发和部署的基础设施不足等。

可再生能源的开发成本居高不下，因此需要政府的持续支持。然而，由于政府的预算紧缺，对风险投资的兴趣减弱，政府投资于可再生能源的资金相应减少，这是制约替代能源技术开发与部署的主要原因。可再生能源对研发、资本投资、基础设施的需求相当广泛，加上开采可再生能源的成本高于化石燃料，因此为保证替代能源技术的发展，政府的支持不可或缺。然而，当前处于紧缩时期，政府能为替代能源提供的资源相当有限。私人投资、新型融资渠道（如养老基金、保险基金、主权财富基金等）以及缓解金融风险的新机制对于减轻国家融资压力的作用越来越重要。

政府对新产业的支持力度通常取决于新技术与资源带来的预期收入。政府可能以税收优惠、营业收入（针对国有企业）等形式为其提供支持。19 世纪物理学家法拉第向英国财政大臣威廉·格拉德斯通（William Gladstone）解释电力的优势时曾指出："我不知道电力的发展前景如何，但未来的某一天，你可能得为电力缴税。"[344] 可再生能源为国家提供的财政收入远不及国家对可再生能源的财政支出。为可再生能源开发及其基础设施提供财政支持是一个严峻的中长期问题，需要国家在部署替代能源的短期支出与长期经济效益之间找到平衡。各国政府的财政决策与权衡都需要有充足的依据，因此，国家的触手可能会伸得过长，甚至试图对替代能源进行微观管理。

今后，可再生能源的生产成本将逐步下降，其经济可行性也会相应提高。但由于研发成本与输电费用居高不下，可再生能源开发仍面临着较大的成本障碍。前期投资高、投资回收期长是市场驱动可再生能源开发的阻碍。某些国家会针对可再生能源收取过境费，从这个角度来讲，可再生能源会产生跨境成本。由于替代能源的部署有时不仅局限于单个国家，人们也担忧替代能源开发将造成边境渗透问题，产生额外成本，因为"复杂的边境问题会产生跨境外部性、溢出效应与搭便车问题"。[345]

国家支持政策的实际有效性仍颇具争议。目前，可再生能源的支持政策更多出于政治考量，而非经济考量，并且替代能源对整体能源平衡所起的作用相对较小，因此很难从经济角度论证政府支持的作用。此外，替代能源的支持政策往往会反映出经济安全与环境安全的内在矛盾，因为以能源独立为目标的经济政策未必与以减少温室气体排放为目标的环境政策殊途同归。一些分析人士指出，美国、欧洲各国和中国的煤炭储量巨大，因此这些国家和地区对于那些致力于经济增长、寻求廉价能源的国家而言颇具吸引力。能源与环境安全之间的矛盾关系可能会削弱经济活力。正如杰弗里·萨克斯（Jeffrey Sachs）所说，"如果没有新技术的加持，仅在现有技术的基础上限制温室气体的排放，最终将遏制经济增长，葬送数十亿人的发展前景"。[346] 从政治经济学的角度来看，在未来的某一天，碳捕获与碳封存技术可能与替代能源技术同样重要。

由于无法获得可靠数据，替代能源政策制定情况尚未明确。统计数据会被人为操纵，许多基于统计数据的政策考量都持支持立场，而并未指明具体目标。可再生能源技术的起点较低，基础设施欠缺，导致开发成本高昂，因此机会成本的问题十分棘手。英国首相撒切尔认为，机会成本考量应"从公共支出及经济增长的角度入手，对成本进行明确估计"。[347] 事实上，评估可再生能源开发对经济增长的推动作用并非易事，因为其中的不确定性太多。替代能源大趋势还可能催生新产业，进而刺激经济增长，在这种情况下，准确评估可再生能源的作用就难上加难了。人们可能会好奇，同等的资源，既可以为更有益于经济增长与稳定的项目所用，也可以为收益较少的可再生能源项目所用，那么将其投入后者是否合情合理？鉴于财政资源有限，政府是否不够重视其他发展优先事项，是否未向这些项目提供足够资金支持？支持替代能源开发的资金应该由谁支付，谁有能力支付，又有谁应该获得资金支持？考虑到不同地区对可再生能源的支持力度各异，这些问题可能会对全球产生长期影响。在这方面，历史并没有给我们指出一条明路，因为历史中满是或明智或愚蠢的决定。

国家长期主导着替代能源的发展，这可能会导致与亚里士多德假定的背离，即"优秀的政府会充分考虑政治层面的优缺点"。[348] 国家所做的大量承诺可能会导致负外部性以及高昂的机会成本，而这些问题反过来可能决定生物燃料等行业的成功与否。人们原本以为生物燃料是清洁廉价的，但事实却并非如此。[349] 尽管可再生能源市场不能脱离国家而发展，但行为主体应该认真考虑国家机构对替代能源大趋势提供支持的可持续性及有效性。这样做并不是要妨碍替代能源大趋势的发展，而是要通过建立起一个框架，提升国家参与的效率，吸引更多私营部门参与，从而加速替代能源大趋势的发展。

然而，政府对私营部门的激励不够恰如其分，力度仍显不足。私营部门投资可再生能源等风险行业的必要性及动机与国家战略利益不同，并且从表面上看，这也是私营部门未广泛参与该行业的原因所在。如果技术的发展契合私营部门的经济利益或竞争利益，那么私营部门企业就会投资于技术。事实上，私营部门已经这么做了，例如缩小钢铁生产规模，生产更节能的消费品，利用废热发电等。由于可再生能源为私营部门带来的经济优势尚不明晰，因此，考虑到私营部门的参与度，私营部门未能提供足够的市场流动性、影响力及效率，因此远不足以引领可再生能源行业取得突破。替代能源是由国家主导驱动的，其现有框架与实践取代了市场的激励作用。

若要鼓励私营部门对可再生能源进行更广泛的投资，就需要建立更强有力的机制，推动市场准入放宽，确保合理的投资回报率，实现供应质量的标准化，建立特许权和补贴机制，设立技术标准及客户标准，规范监测和评估流程。

当下的替代能源行业结构可能会导致市场扭曲，对其他部门与自然资源造成负面影响等经济负外部性。负外部性往往源于政治考量与经济考量之间的分歧。未来，国家仍可能是支持替代能源大趋势的主导者，而政府将出面解决现有及将有的外部性。

在美国，国家主导着可再生能源技术的发展，这可能会扭曲市场运作，导致资源分配不当，对消费者产生负面影响。这里举一个典型例子：美国加利福尼亚州率先引入了可再生能源，但相关机构的管理似乎未能有效实现从化石燃料发电向可再生能源发电的过渡。根据加利福尼亚州政府制定的目标，到 2030 年，加利福尼亚州电力将有半数来自可再生能源。2017 年，加利福尼亚州约 1/4 的电力来自可再生能源。然而，加利福尼亚州取得的成果并未得到民众的交口称赞，因为加利福尼亚州因大力支持天然气发电而面临电力生产过剩的问题，并为此向邻州支付了额外费用，借助邻州的帮助消化多余电力，以避免电网过载。同时，鉴于加利福尼亚州需要支持新电厂的发展，加利福尼亚州的电费比其他州高出 50%。[350]

替代能源市场可能会因监管外部性而受阻，包括"绿丝带"[351]、监管俘获、进入壁垒、保护主义、行政套利等。有时，政府、企业、投资公司、私人股权和风险投资基金的目标相互矛盾，加上气候变化及环境条约的制约，形成了繁复的监管基础设施。它能够促进可再生能源的发展，但是如果管理不善，就很容易起到反作用。僵化的政府框架可能会产生监管外部性，为行为主体利用监管漏洞提供可乘之机，最终导致"绿丝带"、保护主义和行政套利等问题。这些外部性通常源于政府缺乏对新产业的了解，"毕竟想要厘清监管新产业的方式，就必定需要时间的积累"。[352]

国内及国际监管如果未能完全适应替代能源的具体情况，就可能导致"绿丝带"问题，阻碍市场参与。正如弗里德里希·哈耶克（Friedrich Hayek）所说："为大张旗鼓地建设替代能源而出台相关政策，可能会产生不良后果。比起伪造消息欲盖弥彰，我更喜欢不完美但真实的信息。"[353] 例如，大型能源项目的选址、许可及输电系统接入都会遇到不少阻碍，因此人们开始将注意力转向小型分布式能源系统。但是，小型替代能源开发不易吸引融资，也更难扩大规模。

欧盟委员会认为，可再生能源取得的有限进展及针对可再生能源的有限行政程序与向其投入的成本并不匹配。欧盟《可再生能源进展报告》指出，尽管在线申请程序便捷了些许，最长行政时限也稍有延长，但申请使用简易程序执行小型项目的成员国数量却有所减少。[354] 尽量降低甚至消除行政壁垒可以降低不确定性及监管风险，进而降低投资者的成本。

新的替代能源监管框架可能导致保护主义政策的出现。保护主义措施通常被冠以"安全"之名，食品安全、能源安全、工作安全都是保护主义措施的具体形态。事实上，保护主义经常隐藏在健康、安全甚至环境法规的背后。欧盟打着食品安全的旗号，禁止从美国进口激素牛肉与转基因作物，就是一个典型例子。保护主义认为冲突是解决国际贸易争端的手段之一，因此保护主义将引发对抗性行为。自由贸易的反对者认为，国际贸易可能会诱使欠发达国家使用暴力，因为这些国家自认经济处于劣势，于是可能诉诸武力，以求纠正经济发展的不平衡。随着替代能源大趋势的到来，一些最不发达国家甚至可能对其他发展中国家采取激进的保护主义策略。

替代能源大趋势可能导致制度套利的问题，即制造商会利用不同国家之间环境标准严格程度的不同，制造市场价格差异。监管部门尚未解决能源强度与监管要求不同的地区之间的差异以及"影响外溢"的问题。[355] 法规能够对更广泛的经济政策产生影响，导致替代能源生产从监管框架更严格的国家或地区转移到环境标准较宽松的国家或地区。制度套利还可能影响替代能源行业，导致产业的转移。如果可再生能源开发必须依赖外国政府以购买该国发电设备为前提提供的拨款及贷款，那么就可能造成其他形式的制度套利问题。对国外资金的依赖会增加成本，抑制国内制造业的发展。同时，制造商也能从中获得人为补贴，使特定技术生产所产生的真实收入水平被扭曲。

碳排放交易是另一种几乎完全依赖套利的经济实践。虽然碳交易能够促进可再生能源的发展，但碳交易市场与实际的替代能源生产几乎没有关系，只是提供了基于环境监管的商业机会。套利者能从中获得好处，这可能会阻碍市场实现终极发展目标。事实上，人们认为现有的碳排放总量管制及碳抵消机制不足以促进可再生能源技术的发展，也不足以支撑其长期可行性。此外，针对能源问题的传统规制框架一直着眼于化石燃料的管理，旨在应对国家与超国家组织之间的利益冲突。因此，这种基于市场的机制可能阻碍替代能源的发展。

知识产权法可以在一定程度上保护替代能源技术的应用，但也带来了一个问题。可再生能源的总成本问题与效率低下问题尚未解决，而与这些问题相比，知识产权问题似乎无足轻重。然而，知识产权的保护能力与经济效益息息相关。对公司而言，知识产权意味着未来的收入来源，因此对技术研发的投资是理所应当的。

替代能源大趋势涉及诸多利益，因此监管与政策之间的平衡往往难以调整。可再生能源政策还不能实现自由市场活动与国家支持之间的长期平衡。这种不平衡反映在影响全球政治决策和经济活动的既得利益网络中。国家在可再生能源开发领域发挥的作用创造了一个由准私营部门行为主体构成的团体，它们对替代能源行业的兴趣颇丰，并且能够依靠国家提供的资金进行可再生能源开发。然而，这可能限制技术经济的进步，因为在争夺国家资金的过程中，扭曲终将发生，并且将进一步制度化。米尔顿·弗里德曼（Milton Friedman）在一篇著名评论中指出，"政治中看不见的手与市场中看不见的手相互角力"，政治中看不见的手似乎"只服务于公共产品"，但事实上却也"服务于计划之外的特殊利益"。[356]

此外，赢家与输家的角逐、市场信息的扭曲以及市场失灵都将产生重大的经济安全威胁。国家和既得利益者之间的关系可能引发寻租行为，放弃对成本高昂但最终能够提升可再生能源效率、降低可再生能源总成本的探索。这种扼杀可再生能源开发的行为可能导致任人唯亲甚至腐败现象，也构成了经济安全威胁。

政府的干预与支持以及政府提供的优惠条件决定了企业行为与企业目标的方向。以史为鉴，某个行业的地位越稳固、政治力量越强大，对这一行业的补贴就越有可能持续下去。受补贴的行业通常以一条清晰的时间线，即收到补贴，实现经济增长，促进就业，提供税收，这使得他们更容易向从政者索取持续的支持。大多数发达经济体的能源及商品相关行业都已受益于政府提供的大量补贴。尽管全球对化石燃料消费的补贴额在过去十年中稳步下降，但可再生能源补贴额仅为化石燃料补贴额的半数左右。[357]然而，若按单位发电量承载的能源补贴计算，太阳能和风能的单位补贴额并没有多大区别。[358]将不同技术的能源产出与价格和总量相比，就能知道为什么政府更愿意支持化石燃料、核能等非可再生能源。[359]尽管数字本身无法给出明确答案，但数字能够证明，政府更愿意为效益明显、容易扩展的行业提供财政支持。

实际上，政府的资金支持与援助力度决定了市场的成败。替代能源行业融合了官僚利益与政治需求，商业团体与政治团体在其中迅速结合。这些团体正在利用替代能源大趋势来推进狭隘的议程，并将支持可再生能源发展的社会政治框架引入经济及技术领域。

真正的问题并不在于选错赛道，因为技术开发企业与高科技企业通常都会面临这种风险。重要的是既得利益者在替代能源大趋势技术赛道上的前进速度。国家对可再生能源作出的许诺越来越多，因此争夺国家财政支持的利益集团与官僚阶层也逐渐增加。如今，政府补贴预计将呈增长趋势，但这并非出于普遍的政治考量，而是因为替代能源能够创造就业机会、增加税收。一些行业参与者的目标已不是追求替代能源的发展，而是争取国家的财政支持。

在某些国家，一些公司及官僚团体对可再生能源的兴趣日益高涨，政府也需要支持可再生能源的发展，因此绿色能源游说团体这一利益集团应时而生。既得利益对经济的影响不能通过道德判断来评估，而要结合资源的最有效配置来考虑。即便是最善良的意图也应被视为既得利益。致力于特定动植物物种保护的非政府间国际组织以及希望新管制措施被采纳的活跃分子都是既得利益者的代表。在这方面，他们的行为方式与游说政府的石油公司如出一辙。向政府施压的对错与否并不重要，重要的是向政府施压对其他部门产生的长期影响。工业与政治的结合创造了既得利益的良性（或恶性）循环，这种循环支撑着替代能源大趋势的发展，引导着替代能源大趋势的前进方向。

既得利益的持续影响以及由此产生的经济脆弱性与外部性可能会削弱未来替代能源大趋势对可再生能源市场发展及全球安全作出的贡献。替代能源开发造成的经济不平衡可能会使企业在发展过程中对政府融资更加亦步亦趋。基础设施发展不平衡及其他商品的价格波动也可能造成经济安全风险。这些问题可能会造成市场扭曲，让人们愈发感觉不平等，资源分配不公平，甚至导致既有能源大国之间展开激烈的新能源竞赛。

4. 普遍安全化世界的地缘经济：替代能源大趋势的前景与其发出的警告

替代能源大趋势凸显了经济安全复杂性的变化，尤其是行为主体面临的不断变化的威胁以及做出的不断变化的安全化行动。为了实现国家、地区或世界经济的安全化，首先需要确定要保护的对象与要缓解的威胁。国家将经济安全视为国家力量的固有组成部分。为了确保经济安全，国家需要维护自己的领土与主权。在经济安全化的大背景下，"经济政策（通常被）以不同于经济政策制定与实施的正常规则及实践的方式执行"。[360] 政府将经济安全视为一种能够维持国家生存、统治与合法地位的安全实践。[361] 经济安全是国家与公民订立的社会契约的一部分，决定了国家管理经济活动、实现经济安全化的方式。

（1）从地缘政治到地缘经济，再回到地缘政治：替代能源大趋势改变了力量投射的来源

经济安全在国际关系中的重要性越来越突出。行为主体会通过经济力量投射来应对威胁其经济稳定与增长的因素。地缘经济在某种程度上正在逐渐取代军事力量在国际关系中造成的"赤裸裸"的威胁。地缘经济逻辑经常包含在地缘政治逻辑之中，即地缘经济是一种零和博弈，一个行为主体的收益意味着另一个行为主体的损失。换句话说，在国际背景下，国家经济政策法规的逻辑就是冲突逻辑。

虽然地缘政治仍能定义国家行为主体在国际体系中的互动，

但地缘经济已成为重要的外交政策工具，也是国际关系中的重要因素。经济力量是地缘政治力量的决定性因素，行为主体可以利用经济力量来抵御经济冲击，避免其他行为主体实施经济操纵或金融操纵。从本质上讲，地缘经济创造了一种自治且相互依存的范式，竞争在这一范式的框架内展开。地缘经济力量的投射既可能具有建设性，也可能具有破坏性，这是因为地缘经济力量投射有时会影响行为主体参与全球化交流的立场，在某些情况下也会削弱行为主体参与全球化交流的能力。

地缘经济的目标是在地缘政治主体互动中使用经济政策。地缘经济涵盖的范围正不断扩大，生产力、技术进步、军事融资、社会不平等的压力、生活水平下降、个人及社会团体的发展前景都被囊括在内。在行为主体面对新形式的经济竞争时，地缘经济因素必将导致行为主体之间的相互对立，或是让之前立场对立的行为主体如今携手并行。

作为一种地缘经济工具，经济治国之策意味着国家增强经济力量的方式，包括全面影响其他国家经济安全的策略。[362] 经济治国之策包含贸易保护政策、控制基本商品等一系列经济手段，这些手段在很大程度上影响着政策制定，并可能挑起经济安全争端。使用暴力手段通常会造成无法挽回的结果，相比之下，经济手段往往更灵活，这也是经济手段的优势所在。对于主动出击的行为主体而言，使用制裁[363]与贸易战等经济工具的代价要小得多。然而，使用这套工具却极富挑战性。经济制裁会向受制裁国家的民众施压，然而可能无法改变政策决策者的行为。为达到预期效果，制裁应是"聪明的"，应该针对特定的个人与群体，而不是某个国家，从而提升有效性与准确性。[364] 制裁等经济手段虽然并不总是有效的，但在某些国家看来，不失为一种可行的选择，有时也是除军事以外唯一可行的施压方式。随着安全考量范围的扩大，不难想象经济手段的应用将对环境、安全等问题起到特定作用。

替代能源大趋势的演变为日益复杂的经济关系提供了新的视角。在世界多极化格局中，越来越多的力量中心逐渐崛起。在这种大背景下，经济的复杂性与当前的地缘政治不平衡并行而至。替代能源可以是一种变革性因素，可以彻底扭转现有的世界经济格局。在当下及未来，发展能源都是形成以国家为中心的地缘经济操纵战略的关键因素。资源（特别是能源）是加剧地缘政治竞争与紧张局势的核心因素，因此围绕资源展开的经济考量正在逐渐走向政治化。

不同国家的政治体系与主要社会文化秩序不同，因此地缘经济目标也并不一致，但各国的经济安全政策路径具有共性，因此以国家为中心的方式逐渐退出了世界舞台。然而，经济安全战略的趋同本身会受到影响特定行为主体政策的政治需要的影响，这可能会导致新的安全风险。此外，21 世纪的全球政治经济以特定方式约束着各国的国家政策，政策对国际形势的依赖程度越来越高，这导致了国家内部矛盾以及社会生产关系的冲突。

由于世界发生了力量转移，国家间经济秩序重组存在不稳定性。非国家行为主体的数量日益增加，进一步加剧了经济不稳定带来的风险。[365] 国际组织、社会运动、经济利益集团等跨国集团能够影响国家行为主体的政策制定，且往往会通过操纵国际经济活动来获得特定利益。事实上，私营企业往往依赖国家对经济活动与经济战略的支持，国家也会借助非国家行为主体的帮助实施具体的外交政策战略。有些国家的地位可能平行于或从属于私营经济利益及跨国公司。这样的例子数不胜数，从东印度公司到如今的主权财富基金皆为如此。在全球经济空间中，国家行为主体与非国家行为主体的共存呈现多种形态，每种形态的互动程度不一，国家有时处于被动地位，有时则是主导者。

非国家行为主体日益去属地化。换句话说，行为主体行使政治权力不以得到某一国家的明确支持或服务于某一国家的特定利益为前提。从中可以看出，经济安全对地缘政治的影响在不断变化。[366] 对于曾与特定民族国家有关联且利益与其所在国利益一致的跨国公司而言，这一点尤其适用。21世纪，能源行业具有代表性的非国家行为主体包括荷兰皇家壳牌集团、埃克森美孚公司、力拓集团等。这些公司的冶炼业务遍及非洲、亚洲等非本地市场。在日益全球化的世界经济中，很多公司尽管名义上归属于某个国家，但实质上在进行跨国经营，因此，"我们是谁？"这个问题对这些公司而言极其重要。[367]

复杂的地缘经济格局正在搭建一个框架。经济问题引发的冲突会在这个框架内传播，并逐渐升级。通常，国家都希望成为具有地缘经济影响力的大国，因此行为主体一般都会利用自身的经济影响力来实现未来的政治目标。运用经济治国工具将引发其他国家的反应，它们或是想要维持现有平衡，或是步成功战略之后尘。[368] 尽管在全球体系中实现集体成果最大化是可行的，但独立行为主体仍可能以提升自身能力与扩大相对竞争优势为主要目标。可以应用地缘经济力量的地区数量不断增加，相应地，竞争的范围将进一步扩大，引发冲突的地缘经济因素也将进一步增加。

替代能源大趋势的演变表明，行为主体都想先发制人，为未来的全球经济体系制定规则，因此竞争一触即发。现代世界经济主导权是物质与意识形态驱动因素的统一，特定社会将就这种统一达成共识。要达成这种必要共识，国家就要从统治阶级或精英阶层统治转变为社会的组成部分，扎根于不同社会阶层并得到各阶层的支持，并且为各阶层提供道德、文化层面的引导及领导。

要完成向新领导框架的过渡，就需要评估并选择全球社会的新发展模式。经济关系日益国际化，向新全球主导权的争夺中加入了不同的空间位置、资源、资产因素。然而，向一种新的、普遍接受的全球经济发展模式的过渡可能会造成极大破坏，带来深远的社会政治与地缘政治影响。一些行为主体可能将这种破坏视为一种安全威胁。

（2）地缘经济的重要性日益提升：关于未来的经济安全考量，替代能源大趋势的演变揭示了什么

经济安全的概念与实践不断扩充，导致大国单独采取跨越边界的、长期持续的安全化行动。[369] 经济安全化能够影响的经济行为主体与经济关系越来越多，从公司个体到整个行业，从贸易关

系到资本和劳动力的流动，无一不受经济安全化的影响。这样一来，个人、企业的经济活动与国家的战略利益便更加难舍难分。实际上，行为主体在经济安全化方面能够使用的资源越来越少。另外，为服务于特定的政治目的，实现安全化的行业数量增加也可能导致企业被置于不正常的市场环境之中。

国家仍是国际体系中的主要施动者。未来的经济安全挑战不但关乎国家，还将涵盖越来越多非国家行为主体，其中既包括能够影响财政收入及基础设施的行业主体，也包括监管机构、贸易争端解决组织和多边金融机构等。受其影响，具体的安全化要求被纳入了经济活动规则之中。[370] 荫蔽在安全化下的经济部门数量将逐渐增加，类目也将越来越丰富，犯罪与恐怖主义，货物、资金和劳动力的流动，信息和通信技术，经济机构与流程对经济活动与基础设施的影响都将涵盖其中。[371]

经济安全化范围的扩大模糊了以法律认可（至少是比较容易接受）的形式保护国家或全球经济安全与保护主义措施和行政壁垒之间的区别。政策措施小到拉开捕鱼船队与环境抗议者的距离，大到国家为应对日益严峻的工业间谍威胁而提供援助。安全化的范围将日益扩大，以保护国家及非国家行为主体的知识产权、技术、管理和工业流程免遭窃取，让行为主体不必陷于一般竞争之中。

替代能源大趋势表明，地缘经济正在成为行为主体获取经济、政治及军事优势的主要力量投射工具。国家行为主体已经意识到，技术经济进步带来的机遇是转瞬即逝的，稍不注意就会被他方捷足先登。例如，美国在"互联网繁荣"时期充分利用了互联网带来的优势，并借此于 20 世纪 90 年代和 21 世纪初实现了经济的大规模增长。同样，替代能源制度化竞赛的赢家也可能得到类似的收获，实现经济创新与经济增长。

国家与国际社会越来越多地要求国家经济服务于全球政治经济稳定，因此行为主体当前的国际经济与贸易角色将发生转变。具体来说，贸易胁迫和经济胁迫无异于使用武力改变行为主体的行为。此外，为了提高经济治国工具的可靠性并突出其意图的严肃性，行为主体愿意投入更多资金来贯彻落实经济政策。若行为主体继续以这种方式追求国家经济安全，就可能会以真实或让人觉得真实的武力威胁或胁迫外交来支持其经济政策。这样一来，经济冲突就更可能以军事冲突的形式收场。

替代能源大趋势的预期经济安全内涵突显了经济不平衡的现状。世界多极化格局向现有的战略联盟中引入了新的不平衡因素，因此，为应对可能已不复存在的共同敌人而继续维持统一战线这一举动似乎不大容易站得住脚，在持续且统一的经济不安全的威胁下更是如此。在这种不平衡中，技术经济现象和能源等资源因素都是行为主体的优势所在。行为主体能够利用这些优势，在全球经济、地缘政治与军事平衡中取得新的进展。"其结果是不平衡现象加剧，若想重回稳定状态，就需要进行大刀阔斧的修正，而暴力是唯一的解决方式"。[372]

过去，社会变革往往会排斥主观立场，遵循理性共识与客观判断，这也是"传统"社会与"现代"社会的区别。"传统"社会中，集体利益高于个人利益，特定的社会价值观决定着人际关系。"现代"社会中，价值观是普世的，人际关系是分散的，并非建立在由义务与明确规则构成的特定框架之中。因此，横向比较的国家国内生产总值增长情况不再决定国家的发展路径。21世纪，规模不再是决定行为主体在全球经济体系中地位的主要因素。

替代能源既能赋予行为主体新的经济和军事力量投射能力，或能加强其现有的力量投射能力，还将推动制度和社会秩序范式的转变。替代能源可能成为大国施加影响力的现代化新进程的一个特征。在当前的现代化范式中，欠发达的传统社会受其规则与义务体系的影响，增长潜力较小，其科学、技术与创业的扩张一直受阻，承担风险的能力也始终得不到提升。另外，现代社会可以利用个人判断造福整个社会，因此发展势头更强。为了实现"现代化"，传统社会或欠发达社会需要建造大量工业基础设施及金融基础设施，拥有强大且独立的机构，建立一定的知识基础，促进基本商品等领域的消费，并建立利用剩余财富投资以刺激经济增长的经济模式。综上所述，这种现代化进程涉及一系列结构与行为的转变，这种转变必须遵循特定顺序，为进一步发展奠定基础。[373]

替代能源大趋势的发展表明，经济治国之策与安全化方法将对国防、能源和环境等国家安全考量产生影响。在全球化经济中，各种事件与趋势盘根错节、相互关联，这不仅意味着负面影响会产生出人意料的后果，也意味着出人意料的后果可能产生正面影响。在适应普遍安全化世界的过程中，各国要优先考虑并应对特定的经济威胁，而不是试图同时应对所有威胁。[374]

替代能源大趋势带来的技术进步与生产要素是实现地缘政治目标的新经济手段。经济关系日益融入国际关系的零和逻辑，新力量来源的出现注定会对经济产生一定影响。区域经济安全综合体可能成为全新的经济合作形式。[375]与用作军事力量相比，替代能源被用作经济治国工具时会更加灵活，影响力也更大。事实上，可再生能源是巩固某国在国际政治与经济关系中的重要地位的新渠道之一。

作为一种有利于行使力量的框架，区域经济安全综合体统一了贯彻落实安全化机制的方法，以保护被某一区域内多数行为主体认定受到威胁的对象。在这里，区域主义与安全化融为一体，为国际经济合作指出了可能的方向，并形成了未来经济冲突的解决机制。

新经济考量可能会将替代能源大趋势置于地缘政治竞争与紧张局势的核心。从地缘经济竞争的角度来看，尽管到目前为止，经济冲突的不连贯性与混乱性远甚于军事冲突，但对资源获取与利用的管理仍旧加剧了资源竞争。地缘经济冲突不一定导致国家行为主体的对立，从这一点来看，它与传统的地缘政治竞争有所不同。然而，行为主体能够利用地缘经济冲突，将其经济流动愿景强加给各个区域甚至整个世界。各国制定经济愿景的逻辑不同，这会影响相关地区的经济活动安全性，还可能影响全球贸易与经济流动。承担经济安全化责任的非国家行为主体享有重要地位，经济安全化力量从国家转移到超国家组织与市场，这些都挑战着地缘经济关系中以国家为中心的一贯逻辑。

当前的经济秩序仍旧面临着持续挑战，部分国家可能摒弃更开放的经济政策，保护主义的死灰复燃也不是无稽之谈。这些挑战还可能促使行为主体挖掘新资源，并借此寻找发展产业、推动全球经济增长的新契机。

总结：替代能源大趋势如何影响能源、国防、环境和经济安全领域的未来发展？

替代能源大趋势的安全轨迹揭示了未来的发展方向。

能源安全：

- 替代能源大趋势反映了未来能源转型的必要性与阻碍因素。替代能源大趋势的走向已经改变了实现能源安全的社会方法，且替代能源大趋势有利于国际能源体系的稳定与安全，能够增强能源韧性，增加能源供应多样性，提高能源独立性。替代能源是解决能源供应操纵、商品价格波动、资源消耗等未来能源安全问题及经济安全问题的方案。

- 替代能源有能力成为化石燃料的补充与替代品，而这种能力的大小将最终决定替代能源大趋势对能源安全的影响。可再生能源的储存、运输、需求侧管理、不稳定性问题能否解决，可再生能源的副作用能否规避，都将决定未来可再生能源的可行性。

- 核能可能会影响替代能源大趋势的进一步发展，因此具有特殊性。核能是一把双刃剑，既可以帮助国家解决能源安全问题，也可能对国家构成安全威胁。此外，核能有其内在的脆弱性问题，如废物处理与储存、基础设施安全、财务与资本成本限制等，因此人们对进一步发展核能摇摆不定。核能也为新兴技术的非理性急速发展敲响了警钟。人们一度认为核能的"成本几乎可以忽略不计"，但如今却发现，相比其他能源形式，核能发电并没有多少价格优势。

- 未来，社会对能源安全的态度将会改变，因此可以合理预计，为实现能源安全而使用政治威慑工具，以及为获取地缘政治影响力而引入新的谈判筹码等现象可能会越来越普遍。

国防：

- 国防政策、军事理论及战略考量将逐步纳入替代能源大趋势的特定内容，这也是当下国防转型的一部分。重要战略地区的范围不断延展，这对军队在行动受阻区域开展有效行动的能力提出了新要求。军事规划者必须要关注冗余度更高、更可靠的分布式系统。替代能源叮以提高军事能力，增强军事力量。替代能源也可以释放国防资源，改善供给渠道，遏制国防能源成本的持续提高，并改变军事姿态。

- 替代能源大趋势的未来迭代与国防部门应对不断增加的能源、环境与经济安全威胁的步调高度一致。替代能源在国防事务中扮演的角色越来越重要，替代能源大趋势也可能引发更广泛的反思，让人们深入思考目前军事理论中通行的有效性与效率之间的权衡，并激励人们进一步探索应用替代能源的可行性。可再生能源领域的预期进展将赋予军队新的作战能力。

- 向新能源资源的转向可能会打破稳定地区的稳定局势，还可能改变西方国家的战略与安全需求。如果以化石燃料为主导的国家仍不重视经济多样化，那么它们的战略很可能因外部与内部风险而瓦解。鉴于此，国家可能会调整其战略重点，一些此前具有突出战略重要性的资源丰富地区将失去其在国防议程上的地位，其他战略领域将取而代之。

- 与石油和天然气一样，替代能源的基础设施也可能是脆弱的、易受攻击的目标，因此需要对基础设施进行物理加固，实行新的监管措施，加强安全防范，抵御不可预见的袭击。总而言之，替代能源融入国防领域的推进进度与能否实现观念的根本转变，以及进一步落实激励措施高度关联。

- 国防机构应用替代能源技术凸显了军方在技术发展中的长期作用。替代能源的国防整合将有力推动技术进步及创新，催生新的产业，带来经济增长。因此，将替代能源整合至国防领域将有力提升社会的技术与工业基础。

环境安全:

- 环境安全风险可能向全球社会秩序中引入不平衡因素。从本质上讲,政策制定并未考虑环境安全考量的重要性,环境安全在现代国际关系中所处的谈判地位更是无关紧要。但是人们越来越清楚,环境问题与文明的衰落息息相关。[376] 未来,环境风险将体现在国家安全议程之中。

- 可再生能源能够变革性地解决当前及未来的环境安全问题,其中包括气候变化问题。正因如此,替代能源大趋势在安全与政策话语中的地位将越来越重要。然而,可再生能源技术必须具有足够的可行性,可再生能源技术对环境可能产生的重大危害,其带来的风险及副作用必须一一得到解决,这就需要引入经过深思熟虑的安全化方法。

- 替代能源大趋势即将产生的迭代可能会引发新的资源冲突。针对水、食品等稀缺要素展开的竞争,监管矛盾以及生产模式与技术转让的改变都是冲突的潜在源头。借助可再生能源开发实现对资源的控制这一举动将是引发资源冲突的新导火索。[377]

- 应对环境威胁的重要性与日俱增。这可能会进一步向各国施压,迫使它们优化支持替代能源大趋势当前进程的规制框架。这一考量也使越来越多与替代能源直接或间接相关的地方、区域和国际政策逐渐趋同。即便可再生能源开发不是非国家行为主体的主要目标，但它们也可以出台相关的指导方针及倡议，引导替代能源大趋势的发展，进而靠替代能源大趋势来实现赋权。在当前的发展道路上，与替代能源相关的更广泛的环境监管可能会继续采用由环境正义运动的公共政策议程驱动的再分配计划。

- 无论替代能源大趋势采用何种形式，其造成的环境安全变化都可能显著提高国际关系的复杂性。搭便车和推卸责任可能会破坏传统联盟，加剧现有的国际紧张局势，导致地缘政治失衡。

- 环境安全的概念不断变化，这仍将对社会态度产生影响，促使人们寻求实现全球化的安全方法。国家及非国家行为主体将继续探索那些高居政治议程榜首的环境问题的解决方案。在寻找解决方案的过程中，我们应该意识到，特定的环境威胁不能被视为地方问题或某一国家独有的问题。在行为主体追求利益最大化的过程中，它们会就环境安全化的方向、速度、程度以及有关的治理框架展开合作与对抗。

经济安全：

- 虽然替代能源大趋势的经济影响尚不能确定，但替代能源大趋势在未来经济安全考量中的地位一定会越来越重要。替代能源开发减轻了国家对能源的依赖，推动了经济增长，助力就业市场重组，促进技术进步，因而重构着全球经济安全话语与推断。替代能源技术能够降低国家对能源供应中断与价格冲击等事件的敏感性，有助于消除贫困，能够帮助国家更好地应对更广泛的经济波动与全球经济的周期性变化。此外，行为主体可以将可再生能源作为应对经济操纵威胁的新工具。替代能源大趋势还可能催生新产业，为经济单维度发展的国家提供实现经济多样化、改变增长途径的新机会。

● 替代能源大趋势对未来经济安全格局的影响将取决于可再生能源的经济可行性以及外部性和扭曲的广泛性。替代能源只有实现与化石燃料的电网平价，才能对经济安全产生切实影响。为满足经济可行性的要求，行为主体需要对可再生能源的边际成本及边际价格进行重新评估。重新评估需要考虑所有积极因素与消极因素，从额外的能源使用到碳排放的附加成本都应被涵盖其中。

● 为放大可再生能源市场发展的积极成果，可再生能源市场需要吸纳更广泛的私营部门参与。为支持替代能源大趋势的发展，政府可能高度干预可再生能源市场，这可能导致市场失衡，也可能对其他行业产生负面影响，削弱市场的反应能力及应对风险的能力。由此产生的"绿丝带"问题可能会导致经人为选择的赢家与输家，压倒性的主导者以及既得利益者也可能出现。因此，必须制定相关政策，尽量减轻甚至消除阻碍创新并造成负外部性的障碍。

● 国家行为主体越来越多地将地缘经济作为投射地缘政治力

量的工具，而替代能源开发是部署地缘政治力量投射工具的新渠道。经济治国之策与强制性经济措施参考了现代化等 20 世纪地缘经济方法，并且挑战着军事手段作为国际关系主流工具的地位。

第四章

大转变：替代能源大趋势的必然消亡与未来安全轨迹

……提迈奥斯……你已为我们演奏了美妙的序曲；

现在继续弹奏你的主旋律吧……

——柏拉图 [1]

从替代能源已经取得的发展来看，"替代能源大剧"的第一幕似乎已经落下。主旋律的基调已定，人物也已悉数登场。即将上演的几幕场景可能会引发人们的误解，引起无法预见的大转变，就像莫扎特的歌剧《魔笛》一样。替代能源大趋势的展开很可能纷繁复杂、出人意料，与过去类似的社会政治和科技经济趋势如出一辙。

替代能源大趋势的未来究竟是什么样子？替代能源大趋势的未来将对全球社会愿景与国际安全考量产生怎样的影响？在21世纪不断变化的安全环境下，怎样从替代能源大趋势的演变中取得有益于安全的正向结果？

接下来我们将以之前的讨论内容为基础，逐一解答上述问题。从国家在全球范围内应用的方法及政策工具中，我们能够看出，当前的发展可能催生了一些因素。这些因素能够帮助人们理解替代能源大趋势的进一步发展，为建立全球框架的指导原则与方法提供了一个新维度。最后，本章讨论了如何利用替代能源大趋势来检验在普遍安全化的世界中出现的安全优先事项的概念。

一、描绘替代能源大趋势的未来走向

田纳西·威廉姆斯（Tennessee Williams）认为，"未来只是一种'可能'，而'可能'是唯一能够代表未来的词语"。[2] 这一论述也适用于替代能源大趋势。替代能源大趋势的未来不会是一成不变的。它既可能走向衰落，也有实现非线性跨越与进步的能力，这种潜在能力让替代能源大趋势能够长久地持续下去。替代能源大趋势将遇到诸多阻碍，也可能因此而减缓甚至终结，但替代能源大趋势的驱动因素及属性能够消除人们对替代能源大趋势的质疑。替代能源大趋势可能会改途易辙，也可能完全消失，这一点与其他趋势并无二致。欲预测替代能源大趋势的未来走向，就需要考虑可能导致其消亡或发展的因素。

替代能源大趋势的存续取决于其解决并克服几个现实挑战的能力：可行性、环境安全风险、与国防行动的融合等。替代能源大趋势的未来取决于可再生能源作为一种资源将如何发展，并且与其安全影响密不可分。

可再生能源不但可以增强现有能力，提供解决能源独立、经济增长、温室气体减排机制等问题的新方案，还可以形成独立的制度框架，继而成为未来社会秩序的一个因素。这一制度框架的传播方式及重要性可能与化石燃料产生的制度框架相似，二者就能源对人类日常生活及经济活动的重要性有着大体一致的认知，也都承认向外交政策中引入能源考量的重要性。

替代能源大趋势的未来最终将取决于社会和政策制定者如

何应对这一替代能源大趋势。替代能源大趋势的基本因素将以何种方式反映到社会观念与理念之中，这些因素将对物质、道德、社会和文化产生怎样的影响，将共同塑造替代能源大趋势的未来发展方向。就替代能源大趋势而言，感知到的很可能就是现实。行为主体将根据对未来的评估来制定政策与安全考量。政策将影响替代能源的发展，替代能源的发展反过来也将为政策的制定提供信息。人们认为替代能源大趋势"能够存续下去"，这种认知将是推动替代能源大趋势发展的主要因素。因此，预测替代能源大趋势的未来是一种自证预言。

1. 消亡？

替代能源大趋势面临着诸多对立观点、怀疑与争论。历史表明，为推动这类趋势所做的努力往往和而不同，而一切努力都旨在产生、采纳、运用特定的社会、政治、经济、科学和技术知识。这些努力极可能失败，也可能成功。那么，导致失败的原因有哪些？

对替代能源开发前景的质疑不止一种。怀疑论者认为，替代能源大趋势发展的动力与替代能源大趋势驱动因素的影响本身就值得怀疑，因此替代能源大趋势的衰落只是时间问题。这种质疑与批评不仅代表着少数人的不满情绪，更代表着与替代能源大趋势的基本要素以及替代能源大趋势发展带来的负面影响相关的问题。这些问题通常合乎理性且站得住脚，也可能会导致替代能源大趋势的消亡。以下对预言替代能源大趋势将走向消亡的论点进行了高度总结：

- 替代能源大趋势对能源安全的积极影响仍存疑。可再生能源的推广，国家补贴与炒作层出不穷、接连不断，但可再生能源对能源结构的贡献微乎其微，并且无法与化石燃料的作用相匹配。化石燃料的勘探开发不断取得新进展，[3]技术也在进步，因此人们可以利用之前未经开发的资源，并从中获利。[4]这否认了"石油峰值论"与化石燃料储量减少等观点，进而否认了替代能源开发的迫切性。

- 可再生能源有利于环境这一概念并非无懈可击，因为我们还未能知晓这些技术造成的所有影响。很多技术都没有经过充分的测试，它们可能造成森林砍伐、土壤侵蚀、水资源稀缺、噪声污染、热污染等环境问题，进而导致环境恶化，对人类健康产生负面影响。某些可再生能源技术的生产与处置需要使用剧毒材料，采用危险工艺，产生有危害性的副产品。可再生能源的能量密度低，通常会占据更大面积的土地，从而加剧了耕地、水等基本经济资源的稀缺性，导致食品价格上涨，铀、镉、锂等稀有金属的需求增加。

- 成本是替代能源遭到反对的另一个主要原因。[5]即便是最精尖的替代能源技术，性价比也不够高，不足以加强经济安全。目前的技术也未能解决可再生能源的不稳定性、多变性以及储存问题。同时，氢能、高空轨道太阳能发电、电动力绳系等技术仍处于理论研究阶段，尚未投入实际应用。可再生能源的部署需要对现有基础设施进行大量调整以满足兼容性要求，还需要建设大量新基础设施，这通常十分昂贵，且往往难以实现。

- 替代能源技术向国防部门的整合也面临诸多问题。替代能源技术仍难以适应大多数国防作战环境。在军事行动中，当前的可再生能源技术所能提供的能量密度仍远远落后于化石燃料。将可再生能源纳入国防实践将是个漫长的过程，且耗资巨大。替代能源生产所需的新资源可能会导致难以预见的脆弱性，使已然负重前行的武装部队的脚步更加沉重。

- 追求替代能源开发被视为可再生能源或环保游说团体发起的一场运动。意识形态运动通常只是阶段性动作，同样，替代能源大趋势背后的绿色理念和方法也可能会消失无踪，正如第一次世界大战后无政府主义理念在欧美逐渐衰落一样。此外，一些社会团体对替代能源的期望可能不会如期实现，进而导致公众支持率下降，阻碍替代能源大趋势的发展。

- 替代能源开发的支持政策可能导致资金及资源的错配，还可能带来扭曲及负外部性。向可再生能源提供补贴不仅会对现有产业产生负面影响，还会侵占宝贵的资源。在可再生能源技术开发的过程中，政府引领了一场政治进程，政府对不同技术的资金援助也可能引发冲突。此外，有关可再生能源的政策法规可能会挑起新的绿色贸易战，导致某些商品销量下滑，使该行业蒙受损失，使企业破产或倒闭。

尽管以上观点的正当性经常受到质疑，但可以说这些观点足以质疑替代能源大趋势的未来。争论的焦点是，可再生能源技术在世界范围内的传播充其量只是镜花水月，也有人认为这纯属骗局。怀疑论者的观点可能略显偏颇，但这些观点集中到一起，凸显出可能阻碍甚至彻底断送替代能源大趋势前程的真正的问题所在。归根结底，替代能源开发的反对言论汇聚到了一个焦点上：无论替代能源大趋势能够提供怎样的解决方案，我们都可以找到比替代能源大趋势更好、更清洁、更廉价的解决方案，而这意味着替代能源大趋势终将走向消亡。

创新页岩油气、沥青砂等非传统或非常规化石能源的开发方法可能对替代能源大趋势的兴衰产生重大影响。[6] 这些能源已经成为能源结构的重要组成部分，且其产能巨大，能让之前的能源进口国摇身一变，成为潜在的能源出口国，从而改变市场前景及政府的能源战略。此外，海底甲烷水合物、偏远区域天然气及深海石油等具有经济性的化石能源也即将登台亮相，其储量巨大，使常规化石燃料相形见绌。从这些化石能源的发展中可以看出，替代能源开发与化石燃料供需波动之间存在必然联系。化石燃料的支持者认为，石油峰值遥不可及。为了应对 20 世纪 70 年代的石油危机，各国积极鼓励寻找和开采未开发的化石能源，之前如火如荼的可再生能源开发进程也一度减缓。同样，当下的非常规石油"革命"可能会再次改变替代能源开发的范式，拖慢替代能源大趋势的进度，甚至令替代能源大趋势止步于此。意大利埃尼集团董事长朱塞佩·瑞奇有言，"如果未来十年内无法实现颠覆性技术突破，那么我们还是会选择天然气"。[7]

事实上，替代能源大趋势的未来是不确定的。然而，历史能够照进未来，正如莎士比亚所说，"凡是过去，皆为序幕"。[8] 替代能源大趋势如今已是文明史中的一个脚注。而问题在于：替代能源大趋势能否自成一章？

2. 繁荣发展？

对替代能源大趋势前景的预测受限于当前的知识水平，也受已有的观念架构驱动。尽管如此，就当下这个时间点而言，替代能源大趋势的未来似乎是可以预见的。在全球化、世界多极化体系以及当前全球技术革命的推动下，替代能源开发已然成为 21 世纪强有力的全球替代能源大趋势。与替代能源有关的现代理念、美学及价值观也为替代能源的确切未来提供了保障。

替代能源大趋势的未来与当下的第四次工业革命密切相关。"一些打破物理、数字、生物领域界限的技术相互融合"，引发了这场变革。[9] 第四次工业革命带来了互联、智能和创新的新高度，利用先进的信息与通信技术（如人工智能、大数据、区块链技术、新一代移动通信技术、3D 打印、物联网等），将人、物体与空间连接在一起。

如上所述，新一轮的技术突破、基础设施及制度创新带来的新能力是替代能源大趋势的驱动力和先决条件。第四次工业革命为替代能源大趋势的演变打下了基础，替代能源也借本次革命的东风，从一个未来主义概念变成了能与传统化石能源相媲美的可行选择。由替代能源提供廉价、清洁、取之不尽的能源似乎还是天方夜谭，不过随着新技术的发展，一旦可再生能源的生产与分配问题得到解决，这个梦想似乎也没有那么遥不可及。

- 数字技术可以解决阻碍可再生能源发展的重大技术问题，包括风能与太阳能等不稳定性可再生能源的输出易变性问题，以及可再生能源分布的分散性问题（核能、煤炭及天然气发电站通常规模较大，而风能与太阳能发电站规模相对较小，分布也相对更分散）。数字化可以解决分散的可再生能源发电系统的复杂性问题。"智能电网"可以提供能可靠地整合风能及太阳能等可再生能源所需的灵活性。[10]

- 对于替代能源至关重要的储能技术正飞速发展。设施的智能监控与智能连接提升了效率，延长了设施寿命，提高了可持续性，减少了停机时间，降低了能源使用成本和总体成本。智能网络技术整合了价值链上下游的诸多利益相关者，也可以提供快速的需求响应以及定制化服务。由数据驱动的智能技术、太阳能屋顶、电池以及电动汽车让能源消费者摇身一变，成为产消者，个人也能参与到可再生能源的生产与销售活动之中，从而极大地改变了可再生能源的商业模式。

- 可再生能源发电组件的设计与制造创新（如附加制造模式）降低了生产成本和运维成本，这些创新极大地提升了替代能源的接受度。例如，未来风力涡轮机叶片模具将利用 3D 打印技术制造。[11]

这些解决方案是替代能源早期开发阶段取得的成果。然而，研发的高速推进也是第四次工业革命的显著特征。当前的可再生能源技术以及核聚变等突破性能源技术很可能是更强有力的解决方案，能够提供无穷尽、零排放的基载电力。

替代能源大趋势的未来轨迹可能会曲折蜿蜒，而其终点则是实现可持续性。第四次工业革命不仅会推动可再生能源的发展，还将提供更优秀的解决方案。从更广阔的视角来看，能源的发展揭示了新技术对可再生能源的应用速度与规模的大致影响。同时，传统电力行业也利用着这些技术带来的优势。定制化制造降低了传统发电厂的成本，而新能源技术降低了运营成本和排放水平。处于偏远地区的自动化油气平台已经在利用 3D 打印技术制作零部件，进而提高维护效率。数据驱动技术还提高了能源的使用效率和灵活性。从目前来看，第四次工业革命为化石燃料提供了良好的发展契机，化石燃料也因此得以保持其在能源博弈中的地位。在不久的将来，全球能源结构可能变得相当复杂。能源结构将不断变化，各种能源将争相抢夺主导地位，直至一种足以满足第四次工业革命能源需求的新型能源出现为止。

替代能源大趋势驱动因素的力度、持久性及方向决定着替代能源大趋势的未来：能源独立与能源再平衡；环境和气候变化考量；经济稳定增长的需求；设想中的技术发展；国防判断；对新赋权的追求；支持替代能源开发的公众态度与意识形态更加明确。地方、国家及国际替代能源政策法规框架的融合将会统一这些驱动因素，使其成为推动替代能源大趋势并确保其持久性的中坚力量。

除了这些存在于"现实世界"的驱动因素，社会价值观和观念也在推动这一替代能源大趋势。替代能源对于社会价值观、社会期望、社会实践及意识形态而言非常重要，这种重要性也支撑着替代能源大趋势的发展。

- 可再生能源与某些人类价值观密切相关，例如人类渴望以非剥削的形式与自然进行互动，打造人类绿色栖息地，追求新形式的赋权等。随着这些价值观越来越多地融入现代社会理念建构，替代能源已经成为人类建造新栖息地、实现与自然和谐共处的实用手段，而替代能源大趋势则代表着新世界的新能源。人们需要独立且不间断地获取廉价的可再生能源，且这种能源应既能实现本地化生产，也能在世界各地进行部署。这种需求推动了替代能源技术的部署，有时人们甚至不惜成本与代价。替代能源技术的扩大部署将面临一定的社会压力，将替代能源大趋势与国家及非国家行为主体的新形式赋权联系在一起。

- 替代能源开发的未来似乎是可以确定的，因为它们成功融入了许多 21 世纪的意识形态框架之中。[12] 替代能源大趋势不断吸收着不同意识形态范式的思想，而随着时间推移，这些思想顺理成章地汇聚到一起，成为得到社会群体承认的不同意识形态的组成部分。确保替代能源大趋势未来发展的必要因素超越了物质层面，也就是说，"技术不但能制造东西，而且代表着我们是什么人，我们想成为什么人，以及我们共同生活的方式"。[13]

● 替代能源大趋势的自身意象逐渐融入现代社会美学之中，汇聚在技术与艺术的交汇处，显示出了替代能源大趋势的确定未来。这种意象表明，替代能源体现了一种内在的善良与自由，而且它结合了一种新力量，这种力量不是剥削与强迫，而是共存与相互支持，代表着进步与现代性的抽象概念。可再生能源技术逐渐融入雕塑、绘画、音乐、故事、电影等多种艺术形式之中。当艺术家利用潮汐能的发电量来制造新的乐曲，或将太阳能光伏的发电量用于艺术创作时，可再生能源就换了一种形态，具有文化意义了。[14]（图4-1）

　　替代能源大趋势几乎像影院放映电影一样，映射到了社会对未来的看法之中，这突显了替代能源大趋势与人类未来的混合美学。二者逐渐达成了一种和谐，引导着人们发掘可再生能源的可用性。可再生能源的实用美学因素可以体现在艺术化的发电设施设备之中，也可以体现在艺术化的发电站，即"绿色建筑"之中。技术进步的认知过程构建了社会意识对替代能源大趋势的认知，反映了法国后现代主义者让·鲍德里亚（Jean Baudrillard）所谓的"基本现实"。[15] 这一过程展示出替代能源大趋势融入城市与自然景观的能力，唤起了人们对美的追求。[16]该过程还融合了正式的、现代的、创新的艺术与美学元素，让人性与自然以勒内·马格里特（René Magritte）的方式融合在一起，形成了前景光明的能源形式。替代能源大趋势的意象已经成为日常生活不可或缺的一部分，"以意象为媒介的人与人之间的社会关系"在此基础上形成。[17]

图 4-1　库珀·休伊特（Cooper Hewitt）为博物馆设计的太阳能喷泉 [18]

与替代能源大趋势相关的预期目标已经催生一系列习俗及实践，而且它们与社会互动的融合愈发紧密。新技术与新形式的通信、基础设施及社会组织推动了替代能源技术的部署。支持进一步发展技术的人越来越多，这体现了人类的理性、好奇心和冒险精神，反映了技术乐观主义、对技术的信心以及技术进步的内在好处。[19]与可再生能源相关的价值观正是以这种方式融入了未来的社会构建之中。替代能源大趋势日益突显的重要性体现了社会愿景和需求对政府治理和决策的影响。[20]

可再生能源能够长期持续下去的社会认知对替代能源大趋势的实际发展至关重要，这是由可再生能源的潜在意义和它与善良、道德正确性的联系决定的。替代能源大趋势对社会潜意识产生了深刻影响，这标志着替代能源大趋势已经发生了变革，更预示着21世纪的发展。作为一种理念建构，替代能源大趋势代表了人类与自然之间的相互作用即将发生的变化。备受关注的环境问题导致了大众运动的兴起，人们的关注点转向了人类福祉、繁荣及人与自然的和谐共处等领域，教育、家庭生活及大众文化也逐渐走进人们的视野。[21]

3. 动态变化

从目前的发展速度和轨迹来看，替代能源大趋势可能会沿着基础研究、应用研发、技术生产和传播的线性路径向前发展。[22]目前的替代能源技术主要属于二次创新，而不是根本性创新。[23]这种线性发展模式以替代能源大趋势的持续存在为基本前提，而这一前提又以政策、产品、服务、流程中发生的微小的、渐进性的变化为基础。这种技术扩散模式的资本成本较低、限制性较小、涉及的既得利益者较少，因此其发展速度通常比广泛的根本性创新更快。[24]技术扩散会将私营部门吸引到新开放的市场空间，进而加剧技术竞争。

或许更重要的是，替代能源大趋势能够促使技术、经济实践和社会结构发生非线性变化，这种能力强化了替代能源大趋势的未来。[25] 与可再生能源相关的知识、实践和方法发生了很多变化，这些改变可能会引起跨越式飞跃，推动行为主体向技术能力、社会政治和技术经济影响的新周期迈进。新经济活动可能从中产生，即能够以同等投入获得更高产出。替代能源大趋势的实际未来迭代与预想未来迭代都在推动人类行为的转变。替代能源大趋势即将取得渐进式的、线性的进步，也将实现变革性的飞跃，这一点与其他技术的发展进程类似。

替代能源大趋势的发展既造成了人们意料之中的后果，也造成了意料之外的后果。未来，突破性解决方案终将出现，而它们大多是替代能源的未来演变带来的意外后果，这些解决方案的结果也是不可知的，因为"顶尖的技术与魔法无异"。[26] 这将导致新的优先事项与意料之外的价值。[27] 然而，我们只能大致推测短期内摩尔定律[28]是否适用于替代能源大趋势，以及可再生能源将产生多少次非线性飞跃。

将替代能源技术归为颠覆性技术可谓恰如其分。颠覆性技术通常会淘汰一批产品与公司，摧毁现有行业，挑战监管，催生新的业务与监管模式，以此影响市场。鉴于此，不仅要从替代能源激发创新的能力中获取最大利益，而且要在意外后果定律的基础上密切跟踪替代能源大趋势的安全影响。同时也要记住，"不应将意外后果与不良后果画等号"，[29]此外还应该认识到，从经济学角度讲，意外结果可能具有正外部性。

归根结底，寻找替代能源的过程可能比结果更重要。真正有价值的可能不是人们特意追求的那个结果，而是过程中的副产品。它们将改变行为主体的行为。正如遍及千家万户的微波炉是受雷达技术的启发研制出来的，欧美安全通信线路是万维网的先驱一样，替代能源大趋势的未来迭代可能带来意想不到的能力与效益。在这一过程中，"初始条件的微小差异将导致最终结果大不相同"。[30] 此外，阿波罗计划的巨额支出遭到了一些人的质疑，但其他人则坚定认为该计划的人力资本投资回报率乐观（科技从业人员更多，技术更先进，系统工程得到改进，这些都创造了收益），即便在今天仍旧如此。[31] 尽管替代能源大趋势的未来仍然不可预测，但替代能源大趋势确实掀起了一场运动，也带动了全球变化。替代能源大趋势改变着周遭事物，也将改变自身，进而对地缘政治、能源、国防、环境和经济安全领域产生一系列安全影响。

二、替代能源大趋势的进展——在大国竞争新时代的世界多极化格局中不断前行

"大国竞争"时代卷土重来，没有大国竞争的世界已是过去式了。

站在历史的角度来看，新兴经济体的崛起是 21 世纪初期力量平衡发生的最重要的变化。世界多极化格局中展开的竞争将与新兴经济体及其战略战术盟国的实力提升与相对权重息息相关。"美国政府需要就中美关系制定持续性战略，建立相关的规范与

规则，这一切还任重道远"。

在世界多极化格局中，大国竞争不仅涉及某一个经济体的崛起。整个亚洲已然成为重要的力量平衡中心。在冷战时期，跻身大国行列的先决条件是在欧洲拥有一定战略地位，而如今则变成了在亚洲拥有一定战略地位。印度、欧盟、巴西等国家和相关机构在新大国竞争中扮演着新角色。

俄罗斯在某些领域的实力与水平足以称得上是大国。俄罗斯幅员辽阔、资源丰富，是核能大国，也是联合国的常任理事国之一。同时，俄罗斯也在积极探索新技术。

当下和未来的竞争未必是冷战时期大国竞争的复刻。

1. 美洲：增加能源安全考量，寻找力量投射新方式

能源安全与实现区域内可再生能源优势的最大化推动着美洲替代能源战略的发展。美国很容易受石油供应中断、区域性反美主义、恐怖主义阴谋等问题的影响。事实上，能源安全问题与公民及环境议程共同推动着美国可再生能源的发展。虽然美国联邦政府未曾对出台综合性可再生能源政策作出公开承诺，但制定可再生能源等长期能源战略方针已牢固嵌入美国能源安全政策的思想中。[32]

加拿大和巴西两国的替代能源在美洲的政策议程中占据重要位置。目前，加拿大是世界领先的可再生能源生产国之一，其中以水力发电为主。巴西也是世界最大的可再生能源市场之一，拥有巨大的水电资源，在生物燃料方面也遥遥领先。

（1）美国：能源安全、环境和经济需求

美国的替代能源开发政策颁布的历史不长。制定这些政策的初衷是迎合能源供应多样化与经济增长的需求，而这两种需求都以环境安全考量为基础。尽管美国正在逐步将替代能源大趋势的潜力纳入其国家战略，但替代能源在美国的实际应用仍旧面临重重阻碍，如缺乏资金、政治意愿、依赖其他国家的化石燃料、页岩油气等新型化石燃料在本国范围内的可利用性等。[33]

尽管面临种种制约，美国仍是高端替代能源技术的发源地，也掀起了诸多世界技术浪潮。[34]然而，在整个可再生能源行业中，美国只有在生物燃料领域才是世界市场的技术领先者。为了扭转这种局面，美国总统奥巴马采取了具体措施，而后上任的特朗普总统却撤销了奥巴马政府的清洁能源计划。美国政府仍不能就气候政策和替代能源政策达成一致意见，因此国家层面尚未出台一贯的能源政策。国家可再生能源开发政策时有波动，因此发电企业面临着不确定性，可再生能源的研究及商业应用也遭到了阻碍，"我们必须要做好准备，自我调整，主动适应气候变化，以减轻对气候的影响……我们的资源非常有限，地球上的钴、土壤、氧气都不会再生"。[35]

尽管国家层面的意见还存在分歧，但美国许多州都推行着替代能源政策，并在综合考虑自身利益及当地政治考量的基础上引入了相关法规和机制。30个州制定了可再生能源配额制的政策机制，规定了可再生能源占总能源消耗的最低百分比，另有6个州制定了非约束性政策目标。可再生能源配额制是推动美国可再生能源发展的关键因素：自 2000 年以来，由该项政策导致的增长占美国除水电以外的可再生能源总增长的 62%。[36] 国家层面和地区层面的总量管制政策直接促进了替代能源大趋势的传播，约束着更多碳生产者与碳排放者，降低了美国工业及运输行业相对较高的化石燃料使用水平。

针对低收入人群的可再生能源供应政策已经在次国家层面上进行了试验。截至 2016 年，加利福尼亚州、马萨诸塞州和华盛顿哥伦比亚特区均出台了促进低收入社区使用可再生能源的计划；12 个州推出了社区净计量电价机制，对租户和业主一视同仁，进而引领太阳能光伏走进低收入家庭。[37] 国家层面的举措有，纽约州计划拨付 360 万美元资金支持低收入社区部署太阳能光伏技术，伊利诺伊州颁布的《未来能源工作法案》促进了低收入社区的太阳能光伏技术部署。[38]

支持美国可再生能源发展的另一个因素是，美国对可再生能源的投资"更加多样化，公共市场、风险投资和私人资本、小型项目以及公用事业规模资产融资势头迅猛"，[39] 资本市场相当活跃。2016 年，美国小型分布式发电设备投资增长强劲，屋顶设备及其他小型太阳能光伏项目投资额高达 131 亿美元，较 2015 年增长 33%。[40]

美国可再生能源政策的制定受到繁复的立法过程以及总统选举周期的影响，因此十分复杂。此外，国家层面的政策制定还取决于严重依赖化石燃料的经济的需求以及油气行业的需求。石油公司和消费者向政府施加的压力越来越大，要求政府进一步放开土地的勘探权，提高各州对油气钻探的许可效率，修建新能源输送路径及管道或升级老化管道。[41] 尽管公众舆论会受环境问题的影响，但美国为尽快实现能源独立的目标，逐步扩大了石油、天然气以及页岩油气的生产。乌克兰危机爆发后，部分美国政客甚至呼吁加快对欧洲的液化天然气出口，以减少欧洲对俄罗斯天然气的依赖，进而影响国际政治。

美国能源与经济安全理念的底层逻辑是，经济不应被地缘政治事件造成的破坏性冲击影响。这在一定程度上解释了，虽然美国政府比欧洲政府更反对能源补贴，但美国在近百年内一直支持私营部门发展能源技术的举动。举个例子，美国的能源税收优惠幅度在 20 世纪 80 年代起伏较大，90 年代原地踏步，2005 年后大幅上升。奥巴马执政时期于 2009 年通过了经济刺激法案及税收优惠法案，给予可再生能源、智能电网、输电、先进车辆及能源效率极大政策空间。[42] 随着太阳能、风能等可再生能源的生产成本不断降低，价格竞争力不断提高，向市场力量让位的政治压力将越来越大，政府的支持力度也必将波动。

可再生能源的发展致力于提高能源的独立性和韧性。美国顶层能源政策的中心仍是确保美国经济所依赖的能源生产地的稳定局面，而其重点则随国内生产与进口的平衡关系而转移。美国已做好万全准备，一旦能源供应受到威胁，就可以在海外部署大量军事资源。尽管美国本土的化石燃料产量持续增加，美国仍面临能源市场波动与能源供应中断的风险，因此美国必须要保护全球化石燃料的供应。

与美国重大利益有关的国家安全考量与新能源的开发密切相关。美国的能源基础设施是恶意行为主体的攻击目标。过去几年中，美国挫败了几起试图破坏甚至摧毁能源基础设施的恐怖袭击图谋，包括 2002 年试图摧毁布鲁克林大桥，以及 2005 年试图炸毁位于怀俄明州的一家天然气处理站、跨大陆输油管道、天然气管道以及位于新泽西州的美孚炼油厂。[43]据报道，2017 年和 2018 年，美国发生了多起黑客攻击电网的事件。[44]一旦电网遭到破坏，国家战略和经济就将受到影响。虽然电网的脆弱性在逐渐降低，效率也不断提高，但共和党和民主党的两极分化严重，美国也需要削减预算赤字以维持并减少联邦政府债务，因此美国政府对电网的财政支持仍面临诸多阻力。

替代能源的进步不仅能够服务于美国的能源和经济安全，还能推动更广泛的地缘政治目标的实现。美国的"软实力"主要来源于技术领先优势，而替代能源技术正是其中之一。至于与能源相关的外交政策，美国必须考虑主要能源供应国和美国邻国不断变化的经济形势。拉丁美洲的石油出口国依赖能源创收，而美国对拉丁美洲国家能源的依赖增强了这些国家的影响力。为了防止向美国供应化石能源的拉丁美洲国家对美国能源安全造成任何潜在损害，美国尤其关注这些国家的稳定和发展。

多年来，美国向大多数一次能源生产、节约及节能活动提供了补贴。怎样的补贴规模和补贴机制才是适当的，是否应该加大补贴力度，都是还没有明确答案的问题。然而，影响替代能源大趋势的美国政策是成是败，将取决于替代能源技术的经济可行性。从替代能源开发中获得地缘政治效益所造成的经济成本尚未明确，因此美国政府面临着复杂的政治抉择。这些考量会推动国家能源体系走向安全化。

（2）加拿大：挖掘最大潜力

历届加拿大政府都对替代能源大趋势给予了高度重视，加拿大也实现了替代能源的多样化。加拿大的大部分电力来自可再生能源，2015 年该国可再生能源电力占总电力的 66%。加拿大的水力发电处于世界领先地位，水电占该国电力结构的 62%，[45] 几个大型水电项目正处于施工阶段。[46] 除此之外，加拿大的风力发电量也很可观，还大力发展着生物质能、太阳能、地热能和潮汐能发电项目。加拿大的替代能源政策要求，可再生能源发电量应占总电量的 5% ~ 20%。为达到这一要求，电力公司必须使用相应比例的可再生能源发电。总的来说，这些优先事项体现了加拿大的安全和外交政策目标，即利用软实力应对人类安全威胁。[47]

然而，加拿大的政治优先事项也免不了要发生一些变化。近年来，加拿大政府对能源的补助规模进行了相应调整，2016 年年中，安大略省政府叫停了可再生能源二期采购计划，取消了 38 亿加元的可再生能源合同。此外，为了降低用户的用电费用，2018 年加拿大取消了 758 份可再生能源合同。[48]

尽管加拿大的替代能源政策没有明确体现出确立其在可再生能源领域国际地位的意图，但加拿大非传统化石燃料储量丰富、潜力巨大。加拿大政府已经制定了与美国清洁能源生产企业竞争的远大目标，但尚不清楚怎样才能实现这些目标。例如，2007 年，加拿大政府出台了可再生能源生态能效创新计划（ecoENERGY），拟为新项目提供为期十年的优惠政策，以刺激生产。然而，自 2011 年 3 月 31 日起，加拿大政府没有再签署新的出资协议。[49]对可再生能源支持政策的争议还集中于加拿大的页岩油气产业，其中以阿尔伯塔省尤甚，因为绝大部分页岩油气储量位于阿尔伯塔省。国际层面的补贴、贸易限制等有效措施也阻碍了加拿大各省出台在当地建设可再生能源产业的政策。[50]

（3）拉丁美洲和加勒比地区：巴西的目标是保持其领先地位

巴西试图从替代能源大趋势中实现利益最大化。巴西是拉丁美洲最大的经济体，巴西资源丰富，资金实力雄厚，是全球市场上的后起之秀，也是拉丁美洲替代能源开发的领导者。其近 76% 的电力来自可再生能源，其中又以水力发电为主。[51]巴西主要关注具有竞争优势的行业，尤其是生物质能和水力发电。目前，巴西是世界第二大生物燃料生产国，生物质能产能列全球第四位。[52]巴西颁布的《应对气候变化国家方案》纳入了扩大可再生能源和清洁能源使用的条款，使其成为国家中长期发展战略的一部分。巴西利用替代能源大趋势来实施其外交政策优先事项，即在团结南半球国家、维护自身战略利益的框架基础上，建立南南合作。[53]

拉丁美洲地理禀赋优异，生物质及水资源尤其丰富，因此替代能源在其能源结构中所占的比例非常大。但随着阿根廷、智利、巴西等国家先后在地下及领海海底发现页岩油气储量，这种情况可能会发生改变。然而，由于拉丁美洲将能源多样化视为促进能源安全的一种手段，而且已出台的政策大幅降低了可再生能源的成本，因此可再生能源趋势很可能会长久延续下去。

拉丁美洲若能给予某些替代能源技术针对性的财政支持，就能成为世界替代能源领导者。2015 年，墨西哥、智利、巴西首次跻身全球十大可再生能源市场之列。[54]

在水电以外的可再生能源成本迅速下降的大背景下，能源安全问题进一步推动了拉丁美洲的可再生能源发展。尽管该地区的水能潜力巨大，政治层面也一贯支持水力发电，但该地区易受水文循环以及厄尔尼诺等极端天气事件的影响。智利、巴拿马等国的社会问题及环境问题突出，因此开发大型项目的难度更大。[55]

2006 年至 2015 年，拉丁美洲非水电可再生能源装机容量增长了两倍。[56]拉丁美洲大力支持可再生能源的发展，共颁布了300 余项相关支持政策，包括财政激励、监管工具、金融机制等。[57]国家级公共融资机构的支持也功不可没，2015 年拉丁美洲新清洁能源项目的融资中，有三分之一以上来自这些机构。

2. 欧洲：千年战略

尽管欧盟各成员国的化石能源与替代能源结构各不相同，替代能源政策优先事项也千差万别，但整体来看，欧洲是世界公认的替代能源领跑者。[58]欧盟成员国普遍大力支持替代能源技术的发展，而俄罗斯对替代能源技术毫无兴趣，因为俄罗斯化石能源储量丰富，核能技术发展迅速，而且愿意利用当前的能源影响力作为执行外交政策的工具。尽管如此，欧洲国家之间达成了一致议程，认为替代能源是力量投射的重要工具。大多数欧盟成员国都高度依赖外部能源，环境考量的重要性日益增加，替代能源大趋势可以推动经济增长，这些都是替代能源开发的巨大动力。欧洲绝大部分民众支持替代能源的发展，寄期望于替代能源能够帮助实现可持续发展和"循环经济"，而民众的支持也推动着替代能源的发展。

（1）欧盟：长期就能源安全问题达成共识

欧盟是全球替代能源领导者之一。欧盟出于解决能源安全问题以及气候变化等环境安全问题的政治压力，将目光投向了替代能源领域。德国总理默克尔称，"欧洲必须走在可再生能源、能源效率、气候保护等领域的前列"。[59] 然而，欧盟需要克服缺乏资金、法规不一致，以及缺少有效且高效的替代能源市场等诸多阻碍，才能达成政策共识。[60]

欧盟的太阳能光伏和风能装机容量以及人均可再生电力装机容量均处于世界领先地位。[61]2005 年至 2016 年，欧盟单位国内生产总值可再生能源发电量的年平均复合增长率为 7.4%。[62] 由此可见，欧盟经济的能源基础正发生显著变化。

鉴于欧盟严重依赖外部能源供应，欧盟的替代能源政策旨在缓解特定的能源安全风险和脆弱性。目前，欧盟能源对外依存度约为 54%。随着北海油气储量逐年减少，对外依存度可能进一步上升。为欧盟提供化石燃料的出口国包括俄罗斯、挪威以及北非、中亚和波斯湾地区的国家等。欧盟决策者已经认识到了过度依赖这些国家的危险性。尽管能源供应国繁多，但许多国家的局势不稳定，内乱频发，能源供应中断风险较高。俄罗斯供应的天然气占欧盟总用气量的三分之一以上，若俄罗斯与俄欧天然气管道途经国之间发生冲突，那么天然气供应就可能中断。

鉴于此，提高可再生能源在能源结构中的占比已经成为欧盟战略的优先事项。欧盟可再生能源指令是欧盟可再生能源生产和推广的总体政策。指令要求，到 2020 年，欧盟的可再生能源需求至少占其能源总需求的 20%。[63]2018 年，欧盟可再生能源消耗量占总能源消耗量的 18.9%。[64]

欧盟可再生能源市场的发展并非一帆风顺。2015 年，经济下行，建筑业陷入低谷，油价萎靡不振，可再生能源市场的增长速度也相应放缓。尽管欧盟的可再生能源供热技术发展速度减慢，但利用地热能为特定区域供热的技术却不断发展，地热能丰富、房屋建筑较多的地区对地热能供热技术的应用尤其广泛。法国、芬兰、波兰等国的热泵市场持续增长。新生效的欧盟规则修改了原有的限制条款，将由农作物生产的运输用生物燃料占全部运输用生物燃料的比例限制在 7% 以下。生物燃料生产基本保持稳定。[65]

因此，发展可再生能源是欧盟应对能源对外依存度日益上升的一种对策。法国总统萨科齐曾表示，"20 世纪 60 年代，戴高乐将军极大地改变了核能的发展方向。如今，我们将极大地改变可再生能源的发展方向"。[66]这并不意味着欧盟背弃了化石燃料，而是意味着欧盟将进一步扩大替代能源的开发规模。

所有欧盟成员国都出台了国家层面的可再生能源行动计划，

明确了为实现可再生能源目标而将采取的步骤，计划涵盖电力、供暖和制冷、运输等行业的可再生能源目标，预期将采用的政策措施，计划发展的可再生能源技术，以及合作机制的运行方式等内容。

尽管欧盟试图通过引入欧洲外部能源政策和 2020 年排放目标等一揽子框架来统筹各成员国的能源决策，但成员国的能源决策仍主要由各国分别执行。成员国的战略利益（包括环境与安全目标、环境安全等）主导着欧盟政策的制定，并推动了替代能源大趋势的发展。欧盟国家的种种努力释放出"一个经济信号和地缘政治信号"，[67] 可能将引导欧洲建立起统一的能源市场。建立这样一个市场的前提是，欧盟各成员国在传统能源市场及替代能源领域展开深度合作。

欧盟成员国在不同的可再生能源领域深耕。国家之间就可再生能源技术展开的商业交流搭建了一个利益互补、需求互补的框架。这种相辅相成的框架会提升欧盟与主要能源供应国进行谈判时的地位，也会稳固欧盟与新能源供应国之间的关系。

欧盟也依赖替代能源开发来实现经济的更高速增长。监管机制是替代能源开发的资金来源，为进一步发展替代能源技术以及提高技术的经济可行性提供了资金支持。尽管德国等创新能力强、技术基础雄厚的欧盟成员国对替代能源的投资较多，但大多数欧盟成员国尚未大规模投资于替代能源。对于欧盟成员国来说，总量管制机制为可再生能源技术提供了部分发展资金。

特定的环境安全考量进一步推动了欧盟的替代能源开发，欧盟的能源与环境安全战略也为替代能源大趋势增添了动力。2007年，欧盟领导人设立了"20-20-20"目标，并于2009年将其正式写入法律。该目标要求，到2020年，温室气体排放量减少20%（以1990年的排放量为基准），可再生能源在能源消费结构中的份额提高到20%，能源效率提高20%。[68] 截至2017年，欧盟基本上实现了这些目标。[69]

欧盟出台了多种监管和补贴机制，用以支持可再生能源的发展，其中以上网电价机制最为突出，其他还包括战略能源技术计划[70]以及需求侧总量管制措施等。总量管制措施管理着大型发电企业和其他工业部门的碳定价机制。碳排放总量管制机制与欧盟碳排放目标和碳排放大国关系密切。在发电以外的领域，欧盟成员国并未过多采用总量管制机制，而是以提高燃油税为主。[71]

然而，欧盟政策的未来走向仍不清晰，这些政策在减少碳排放与推动替代能源发展等方面能发挥多大作用也仍存疑。例如，欧洲议会经过多年研究讨论，才通过了欧盟委员会关于改革碳排放交易系统的提案。[72] 碳排放交易系统是欧盟的主要环境机制之一，但其作用遭到了严重质疑。澳大利亚、韩国等国家、美国加利福尼亚州、中国部分省份也采用了类似的碳排放交易系统，但与其说这些后起之秀在模仿欧盟碳排放交易系统，不如说在欧盟的基础上实现了扬长避短。

欧盟认为，替代能源大趋势的驱动因素会对整个欧盟产生影响，还将产生长期的地缘政治影响。欧盟可以利用可再生能源开发来避免某些长远看来可能危害欧洲大陆的战略方法和地缘政治方法。可再生能源开发也能服务于欧盟主要成员国的外交政策利益。然而，欧盟发展替代能源将对欧盟与其主要化石燃料供应国的关系产生怎样的影响，哪一方才是替代能源开发的获益者，目前仍旧不得而知。

欧盟意图坐上可再生能源全球领导者的位置，这加剧了欧盟与其他国家，甚至是与其盟友之间的紧张局势，也引发了几次争端。一个典型例子是，欧盟与美国曾因生物燃料出口问题爆发冲突，导致欧盟于 2009 年引入了反补贴税政策。欧盟成员国不断变化的能源安全战略挑战着欧盟的整体环境安全稳定。欧盟对替代能源开发的依赖程度逐渐加深，且从俄罗斯、中东和北非等地进口的天然气总量在逐渐下降。在这样的背景下，这些国家和地区可能会对欧盟发起经济反击行动，共同抵制欧盟。

（2）俄罗斯和其他非欧盟国家：绝非浅尝辄止

俄罗斯是欧洲乃至全球重要的能源生产国之一。替代能源大趋势的演变将对俄罗斯产生直接影响。俄罗斯始终不重视替代能源开发，且此前一直认为发展替代能源是违背国家能源政策、有损国家利益的行为。然而，俄罗斯从未抗拒替代能源技术的发展，在水力发电及生物质能方面还是佼佼者。

截至 2015 年年底，俄罗斯可再生能源装机容量约占国家总装机容量的 20%，[73] 其中以水力发电为主，生物质能次之，其他可再生能源为辅。[74] 此外，俄罗斯正在努力提升其太阳能光伏发电、陆上风电和地热发电能力。在西伯利亚、远东等人口密度极低的地区建立的离网发电系统越来越多。2014 年，俄罗斯在阿尔泰新建了一座光伏电站。同年年末，另外两个太阳能光伏电站投入运营。2015 年，俄罗斯东部的地热发电厂正式投入运营。[75]

然而，俄罗斯降低了其可再生能源发展目标的要求，这表示俄罗斯在短期内不会加快可再生能源的部署进度。2009 年 1 月，俄罗斯政府宣布了一项计划，即到 2020 年，将水电以外的可再生能源发电份额从当前的不足 1% 提高到 4.5%。2013 年，政府认为该目标不切实际，并将目标份额相应降低至 2.5%。[76]

政府当前的支持力度难以支撑可再生能源市场的快速增长。2013 年，俄罗斯颁布了第 449 号法令，该法令确定了推动可再生能源进入批发电力市场的机制，以刺激可再生能源部门的经济活动。投资者认为该计划过于复杂，存在很大不确定性。"电力供应协议"是整个机制的基础，该协议引入了电力补偿机制，可再生能源投资者可以利用该机制获益。这种电力补偿机制对发电厂的按需发电能力加以奖励，然而可再生能源发电厂往往不具备按需发电的能力。第 449 号法令还要求可再生能源项目投资者使用部分或全部于俄罗斯生产或组装的设备，也就是说，即便外国设备更廉价、更高效，投资者也无法选用。[77]

无论俄罗斯最终是否会支持替代能源开发，替代能源大趋势都会对俄罗斯的长期战略利益和国家利益产生影响。俄罗斯经济依赖化石燃料出口，因此俄罗斯很容易受到欧洲及越来越多的亚洲国家的能源进口情况变化的影响。俄罗斯面临着一个问题，即在全球油气需求下降的背景下，俄罗斯将何去何从。俄罗斯的能源生产成本较高，因此油气价格暴跌可能会使俄罗斯经济急剧衰退，甚至长期萎靡不振。1986 年至 1999 年，俄罗斯经济持续低迷，与油气价格的下降密切相关。

俄罗斯一直利用其能源影响力影响与欧洲之间的外交政策互动。[78] 对于俄罗斯来说，能源不仅是具有内在价值的商品，更意味着地缘经济优势和地缘政治优势。[79] 俄罗斯等主要能源供应国不会轻易放弃这一竞争优势。目前，欧洲十分依赖俄罗斯供应的石油和天然气，俄罗斯可以借此对欧洲施加极大影响。因此，俄罗斯没有必要出台明确的可再生能源战略。

然而，一旦从俄罗斯进口能源的国家有了其他能源供应渠道，使俄罗斯油气资源遭到排挤，或是替代能源快速发展并在能源结构中的占比大幅提升，那么俄罗斯的现状就可能发生变化。对于是否将能源政策融入军事事务，俄罗斯可谓进退两难。俄罗斯的现代史表明，俄罗斯的抉择建立在传统的、空间化的地缘政治模式之上，并且国家利益决定国家的政策走向。俄罗斯究竟会选择妥协还是对抗，仍需拭目以待。

俄罗斯可能积极采取行动，确保能源创收。俄罗斯能源政策的主要目标有两个：一是积累国有能源企业以及大型国有电力企业的资产及资源，并确保这些企业的国有制；二是最大限度地发挥其在能源领域的竞争优势，以实现特定的对内及对外政治目标，其中包括影响世界能源体系，进而影响西方国家，尤其是欧洲国家的政策。

除俄罗斯外，其他没有加入欧盟的欧洲国家都在以各自的速度推进可再生能源政策。例如，2016 年，瑞士本土 62.9% 的发电量来自水力发电。[80] 挪威是一个进步的、先进的、有环保意识的国家，也是化石燃料的主要生产国。据挪威石油和能源部统计，该国 98% 的发电量来自可再生能源发电。[81] 塞尔维亚等未加入欧盟的欧洲国家正在根据欧盟的相关规定制定其能源政策。塞尔维亚发布了《可再生能源国家行动计划》，要求到 2020 年，可再生能源应至少占该国能源消费总量的 27%。[82]

3. 中国：出台一系列国家发展与安全政策，大力支持替代能源开发

中国是世界上第一大能源消费国和第二大经济体。为确保经济增长，中国必须开发新的能源资源，重点是寻找稳定的能源来源。开发和部署替代能源是中国的策略之一。

中国始终大力支持替代能源开发。替代能源开发是化石能源供应的补充，是中国能源战略的重要组成部分。掌握先进的、价格合理的能源技术，并且更多地使用清洁的可再生能源，是推动中国可再生能源发展的主要战略因素。提升经济影响力也是中国发展可再生能源的原因。

中国是世界最大的替代能源生产国。截至 2016 年年底，中国的可再生能源总装机容量及其增长速度居世界首位，美国、巴西、加拿大和德国紧随其后。[83] 中国之所以大力发展替代能源，是因为中国想要借此实现经济增长、确保能源安全、解决严峻的污染问题。中国经济实力雄厚，人力资源丰富，凭借这些得天独厚的优势，中国方能以其他国家可望而不可即的速度积极发展替

代能源。中国的年均可再生能源投资额在全球范围内都遥遥领先
（图 4-2）。

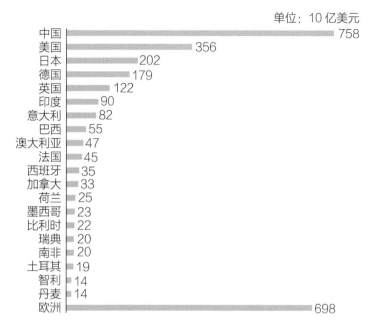

图 4-2 2010 年至 2019 年上半年各国可再生能源投资额[84]

资料来源：Global Trends in Renewable Energy Investment 2019，数据来自
BloombergNEF。

中国在太阳能和风能设备制造与零部件制造领域的表现也非
常出众。在彭博新能源财经（BNEF）发布的 2016 年陆上及海上
涡轮机制造商排行榜中，十大陆上涡轮机制造商中有四家来自中
国，而十大海上涡轮机制造商中有五家来自中国。[85]

能源安全与经济增长密切相关，还一直影响着中国的战略和
地缘政治判断。中国对替代能源的态度也建立在能源安全考量之

上。中国认为，亚洲若要维持当前的经济增长速度，就需要一定量的能源保障，而且能源独立也是亚洲发展的大方向之一。中国已与几个大洲开展能源方面的相关合作，而且可再生能源不大可能撼动能源在国家安全考量中的突出地位。

中国的地缘政治战略受与国家利益有关的地缘缓冲区的制约。[86] 中国政府持有的国家安全立场对替代能源开发有很大影响。中国始终坚持的观点是：中国必须关注能源供应安全，能源多样化则是能源安全博弈的必胜策略。

尽管政府引领着中国的能源发展，但政府的作用是为能源发展指方向、定基调，而不是将顶层意愿强加给能源市场的参与者。尽管中国在可再生能源领域处于世界领先地位，但中国的能源消费仍以石油和煤炭为主。中短期内，可再生能源不会成为中国的主导能源。

在新形成的由地缘经济和地缘政治影响力划定的势力范围内，中国逐渐成为顶梁柱和力量中心。中国在亚洲、非洲等区域的影响力逐渐扩大，引领着全球经济、文化和政治力量的重塑。中国对发展替代能源一事的立场及其气候变化政策的全球框架体现了中国的战略目标。中国持续发展可再生能源，还积极参与全球环境治理，这些举动将进一步巩固中国的地缘政治地位，提高国家的影响力。

作为主要的能源进口国，中国在全球能源市场上发挥着主导作用。据合理预计，中国将坚持保卫自身与近邻国家的能源安全。[87] 中国在欧亚大陆的影响力不断增强，这是中国的优势。

不过，中国仍面临着不断增长的能源需求以及愈发严苛的环境要求，而替代能源则是解决这些需求的可行方案。中国可以抓住替代能源大趋势带来的机会，满足其能源安全及经济安全需求。替代能源大趋势以独特的方式提高了中国的地缘政治实力和经济实力，推动了力量重组的实现。从这个角度来讲，中国在替代能源开发领域处于领先地位。

4. 亚太地区：发展替代能源，追赶地区领先者的脚步

对于印度、日本等亚洲主要经济体而言，替代能源是能源安全的解决方案，能够带来经济和地缘政治优势。亚太地区的能源消费量巨大，且掌握的传统能源资源稀少。替代能源大趋势能够立竿见影地推动经济增长，因此在替代能源领域，这些国家不甘落后。亚洲经济体也希望能实现能源安全，利用能源资源推动自身经济增长，投射地缘政治力量。

（1）印度：在追求区域地位和全球地位过程中的能源、经济、环境安全考量

印度同样认为替代能源能够增强国家的地缘政治力量与经济实力，而且对能源安全的重视程度不断提高，因此印度大力支持可再生能源的发展，特别是太阳能和风能的发展。尽管印度因可再生能源获得的收益与其付出时常不相匹配，但印度的热情丝毫未减。

印度政府的新战略加大了对可再生能源的支持，以确保其能源供应能够满足不断增长的经济需求。2016 年，印度的替代

能源投资额在全球各国中排在第六位。印度也是世界五大风力发电国之一。为鼓励替代能源的投资，印度政府发起了贾瓦哈拉尔·尼赫鲁国家太阳能计划，旨在到 2022 年前，将并网型太阳能发电量提高到 20 吉瓦。[88] 此外，印度政府还启动了可再生能源证书交易系统。[89] 印度发布的"新能源和可再生能源"五年计划制定了国家发展可再生能源的前瞻性目标以及计划投资额。为积极扩大可再生能源的部署，印度各邦相继采用了净计量政策以及可再生能源招标等措施。[90]

印度政府还引入了两项激励可再生能源技术发展的措施，即国家气候变化行动计划（NAPCC）以及《京都议定书》确立的清洁发展机制（CDM）。这两种措施的立足点都是应对气候变化。印度为推动可再生能源发展而采取的多种措施也符合国家利益，能够提高国家的能源安全水平，降低能源成本，无须动用宝贵的外汇储备。事实上，印度对能源的渴望推动了替代能源大趋势的发展。

化石能源和可再生能源极大地影响着印度在亚洲的地缘政治立场。印度与其他主要能源出口国一道，共同开展消费国协调行动。印度还采取了多种措施以加强其能源安全，其中以建立战略石油储备以及在国外购买能源设施为主。

印度在可再生能源、环境和气候变化问题上的立场愈发强硬，在这一方面的外交政策立场也更加坚决。2011 年德班世界气候大会旨在形成具有约束力的气候变化协议。在印度的施压下，欧洲和美国作出了最大限度的让步。2015 年，印度积极支持《巴黎协定》。一方面，人口增长导致印度的能源需求水涨船高；另一方面，印度的替代能源资源丰富，两相叠加，极大地推动了印度可再生能源的发展。一旦印度在这一领域实现突破性进展，那么印度相对于其现有能源供应国及其邻国的地位将上升。

（2）日本：福岛核事故后，探索可持续能源的发展模式

为实现能源安全，减少对化石燃料进口的依赖性，日本相应制定了替代能源政策。多年来，日本一直依靠核能来降低对能源进口的依赖程度。2011年3月，大地震和海啸重创日本，引发了福岛第一核电站事故。这一灾难性事故极大地影响了日本的替代能源政策，也改变了公众对替代能源的态度。这次地震及海啸导致了设备故障、核熔毁和放射性物质泄漏等严重后果。福岛核事故的严重性仅次于1986年的切尔诺贝利核事故。这两起核事故在国际核事件分级表中被分类为七级核事故。[91]

在福岛核事故发生前，日本侧重于发展核能，对地热能和太阳能等可再生能源的发展要求不高。[92]福岛核事故发生后，日本政府开始考虑彻底改变其能源政策。如今，可再生能源被视为化石燃料以及核能的替代品。2011年夏天，日本经济产业省提议了一项为期30年的能源效率提升与可再生能源技术发展计划。这项计划是早些时候引入的更高上网电价机制的补充。

事故发生后，近80%的日本公众对逐步淘汰核能表示支持。如今，人们普遍认为，可再生能源将成为日本的重要能源。福岛和长野设定了100%使用可再生能源供电的目标，东京和大阪也

积极重塑着电力市场。2016 年，日本的可再生能源发电量位列世界前五名，主要发电来源是太阳能。[93]

日本的资源贫乏，但技术先进，经济增长历来由技术及创新引领。这一传统可能会推动日本可再生能源行业的发展。日本是少数几个愿意突破现有替代能源技术界限的国家之一，在太空太阳能发电技术领域有一定资金投入。日本正在积极研发多领域的可再生能源技术，包括风透镜风车风力发电技术、海流发电技术、波浪能发电技术等。这些领域的技术突破可以巩固日本的地缘政治地位，规避核能带来的复杂性问题。[94]

从日本更加坚持以日本为中心的战略这一举动中可以看出日本对国家安全及能源安全的日益重视。然而，这一积极态度却导致日本与其他亚洲国家的关系紧张。

（3）澳大利亚：解决经济安全与国家安全依赖自然资源这一能源安全问题

澳大利亚的煤炭储量和天然气储量远超邻近的亚洲国家。然而，在为环境安全目标与能源安全目标而努力奋斗的同时，澳大利亚也在实施替代能源政策。

澳大利亚正在着力研究风能、太阳能、波浪能、生物质能等可再生能源。澳大利亚制定了小规模可再生能源计划（SRES），引入了能在国家可再生能源证书市场上买卖的无上限固定价格证书。在这项计划的推动下，澳大利亚实现了多项政策目标。该国还制订了新可再生能源目标计划以及清洁能源未来计划等框架目标。[95]此外，2012 年，澳大利亚成立了可再生能源局（ARENA），主要职能是支持可再生能源的技术创新，资助处于前期阶段到商业化前部署阶段的可再生能源项目，主要目标是提供安全可靠的电力，加速太阳能光伏创新，提高能源生产效率，促进可再生能源的出口。[96]

2009 年，澳大利亚政府发布了"碳污染减排计划"（CPRS），属于总量管制与交易机制。之后，这一计划引发了政治层面的激烈争议，最终以失败告终。2012 年，碳定价机制（CPM）随清洁能源未来计划列入澳大利亚法律。然而，碳定价机制的实施仍饱受争议。碳定价机制及清洁能源未来计划规定的其他机制之所以遇到了重重阻碍，是因为虽然每种技术的成本和产出都不同，但却适用同样的政策。此外，澳大利亚的煤炭资源丰富，煤炭的成本比其他能源的成本低得多，且供应量很大，约占澳大利亚总能源供应量的 75%。另外，南澳大利亚州库珀盆地的页岩气储量非常可观。另外，澳大利亚的可再生能源资源也相当丰富。如果可再生能源发电量能够并入电网，那么澳大利亚的能源安全水平及地缘政治地位都将相应提升。

5. 大中东地区及非洲：化石燃料的突出表现阻碍了中东可再生能源的发展，非洲重现"能源大博弈"

中东和非洲地区各国的替代能源发展普遍落后于其他国家。其中也有例外：以色列、南非等国家的替代能源发展较好，并且为解决经济和能源安全问题制定了替代能源发展目标。然而，位于该区域的大多数国家经济发展缓慢，因此不能连贯、全面地发展替代能源，可再生能源技术大多停留在实验初期阶段。

尽管如此，少数国家（特别是某些中东国家）正在根据替代能源大趋势的预期走向调整自己的战略。受这些国家的影响，中东在区域行为主体及外部行为主体中的地缘政治地位将相应提升，而非洲也可能成为各大国家在"能源大博弈"重现之时争相竞争的核心区域。

虽然该地区大多数国家的可再生能源发电量相对较少，但各国对聚光太阳能发电技术和太阳能光伏发电技术兴趣盎然。2015年，伊拉克、约旦和阿拉伯联合酋长国（以下简称"阿联酋"）都就可再生能源项目展开了招标。约旦首个公用事业规模风电厂并入了电网，以色列的太阳能光伏发电量增幅在该区域遥遥领先，沙特阿拉伯等国在太阳能设施设备制造方面取得了重大进展。[97]中东地区的太阳能加热市场也在不断扩张。2015年，阿曼公开了制造世界最大的太阳能加热设施的计划，该设施将为石油行业提供蒸汽。阿联酋的强制性绿色建筑证书机制激发了太阳能制冷市场的活力。[98]然而，立法不完善、传统的中心化框架依旧存在，基础设施不发达等诸多问题阻碍着该地区可再生能源的发展。

大多数非洲国家将替代能源视为从发达国家和国际组织获取援助、技术转让及融资的新渠道。然而，这一考量也反映出非洲国家长期且几乎完全依赖传统能源生产与消费的严峻现实。也应该认识到，非洲的自然资源和中东的财政实力可能被用于发展替代能源以及创造新的力量投射渠道。

（1）大中东地区：各国目标不一致，宏伟目标难实现

中东国家石油资源丰富，化石燃料对于中东国家的地缘政治立场和经济政策具有至关重要的意义，因此替代能源开发不是该地区国家政府的优先事项。尽管中东国家的太阳能发电规模十分惊人，但多数国家认为替代能源技术的发展具有意识形态性，可能阻碍该地区经济的持续繁荣发展。[99]

然而，考虑到传统能源的出口收入不断增长且这些收入可以用于支持就业以及促进替代能源行业的可持续发展，一些中东国家可能会考虑以更积极的姿态发展可再生能源，以此创造就业机会。中东和北非地区大多数国家青年人口数量庞大，因此就业问题非常突出。尽管可再生能源技术可能不会创造很多非技术性就业机会，但相关研究的开展与基础设施的建设可能会创造一些新就业机会，与现行的就业政策相符。从中能够产生多少实际经济效益不是这里需要关注的问题。

对一些国家而言，开发替代能源的初衷是树立威望。阿联酋承诺减少对油气销售收入的依赖。[100] 阿联酋还致力于可持续发展，将油气销售收入投入"将马斯达尔城建设成为全球最具可持续性的社区之一"的项目中。该项目结合了太阳能技术及其他尖端技术，旨在为当地人民提供最佳的生活环境，促进人与自然的和谐共生。[101] 为展示当地可再生能源的规模及潜力，阿联酋还开展了一个雄伟的大型项目，拟在 2030 年之前，建设完成世界上最大的太阳能公园。随着项目推进，2017 年，阿联酋修建了一座大型太阳能发电站。[102]

化石燃料在中东地区占据绝对优势，因此中东地区的稳定与否与化石燃料息息相关。如果大规模部署替代能源导致油价猛跌，中东地区国家石油销售收入骤降，那么一旦中东经济的多样化程度不足以抵御油价冲击，经济动荡就将难以避免。

（2）以色列：安全考量推动技术快速发展

对技术发展的追求及国家安全的考量决定了以色列的替代能源政策。以色列经常被称作"能源孤岛"：出于政治原因，该国电网系统未与邻国联通，因此该国的电力供应是独立的。不久之前，以色列还是一个缺乏化石燃料，严重依赖化石燃料进口（尤其是从埃及进口天然气）的国家。2009 年，以色列先后发现了塔玛尔气田和利维坦气田，从根本上改变了以色列依赖燃料进口的局面。未来几十年内，这两个气田开采的天然气可以满足以色列的绝大部分能源需求，甚至可供以色列向外出口。

以色列早在 20 世纪 70 年代末就开始系统性地开发太阳能。1973 年石油危机爆发后，以色列出台了一项法规，要求所有住宅楼顶都要安装太阳能热水器。[103]2009 年，以色列掀起了另一波可再生能源发展高潮。当时，政府制定了可再生能源发展目标，即 2014 年可再生能源发电量达到总发电量的 5%，2020 年达到 10%。为提升能源安全水平，以色列加大了替代能源的研发力度，并将替代能源引入了经济部门。然而，以色列最终未能实现该目标，2016 年可再生能源发电量仅占总发电量的 3%。2016 年 4 月，以色列政府通过了一项决议，规定 2020 年的目标份额是 10%，2030 年达到 17%。该国正在建设太阳能设施，其中包括世界上最高的太阳能发电站阿沙利姆塔。这些设施计划于2020年投入运营。[104]

以色列的研发能力极强，并且新发现的矿藏储量巨大，这些优势将进一步推动可再生能源开发的进程。在国内天然气开采量增加的背景下，以色列可以利用替代能源来平衡其与能源资源丰富的邻国之间的关系。在这些考量的推动下，以色列替代能源技术取得了一定进展，其中太阳能和风能的发展较为迅速。技术的进步为将来替代能源大趋势的扩大应用奠定了基础。

以色列是可再生能源研发领域的佼佼者。[105]以色列拥有先进的科技孵化器，还出台了很多针对新发展的财政刺激政策，也正在逐步解决替代能源普遍面临的存储及基础设施问题。以色列的技术发展历来走在世界前列，在替代能源领域也很可能一马当先。以色列总理内塔尼亚胡（Netanyahu）有言，"我们有头脑，也有意志"。[106]

（3）非洲：在能源资源争夺战中启动替代能源试点项目

非洲大陆丰富的自然资源招致了国际竞争，这一现实影响了非洲的替代能源大趋势。化石燃料、生物燃料和废料是非洲最重要的能源资源，替代能源开发也是非洲能源结构的一小部分。化石燃料资源将决定非洲替代能源的未来走向，而撒哈拉以南非洲国家的替代能源受化石燃料的影响最大，因为尼日利亚和安哥拉等撒哈拉以南非洲国家的油气储量巨大。[107]此外，非洲的油气出口收入管理极其不善，腐败与不透明乱象丛生，可谓臭名昭著。非洲许多国家的政府管理混乱，新技术开发难度大，资源竞争激烈。

北非与欧洲的能源基础设施逐渐联通，推动了北非化石燃料的出口。北非也在修建油气管道，待建成后，阿尔及利亚及其他非洲西北部地区的国家能够向欧洲出口更多石油和天然气。化石燃料出口收入对北非国家经济具有支撑作用，因此北非国家可能不愿意对可再生能源进行大规模投资。北非依赖向欧洲出口化石燃料来获取收入，而新建的基础设施将加重北非对化石燃料出口的依赖程度。然而，一些国家可能会将不断增长的传统能源出口收入投资于替代能源及技术的开发。

另外，大多数非洲国家可以利用替代能源大趋势来获得更多经济援助、技术转让和融资。非洲的太阳能资源非常丰富，其他可再生能源资源也比较丰富，具备可再生能源开发的前提条件。非洲大陆几乎所有地热资源都集中在东非地区，而中非地区拥有大量水力资源。东非和北非的风能开发潜力最大。[108] 然而，目前非洲的替代能源技术发展不尽如人意，仅有的几个实验研究还都处于测试阶段。[109]

化石燃料在非洲地区发挥着广泛作用，这阻碍了非洲替代能源的发展。此外，该地区的替代能源发展还面临资金不足、无法将可再生能源发电并入短缺的基础设施之中、各国政府未能设计可再生能源发展的支持框架、未能满足可再生能源发展的先决条件等问题。跨国公司和主权财富基金可以协助解决这些问题，并在促进非洲替代能源发展方面发挥主导作用。非洲国家可以利用替代能源开发来获取更多援助和技术支持并促进国家发展。多边组织已经开展了多个项目，将私营部门参与以及市场导向行为引入了替代能源领域。私营部门和公共部门也可以投资可再生能源技术的离网或分布式发电应用。这些系统的运行独立于非洲不稳定的电网，可以提高农村地区甚至城市在断电期间的能源安全水平和可靠性。

然而，鉴于非洲地区政局动荡，各国政府短期内不可能明确支持可再生能源的发展。如果主要能源消费国不再使用化石燃料，那么非洲将很容易爆发内战、种族对抗及腐败问题。为争夺石油出口收入，安哥拉爆发了冲突，苏丹与南苏丹爆发了军事冲突，引发欧洲和美国对该地区进行更广泛的安全考量。引发内战、造成种族紧张局势持续的根本问题应该不会在短期内得到解决。[110]

（4）南非：金砖国家之一

南非是非洲大陆少有的几个从 21 世纪初就开始积极开发替代能源的国家之一。最初，南非开发替代能源是为了向特定的农村社区提供非并网电力。[111]南非出台的可再生能源支持政策与其作为金砖国家成员国欲达到的国际地位相契合。在追求国际地位的过程中，能源发挥着重要作用。该国出台的有针对性的政策措施正在以缓慢的速度推动可再生能源技术的应用。2009 年，南非推出了可再生能源上网电价机制（REFIT）。2011 年，南非颁布了可再生能源独立发电商计划（SARIPP），取代了原有的上网电价机制。在这项计划的要求下，企业开始参与可再生能源项目。这项计划的灵活性非常高，目前仍是南非的代表性公私合作模式。[112]2016 年 1 月，南非修订了所得税政策，以进一步激励私营部门发展可再生能源。[113] 南非的可再生能源目标非常远大，欲将清洁能源在国家能源结构中的占比提升至30%。[114] 然而，该国目前出台的措施还远远不够，实现该国能源市场的彻底改革还有很长的路要走。南非的关注点从可再生能源转向了核能，国家层面也一再拒绝与太阳能和风能发电商签署购电协议，因此我们可以预计，南非可再生能源发展的未来道路将相当坎坷。[115] 南非只有继续大力支持可再生能源的发展，才能逐步扩大可再生能源市场的规模并实现加速发展。

世界不同地区和国家的替代能源政策及战略范围不断扩大，这代表着各个行为主体的地缘政治立场。影响替代能源开发的政策法规相当广泛，为行为主体提升地缘政治实力、实现国内能源安全指明了道路。

美洲、欧洲、亚洲、非洲等不同地区和国家的政策与战略模式或是源于对能源独立的渴望、对能源多样化的迫切需要，或是出于对环境可持续发展的追求，它们都显示了替代能源大趋势未来全球框架的重要元素。然而，用威廉·吉布森（William Gibson）经常引用的话来说，"未来已经到来，只是分布不均"。

三、新大国竞争时代政策的再平衡——普遍安全化世界中的当务之急

前文探讨了负责的政策制定者应该考虑的各种因素。本节将讨论美国在新大国竞争时代重新平衡其政策，更改安全优先事项

的迫切需求。

在当今的世界多极化格局中，新大国竞争如火如荼，替代能源大趋势的安全轨迹就是在这种背景下绘制的。能源大博弈是本轮新大国竞争的内在组成部分。

在新大国竞争中，现代社会走到了一个新的十字路口，一条路通向对自然的妥善管理，另一条路通向对丰富资源的追求。从这个交点出发，我们必须蹚出一条新路。

技术与经济进步将社会推到了这个交叉路口，也抓住了民众的想象力。这些进步极其复杂，将影响所有主要经济体和国际机构的政策制定与执行机制。

各地区和国家为推动替代能源大趋势而制定的政策和战略模式差异很大。不同的驱动因素以及行为主体之间各异的战略目标与能力造成了这种天差地别。然而，替代能源大趋势将各方的政策与战略模式串联在一起，形成了统一的经验体系。全球政策和方法在这个体系的推动下形成了共性。这种趋同性具有多方面的含义，既影响了行为主体的能源安全、经济增长和地缘政治领导力，也促使行为主体修改支配其行为的地缘政治准则。

国家和非国家行为主体都是复杂的、相互作用的施动者。它们的战略往往相互冲突，但目标却很一致，都想争取新的、有影响力的国际政治立场。新涌现的行为主体通过挑战主流规范来彰显自身的利益与价值观，进而影响力量竞争的动态变化。当各方的利益与替代能源大趋势的预期进展趋同时，新的考量就会浮现出来。决定某个行为主体地缘政治重要性的因素一直在变化，没有哪个因素可以单独起决定性作用。事实上，政治立场是由利益、考量、历史记忆的更大的异质性决定的。必须要根据各方对不断扩大并深化的安全背景的一致理解建立一个框架，才能充分适应这些复杂性。

1. 在替代能源大趋势的发展过程中即将出现新的安全复杂性：安全化政策

替代能源大趋势的安全轨迹要求行为主体尽可能地扬长避短。行为主体需要找到既能产生可预见的有形收益，又不会造成损害的政策焦点。

重新定义政策意味着确定应该采纳的措施，并重点关注减轻负面影响、减少意外后果的方法。如果实现替代能源大趋势安全化的政策没有融入更广泛的安全框架之中，替代能源大趋势就可能使国家安全战略发生偏移，甚至走入歧途。

与替代能源相关的安全化政策需要特别关注替代能源大趋势对能源安全的潜在影响。国际能源安全架构的目标是保护油气田、油气开采设施、能源运输线路、输油输气基础设施以及能源贸易平衡等。

关于安全化，行为主体应该考虑相关政策对不同社会中的人类活动与环境的影响，也应当注意政策的传播方式，因为传播方式决定了人们对政策的接受程度。在向安全化过渡的过程中，全球能源安全机构的架构、组织、条约和框架也要相应变化。[116]

安全化政策应当有明确的框架，以便确定产生破坏性影响的原因，并缓解由此产生的威胁。因此，应当重新审议全球能源治理和制度框架，从而减轻负面影响，向安全化更进一步。

中短期内，决策只需要关注如何让替代能源大趋势服从国家的利益和需要，无须考虑其他因素。在不影响民主进程的前提下，政策机制应该尽可能脱离政治影响。同时，政策机制需要关注特定的安全因素与指涉对象，[117] 这要求决策者着眼于替代能源大趋势不断延伸的地理足迹，设计出能够应对意外情况的国内、区域和国际政策机制。

事实上，早在 20 世纪初，政治实体就认识到了设立独立监管机构的重要性，并对它们维持战略稳定的作用有一定认知。联邦能源管理委员会（FERC）和美国国家环境保护局（EPA）仍是重要的能源机构，旨在促进独立、摆脱政治干预。然而，只有不受政治意愿的干涉和胁迫时，这些机构才具有独立性。

安全化政策应当考虑替代能源大趋势的跨境性质与全球传播。将替代能源大趋势的地缘政治影响以及更广泛的国际安全影响纳入政策将有助于全球安全。国际层面还需要推行多边政策，应对影响国家之间以及国家与非国家行为主体之间关系的安全威胁。只有协调行动才能确保国际关系"交易"的正常开展。各国的可再生能源政策将逐渐与一系列国际政策接轨，并受国际政策的约束。

美国若想保障能源国的交流和透明度，就可能需要借助一个新国际平台的帮助。[118] 同时，安全化的体制框架应相对独立于单一行为主体的影响。从本质上讲，机构应确保安全化政策有效、公正地应对相关威胁。

最终的全球安全化框架需要考虑各国保护与替代能源开发相关的重要国家利益的初衷。全球框架在搭建的过程中，必将与多边政策交锋并发生冲突。不论国际条约与协定的性质如何，国家利益都将对安全化机制产生影响。制定政策的大方向应该是缓解因资源的获取和控制而引发的国家间紧张局势以及摩擦冲突。各个国家不大可能将国家主权移交给国际民间社会、全球治理机构等超国家力量及组织。

替代能源大趋势安全化的关键点在于如何平衡不同行为主体的不同政策要求和方法。[119] 替代能源大趋势的地缘政治、能源、国防、环境和经济影响将左右国家和国际决策者对风险回报的判断。

例如，对于像北约这样的组织而言，若要将替代能源以安全的方式纳入国防实践，就可能需要成员国在积极开发替代能源的能源安全领域进行合作。从战略角度来看，替代能源开发将导致能源的再平衡，而利用好这种再平衡效应，就能以单边行为、联盟或联合行动等形式促进地区稳定，助力国防事业和集体防御。

政策应当重点关注保障新建能源基础设施的安全，包括将新建的基础设施安全地连接到已有的生产、运输、销售设施中，以及最大限度地利用现有的基础设施和最终消费品，如车辆使用的电力及燃料等。关键设备设置备用、增加燃料的种类、开发其他能源来源、减少对脆弱基础设施的依赖、采取其他安全化措施及流程，都有助于增强能源安全体系的韧性。

新能源与现有基础设施的兼容性越低，能源转型就越困难，能源转型对经济安全构成威胁的可能性就越大。要解决基础设施带来的威胁，就需要建立更灵活的、以威胁为重点监管对象的监管框架，加大网络基础设施的创新研发与资本投资，并加强对工业间谍和网络攻击的防范。

各个能源市场参与者都想占领替代能源领域的利基区域，这标志着充满活力的全球性替代能源大市场正在萌芽。这个市场的潜在规模极大，巨大的市场体量确保了它的可持续性。覆盖全球的替代能源市场将大大加强替代能源大趋势对经济安全的贡献，消除人们对替代能源大趋势可行性、能力、适应性的疑虑。如此大体量的市场需要引入一种新方法，来监控市场的投入与产出。

全球替代能源市场可以激活人们的思路，推动替代能源的应用，最终实现该领域的突破性进展。替代能源大趋势能够带来多少正面影响，引发怎样的技术进步与实践，将取决于持续的、不断强化的创新过程。放眼当今世界，知识与实践在多种社会因素的影响下不断积累，创新也逐渐变成了一种社会过程。[120] 市场互动等相互作用只要能够持续一定时间，就会带来进步，导致大规模的用户创新。[121]

从历史上看，由用户主导的创新过程一直是实用想法的载体。用卢梭的话说，"机械艺术带来了大量有用的发明，它们让人们的生活变得更快乐、更便利"。[122] 这个由来已久的法则在当今的社会环境中依然适用。

然而，创新的蓬勃发展仍需满足一些必要条件，包括恰当的技术条件及组织条件，新颖的经济方法、实践，以及价格稳定机制。将政策重点放在激励创新、促进相关基础设施及体制框架的建立上，能够创造更有利的条件，推动创新发展。搭建一个基于规则的框架，让来自用户的信息可以广泛传播，对于创新的安全化以及减少甚至扫清替代能源技术发展的障碍至关重要。

谁能驾驭社会政治、技术经济和意识形态的全球替代能源大趋势？事实上，这种全球趋势受到多种因素的即时影响，而且人们往往难以预测趋势的起伏变化，因此妄图掌控替代能源趋势无异于白日做梦。在应对替代能源大趋势时，最现实的做法可能是跟上节奏，顺势而为，经受住替代能源大趋势的考验，而不是试图掌控趋势。最重要的是，要灵活积极地追求基于市场的社会政治与技术经济的创新，并尽快理清替代能源大趋势的安全影响。

萨特曾有一个观点，下午 3 点从来不是做事情的好时机。当前，替代能源开发恰恰处于这个时间点。尽管如此，即便社会难以预测替代能源大趋势的未来走向，至少也应妥善管理这些可预见与不可预见的发展和结果。

替代能源大趋势的发展表明，安全问题既可能促使各方采取一致行动，但也可能"变成未来隐患"。[123] 要制定出有指导意义的安全优先事项，就必须拥有开阔、全面的视野，而不能满足于由相互冲突的目标预示的未来，以及受感知到的不同信息支配的个人、社会团体对未来的预测。制定全球层面的优先事项时，必须要保证最大限度的灵活性以及一定程度的透明度和可预测性，以尽量减小或彻底消除不确定性。充分认识替代能源大趋势即将带来的安全复杂性，将有助于优先事项的确定，进而推动更加完善的安全化政策的形成。

2. 积极塑造大国竞争的安全环境：初步形成支撑全球安全架构的新原则

在冷战后范式转变期间，长期对抗逐渐消失，改变了安全环境。长期对抗曾引发全球战争，而战争威胁对国际关系的影响是安全化的主要领域。各国发动侵略战争的意愿明显减弱，人们也开始意识到外部的人为威胁逐渐减少，这种认知重塑了战争的实用性，人们对国际政治作为暴力冲突中的安全机制的作用也有了新的认识。受认知变化的影响，各国的注意力从军事力量的平衡转移到了经济实力及自然资源的获取上。

我们可以引入一个文明时代向另一个文明时代过渡的历史变迁进行类比。历史能够帮助我们更好地了解行为主体在过渡期间需要掌握哪些优势。行为主体如果能够迅速利用新条件、新技术和安全实践变化带来的优势，就将扛起下个时代的大旗。过渡期出现的现代现象与趋势既是过渡期的早期特征，也是走向新体系的变革引擎。

追踪替代能源大趋势的未来安全轨迹能够帮助国家见微知著，多方面、多维度地看待新地缘政治局面。随着21世纪世界多极化格局的形成，各国在大趋势的影响、国际关系、国际法规、安全等领域的沟通日益频繁，而替代能源大趋势为这些因素之间的相互作用提供了新的视角。替代能源大趋势表明，现代全球化进程缩短了地缘政治因素的起效时间，为地缘政治影响提供了新传播渠道，并要求行为主体在更短的时间内对威胁作出有效回应。与此同时，地方活动对区域乃至全球产生的影响越来越大，也直接关系到更多散布全球的行为主体、团体与个人。

总的来说，替代能源大趋势驱动因素的未来演变表明，过去形成的地缘政治差异的影响将逐渐变小，因此多边协议与更多新地缘政治机构的出现不会阻止个别国家行为主体对其他国家施加影响。在整个 20 世纪后半叶，世界两极格局的死板规则将各国框定在零和博弈的狭窄范围内，限制了各国的行动能力。冷战期间，姿态的细微变化都可能导致冲突和战争。如今，全球的规则制定者与规则执行者并不唯一，安全化过程不仅要反映并遵循现实主义框架，还应站在建构主义视角考虑问题。要认识到，能够采取安全化行动的行为主体在不断增加，它们的目标是更好地应对新时代的安全威胁及挑战。

随着非国家行为主体在国际关系中的地位不断提升，一些国家在制定外交政策时将继续沿用"力量平衡"这一概念。然而，维持力量平衡的可行性仍旧存疑。寻求平衡的全球体系牵扯到的行为主体越来越多，它们的目标也越来越宏大，因此霸权主义对世界体系施加绝对影响的能力也将下降，力量的平衡作用亦随之减弱。

纵观历史，力量平衡是可行的，但想要保持平衡状态，政治家和决策者就必须放弃其他考量。此外，非国家行为主体开始采取安全化行动，参与到媒体宣传与拯救濒临灭绝物种的绿色运动中。国家行为主体需要适应非国家行为主体的参与。尽管如此，我们也不能轻易地得出结论，认为冲突是人性使然，无法避免，也不能认为冲突是文明的必经之路。在这个过渡时期，对安全化提出的复杂要求也质疑了这个草率的结论。

过渡期间发生的剧变可能成为想要生存下去并保持竞争力的行为主体将安全化作为一种力量投射形式的理由。国家主体认为安全化是国家主权的基石之一，因此将加大力度确保安全化，它们不愿将本国的安全化让渡给国际机构或全球合作。然而，当前的现实是，各个行为主体的战略利益并不总是一致的，它们需要自行处理由此产生的冲突，同时要采取措施，解决需要政策进行干预的特定安全威胁。此外，在普遍安全化的世界中，安全化必将带有跨境性质，其展开必将依赖地缘政治对话与互动。考虑技术发展与武器化之间的密切联系，安全化进程必定涉及行为主体之间的互动，以期建立恰当的武器扩散制度。

替代能源大趋势体现了行为主体在全球力量转变期间获得新能力的方式，还体现了这些变革影响战略认知与国家利益的方式。行为主体认为，全球变革能够影响它们的发展，而且能够帮助它们克服外部影响与障碍，因此它们对全球变革抱有很高期望。

将系统性的变化与放之从前可称成功但如今却略显不足的安全方法相结合，就形成了安全元叙事，进而改变人们对环境安全的看法。当行为主体基于元叙事构建自身战略时，由于元叙事受特定理解与系统条件的限制，行为主体的安全战略可能会加深误解，引发冲突，导致更多安全问题与新的风险。具体来说，安全与使用军事及外交手段控制地理之间的关系将更加脆弱。之前形成的世界体系逐渐分崩离析，给行为主体带来了不安全感，也让行为主体越来越注重控制资源、市场与机构的能力，并将加大力气削弱对手在这方面的能力。

安全角色的范围可能会进一步扩大，以有效应对不断变化的挑战。尽管人们的生活质量不再完全取决于国家的命运，但国家间仍存在军事、外交、经济交流等重要的跨境互动。越来越多行为主体已经具备了利用安全化来施加力量的能力。这些新能力并非传统地缘政治中心国家所特有。未来，地缘政治外围国家也将有能力影响原中心国家的行动。这种影响将变得越发显著，甚至可能消除"中心"与"外围"国家之间的差异。

民族国家不再是解决安全威胁的唯一主体，因此实现安全化的方法不再局限于"自上而下"的模式。尽管世界体系的特征可能在逐渐向威斯特伐利亚体系之前的欧洲靠拢，但回归到威斯特伐利亚秩序也不大可能妥善地解决全球安全问题。事实上，不断演变的全球安全机制必须要考虑如何限制大规模暴力行动；如何防止"外部性"的溢出；如何限制"以邻为壑"政策的实施，即一个国家的经济发展要以损害另一个国家的经济为代价；如何避免因"官僚主义语言"的使用、保护主义，以及管理障碍而扭曲全球经济交流等。

为了更好应对普遍安全化世界的挑战，需要向地缘政治知识中整合其他形式的知识，以支持军事、经济、能源、环境、技术和社会政治等安全优先事项。这并不意味着核冲突和核扩散不再是许多国家的头等大事。事实上，这些问题历来是许多国家的关注焦点。[124] 然而，现实情况是，很多国家都面临着这个威胁，而且这种趋势在核以外的安全领域也越来越明显。

替代能源大趋势的驱动因素和各种国家安全问题之间的相互影响表明，单纯依靠国家安全将难以获得最佳结果。确切地说，一旦难以区分哪个是安全化主体，哪个是安全化对象，那么既能用作外交关系，又能对某一特定空间造成军事威胁的地缘政治关系将不再是行为主体能够获得影响力与安全效益的工具。

相反，国家军队维持国际市场的需求将更加紧迫，因为全球化的政治经济要求行为主体加强监管，以缓解围绕新资源、新市场、新产业和新技术展开的日益激烈的竞争。这种激烈的竞争与冲突可能体现在区域间、全球性经济危机以及区域冲突的加剧。

"中心"国家和"外围"国家的融合增强了全球市场的力量，阻碍了孤立主义与独立发展模式的蓬勃发展。事实上，国家发展更多地受制于希望尽可能利用区域集团资源的地区目标。从与能源相关的国际政治角度来看，人类的选择并不是那么理性、明智。在普遍安全化的世界中，这种理性的欠缺，或"只注重短期效益的思维模式"也很容易体现在安全的其他方面。于是，有一个问题摆在我们面前：我们到底在保护谁的安全，是现在的人们还是未来的人们？尽管在 21 世纪的全球化背景下，安全仍是各个国家的责任范围，但这并不会带来压倒性的优势。

总而言之，冷战后，新大国竞争不断升级，地缘经济很可能在政策制定与安全化方面发挥更重要的作用。当然，为应对不断演变的安全挑战而采取的地缘政治和军事手段也将发挥更大的作用。20 世纪，各国的安全化政策都考虑了全球贸易对安全的影响。今后，安全化政策仍将如此考虑，甚至更多地考虑贸易对安全的影响。

替代能源大趋势也表明了全球战略视角的变革。从替代能源大趋势的历史渊源和未来方向中，我们可以大致看出未来的社会和政治秩序。社会是有生命周期的，出现、成长、繁荣，最后走向消亡。但正如汤因比（Toynbee）所言，"历史的连续性……不是个人生命的连续性，而是几代人的生命构成的连续性"。[125] 技术进步以及改变整个社会的社会政治和军事变革往往预示着从一个时代向另一个时代的过渡。

3. 政策优先事项：大国竞争时代来临，不要在制定合理安全目标的过程中掉入陷阱

在世界多极化格局中，行为主体要想应对大国竞争并从中胜出，不仅需要从"永远的战争"中抽身出来，还需要时时处处杜绝惰性，抵制诱惑。因此，行为主体需要对潜在威胁的优先事项进行动态调整。

在普遍安全化的世界中，想要选出对的安全化方法，就需要在整合当地信息与全球信息的基础上，仔细斟酌，清晰衡量。[126] 决定首要优先事项的过程非常复杂，在这一过程中，行为主体需要综合考虑不安全对特定对象产生的广泛影响。之所以要斟酌这些影响，是因为"潜在的威胁及其背后的行为主体具有多样性及

关联性"，[127]在按照重要性对威胁进行排序之前，就需要理清这些逻辑。

既往的局部经验与自我参照的经验，意识形态观念以及相信可能的未来结果的政治观点限制了行为主体的思路，因为这些通常建立在特定的地方知识的基础上，它们往往会扭曲观念，导致偏离既定目标或理想结果。例如，法国曾错误预判了纳粹德国的行径，欲借比利时防线对抗纳粹德国，最终导致德国军队占领了比利时。[128]

尽管从理论上来看，过去确实能为未来提供有价值的参考，但在实践中，决策者可能会因此陷入危险境地，决策者的应急能力也将被削弱。因此，支持安全化的社会学习和决策不仅会受权力与利益的影响，还会被既往知识所误导。

指导个别行为主体作出价值判断的理念建构是识别安全威胁，并对安全威胁的优先顺序进行排序的基础。优先顺序受反映自我参照观点的政治需求以及难以捉摸的选举周期的限制。正如替代能源大趋势表明的，环境退化等单一因素可以融入军事、经济、能源、社会政治等多种叙事与场景之中，因此安全化过程非常容易走向政治化。

在普遍安全化的世界中，不同行为主体、团体、社会对同一种安全威胁及同一种应对机制会持有不同的看法，因此会采取不同的措施，进而取得不同的实际成果。政治需求也会导致合成谬误，其特点是行为主体无法同时发生相同的实质性变化。就安全而言，这意味着一个行为主体的安全化行动可能会促使其他行为主体采取相应措施，以保护切身利益，或是满足紧迫的政治考量的要求。

因此，要确定安全优先事项，就需要评估安全威胁，设定安全结果。这些必要的参考标准应广为大量行为主体所接受。为更好地解决全球安全问题，行为主体需要制订具体方案，从特定的行业入手，设定可理解的目标参数，并考虑容易被社会接受的紧迫问题。在替代能源大趋势的启发下，行为主体将明确什么是安全战略和政策的可取结果，什么是不可取的结果。最重要的是，在未来，风险与安全化结果将被合理附加特定的、普遍可理解的、可接受的价值，这对于优先事项的排序是必不可少的。

经济、能源、环境和军事都会对国家的生存造成威胁。这些威胁因素往往交织在一起，且相互影响。鉴于此，安全化方法需要维持一种平衡状态，将各种安全叙事结合起来。这些安全叙事不是自我参照的，每个叙事只专注于一个方面。例如，对利用替代能源技术解决国家能源安全问题的期望可以与可再生能源能够促进其他行为主体（甚至是本国）的发展并为它们创造就业岗位的承诺完全隔绝开来。

这种元安全化方法应对风险和缓解机制的方式带有一定抽象性，且通常会故意脱离当地环境。确定优先事项的实用方法必须以共同的、实用的参考依据为前提。其中一种实现途径是，为能够代表当地和全球考量的威胁及其影响制定基准，尽量减少不安全因素。具体做法是，对特定威胁的紧急性以及威胁对需要保护的、重要的、特定的安全化客体的长期影响进行排序，并确保该顺序可以被普遍接受。

为确保可行性，在制定安全事项优先顺序时，必须在紧迫性和必要性之间找到平衡。一方面，遇到紧急问题时，行为主体需要立即作出反应，以杜绝负面影响。在遭遇自然灾害、被其他行为主体干扰、新知识广泛传播并对社会群体产生重大影响等危急时刻，公众通常会要求国家应对特定危机、解决特定问题、追求新目标等。另一方面，必须解决的问题通常是以目标为导向的，代表着为达到预期结果所需的基准或要素。一般来讲，必要问题留给行为主体的解决时间比紧急问题的更长，在需要对危机作出反应的紧急情况下时限尤其短。安全化行为主体始终在紧迫性与必要性之间寻找平衡，并取得了一定进展。[129]

因此，确定优先次序需要以必要性为指导，同时也要保证足够的灵活性，保持对特定安全部门的高度关注，以应对紧急情况。除此之外，还需考虑不同部门之间的相互影响。制定与优先事项排序相关的安全政策和战略时，还应考虑政策对其他部门与安全化客体可能产生的以及难以预测的副作用。

安全优先事项在直接利益和长期目标之间有自己的辩证关系，并依此影响安全化行为主体及其受众，从而形成安全化行动。安全化行为主体依据感知到的需求（如抵御入侵和暴力以保护民众），并考虑应对多重威胁时有限的资源和能力，对其目标的优先级进行排序。当确定了特定客体所受的威胁时，行为主体应根据威胁的紧迫性及其影响范围大小为威胁的优先级赋值。威胁预计将产生的影响越不直接，越不明显，分配给它的优先级别就越低。从这个角度来看，行为主体不可感知的威胁不大可能优先安全化。行为主体需要根据威胁的紧迫性与确切影响来调拨相应资源，因此优先事项的排序必须行之有效，才能确保最优的资源配置。

要确定安全化的优先顺序，就需要将不断变化的社会需求与人们期望的结果结合起来。与国家政府保障本国人民安全的传统概念不同，人类安全等新概念往往需要通过跨境协调才能实现。

安全框架应纳入一系列已经考虑的办法，以确保框架的灵活性与适应性以及全球范围内的适用性。一级预防及二级预防（即消除危险及减少相关风险）应与留有富余量的目标结合，共同整合进安全原则中。要达到安全目的，还需要引入新管理方法，用以分析风险、制订应急计划与应对不确定性的长期计划。

各个行为主体制定政策的大背景不同，因此对不安全的感知也有一定差异。为平衡这种差异，可能需要建立一个总体框架，以引导方法与实践，使其迎合普遍接受的安全优先事项的需求。这种框架不一定以全球政府的形式存在（全球政府在实践中可能是不可行的），但可以成为一种全球治理架构，将行为主体的重点引导到共同价值观上。[130]

图4-3简要说明了这一架构中的行为主体如何共同确定安全化客体与安全化机制。请注意，将世界分为中心国家与外围国家是为了简化问题，旨在说明处于不同地区的国家的历史、文化及治理差异。

适当的排序方法可能需要对安全部门进行筛选，挑选出与

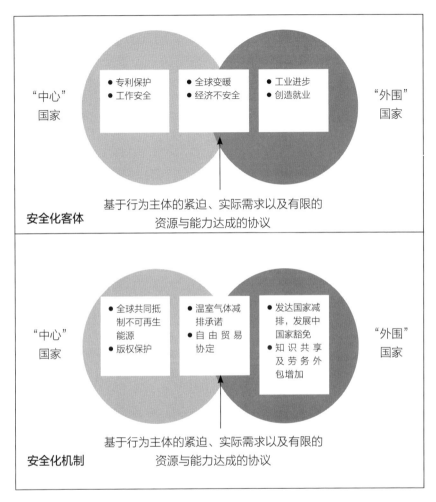

图 4-3 关于全球共同安全化的说明
（安全化客体与安全化机制的优先顺序）

国家安全议程中最重要的安全问题相对应的部门。在选择地缘政治、国防、能源、经济和环境等部门时，可以使用一种常规的方法。这些部门将综合考虑来自行为主体与自然的安全威胁，以及在各行为主体及事件相互关联的世界中实现效益最大化的必要性，并依此确定安全问题的紧迫性。

考虑到替代能源大趋势的安全轨迹，若要制定有意义的优先顺序，就需要研究斟酌安全化的深度以及必要的精度。在这样的优先化框架中，行为主体能够充分分析研判安全威胁与减轻安全威胁的成本与效益，进而获得可量化的结果。

这些方法可能需要借助人工智能系统的帮助，以满足特定行为主体及其邻国以及全球社区的利益与需求。这种安全架构仍需要进一步调整，以应对下一个阶段可能出现的发展和能源安全挑战。具体做法是，强化安全机制，保护与替代能源相关的弱点。

替代能源大趋势突出了能源、国防、环境和经济等特定安全领域的概念及议程范围的扩大，以及这些领域对国家安全的重要性的日益提升。替代能源大趋势在这些安全领域的发展轨迹也阐明了不同的安全领域之间是如何相互作用、相互影响的。与替代能源相关的战略和政策正在不断发展，将不断变化的法规和激励框架纳入其中。在不同的政治考量与长短期安全问题的推动下，采用这些区域性的、国际性的法规及政策将带来新的安全复杂性和挑战。

替代能源大趋势将进一步融入能源、国防、环境和经济安全等战略之中，进而赋予行为主体多种新能力。为应对日益加剧的安全威胁，需建立更广泛的安全化机制。在这一背景下，替代能源大趋势将为行为主体提供本地解决方案，缓解特定威胁，进而成为行为主体贯彻执行特定发展战略的工具。然而，替代能源对这些领域未来形态的影响将取决于其在不断变化的能源组合中所占份额的扩张速度与覆盖范围，以及行为主体克服替代能源当前弱点的能力。

总结：在新一轮大国竞争中，替代能源大趋势的线性发展与非线性发展可能呈现怎样的面貌？

- 技术革命强化了一系列强大且往往相互对立的驱动因素，推动替代能源成为 21 世纪强有力的全球大趋势。这些驱动因素将确保替代能源大趋势长久持续下去，但鉴于人们未彻底消除对替代能源大趋势可行性的怀疑，替代能源大趋势也不是没有可能走向衰落直至消亡。替代能源大趋势的发展方向与速度在很大程度上取决于新技术在能源供需关系动态变化背景下的发展，以及新技术在不断演变的能源大博弈之中将赋予行为主体多少力量投射能力。然而，归根结底，替代能源大趋势将取决于其与社会愿景与愿望的相关性。

- 替代能源大趋势的驱动因素将随着内外部条件变化而变化，也将受其他能源的可用性、可获得性和成本的影响。影响替代能源大趋势未来的因素非常多，因此人们有理由质疑替代能源大趋势的前景，也有理由认为替代能源大趋势将走向消亡。然而，替代能源开发似乎绘制出了一条未来轨迹，这条轨迹蜿蜒向前，经久不衰。坚实的政治基础与公开承诺刺激了替代能源大趋势的发展。

● 通过审视各个国家将替代能源纳入国家战略及政策的情况，我们会发现，各国的目标不同，采用的方式方法不同，能力也各不相同。这种不平衡局面带有未来全球框架的部分要素，这些要素将引导替代能源大趋势的发展。替代能源大趋势的发展也为国家主体带来了新的力量投射能力以及新的工具。国家行为主体可以在其外交政策中部署这些能力及工具，以维持生存，提高竞争力。

● 考虑到新大国竞争以及能源大博弈的变化，未来替代能源大趋势的迭代需要适当安全化，并考虑意料之外的结果。恰当的安全机制应能解决替代能源开发的潜在弱点与副作用，特别要应对其对能源、国防、环境和经济安全领域产生的各种影响。此外，安全化要求各种机构将与替代能源相关的安全机制纳入新兴的全球治理框架，从而协调外交、国防、发展、经济和能源政策的目标。

● 替代能源大趋势能够帮助人们更好地理解未来世界体系转型期间力量的动态变化及其将带来的安全挑战。替代能源大趋势代表着未来的安全优先事项和目标，是应对普遍安全化世界中不断演变的挑战的方案。替代能源大趋势所预示的未来安全情景体现出了未来安全环境的性质。这些未来情景将帮助国家平衡军事力量及能力，决定能够带来理想结果的优先事项。决定地缘政治平衡、支撑全球安全架构的各种力量相互作用，决定了未来安全的复杂性。

● 替代能源大趋势的驱动因素让我们看到，世界体系正处于一个新文明时代的开端。这将是一个远远超越后威斯特伐利亚的时代，是新技术的时代。在即将形成的世界体系中，决定潜在平衡的因素将发生变化，之前决定地缘政治地位的因素将不再适用。不断演变的世界多极化体系与安全环境会受新目标的影响。行为主体的目标可能会激发冲突，这种冲突并非因意识形态而起，而是由感知到的文明价值引起的。大国竞争的序幕徐徐拉开，形势不断变化，安全优先事项也将推陈出新，各国也需要明确制定总体目标与具体安全目标，综合考虑本地知识和全球知识以及价值判断。

- 总的来说，替代能源大趋势的安全轨迹揭示了未来的安全环境：在新大国竞争的阴云之下，许多趋势将在能源大博弈的迭代中徐徐展开。这些趋势有：能源系统趋于不稳定，该系统尚未适应社会对能源安全的看法即将发生的转变，也未能适应技术突破带来的新型能源；全球将发生广泛的国防转型，以改变全球军事力量平衡；环境安全政策趋于完善，社会对环境安全的关注度提高，这些改变将在国家安全和全球治理议程中发挥越来越重要的作用；经济安全的重要性不断提高，这将导致地缘政治局面呈现出19世纪和20世纪地缘政治及军事考量所带有的特点、必要性及重要性。

- 大国竞争时代的替代能源大趋势要求各国形成新的愿景、战略和政策。要合理制定安全优先事项，就需要对多数行为主体所接受的安全威胁以及安全化成果进行评估，这种评估应跨越以往的固定空间、社区和身份的限制。未来的安全威胁将不断向一处集中，有意义的安全化应侧重于可采取行动的安全领域和部门，并符合安全化行为主体与安全化受众所感知到的重大利益，以确保其行动的合法性。因此，安全化优先事项将建立在管理冲突及全球合作的基础上。在这些冲突与合作中，不同行为主体将就共同的、紧迫的、切实的目标达成协议，并建立机制，实现安全化。具有讽刺意味的是，大多数合作都将在大国竞争的背景下展开。

结语

探索替代能源大趋势的奥秘

那时你将认识星辰的运行，再经自然的指教，你的心力会使你恍然大悟，懂得一个精灵怎样和另一个精灵对语。

——歌德[1]

我们继续讨论。

每到重要关头，我们都会回首过去，看看能否从历史中找到一些参考。幸运的是，历史上有与替代能源大趋势一样广受人们欢迎的例子，那就是寻找哲人之石，即所谓的"阿尔卡那"（Arcanum）。[2]几个世纪以来，我们一直在阿尔卡那的暗流里挣扎、翻腾。

在替代能源大趋势推动社会向前发展的进程中，人类积累的追逐繁荣昌盛的经验要比经典的政策分析和政策情境更加适用。受阿尔卡那的启发，我们得以更好地了解替代能源大趋势的未来演变以及技术革新的功用。

古希腊时期，人们认为探索知识是有益的。哲学家们进一步发展了这种认知，提出了关于人类生存方式及其意义的问题。在人们接受了物质的概念之后，哲学家们就着手研究将物质转化为黄金、智慧，以及永生的方法。当时，人们认为黄金、智慧与永生是最宝贵的东西。

几个世纪后，让人们更接近这些目标的方法被称为阿尔卡那，它是宇宙统一理论的神秘先驱。16世纪到18世纪，自然科学家试图通过与大自然进行亲密接触来解开实现繁荣昌盛的密码，最终发现其中的奥秘。这种世俗的追求推动了高等化学、物理、数学、生物学、解剖学、历史、文学和心理学等学科的发展。

当下，人们试图通过各种方式来利用替代能源。与之类似，哲人之石也吸引了很多人的注意。人们想要对抗人类力量的弱小，对抗衰老、疾病与无知，因此人们希望找到哲人之石，而人们为此做出的努力推动了时代的发展，探索时代和复兴时代随之到来。同样，人们当前对储量丰富且无处不在的能源资源的追求也源于突破自身局限性的愿景，对自然资源耗尽的恐惧以及通过极少的付出实现繁荣昌盛的渴望。

就像古代的阿尔卡那一样，现代替代能源大趋势可以突破经济法规的边界，开辟新的繁荣之路，还将脱离社会的束缚。替代能源大趋势能够帮助人们掌控自然资源，实现永续增长，创造人与自然融为一体的世界，最终走向"历史的终结"。

1. 历史照进现实：永不停止追求进步与赋权的脚步

对与现代替代能源大趋势类似的历史事件的研究揭示了历史进程对现代的指导意义。历史与现代的相似之处表明，随着替代能源大趋势对人们看待社会挑战和经济挑战的方式的影响越来越大，替代能源大趋势终将成为准意识形态或信仰。尽管从科学的角度来讲，这种意识形态可能还站不住脚，但它确实能够激励人们抛弃寻常之路，走上别出心裁的探索道路。替代能源领域的专家认为，与其说开发替代能源是在寻找青春之泉，不如说替代能源能帮助行为主体实现能源多样性及能源独立、可持续发展、减少贫困、提升自决能力，进而导致地缘政治转变。

人们从未停止过对未知事物的探索：15 世纪，航海家亨利带领人们探索非洲航线，寻找神秘的长老约翰，以及西欧国家对东印度群岛的探索等。虽然冒险家和探险家通常会标榜其目标的崇高与神秘，但事实上，他们都有明确的指引。看当下，阿尔卡那教会我们的最实用的一课，就是要接受为实现期望目标而采取的手段的不可预测性，也要接受最终结果的不尽如人意。人们虽然没有成功研制出哲人之石，但探索的过程推动了科学的发展，为没有成果的追求赋予了意义，也为跨越文化、空间和时间鸿沟而深感困惑的探索者提供了共同的目标和语言。虽然人们尚未实现脱离苦难的美好愿望，但这一事实不能否定人们对探索解决方案的渴望。

替代能源开发也是如此。决策者应该从人类历史中寻找答案，思考怎样才能最好地探索替代能源这个新领域，而不是定义它。[3] 如何引导人们对探索解决方案的热情，要比争论问题是否真实存在，是否真的如我们认定的一般危急更加重要。替代能源大趋势背后的驱动因素可以被视为社会对人类寻求知识、解放和赋权的另一种形式的反映。

阿尔卡那被视为通往永恒的道路，能让人们永葆青春。阿尔卡那能够帮助人们战胜疾病，使人们长生不老。还能让人们从与大自然的日常斗争中脱身出来。替代能源与阿尔卡那一样，可以无限更新。替代能源已经带有意识形态的性质，人们对实际应用可再生能源的信念似乎不可动摇。替代能源的本质就是再生、重生和青春，代表着现代性与进步，是全世界共有的美好愿望。

人们一旦决定要追求发展，就往往会忽视发展的代价，或是"主动选择对未来的命运视而不见，让胆小的人也充满希望"。[4] 同样，阿尔卡那尽管追求个人利益、永生与精神启蒙，但不会通过改变个体的行为、道德立场及生活方式来实现。事实上，这些改变都应在掌握阿尔卡那之后自然而然地发生。此时，事物的发展上升到了新的层面，加快了启蒙时期的到来，拓宽了人类狭窄的视野，我们称为"理想精神"（Anagoge）。

同样，替代能源技术也会不断改进、修正并发展，进而形成现代科学的新前沿领域。最重要的是，世界各地的顶尖科学家和学术机构都已经涉足替代能源开发领域。

阿尔卡那是人类以完美、纯洁的方式与自然和谐共存的途径。阿尔卡那要求人们从无处不在的元素中提取纯粹的精华，因而我们可以认为它通过真正认识自然与创造实现了精神救赎。[5] 阿尔卡那融合了实践与意识形态框架，可以洗涤灵魂，提升境界，让人们"看透真理"。[6]

同样，替代能源开发可以在促进投资、技术进步、经济增长三者之间形成"良性循环"，而人们也认为，替代能源可以改变生活方式，在不破坏自然的前提下利用自然。这样一来，替代能源能够保护环境这一观点已经成为全球层面的共识。人们希望尽最大可能利用现有资源，因此"不仅可以遵循本性、按照普遍的方式行事，还可以跳出本性行事，化身'地球之王'"。[7]

人们曾经认为，探索阿尔卡那就是通往繁荣之路。在探索的过程中，人们采用了更大胆的方法，获得了更广阔的视野，努力"从黑暗走向光明，从沙漠荒野走向安全的居所，从贫穷困苦走向自由富足"。[8]寻求替代能源资源也为人类发展指明了一条不为资源枯竭和居高不下的资本需求所限的道路，同时能够帮助人们减少贫困，解决资源匮乏问题，提高生活水平。

替代能源取之不尽，用之不竭，因此人们不必处处节省，也无须反复权衡。换言之，你仍可以延续原来的生活，而且这些"神奇"技术不会破坏人类栖息地，因此你将有一种道德优越感。

通过研究替代能源大趋势类似物的历史，我们可以窥见替代能源大趋势的可能走向，更好地理解替代能源大趋势的本质、内涵及影响。替代能源与阿尔卡那都指出了一条通往人类进步的阶梯，且二者的初衷是相同的，都源于人类不愿意以牺牲某些东西为代价来实现某些目标。

在认同黑格尔辩证法的前提下，将替代能源大趋势放到阿尔卡那的背景下加以分析，能帮助我们预测替代能源大趋势可能引发的理性反应以及期望。随着时间的推移，替代能源的本质并没有发生改变，但人们对替代能源的感知方式不断被改造着，始于过去，历经矛盾，走向未来。在关键时刻，人们总是会对特定范式感到不满，此时人们往往会推翻既有范式，确立新的范式。[9]

这可能会导致意外结果。具体到 21 世纪全球化世界，意外结果可能包括全球安全问题、新意识形态以及道德困境的出现。

不再恐惧大自然，掠夺自然资源，是人类寻求新能源的根本动力。之前，炼金术士一往无前地寻求长生不老的秘方。如今，各个国家都在大力发展原子能，或是进行深层油气钻探。无论多么危险，替代能源大趋势都能长久持续下去，因为它有很高的道德基础。对替代能源保持浪漫、热情的信念是社会对未来的最佳投资。与其质疑替代能源对气候变化产生的正面影响，不如将其视为赋权之梦想、意识形态或信仰，借此调动人们的积极性，才能取得更多成效，正如阿尔卡那推动现代科学的发展一样。这会让我们的生活变得更好。

2. 现代的"物种差异"：处处都是安全化的栖息地，人人都是大自然的主宰者

在对替代能源大趋势和阿尔卡那进行比较时，关注两者之间的差异可以帮助我们更好地理解现代生活及其复杂性。从阿尔卡那的视角看替代能源大趋势，我们能够发现可再生能源现象引发变革的内在能力以及超越过去、不断迭代的能力，因此"事物真实的发展方式以及所谓的发展方式到底是否相同，本身就可能是由历史决定的"。[10] 替代能源开发的目的、方向与轨迹不断变化，最终在适当因素的催化下达到统一，其中的原因可以在历史中找到答案。尽管很多人始终不相信未来能够被预测，但通过对先验知识以及现有先验知识的研究分析，我们可以预测先验知识，进

而预测未来，[11] 因此借助过去来预测未来必将令我们获益。

阿尔卡那的故事告诉我们应该避开的死胡同有哪些。对阿尔卡那的追求被神秘主义所笼罩，新入门者也能相对安全、隐蔽地发挥作用，"阿尔卡那是一种完全不相容的东西，人们无法进入它的内部，只能依附于它"。[12] 为规避被边缘化、被扭曲的风险，现代人类对替代能源的追求必须具有一定的透明度、可及性以及对它的理解。

如果替代能源世界观成为精英们的信条，并经这些人之手进行传播，那么它终将走向消亡。获得能源从来不是精英们的问题，而是民众的问题，因此民主的方案才具有可行性。丰富的本土资源将融入人们的日常生活，获取替代能源将像逛超市买东西一样方便。

阿尔卡那终究难逃失败的命运，因为它只关注某个个体的幸福，而不是所有人的幸福。之所以这么说，是因为淘金者不愿意与他人分享金子和藏宝图。然而，在追求替代能源时，每个人都是受益者。阿尔卡那与现代替代能源现象的不同之处在于，阿尔卡那可以说是精英们的玩物，每位封建领主、中世纪国王都自成一派，拥护自己的自然哲学家。虽然替代能源大趋势受政治考量与实际情况的驱动，但其目的是造福全人类，而不是造福某个群体或某些人，更不是某些精英贵族的逐利工具。替代能源大趋势跳出了零和博弈的桎梏，实现了正收益，在造福个人的同时也造福了整个社会。这种意识形态成为社会共识之后，反对替代能源开发就将被等同于反对向善的力量。

不管替代能源大趋势的现状如何，与之有关的政治争议有多少，替代能源大趋势的未来似乎正逐渐明朗。我们之所以对替代能源大趋势的未来充满信心，是因为替代能源大趋势具有强有力的驱动因素，也有大范围的覆盖面。替代能源开发的未来主要取决于基础技术的发展以及替代能源大趋势的安全影响，而这些都是难以预料的。为了把替代能源推上更高的台阶，我们必须从开放的、安全的、以市场为导向的角度思考并应对其安全影响。要应对这些安全影响，就需要对替代能源大趋势进行进一步研究，毕竟"在获得知识与感知之前下断言、做决定是最糟糕的事情"。[13]

研究替代能源大趋势和阿尔卡那的共同点与差异性可以帮助我们理解替代能源大趋势的表现形式和关键因素，理清替代能源大趋势的社会历史驱动因素。从替代能源现象中，我们可以看出人类是怎样应对重大挑战的，理解为什么人们从道德角度和物质角度反复考量以技术进步为代表的人类发展。

尽管替代能源大趋势将产生广泛的全球安全影响，而且在21世纪的全球安全架构中整合替代能源大趋势面临许多挑战，但社会对替代能源大趋势成果的价值判断不断推动着替代能源的发展。这里所说的价值并不在于一开始就设定好的目标和指标，而在于发展和获取知识的过程本身。

注释

引言

1   J. A. Leo Lemay and P. M. Zall, *Benjamin Franklin's Auto- biography*, Part III (New York: W. W. Norton & Co., 1986), 108.

2   Lucius Apuleius, *The Golden Ass* (Cambridge, MA: Harvard University Press, 1915).

3   综合研究方法非常适合跨学科领域的研究。Deborah Vess and Sherry Linkon, "Navigating the Interdisciplinary Archipelago: The Scholarship of Interdisciplinary Teaching and Learning," in *Disciplinary Styles in the Scholarship of Teaching and Learning: Exploring Common Ground*, eds. M.T. Huber & S. Morreale (Washington, D.C.: American Association for Higher Education, 2002), 87–106.

4   "大国竞争"一词曾被广泛应用于各种理论及实践框架之中，现在亦是如此。新"大国竞争"这一概念在 2017 年走入了人们的视野。2017 年《美国国家安全战略》、2018 年《美国国防战略》（该战略将大国竞争视为"长期性战略竞争"）及 2018 年《美国国家军事战略》均提及"大国竞争"一词。

5   本书将制定应急措施的社会机构与现存并不断发展的安全机制、实践和制度整合到了安全一词的概念之中，这一概念也囊括了安全化及安全的方方面面。安全一词的定义如今仍颇具争议。联合国《1994 年人类发展报告》中提到，人类安全涉及经济安全、健康安全、食品安全、环境安全、人身安全、社区安全、政治安全等七个基本领域。在该报告发布后，人类安全学派成立，其宗旨是保护人类免受伤害。UN Human Development Report 1994: New Dimensions of Human Security (United Nations, 1995). 更多有关人类安全的内容，参见 Edward Newman and Oliver P. Richmond, eds., *The United Nations and Human Security* (Basingstoke: Palgrave Macmillan, 2001); J. Peter Burgess and Taylor Owen, eds., "Special Section: What Is Human Security?," *Security Dialogue* 35, no. 3 (September 2004): 345‒87; Mary Kaldor, *Human Security: Reflections on Globalization and Intervention* (Cambridge: Polity Press, 2007); Rita Taureck, "Securitization Theory and Securitization Studies," *Journal of International Relations and Development* 9, no. 1 (2006): 53–61.

6　1814 年签订的《肖蒙条约》详细界定了大国与小国之间的区别。

第一章

1　Heraclitus, *Fragments*, trans. Brooks Haxton (New York: Penguin Classics, 2003), 19.

2　现实的社会建构这一概念认为，个人及群体在社会系统中相互联系，相互影响。其中产生的观念及知识会逐渐融合到一个框架之中。随着时间的推移，这个由概念及心理表征构成的框架逐渐开始决定个人与群体的行为。最终，人们都会习惯这种概念框架，进而受其约束，努力融入人与人相互关联的社会之中。个体之间的相互作用及其背景逐渐渗透到社会的其他层面，并将相应的成员吸纳到这个框架之中。当人们对这种相互作用习以为常并将其应用于实践中时，我们就说这些行为被制度化了。在制度化的过程中，意义被嵌入社会行为中，形成了特定的行为模式，进而影响未来的发展。关于现实的社会建构，见 Thomas Luckmann and Peter L. Berger, *The Social Construction of Reality: A Treatise in the Sociology of Knowledge* (London: Penguin, 1991); David Newman, *Sociology: Exploring the Architecture of Everyday Life* (Thousand Oaks, CA: Pine Forge Press, 1995). 关于在科学研究中使用的建构主义方法，可参考 Olav Eikeland, "From Epistemology to Gnoseology—Understanding the Knowledge Claims of Action Research," *Management Research News* 30, is. 5 (2007): 344–58.

3　Rob B. J. Walker, "Security, Sovereignty, and the Challenge of World Politics," *Alternatives* 15, no. 1 (Winter 1990): 11. 更多有关地缘政治学的相关信息，见 Kevin R. Cox and Murray Low, "Political Geography in Question," *Political Geography* 22 (2003): 599–602.

4　21 世纪，国家安全的概念逐渐扩大，现已涵盖了以能源为主的资源领域，包括国家维持自身生存及向其他国家施压所需的资源。表面上看，这是为了推动本国国防事业发展，而实质上则是为了解决因依赖外部能源供应国而造成的能源安全供给的脆弱性。

5　以前人们认为，"如果一个国家不会因为避免战争而抛弃核心价值，或即便陷入战争也能无往不胜，从而使其核心价值得到保留，那么这个国家就是安全的"。Walter Lippmann, *U.S. Foreign Policy: Shield of the Republic* (Boston: Little, Brown and Company, 1943): 51.

6　狭义的安全是由主体及意图组成的事件所构成的。缺乏主体或意图的事件被归入国内"低级"政治的范畴。因为能够并且意图造成暴力事件的威胁更可能来自外部国家，所以狭义安全具有鲜明的国际色彩。David Baldwin, "Security Studies and the End of the Cold War," *World Politics* 48 (1995): 131.

7　Hans Morgenthau, "Another 'Great Debate': The National Interest of the United States," *Classics of International Relations*, ed. J. Vasquez (Englewood Cliffs, NJ: Prentice Hall, 1982), 973.

8 关于安全考量范围的扩大，见 Richard Wyn-Jones, *Security, Strategy and Critical Theory* (Boulder, CO: Lynne Rienner, 1999); Mohammed Ayoob, "Defining Security: A Subaltern Realist Perspective," *Critical Security Studies: Concepts and Cases*, eds. K. Krause and M.C. Williams (London: UCL Press, 1997), 121–47.

9 环境安全包括缓解资源枯竭、环境对经济活动的影响、环境对国土完整及人们生活造成的威胁、因人类栖息地被破坏而导致的国家内部及国家间冲突等内容。更多关于环境安全的信息以及环境退化与国家和公民安全之间日益密切的联系的信息，见 Michael Renner, *Fighting for Survival: Environmental Decline, Social Conflict, and the New Age of Insecurity* (New York: W. W. Norton & Co., 1996).

10 经济安全包括经济增长、稳定、适应经济冲击与经济波动的能力，以及国内和国际上其他形式的经济福利问题，参考 Beverly Crawford, "The New Security Dilemma under International Economic Interdependence," *Millennium* 23, no. 1 (1994): 25–55; Andrew F. Krepinevich, Jr., "National Security Strategy in an Era of Growing Challenges and Resource Constraints," *Center for Strategic and Budgetary Assessments Perspective*, June 2010. 该文章最初于 2010 年 5 月 13 至 14 日在普林斯顿大学国际安全研究中心举办的"金融危机的地缘政治制约因素"研讨会下设的"美国大战略的本土制约因素"专题会上发表。经济安全也是"军事实力的物质基础，且一直是评估军事潜力的出发点"。引自 Emily O. Goldman and Leo J. Blanken, "The Economic Foundations of Military Power," *Guns and Butter: The Political Economy of International Security*, ed. Peter Dombrowski (Boulder, CO: Lynne Rienner Publishers, 2005), 37.

11 詹姆斯·斯塔夫里迪斯海军上将（已退役）说："……我非常关注地球的健康，全球变暖、干旱、海平面上升、冰冠融化、剧烈的暴风雨等。

刚才提到的挑战都很严峻，但我仍旧谨慎乐观，因为有些事情正顺利推进。"

12　Kissinger, Henry. "The Future Role of the IEA." October 14, 2009, Paris, France.

13　区域化与全球化背道而驰。区域化的特点是形成新的中心并向外延伸，进而形成新的力量投射形式，且关键中心及其外延的转移速度不断加快。这些特征源于不同的区域规范和社会形式，霸权主义、排他主义及普遍主义皆有。区域化有几个层次：地理层次、社会层次、组织合作层次、区域民间社会层次，以及带有显著特点的"行动主体"层次。此外，区域主义的兴起也意味着"民族国家体制"的逐渐消逝，而冷战的结束加速了这一进程。Björn Hettne, "The Double Movement: Global Market versus Regionalism," *The New Realism: Perspectives on Multilateralism and World Order*, ed. R. W. Cox (New York: United Nations University Press, 1998).

14　哥本哈根学派将安全化视为"言语行为"。安全化理论认为，说了就等于做了。这是另一种改造世界的方式。言语的实际作用见 John Austin, *How to do Things with Words* (Oxford: Clarendon Press, 1962).

15　巴里·布赞（Barry Buzan）最先将能够制定区域性安全议程的地区安全复合体定义为"一些国家因安全问题相互关联过于紧密而形成的一个不可分割的集体"。更多资料可参考 Barry Buzan, *People, States and Fear: The National Security Problem in International Relations* (Hemel Hempstead: Harvester Wheatsheaf, 1983).

16　在某种程度上，国家之间相互联动的框架结构不断延伸，进一步证明了建构主义国际关系观，即地缘政治主体之间的互动就是富有的国家及贫穷的国家因争夺某种经济利益而产生的相互竞争。Edward H. Carr, *The Twenty Years' Crisis, 1919-1939*, 2nd ed. (London: Macmillan, 1946).

17　同样，某一个体的现存威胁也会影响到其他个体，给它们造成一定风险。这种风险不一定意味着威胁已经存在于现实之中，或是作为一种概念存在。决策者面临着社会压力，致使他们在威胁实际形成之前就开始呼吁要应对风险。这种现象既存在于"反恐战争"，又可见于气候变化问题。Rens Van Munster, *Logics of Security: The Copenhagen School, Risk Management and the War on Terror* (University of Southern Denmark, Political Science Publications, 2005); Holger Stritzel, "Towards a Theory of Securitization: Copenhagen and Beyond," *European Journal of International Relations* 13, no. 3 (2007): 357–83.

18 非国家行为主体包括政府间组织、超国家组织、非政府间国际组织、跨国公司、G7 和 G20 等经济及政治团体、掌握大量财富的个人和国际知名人士，以及恐怖组织、有组织犯罪团伙及类似团体。

19 人类文明史上盛行的安全概念基于一个大前提，即安全的指涉对象是国家，国家保卫着公民的安全。个人将自身安全托付于国家，国家因此承担起了安全化责任。鉴于此，安全化行动主要存在于国家间和国际关系层面，侧重于国防，第二次世界大战之后侧重点日益向能源及核扩散倾斜。这样一来，明确的安全考量走入了"高级"政治领域。这也是国家作为需要应对安全威胁的主要行为主体的专属领域。Emma Rothschild, "What is Security?" *Daedalus* 124, no. 43 (1995): 53–90; T. Hobbes, *The Leviathan* (Abingdon: Oxford University Press, 1998).

20 Kenneth Waltz, *Theory of International Politics* (Reading, MA: Addison–Wesley, 1979), 168.

21 有关安全化意图及能力，参考 David Singer, "Threat–Perception and the Armament–Tension Dilemma," *Journal of Conflict Resolution*, 2 (1958).

22 Robert Owen Keohane and Joseph S. Nye, Jr., *Power and Interdependence* (Harlow: Longman, 2001).

23 Jessica T. Mathews, "Redefining Security," *Foreign Affairs* 68, no. 2 (1989): 162–77.

24 全球化及通信技术的迅速发展不仅消除了安全化的地理限制，还消除了时间限制。也就是说，在威胁真正到来之前，安全化行为主体仍有时间采取安全化行动，从而抵御威胁带来的影响。

25 比如，某些受众不会支持带有宗教、种族或性别歧视色彩的抵御威胁的方式。通过封禁伊斯兰教的方式对抗中东的原教旨主义这一安全化举措大概率不会成功。

26 安全化的可接受性取决于对政治关系、价值观及选择合适的安全化工具等事项作出的一系列假设。也就是说，行为主体和受众对安全化而言缺一不可。Matt McDonald, "Constructing Insecurity: Australian Security Discourse and Policy Post–2001," *International Relations* 19, no. 3 (2005): 297–320.

27 例如，沃伦·巴菲特（Warren Buffett）的经济安全言论可能引发经济安全行动（行动主体不局限于他本人），也可能让美国有线电视新闻网（CNN）和英国广播公司（BBC）等在全球享有盛誉的媒体网络争相报道。报道可能引发从教育到野生动物保护等一系列全球安全行动。K. Booth, "Security and Emancipation," *Review of International Studies* 17 (1991): 313–26,

28 这里举一个历史最久远的例子：德摩斯梯尼（Demosthenes）呼吁雅典对马其顿国王腓力采取行动，因为他认为马其顿国王腓力的侵略政策对雅典人的生命安全造成了威胁。人们有时认为这种安全化背景代表着安全"构建"行为。再举一个现代的例子：2007—2008 年爆发的全球金融及经济危机说明，当时人们就世界金融体系实现安全化的尝试是不够的。那次金融危机也迫使安全化主体（国家、多边组织、行业协会等）及受众（媒体、政党、非政府机构、大众社会运动等）制定新规则，从而应对全球金融及经济系统受到的威胁。

29 Robert Kagan, "Power and Weakness," *Policy Review* 113 (June/July 2002).

30 现如今通行的安全化行动在过去是不常见的。征兵或组建正规军等安全化措施并不是过去的常规做法。在古罗马，公民如果想要加入罗马军队，就必须积累一定的财富。古罗马只有在要采取特定行动时才会征兵，而且行动结束后，士兵就会被遣散，重新回归日常生活。直到约公元前 2 世纪末，受盖乌斯·马略（Gaius Marius）的影响，征兵改革才开始盛行。见 Sallust, *Sallust*, trans. John Carew Rolfe (London: Harvard University Press, 1960). 在接下来的两个多世纪里，罗马频频遇到征兵问题，因为这与当时人们的普遍认知颇有出入。如今，很多国家都实行定期征兵制度，人们对此并无微词。

31 安全考量的范围扩大、程度加深，使得安全法则的学术性与实践性之间的一致性降低，参考 Stephen Walt, "The Renaissance of Security Studies," *International Studies Quarterly* 35, no. 2 (1991): 211–39.

32 有人认为，安全考量范围的不断扩大会让安全变得面目全非，永无实现的可能。Gregory Koblentz, "Biosecurity Reconsidered: Calibrating Biological Threats and Responses," *International Security* 34, no. 4 (2010): 96–132.

33 政策是理性选择的产物。政策有时被定义为"基于已有标准或原则，对所有可能结果进行比较评估，进而选择出的全部人类行为"。E. J. Meehan, "The Concept 'Foreign Policy,'" in *Comparative Foreign Policy: Theoretical Essays*, ed. W. F. Hanrieder (New York, David McKay, 1971), 269.

34 关于安全方法的相互关系及相互影响，见 Ulrich Beck, *Risk Society: Towards a New Modernity* (London: Sage Publications Ltd., 1992).

35 去安全化认为，人们过度关注国家的安全化主要主体这一角色，且对安全化的理解还不够深入，只是介入了一些问题。这些问题会让安全化行为主体采取不明智的行动，并且不够重视处理现存的安全问题。这种去安全化观点与哈贝马斯（Habermas）的理念较为接近。他认为，赋权、解放安全受众就是安全化的最佳形式。J. Ann Tickner, *Gender*

in International Relations: Feminist Perspectives on Achieving Global Security (New York: Columbia University Press, 1992).

36　世界互动背后的隐含规则保留了现实主义地缘政治学的无政府主义特征。行为主体的行为角色仍将由自身的重要利益决定，同时额外考虑了外部影响因素造成的必然影响。Philip Cerny, "Plurilateralism: Structural Differentiation and Functional Conflict in the Post–Cold War World Order," *Millennium* 22, no. 1 (1993): 27–51.

37　现实主义传统认为，维持社会秩序的条件有："第一，所有社会都努力在一定程度上保护公民，使其免受致死或致伤的暴力侵犯；第二，所有社会都努力兑现承诺，履行协议；第三，所有社会都想确保公民财产的稳定性，且其稳定性不会被一直挑战。" Hedley Bull, "Society and Anarchy in International Relations," in *Diplomatic Investigations*, eds. H. Butterfield and M. Wight (Cambridge, MA: Harvard University Press, 1968), 35–50.

38　John Naisbitt, *Megatrends: Ten New Directions Transforming Our Lives* (New York: Warner Books, 1982).

39　World Energy Council, *World Energy Resources Hydropower 2016.*

40　据圭亚那政府估测，阿迈拉瀑布水电站项目将耗资 8.4 亿美元。中国国家开发银行为该项目提供大部分贷款，美洲开发银行提供 1.75 亿美元贷款。国有电力公司圭亚那电力与照明公司（GPL）要向阿迈拉联合财团支付约 1 亿美元费用，所以短期内电力价格不会下降，反而会上升。阿迈拉瀑布水电站的开发商支付的政治风险保费高达 5600 万美元。该水电站的总装机容量高达 165 兆瓦。如果该发电站能顺利投入运营，那么它的发电量将超过圭亚那目前的用电量。

41　指总装机容量小于或等于 20 兆瓦的水电站。

42　例如，土耳其目前正在底格里斯河和幼发拉底河上修建 22 座大坝，此举会导致下游河流流量减少，进而导致可供农民使用的水资源减少，河流本身及其两岸土地的生态平衡受到威胁。这遭到了叙利亚和伊拉克两国的抗议。

43　涡轮机叶片旋转产生电流，之后经由风电厂处理，输送到国家电网中。小型独立涡轮机也能为偏远地区或个别家庭供电。

44　U.S. Department of Energy, "History of U.S. Wind Energy," *Energy Efficiency and Renewable Energy*.

45　同上。

46　REN21. *Renewables 2017 Global Status Report*.

47　同上。

48　同上。

49　埃隆·马斯克（Elon Musk）曾表示，如果"我们只有太阳能这一种能源，那么只需要利用不到西班牙国土那么大的面积，就能满足整个欧洲的用电需求"。

50　James Newton, *Uncommon Friends: Life with Thomas Edison, Henry Ford, Harvey Firestone, Alexis Carrel and Charles Lindbergh* (New York: Harcourt Brace Jovanovich, 1987), 31.

51　光伏发电的原理是利用半导体材料制成的光伏电池将太阳能直接转化为电能。聚光太阳能发电设备把太阳光线的能量聚集到吸热器上，将其加热到一定温度。这些热量先经由涡轮机等发动机转化为机械能，然后再转化为动能。截至 2012 年年末，全球光伏发电装机容量已超过1000 亿瓦。REN21, *Renewables 2013 Global Status Report* (Paris: REN21, 2013), 40.

52　World Energy Council, *World Energy Resources Report 2016*, https://www.worldenergy.org/wp-content/uploads/2016/10/World-Energy-Resources-Full-report-2016.10.03.pdf.

53　同上。

54　REN21, *Renewables 2017 Global Status Report*.

55 聚光光伏是通过透镜或曲面镜将太阳光汇聚到小型高效太阳能电池中的光伏技术。

56 工业用生物质包括芒草、柳枝稷、大麻、玉米、杨树、柳树、高粱、甘蔗等植物，以及桉树、棕榈树等树种。作物不同，加工过程也不尽相同，但最终产品大同小异。藻类生物燃料和第二代（纤维素）乙醇通过试验阶段后，也将成为新的生物燃料技术。Nancy Stauffer, "Research Spotlight: Algae System Transforms Greenhouse Emissions into Green Fuel," *The MIT Energy Research Council*, 2006, accessed December 5, 2013, http://web.mit.edu/erc/spotlights/alg–all.html.

57 截至 2021 年年底，生物质发电量已近 830 亿瓦。REN21, *Renewables 2013 Global Status Report*, 27.

58 Rudolf Diesel, *The Theory and Construction of a Rational Heat Engine* (London: E & F. N. Spon, 1894), 9.

59 REN21, *Renewables 2017 Global Status Report*.

60 缺乏种植、收获、加工和使用生物质的产业链是挑战之一。此外，与石油基燃料相比，生物乙醇和生物柴油的热值更低。

61 使用掺混生物乙醇的燃料会腐蚀传统发动机内表面的燃油导轨等部件。目前，只有一小部分汽车可以正常使用生物乙醇掺混率高于 10% 的燃油。美国只有 3% 的机动车可以正常使用混合燃料。预知详情，可参考 International Energy Agency, "Technology Brief T06—June 2010" (Paris: IEA, 2010).

62 美国和巴西是世界上最大的乙醇生产国。多年来，两国就美国的关税及补贴问题一直存在分歧。美国对每加仑进口乙醇征收 54 美分关税。这项关税政策能够保护美国玉米种植者的权益，因为美国使用玉米制造生物乙醇，其成本比巴西使用甘蔗制造生物乙醇的成本更高。2012年 1 月，美国政府叫停了对国内生产商长达 30 年的补贴机制，并取消了进口乙醇的高额关税。这一举措促进了美巴二国的乙醇生产及消费合作，支持了非洲和拉丁美洲的新市场，也建立了统一的全球标准。Brian Winter, "Insight: U.S. and Brazil—At Last, Friends on Ethanol," *Reuters,* September 14, 2012, accessed December 3, 2013.

63 地热能利用了热岩石加热地下水时产生的热量。发电机利用从地热井中开采出来的蒸汽发电。地热可以持续发电，因此一旦解决其实际应用问题，地热就可以作为基荷电源进行发电。但现实情况是，恰当的可渗透岩层结构及可捕获的热液能通常无法同时存在。Ronald Dipippo, "Ideal Thermal Efficiency for Geothermal Binary Plants," *Geothermics* 36, no. 3 (June 2007), and *The Future of Geothermal Energy—Impact of Enhanced Geothermal Systems (EGS) on the U.S. in the Twenty-First Century* (Cambridge, MA: Massachusetts Institute of Technology, 2006).

64 项目介绍见 www.forgeutah.com/.

65 https://www.cornwall.gov.uk/business/economic−development/geothermal/.

66 引自 *Nature* 344, is. 6262 (March 1990): 102.

67 "目前，潮汐能可由三种途径获取：潮汐流、潮汐能发电站和潮汐潟湖。大多数潮汐能发电装置的涡轮机都安装在潮汐流中。潮汐流是潮汐产生的快速流动的水体。涡轮机利用空气（风）、液体（水）等流体的流动产生动力。水的密度比空气大，所以潮汐能比风能更强大。与风不同的是，潮汐可以预测，且非常稳定。潮汐发电机可以产生稳定可靠的电流。"National Geographic Education, accessed March 29, 2014, http://education.nationalgeographic.com/education/encyclopedia/tidal−energy/?ar_a=1.

68 REN21, *Renewables 2017 Global Status Report.*

69 World Energy Council, *World Energy Resources 2016.* 关于波浪能的更多信息，可参考 K. Gunn and C. Stock−Williams, "Quantifying the Potential Global Market for Wave Power," paper presented at the *4th International Conference on Ocean Engineering,* Dublin, October 17, 2012.

70 World Energy Council, *World Energy Resources 2016*.

71 燃料电池通过氢气与氧气发生电化学反应进行发电。只要供应燃料（氢气），燃料电池就能发电。自 20 世纪 70 年代以来，美国国家航空航天局一直使用液氢作为燃料，助推航天飞机和其他火箭升空，进入指定轨道。氢燃料电池为航天飞机的电力系统提供动力，其电化学反应能产生清洁的副产品（纯净水），供机组人员饮用。燃料电池最好使用纯氢，但天然气和甲醇甚至汽油也可以用来作为燃料电池的燃料。关于燃料电池技术的应用，见 Sandra Curtin and Jennifer Gangi, *Fuel Cell Technologies Market Report 2016* (Washington, D.C.: U.S. Department of Energy, 2017).

72 同上。

73 国际热核聚变实验堆计划于 2006 年启动，到 2018 年建设进度过半，预计 2035 年左右将进行核聚变运行测试。计划成员有欧盟、中国、印度、日本、韩国、俄罗斯和美国。

74 https://www.bloomberg.com/news/features/2017-10-20/renewable-energy-threatens -the-world-s-biggest-science-project.

75 国际热核聚变实验堆计划的建设资本主要来自欧盟（约占 45.6%），其余资本来自中国、印度、日本、韩国、俄罗斯和美国（各约占 9.1%）。成员们为项目提供的货币支持很少，90% 的投资以实物形式完成，包括向组织提供组件、系统或建筑等。

76 European Fusion Development Agreement, *Fusion Electricity: A Roadmap to the Realisation of Fusion Energy* (EFDA, November, 2012), 66.

77 引自 https://www.bloomberg.com/news/features/2017-10-20/renewable-energy-threatens the world-s-biggest-science-project/, accessed December 12, 2017.

78 关于电磁与电力，可参考 https://www.eia.gov/energyexplained/index.cfm?page=electricity_magnets.

79　日本科学家进行了将太阳能转化为激光并以微波形式传输到地面的试验。日本宇宙航空研究开发机构（Japan Aerospace Exploration Agency）致力于将太阳能发电机送入地球静止轨道，以实现到 2030 年向地球传输 10 亿瓦特能量（相当于一个大型核电站的发电容量）的目标。能量将以微波或激光的形式传输到地球表面，然后在地球上转化为电能供商业电网使用，或以氢气的形式储存起来。这一研究为获得无限的无污染能源带来了曙光。"Practical Application of Space-Based Solar Power Generation," interview with Yasuyuki Fukumoro, *Japan Aerospace Exploration Agency*, April 2010.

80　Byung Yang Lee et al, "Virus-Based Piezoelectric Energy Generation," *Nature Nanotechnology* 7 (May 2012): 351 – 356.

81　Freeman Dyson, *Disturbing the Universe* (New York: Harper & Row), 212. 戴森根据能源生产及使用情况将文明划分为三个类型：一级文明即可以掌握所在行星的全部能源，再有一两百年时间就能达到；二级文明即可以掌握所在恒星系统的全部能源；三级文明即耗尽恒星系统的能源，并开发新型能源。

82　"国家必须保持经济增长，同时必须使用可再生能源，从而满足环境的可持续性。" Hon. Condoleezza Rice, *Common Ground Panel at Notre Dame*, March 20, 2019, South Bend, Indiana.

83　更多有关决定未来变化的驱动因素，见 Joel Garreau, *Radical Evolution* (New York: Doubleday, 2005); James Canton, *The Extreme Future* (New York: Dutton, 2006).

84　虽然替代能源大趋势的安全化由若干驱动因素组合而成，但替代能源大趋势作为一个整体的安全化内涵比每个驱动因素安全化内涵的简单叠加更复杂，也更高级。这种元安全化是更高层面、更抽象的安全化，也是不同因素的和谐统一。关于元安全化及元进程，请参见 Willard Van Orman Quine, "Logic Based on Inclusion and Abstraction," *The Journal*

of Symbolic Logic 2, no. 4 (December 1937): 145–52, http://philpapers.org/
rec/QUILBO accessed January 9, 2014; Ludwig von Bertalanffy, *General
System Theory: Essays on its Foundation and Development* (New York:
George Braziller, 1968). 关于使用元分析方法进行定量效应估计，参
见 Gene V. Glass, "Primary, Secondary, and Meta-Analysis of Research,"
Educational Research 5 (1976): 3–8.

85 "欧洲晴雨表"民意调查显示，近三分之二的受访者认为减少从欧盟
以外进口化石燃料可以提高欧盟能源供应的安全性，且有利于欧盟经
济发展。Special Eurobarometer 45, *Climate Change* Report (EC, September
2017).

86 美国约83%的保守派共和党人士及高达97%的自由派民主党人士支
持建设更多的太阳能电池板发电厂。各党派及意识形态团体也同意扩
大风能发电设施的建设规模。Cary Funk and Brian Kennedy, *The Politics
of Climate* (Pew Research Center, October 2016).

87 Robert Mabro, *Oil in the 21st Century: Issues, Challenges and Opportunities*
(New York: Oxford University Press, 2006).

88 R. James Woolsey, "High Cost of Crude: The New Currency of Foreign
Policy," testimony of R. James Woolsey (U.S. Senate Committee on Foreign
Relations, November 16, 2005).

89 "Rethinking Renewable Mandates" by Gail Tverber, Our Finite World, July
31, 2019, accessed June 17, 2020.

90 由于需求增加，围绕石油等化石燃料展开的竞争将持续升级，并可能
导致重大冲突。分析人士预计，基于目前和预估的消耗速度，石油
资源将于2051年耗尽。M. King Hubbert, "Nuclear Energy and the Fossil
Fuels," in *Drilling and Production Practice* (American Petroleum Institute,
1956), 7–25; David Deming, "Oil: Are We Running Out?," in *Petroleum
Provinces of the 21st century, AAPG Memoir 74*, eds. M.W. Downey, W.

A. Morgan, and J. C. Threet (Tulsa: The American Association of Petroleum, 2001), 45–55.

91   Julian Simon, *The Ultimate Resource 2* (Princeton: Princeton University Press, 1998).

92   有关环境威胁和气候变化的更多内容，参见 B. Metz et al., *Climate Change 2007: Mitigation, Contribution of Working Group III to the Fourth Assessment, Report of the Intergovernmental Panel on Climate Change* (Cambridge: Cambridge University Press, 2007); Greenpeace and European Renewable Energy Council, *Future Investment: A Sustainable Investment Plan for the Power Sector to Save the Climate* (Greenpeace, 2007), accessed December 3, 2013, *Stern Review on the Economics of Climate Change* (London: HM Treasury, 2006).

93   1970 年 7 月 9 日，理查德·尼克松以行政命令的形式向美国国会提交了 3 号重组计划，将多个联邦政府分支机构整合为独立的美国政府机构，即美国国家环境保护局。

94   关于"智慧城市"概念，参见 Andrés Monzón, "Smart Cities Concept and Challenges: Bases for the Assessment of Smart City Projects," in *Smart Cities, Green Technologies, and Intelligent Transport Systems*, eds. M. Helfert et al. (4th International Conference, SMARTGREENS, 2015, and 1st International Conference VEHITS 2015, Lisbon, Portugal, May 20 – 22, 2015, Revised Selected Papers, Springer International Publishing, Switzerland 2015).

95   阿基米德杠杆是一种隐喻，源自哲学家阿基米德的一句名言：给我一个支点，我就能撬起整个地球。这一隐喻代表"外在"事物可以改变"内在"条件，例如让遥不可及的东西变得唾手可得。

96   Peter Truscott, "European Energy Security: Facing a Future of Increasing Dependency," *Whitehall Paper* 73 (London: Royal United Services Institute for Defence and Security Studies, December 11, 2009): 54, accessed

December 24, 2013.

97 *The Next Economic Growth Engine: Scaling Fourth Industrial Revolution Technologies in Production*, World Economic Forum White Paper, in collaboration with McKinsey & Company, January 2018.

98 关于具有广泛行业影响及重大破坏潜力的战略技术趋势和重要技术，参见 PwC Global, *Tech Breakthroughs Megatrend: How to Prepare for Its Impact* (PwC, Global Technology Megatrends, 2016), https://www.pwc.com/gx/en/issues/technology/tech−breakthroughs−megatrend.pdf; David W. Cearley et al., *Top 10 Strategic Technology Trends for 2018* (Gartner, October 3, 2017).

99 Massimov, Karim. "*THE NEXT MASTER OF THE WORLD: Artificial Intelligence.*" Amanat Publishing House LLC, 2019.

100 Flaherty T., Schwieters N., and Jennings S., *2017 Power and Utilities Industry Trends* (PwC, 2017).

101 William Petty, *A Treatise of Taxes and Contributions* (London: Obadiah Blagrave, 1679), 53.

102 Emanuel Adler and Beverly Crawford, *Progress in Post-War International Relations* (New York: Columbia University Press, 1991).

103 关于"将政策用作暴力"以及安全领域中军事力量与地缘政治力量的联系，参见 Michael Dillon, "Governing Terror: The State of Emergency of Biopolitical Emergence," *International Political Sociology* 1, no. 1 (March, 2007): 8.

104 Thomas Robert Malthus, *An Essay on the Principle of Population* [Oxford World's Classics reprint, 2008 (1798)]. 马尔萨斯的人口理论假定人口以几何级数增长，食物以算术级数增长，推断这可能导致人类终将丧失生活资料。

105 有关社会秩序及技术发展之间的相互影响，参见 Wiebe Bijker, *Of Bicycles, Bakelites, and Bulbs: Toward a Theory of Sociotechnical Change*

(Cambridge: MIT Press, 1995).

106 Auguste Comte, *Positive Philosophy*, ed. and trans. Harriet Martineau (New York: Calvin Blanchard, 1858), 30.

107 尽管社会态度不断变化，技术革命仍保持着坚定性及持续性，这决定了技术革命对社会和社会政治现象的影响。A.M. Hommels, *Unbuilding Cities: Obduracy in Urban Societechnical Change* (Cambridge: MIT Press, 2005).

108 Stephen Hadley. Podcast. *Tom Donilon and Stephen Hadley talk with Michael Morell on "Intelligence Matters"*. CBS News, January 29, 2020.

109 由于非西方重要军事力量及其他行为主体不断崛起，以替代能源为首的整体技术发展的国防重要性正在不断变化。关于技术对国家安全的影响，见 Michael G. Vickers and Robert C. Martinage, *The Revolution in War* (Washington, D.C.: Center for Strategic and Budgetary Assessments, 2004); R.V. Ericson and A. Doyle, *Uncertain Business: Risk, Insurance, and the Limits of Knowledge* (Toronto: University of Toronto Press, 2004).

110 Colin Flint, *Introduction to Geopolitics* (New York: Routledge, 2006), 39.

111 社会物质性因素是社会实践要素，意思是"围绕着对实践的共同理解而进行的具体的，以物质为中介的人类活动"。Karin Knorr-Cetina, Theodore R. Schatzki, and Eike von Savigny, *The Practice Turn in Contemporary Theory* (London: Routledge, 2001), 2.

112 事物总是有两个对立面这种观点如今被称为二元论。

113 Jennifer Taylor, "Ethics of Renewable Energy" (paper submitted to *World Wind Energy Conference*, York, York University, 2008), 5, accessed May 22, 2012.

114 Robert S. Litwak, *Détente and the Nixon Doctrine: American Foreign Policy and the Pursuit of Stability, 1969–1976* (Cambridge: Cambridge University Press, 1984), 5.

115 Paul Quirk, "Energy Report: Ethical Analysis of Renewable Energy and Conservation," October 17, 2012.

116 Václav Havel and Paul Wilson, "The Power of the Powerless," in *Open Letters: Selected Writings, 1965–1990*, ed. Paul Wilson (New York: Vintage Books, 1992), 15.

117 Hans Jonas, *The Imperative of Responsibility: In Search of an Ethics for the Technological Age* (Chicago: University of Chicago Press, 1984), 6.

118 针对不可再生能源的限制性政策通常包括税费、交易许可、自愿性协议、补贴和激励、生产配额、价格限制及指导价、研究开发、信息传播等。面向可再生能源的激励政策包括为可再生能源发电商提供高于传统燃料发电价格的上网电价，以及要求电力零售公司按总购电量一定比例收购可再生能源发电量等。其他政策也有一定影响力，如净电量结算、电力成本均衡及燃油稳定等。

119 Bill McKibben, *Enough: Staying Human in an Engineered Age* (New York: Henry Holt and Company, LLC, 2004).

120 Henry Kissinger and George Shultz, "Finding Common Ground," *New York Times,* September 30, 2008. http://www.nytimes.com/2008/09/30/opinion/30iht-edkissinger.1.16585986.html?pagewanted=all&_r=0.

121 José E. Alvarez, *International Organizations as Law-Makers* (Oxford: Oxford University Press, 2005).

122 United Nations General Assembly, "Transforming Our World: The 2030 Agenda for Sustainable Development," resolution adopted by the General Assembly on 25 September 2015, A/RES/70/1 (October 21, 2015), http://www.un.org/ga/search/view_doc.asp?symbol=A/RES/70/1&Lang=E. 各成员国在联合国特别峰会上通过了这项决议。决议包含 17 个可持续发展目标（SDGs）和 169 个具体目标，辐射气候变化、经济不平等、创新、可持续消费、和平与正义等领域，也包括"让所有人都能获得负担得起的、

可靠的、可持续的现代能源”的能源目标。这些覆盖全球国家的目标亟待实现，各国政府也在充分考虑自身国情的基础上制定了相应的国家目标。为推动可持续发展目标的实现，确保各成员国不会半途而废，联合国在《2030年可持续发展议程》中纳入了后续审查机制，授权联合国高级别可持续发展政治论坛监督评估成员国行动产生的影响。

123 现有的国际法律框架基于各国在最低价格、配额措施和能源补贴等方面的义务和承诺建立。Robert Howse, *World Trade Law and Renewable Energy: The Case of Non-Tariff Barriers* (United Nations, New York and Geneva, 2009), accessed December 12, 2013, http://unctad.org/en/docs/ditcted20085_en.pdf.

124 Richard Haass, Statement of President of the Council on Foreign Relations Richard N. Haass, Committee on Armed Services, U.S. House of Representatives, Washington, D.C., March 11, 2009.

125 受2015年《巴黎协定》等国际层面的承诺以及其他承诺的影响，与环境安全保护相关的地方及区域在制定监管措施时考虑了更广泛的国际因素。

126 Nicholas Onuf, *Making Sense, Making Worlds: Constructivism in Social Theory and International Relations* (Abingdon: Routledge, 2012), 6.

127 Aristotle, "Metaphysics Ⅶ, 1032a26–32," in *The Complete Works of Aristotle*, vol. 2, ed. J. Barnes (Princeton: Princeton University Press, 1984), 1630.

128 可以把可再生能源开发的观念建构与传统意义上的整体意识形态结合起来看。整体意识形态影响行为主体看待周边世界的方式。关于意识形态的详细论述，见 Karl Mannheim, *Ideology and Utopia: An Introduction to the Sociology of Knowledge* (New York: Harcourt Brace Jovanovich, 1985); Anthony Downs, *An Economic Theory of Democracy* (New York, HarperCollins, 1957); Philip E. Converse, "The Nature of Belief Systems in Mass Publics," in *Ideology and Discontent*, ed. David E. Apter

(New York: The Free Press, 1964), 206–61.

129 与其说关于过去的社会建构反映了过去决定未来的观念，不如说反映了人类是怎样通过学习取得进步的。其实，学习本身就是"利用过去和当前事件预测未来的过程"。Yael Niv and Geoffrey Schoenbaum, "Dialogues on Prediction Errors," *Trends in Cognitive Sciences* 12, no. 7 (2008): 265.

130 Dennis G. Shepherd, *Historical Development of the Windmill* (Ithaca: Cornell University, 1990).

131 Polybius, *Historiae,* vol. I, trans. G. Whittaker and W. B. Whittaker (Salzburg: Lehner, 1823).

132 Pliny the Younger (A.D. 61/62‑c. A.D. 112/113), *Letters*, trans. William Melmoth (New York: P.F. Collier & Son, 1909‑14).

133 关于启蒙运动和工业革命期间的技术和科学进步，见 Giuliano Pancaldi, *Volta: Science and Culture in the Age of Enlightenment* (Princeton: Princeton University Press, 2005); Joel Mokyr, "Useful Knowledge as an Evolving System: The View from Economic History," in *The Economy as an Evolving Complex System, III: Current Perspectives and Future Directions*, eds. Lawrence E. Blume and Steven N. Durlauf (New York: Oxford University Press, 2006), 307–37; Douglass C. North and Robert P. Thomas, *The Rise of the Western World* (Cambridge: Cambridge University Press, 1973).

134 关于西方世界如何在南北关系中上升到如今的主导地位，参见 Diamond, Jared M., *Guns, Germs, and Steel: The Fates of Human Societies* (New York: W. W. Norton & Co., 1999).

135 多种社会变革理论探讨了这种对社会政治发展和观念的概念重建。N. J. Smelser, *Theory of Collective Behavior* (New York: Free Press, 1963); A. Touraine, *The Voice and the Eye: An Analysis of Social Movements* (New York: Cambridge University Press, 1981).

136 Eric Jay Dolin, *Leviathan: The History of Whaling in America* (New York: W. W. Norton & Co., 2008).

137 Bill Kovarik, "Henry Ford, Charles Kettering and the Fuel of the Future," *Automotive History Review* 32 (Spring 1998): 7–27.

138 "Fuel Cell Origins: 1840 – 1890" (Smithsonian Institution, January 21, 2013), accessed May 12, 2013, http://americanhistory.si.edu/fuelcells/origins/origins. htm.

139 Geothermal Technologies Office, *A History of Geothermal Energy in the United States* (U.S. Department of Energy, 2006), accessed January 23, 2013.

140 John H. Lienhard, *Solar Power in 1884* (University of Houston), accessed January 1, 2014, http://www.uh.edu/engines/epi2871.htm.

141 Michael Brian Schiffer, *Taking Charge: The Electric Automobile in America* (Washington, D.C.: Smithsonian Books, 2003); Ernest Henry Wakefield, *History of the Electric Automobile: Hybrid Electric Vehicles* (Warrendale, PA: Society of Automotive Engineers Inc., 1998).

142 W.R. Nitscke and C.M. Wilson, *Rudolf Diesel, Pioneer of the Age of Power* (Norman, OK: University of Oklahoma Press, 1965), 139.

143 酒精税将提高使用乙醇作为燃料的成本，降低乙醇在燃料中的竞争力。Joseph DiPardo, *Outlook for Biomass Ethanol Production and Demand* (Energy Information Administration, Washington, D.C., 2000), accessed December 15, 2013, http://www.agmrc.org/media/cms/biomass_ E6EE9065FD69D.pdf.

144 John Lund, *100 Years of Geothermal Power Production*, Geo–Heat Center Bulletin (Geo–Heat Center, September 2004), accessed December 17, 2013.

145 Sheila Bailey and Ryne Raffaelle, *Space Solar Cells and Arrays* (New Jersey: John Wiley & Sons, 2003).

146 1979 年，卡特执政期间，美国政府在白宫屋顶安装了 32 块太阳能电池板用来烧水。1986 年，里根执政期间，美国政府撤掉了这些太阳能电池板。David Biello, "Where Did the Carter White House's Solar Panels Go?," *Scientific American,* August 6, 2010, accessed December 5, 2013, http://www.scientificamerican.com/article.cfm?id=carter-white-house-solar-panel-array.

147 Henry Kissinger, "Speech to The Pilgrims Society of Great Britain"; Bernard Gwertzman, "Kissinger Urges Pooled Efforts in Energy Crisis," *New York Times,* December 13, 1973, http://select.nytimes.com/gst/abstract.html?res=F 50815FF385D127A93C1A81789D95F478785F9.

148 Jacques Ellul, *The Technological Society* (New York: Vintage Books, 1967), 247.

149 技术发展是社会责任问题。政府和公民有义务"确保科学服务于正当的社会和政治目的"。Imre Lakatos, "The Social Responsibility of Science," in *Mathematics, Science and Epistemology: Vol. 2, Philosophical* Papers, ed. John Worrall and Gregory Currie (Cambridge: Cambridge University Press, 1978), 258.

150 关于社会与环境之间的相互作用以及行为主体网络理论，见 Bruno Latour, *Reassembling the Social—An Introduction to Actor-Network-Theory* (London: Oxford University Press, 2005).

151 托马斯·库恩（Thomas Kuhn）于 1962 年提出了"范式转换"的概念。范式转换用来描述在自然科学范畴里，一种公认的理论转换为另一种理论，且转换之后的理论完全取代了之前理论的现象。Thomas S. Kuhn, *The Structure of Scientific Revolutions,* 3rd ed. (Chicago: University of Chicago Press, 1996). 尽管这一概念及其在社会科学中的应用广受诟病，但它不失为一个实用的理论性总结。它可以作为工具和解释模型，用来突出冷战后动态变化的主要因素，阐明其中的主要问题，帮助人们更好地理解作为现代大趋势的替代能源开发。

152 Edward Wenk Jr., *Tradeoffs: Imperatives of Choice in a High-Tech World* (Baltimore: The Johns Hopkins University Press, 1986), 11.

153 Ludwig von Mises, *The Ultimate Foundation of Economic Science: An Essay on Method* (Liberty Fund Inc., 2006), 127.

154 这里的人口结构转变是指：随着各大经济体的快速发展，人口实现了大规模增长；发达经济体内部掀起移民浪潮；新生代面临着黯淡的经济前景。其特点是世界大部分地区的生育率居高不下。高生育率、低死亡率以及预期寿命延长等因素推动了能源需求的增长。U.S. Department of State, U.S. Agency for International Development, "Security, Democracy, Prosperity," August 2003, Strategic Plan FY2004–2009; UN Population Division, *Population Challenges and Development Goals* (New York, United Nations, 2005).

155 全球化有其独特的意识形态内容及优缺点，且由世界市场和机构的核心金融及经济参与者主导，所以全球化本身就能提升人们对替代能源大趋势的期望值。全球化的意识形态反映出了特定社会群体操控市场的方式，即它们是如何将自身的政治优先事项和经济利益强加给政府政策、社会观、社会实践以及全球市场活动的。目前尚不清楚这些观念建构是否会遵循西方模式，因为固有的文化差异会导致人们选择的方式方法不同。

156 Harold James, *The Creation and Destruction of Value: The Globalization Cycle* (Cambridge: Harvard University Press, 2009); Bryan Mabee, *The Globalization of Security: State Power, Security Provision and Legitimacy* (Chippenham and Eastbourne: Palgrave Macmillan, 2009); Norrin M. Ripsman and T.V. Paul, *Globalization and the National Security State* (Oxford: Oxford University Press, 2010).

157 全球化的影响不易清晰描述，而且不能轻易地分解为简单的二元对立建构。Eleonore Kofman and Gillian Youngs, *Globalisation: Theory and*

Practice (London: Pinter, 1996).

158　Roger A. Arnold, *Microeconomics* (Mason: Cengage Learning, 2008), 476.

159　Martin W. Lewis and Karen E. Wigen, *The Myth of Continents: A Critique of Metageography* (Berkeley: University of California Press, 1997), ix; J.V. Beaverstock, R.G. Smith and P.J. Taylor, "World–City Network: A New Metageography?," *Annals of the Association of American Geographers* 90, no. 2 (2000): 123–34.

160　美国前副国务卿保拉·多布里安斯基（Paula Dobriansky）称，全球化"让世界联系愈发紧密，交流空前自由"。Paula Dobriansky, "Threats to Security in the Western Hemisphere," remarks at the Inter–American Defense College, Washington, D.C., October 20, 2003.

161　Richard S. Silberglitt, *The Global Technology Revolution 2020, Executive Summary: Bio/ Nano/Materials/Information Trends, Drivers, Barriers, and Social Implications* (Santa Monica: Rand Corporation, 2006); Scott Barrett, "The Coming Global Climate–Technology Revolution," *Journal of Economic Perspectives* 23, no. 2 (2009): 53–75.

162　关于研究技术的哲学方法，见 Herbert Marcuse, *One-Dimensional Man* (Boston: Beacon Press, 1964).

163　当行为主体跨越多重国际关系并影响到全球社会经济现象时，就会发生地缘政治转型。受替代能源等大趋势的影响，行为主体打破现有共识的意愿会更加强烈。国家和非国家行为主体以及全球社会抗议、社会运动、犯罪和恐怖袭击等事件都会产生明显的反系统性反应，影响全球安全，扭曲正在进行的传统进程。关于地缘政治转型的例子，可见 Benno Teschke, *The Myth of 1648: Class, Geopolitics, and the Making of Modern International Relations* (London & New York: Verso, 2003).

164　1998 年亚洲金融危机过后，中国和印度等亚洲国家的力量投射能力显著增强。

165 颠覆性技术是指取代现有主流技术的新技术，例如蒸汽船和柴油船取代帆船，以及汽车和火车取代动物成为主要运输方式等。颠覆性技术的出现往往出人意料。关于颠覆性技术，可见 Joseph Bower and Clayton Christensen, *Disruptive Technologies: Catching the Wave* (Cambridge, MA: Harvard Business Publishing, 1995).

166 即将到来的转型不仅要依赖蓄电池技术，还要依赖其他高精尖技术的发展，比如储存可以在燃料电池中燃烧的氢气。这个储存系统使用了由纳米材料制造出的柔软海绵状结构，可以将氢原子捕获在其孔隙中。这种海绵状结构经加热后会释放出氢气。再比如硫基液流电池，离子流经含硫正负极间的离子交换膜。

167 Rob Smith. "Three Countries are Leading the Renewable Energy Revolution." *World Economic Forum,* February 26, 2018.

168 Barber, Lionel, "Outgoing FT editor Lionel Barber: how the world has changed," video interview with Miranda Green, *Financial Times*, January 16, 2020.

169 不应该过分强调社会观念及社会信仰对客观现实的塑造作用。文化或风俗习惯不能决定社会建构现实的方式。现实是社会影响等一系列因素共同作用形成的结果。

170 Alvin Toffler, *Future Shock* (New York: Bantam Books, 1971), 15.

171 Bertolt Brecht, *Life of Galileo* (New York: Grove Atlantic Inc., 1991).

172 *Ovid: Metamorphoses*, introduction by W.R. Johnson, trans. S. Lombardo (Indianapolis and Cambridge: Hackett Publishing Inc., 2010), 5.

173 人们经常把真理或知识理论与德国哲学家哈贝马斯联系起来，但事实上，真理或知识理论并不是一个关于真理的认知概念，也不能被归入技术决定论的范畴。真理或知识理论认为，真实的命题或对象能被人类认可，而不能说被人类认可的命题或对象就是真实的。Jürgen Habermas, *Truth and Justification* (Cambridge: MIT Press, 2003).

174 可以把可再生能源开发的观念建构与传统意义上的整体意识形态结合起来看。整体意识形态影响行为主体看待周边世界的方式。关于意识形态的详细论述，见 Karl Mannheim, *Ideology and Utopia: An Introduction to the Sociology of Knowledge* (New York: Harcourt Brace Jovanovich, 1985); Anthony Downs, *An Economic Theory of Democracy* (New York: HarperCollins, 1957); Philip E. Converse, "The Nature of Belief Systems in Mass Publics," in *Ideology and Discontent*, ed. David E. Apter (New York: The Free Press, 1964), 206–61.

第二章

1　Solon, *Plutarch's Lives*, trans. John Langhorne and William Langhorne (Baltimore: William & Joseph Neal, 1834), 60.

2　由瑞典政治学家鲁道夫·契伦（Rudolf Kjellén）于 1899 年首次提出了地缘政治学这一术语。地缘政治学是知识及实践背后的历史地理背景——从特定行为主体控制、遏制、限制其他主体进入"战略地理空间"，到大国之间发生冷战，都离不开地缘政治学的背景因素。地缘政治学涵盖种族、民族和宗教冲突、社会团体对权利的追求等具体内容。如今，地缘政治学创造了一个具有代表性和解释性的世界观框架，可以帮助人们制定具体行动及政策，以应对因地缘政治因素而起的多种状况。Gear ó id Ó' Tuathail, *Critical Geopolitics: The Politics of Writing Global Space* (Minneapolis: University of Minnesota Press, 1996), 15.

3　这些现象包括：技术进步、宗教或伦理观点对社会群体行为的影响、人口趋势、如何看待经济运行方式等。一般来说，共同发挥作用的现象越多，对国家行为和国家间相互作用的影响就越大。U.S. National Intelligence Council, Global Trends 2030: Alternative Worlds

NIC 2012–001 (NIC, December 2012), http://www.dni.gov/files/documents/GlobalTrends_2030.pdf.

4　此处的“力量”是指在特定的社会或政治环境中对其他行为主体施加影响的权力或能力。Michael Smith, *International Security: Politics, Policy, Prospects* (Basingstoke: Palgrave Macmillan, 2010), 51.

5　关于力量与技术的联系，见 Parag Khanna and Ayesha Khanna, *Hybrid Reality: Thriving in the Emerging Human-Technology Civilization* (TED Conferences, Kindle Edition, 2012), 79.

6　Stephen Krasner, "Realism, Imperialism, and Democracy," *Political Theory* 20, no. 1 (February 1992): 39.

7　依赖理论引入中心和外围的理论来界定相互依赖的行为主体。该理论涉及“在国家或国家集团间形成的经济关系或政治关系，其中一方因受另一方的压迫而无法掌控自身的命运”。Peter Taylor, *Political Geography: World-Economy, Nation-State, and Locality,* 3rd ed. (New York: John Wiley & Sons, 1993), 328.

8　从历史上看，西北欧强国的崛起导致了国际分工的出现，中心–外围关系由此形成。西北欧国家拥有强大的政府及大规模的军队，从而可以极大地掌控国际商务，并从中获取经济利益，增强国家实力，同时集聚资本和劳动力等关键生产要素。外围国家的政府通常处于弱势，因为这些国家主要靠出口原材料发展经济。中心国家凭借创新、资金、出口自然资源及改变外围国家的精英和权力结构等手段对外围国家施加影响，“中心国家掌握了最多的经济财富，而且还持续向外围国家渗透力量。外围国家对此颇有怨言，却也因此而获得希望”。Harm de Blij, *The Power of Place: Geography, Destiny, and Globalization's Rough Landscape* (Oxford University Press, 2008), 13.

9　David Petraeus, Paras D. Bhayani, "North America: The Next Great Emerging Market?" *Foreign Policy*, June 25, 2015.

10 中心 – 外围关系遵循等级制度。Johan Galtung, "A Structural Theory of
    Imperialism," *Journal of Peace Research* 8, no. 2 (1971): 81–117.

11 Immanuel Wallerstein, *The Model World-System: Capitalist Agriculture and
    the Origins of the European World-Economy in the 16th Century* (New York:
    Academic Press, 1974).

12 Dilip Hiro, *After Empire: The Birth of a Multi-Polar World* (New York:
    Nation Books, 2010). 相反观点，可见 Stephen G. Brooks and William C.
    Wohlforth, *World Out of Balance: International Relations and the Challenge
    of American Primacy* (Princeton, NJ: Princeton University Press, 2008).

13 John Agnew, *Geopolitics: Re-Visioning World Politics* (London: Routledge,
    2003), 3.

14 2015 年 12 月，于巴黎举行的联合国气候会议通过了《巴黎协定》。该
    协定是首个具有法律约束力的全球气候协定，目标是将全球温度上升
    幅度控制在 2℃以内，从而有效对抗气候变化。

15 替代能源大趋势可以促成东西方合作的想法是合理的，但是东方国家
    会对西方国家造成一定影响的想法也是合理的。东西方国家的安全
    关系可能实现集中化管理，这已经超出了国际组织的现状及两极冷
    战秩序的安排。Samuel Huntington, "The Clash of Civilizations?" *Foreign
    Affairs* 72, no. 3 (Summer 1993), 22–49.

16 南北方国家的分类方式比东西方出现得更晚，与发达国家及发展中国
    家的分类有着密切联系。地理因素是地缘政治学考量的重要部分，能
    够决定政治优先事项及政治利益。南北方是一种典型的地缘政治划分，
    非常清楚地区分了发达国家与发展中国家。M. A. L. Miller, *The Third
    World in Global Environmental Politics* (Boulder: Lynne Rienner, 1995).

17 第三世界国家的概念与外围国家大同小异。关于第一、第二和第三世
    界概念的论述，见 Dan Harris, Mick Moore, and Hubert Schmitz, *Country
    Classifications for a Changing World,* Working Paper 326 (Center for the

Future State, Institute of Development Studies at the University of Sussex, Bringnon, May 2009).

18 欧洲、亚洲、非洲和美洲等地区内部甚至也出现了南北分歧。有关南北分歧的详细讨论，请参阅 Charles A. Jones, *The North-South Dialogue: A Brief History* (New York: St. Martin's Press, 1983); David A. Lake, "Power and the Third World: Toward a Realist Political Economy of North–South Relations," *International Studies Quarterly* 31, no. 2 (1987): 217–34.

19 Daniel Faber, *Environment under Fire: Imperialism and the Ecological Crisis in Central America* (New York: Monthly Review Press, 1993); Bruce Rich, *Mortgaging the Earth: The World Bank, Environmental Impoverishment and the Crisis of Development* (London: Earthscan, 1994).

20 Alexander Mirtchev, *Political Behavior: Its Nature, Forms and Development* (Library of Congress Catalogue # JA76.M56, 1987), 232.

21 从历史上看，与替代能源类似的相关事项在启动初期主要属于国家的管辖范围，因为只有国家才能承受其实际应用的成本及风险，也只有国家有能力从中协调、斡旋。替代能源的发展轨迹可以类比电信行业及互联网行业。20世纪60年代，美国建立了阿帕网（ARPANET）。在此基础上，美国政府投入资金进行信息管理研究，互联网由此诞生。互联网具有极大的变革能力，对整个社会产生了广泛的影响。替代能源大趋势同样具有这种潜力。事实上，美国能源部设立了高级能源研究计划署（ARPA-E），主攻新能源技术。ARPA-E 的名字来源于阿帕网，表达了新能源能够像阿帕网一样将全新的技术推向市场，进而产生革命性影响的美好愿景。

22 第二次世界大战后出现的国际机构（如世界贸易组织、国际货币基金组织和世界银行）已经跟不上时代的脚步了，这些机构必须革新，才能准确反映出新世界的现实情况。David McCormick. Interview. *In Conversation: David McCormick*. Bloomberg Live. June 4, 2019.

23 Colin Crouch, *The Strange Non-Death of Neo-Liberalism* (Cambridge: Polity, 2011) and William Robinson, "Beyond the Theory of Imperialism: Global Capitalism and the Transnational State," *Societies Without Borders* 2, no. 1 (2007): 5–26.

24 联合国全球契约组织是一个自发性组织。加入该项组织的企业需承诺遵守可持续发展的原则，并支持联合国的可持续发展目标。United Nations Global Compact, https://www.unglobalcompact.org.

25 可持续发展的概念于 1987 年首次提出，见 World Commission on Environment and Development, *Our Common Future*, http://www.un-documents.net/wced–ocf.htm. 2015 年 9 月 25 日，联合国大会通过了一系列全球可持续发展目标，扩充了可持续发展的内涵。Sustainable Development Knowledge Platform, *Transforming our World: The 2030 Agenda for Sustainable Development* (UN DESA, 2015), https://sustainabledevelopment.un.org/post2015/transformingourworld.

26 "RE100" 倡议于 2014 年提出，呼吁企业能源消耗 100% 使用可再生能源。英国电信集团公司、荷兰柯碧恩公司、脸书公司、谷歌公司、宜家集团、玛莎百货公司、微软公司、诺和诺德公司、荷兰皇家帝斯曼集团、飞利浦公司、联合利华集团、维斯塔斯公司等大型跨国公司加入了该倡议。

27 Third Generation Environmentalism (E3G), *Consumer Led Energy Transition* (RE100, The Climate Group, November 2016), www.euractiv.com/wp–content/uploads/sites/2/2016/11/RE100_ConsumerLedEnergyTransition.pdf.

28 Bengt Johansson, "Security Aspects of Future Renewable Energy Systems," *Energy* 61 (November 1, 2013): 598–605, https://www.sciencedirect.com/science/article/pii/ S0360544213007743.

29 Nikolas Rose, *Powers of Freedom* (London: Cambridge University Press, 1999).

30　Robert Jackson, *The Global Covenant: Human Conduct in a World of States* (Oxford: Oxford University Press, 2000).

31　因此类原因而导致国际秩序紧张的例子，见 Richard J. Evans. "The Breakup: The Unmaking of the Postwar International Order." *The Nation*, December 17, 2019.

32　数据截至 2015 年年底。World Energy Council, *Resources 2016 Summary*, https://www.worldenergy.org/wp-content/uploads/2016/10/World-Energy-Resources-Full-report-2016.10.03.pdf.

33　如埃隆·马斯克曾表示，"太阳能电池将成为可持续能源的主要（而非唯一）生产手段。到 21 世纪中期，太阳能的发电量将遥遥领先"。https://www.utilitydive.com/news/elon-musks-master-plan-for-a-clean-energy-future/213246.

34　同上。

35　C. L. Archer and M. Z. Jacobson, "Evaluation of Global Wind Power," *Journal of Geophysical Research* 110, is. D12 (June 27, 2005).

36　World Wind Energy Association, *World Wind Resource Assessment Report*, World Wind Energy Association, Technical Paper Series (TP-01-14), 2014].

37　World Energy Council, *World Energy Resources 2016* (World Energy Council, October 2016), https://www.worldenergy.org/publications/2016/world-energy-resources-2016/.

38　REN21, *Renewables 2017 Global Status Report*.

39　同上。

40　Jeremy Rifkin, *The Hydrogen Economy: The Creation of the Worldwide Energy Web and the Redistribution of Power on Earth* (Oxford: Blackwell Publishing, 2002), 294.

41　可参考 Criekemans, David, "The Geopolitics of Renewable Energy: Different or Similar to the Geopolitics of Conventional Energy?," in *ISA Annual*

Convention on Global Governance: Political Authority in Transition (Montréal, Canada, March 16 – 19, 2011), 32.

42 相关数据可参考：https://www.statista.com/statistics/274168/biofuel-production-in-leading-countries-in-oil-equivalent/.

43 Criekemans, David, "The Geopolitics of Renewable Energy: Different or Similar to the Geopolitics of Conventional Energy?," 32.

44 World Energy Council, *World Energy Resources Hydropower 2016* (World Energy Council, 2016).

45 同上。

46 World Energy Council, *World Energy Resources Hydropower 2016*.

47 相关数据见：https://www.statista.com/statistics/474652/global-total-hydropower-capacity-in-major-countries/.

48 International Hydropower Association, "Hydropower Status Report 2017,"

49 例如，英国和法国拒绝资助埃及阿斯旺水坝建设工程，成了苏伊士运河战争的导火索，也宣告了欧洲殖民主义的衰亡。Dwight Eisenhower to Robert Anthony Eden, September 2, 1956, in "The Presidency: The Middle Way," vol. 17, *The Papers of Dwight David Eisenhower*, ed. Louis Galambos and Daun van Ee (Baltimore: Johns Hopkins University Press, 1996), 2264.

50 有关水与水引发的冲突，可见 Kevin Freeman, "Water Wars? Inequalities in the Tigris–Euphrates River Basin," *Geopolitics* 6, no. 2 (2001), 127–140.

51 地热能是地球产生并储存的热能。潮汐能利用大型水下涡轮机收集海洋涨退潮的动能。

52 Geothermal Energy Association, *Annual U.S. & Global Geothermal Power Production Report 2016* (Ceo-Energy.org, 2016).

53 Alexander Richter, "Rwanda Waiting for Results on Two Geothermal Feasibility Studies," *ThinkGeoEnergy*, May 3, 2017, http://www.thinkgeoenergy.com/rwanda-waiting-for-results-on-two-geothermal-

feasibility-studies/.

54 REN21, *Renewables 2017 Global Status Report*.

55 这些演变超出了与能源相关的国家间互动的范畴，反映了为降低全球冲突爆发的风险而推动全球变化的社会压力。

56 政府间国际组织包括欧盟、联合国政府间气候变化专门委员会（IPCC）、其他联合国机构、研究机构、独立咨询机构、国际可再生能源机构，以及 G7、G20 等全球经济及政治组织。

57 非政府间国际组织包括世界野生生物基金会、无国界医生组织、地球之友等。

58 Held, Amy, "Jeff Bezos Pledges $10 Billion To Fight Climate Change, Planet's 'Biggest Threat,'" NPR, February 17, 2020.

59 囚徒困境是一种博弈，表述了即便合作对博弈双方都有利，作为理性个体的博弈方也未必会与对方合作的情形。欲知详情，可参考 A. Rapoport and A. Chammah, *Prisoner's Dilemma: A Study in Conflict and Cooperation* (Ann Arbor: University of Michigan Press, 1965).

60 Adrienne Arsht, Kathy Baughman McLeod, Graham Brookie, *Stories of Resilience: An Introduction*. The Atlantic Council. May 27, 2020.

61 代理人与其他外部主体的互动以及在追求利益的过程中对外部因素所持的立场都遵循一定的地缘政治准则，这种准则塑造了地缘政治的现实。地缘政治准则规定了国家在自身利益受到威胁时的应对措施。John Lewis Gaddis, *Strategies of Containment: A Critical Appraisal of Post-War American National Security Policy* (Oxford: Oxford University Press, 1982).

62 Michael Redclift, "Environmental Security and Competition for the Environment," in *Environmental Change, Adaptation, and Security*, ed. S.C. Lonergan (Dordrecht: Kluwer Academic Press, 1999), 3–16.

63 Frederick Kempe, "How the US-European Alliance Can Become Even

Stronger in an Era of Disruption." *The Atlantic Council*, February 15, 2019. Dr. Karin von Hippel. "Time to Recalibrate" *Prospect Magazine*, March 26, 2019.

64　Malcom Chalmers and Andrey Kortunov, "Like It or Not, Russia and the UK Need Each Other – and Will Have to Talk." *The Guardian*, April 17, 2018.

65　因经济原因而引发冲突的相关分析，见 Michael Ross, "The Political Economy of the Resource Curse," *World Politics* 51, no. 2 (1999): 297–322.

66　例如，核供应国集团（Nuclear Suppliers Group）负责协调军民两用核技术的全球转让事宜。

67　例如，国家力量的传播与宗派和种族冲突密切相关。这一点在中东等地区体现得尤为明显，"随着国家力量的衰弱，宗派主义（及部落主义与区域主义等次国家身份）日渐突显"。F. Gregory Gause Ⅲ, "Sectarianism and the Politics of the New Middle East," *Brookings.edu, Up Front Blog*, accessed June 8, 2013.

68　在处于同一区域且具有共同地缘政治及经济利益目标的发展中国家之间建立新联盟的过程中，能源发挥着重要作用。委内瑞拉及伊朗的联盟关系就是如此。基于替代能源形成的联盟仍将建立在能源供需关系之上，并受政策、可获得的资源、技术发展状况和可用资金的影响。

69　Kroenig, Matthew. "The Return of Great Power Rivalry: Democracy versus Autocracy from the Ancient World to the U.S. and China" *Oxford University Press*, 2020.

70　严格来说，欧盟属于政府间国际组织，但在某些问题上，欧盟越来越多地扮演"国家行为主体"的角色。

71　沙特阿拉伯计划到 2023 年可再生能源发电量达到 100 亿瓦时，并着手在西北部的广袤沙漠中建设风能和太阳能发电厂。Anthony Dipaola, "OPEC's Top Producer Is Turning to Wind and Solar Power," *Bloomberg. com*, accessed 14 February 2017, https://www.bloomberg.com/news/

articles/2017–02–14/saudis–warm–to–solar–as–opecs–top–producer–aims–to–help–exports.

72 G20 仍以经济治理为主要任务。相关资料可见 Paul Heinbecker, "The Future of the G20 and Its Place in Global Governance," CIGI G20, Paper No. 5, *The Centre for International Governance Innovation* (CIGI, April 27, 2011), http://www.heinbecker.ca/Writing/CIGI–G20Paperno5.pdf.

73 斯蒂芬·哈德利（Stephen Hadley）认为，比起"金钱"与"武器"，发展中国家更需要"专业技术"，"我们通过技术援助来建立制度"。替代能源大趋势也应走这个路线。发达国家意图提升发展中国家的能源能力，就必须向发展中国家输送专业人才，并提供相关经验。Stephen J. Handley, Panel discussion. Frontiers in Development 2014. USAID, October 20, 2014, Washington D.C.

74 公众对全球问题的回应，见 Karen T. Litfin, "The Greening of Sovereignty: An Introduction," in *The Greening of Sovereignty in World Politics*, ed. Karen T. Litfin (Cambridge: MIT Press, 1998).

75 Hans J. Morgenthau, *Politics among Nations,* 4th ed. (New York: Knopf, 1967), 305.

76 Yves Lacoste, *La Géographie, Ca Sert, D'Abord, à Faire la Guerre* (Paris: Petite Collection Maspero, 1976).

77 这个概念引出了"国际体系——也可以说是世界政治机器——正在经历一次划时代的转变"的观点。C. Dale Walton, *Geopolitics and the Great Powers in the Twenty-First Century: Multipolarity and the Revolution in Strategic Perspective* (New York: Routledge, 2007), 38.

78 核证减排标准是一种自愿签署的计划。该标准由国际排放交易协会、世界经济论坛、世界企业永续发展委员会、气候组织共同制定。William Boyd and James Salzman, "The Curious Case of Greening in Carbon Markets," *Environmental Law* 41, no. I (2011): 73–94.

79 恐怖组织"通过使用暴力或以使用暴力来威胁对方等方式蓄意制造恐慌情绪并利用这种恐慌情绪……从而对直接受害者及恐怖袭击对象以外的人的心理产生极大影响……恐怖主义的目的在于在没有力量的地方创造力量，并在力量薄弱的地方巩固力量……以便弥补自身影响力及力量等方面的不足，从而进一步影响本土或国际政治变革"。Bruce Hoffman, *Inside Terrorism* (New York: Columbia University Press, 1998), 43–44.

80 全球公民社会为发展中国家设定的目标与发展中国家本身的目标之间往往存在着巨大差别。全球公民社会的某些代表认为，全球化意味着帝国主义，也意味着对发展中国家的压迫。2000 年 4 月，反全球化人士提出抗议，要求世界贸易组织和国际金融机构尊重人权、工人权利以及环境标准等，同时呼吁这些组织终止全球化进程。与此同时，代表欠发达国家的 G77 在古巴首都哈瓦那举行会议，共同研究如何提升在世界贸易组织中的地位。

81 例如，美国政府将互联网名称与数字地址分配机构（ICANN，一个互联网管理机构）移交给全球公民社会，就是发生在国家与非国家行为主体之间的现代权力斗争的一个缩影。一些美国政界人士担心美国会因此丧失在国际舞台上的影响力，所以坚决抵制移交行为。Agence France–Presse, "US Plan to Give Up ICANN Oversight Runs into Republican Opposition," *Gadgets.com,* accessed April 11, 2014.

82 Cornelia Navari, "The Great Illusion Revisited: The International Theory of Norman Angell," *Review of International Studies* 15 (1989): 354.

83 长期以来，有一部分人一直认为，非国家行为主体和超国家行为主体将在地缘政治平衡中发挥重要作用，拥护世界联邦主义，并建立其制度。

第三章

1　Hesiod (c. 8th century B.C.), *Works and Days*, 316.

2　例如，世界能源理事会研究认为，太阳能和风能的发电量可能占到总发电量的 20% ~ 39%。World Energy Council, *World Energy Scenarios 2016*.

3　B. Barton et al., *Energy Security: Managing Risk in a Dynamic Legal and Regulatory Framework* (Oxford: Oxford University Press, 2004); J. H. Kalicki and D. L. Goldwyn, *Energy Security: Toward a New Foreign Policy Strategy* (Washington, D.C.: Woodrow Wilson Center Press, 2005). 国际能源机构认为："能源安全衡量的是以一定价格获取所需能源的程度。" International Energy Agency, accessed November 29, 2013, http://www.iea.org/topics/energysecurity/.

4　Matthew H. Brown, Christie Rewey, and Troy Gagliano, *Energy Security* (Denver, Colorado, Washington, D.C.: National Conference of State Legislatures, April 2003), http://www.oe.netl.doe.gov/docs/prepare/NCSLEnergy%20Security.pdf. 2003 年 4 月的美国州立法会议指出，"能源安全意味着能源系统具有一定韧性。在这种韧性系统中，主动、直接的安全措施（如监视和防卫）与被动、间接的安全措施（如留出余量，为关键设备设置备用，实现燃料的多样性，掌握其他能源，减少基础设施的脆弱性）共同用来抵御威胁"。

5　可见 Anthony H. Cordesman, "The Myth or Reality of U.S. Energy Independence," *Center for Strategic and International Studies* (Washington, D.C., 2013).

6　John McNeill, *Something New under the Sun: An Environmental History of the Twentieth-Century World* (New York: W. W. Norton & Co., 2000), 4.

7   Carlota Perez, *Technological Revolutions and Financial Capital: The Dynamics of Bubbles and Golden Ages* (Cheltenham: Edward Elgar, 2002), 20–21.

8   例如，汽车制造业已经开发出诸多工程解决方案，如混合燃料汽车、混合动力汽车、插电式混合动力汽车、氢燃料汽车等。这些新型汽车虽然生产成本较高，价格尚不具有竞争力，但技术上是可行的。一些技术解决方案已普及开了，混合动力汽车就是其中之一，但其市场可能已经达到饱和状态。能源部门也受到了一定影响。尽管传统燃料的替代物不仅有可再生能源，还有基于化石的能源，但新建燃煤电厂的速度也已大大放缓。

9   Bloomberg, "Bitcoin Miners on Track to Use More Electricity Than All of Argentina," Fortune.com, January 10, 2018, http://fortune.com/2018/01/10/bitcoin-miners-electricity-argentina/.

10 比尔·盖茨曾表示："零排放于我们而言依旧遥不可及。然而，我们必须要实现零排放，才能从根源上解决气候问题。"虽然风能和太阳能"已经便宜了很多……但是发电只是产生气候问题的一小部分因素"，发电产生的温室气体排放量只占世界总排放量的四分之一。Monica Nickelsburg, "Bill Gates: Why renewable energy is not enough to solve climate change," *Geekwire*, November 26, 2018, https://www.geekwire.com/2018/bill-gates-renewable-energy-not-enough-solve-climate-change/.

11 沙漠科技计划由德国发起，由几个国家共同参与，旨在将撒哈拉沙漠的太阳能和风能发电量输送到欧洲。这一计划可以深化欧盟与某些非洲国家之间的地缘政治关系。

12 一些替代能源必须满足特定条件才能正常发电。比如，若想利用风能，风速必须高于 4 ~ 5m/s，才能抵消风力发电机内部的摩擦力及惯性，同时必须低于 20 ~ 25m/s，因为大风和飓风会使风力发电机发生过度振动，对风机造成一定损害。风力发电的适用条件过于严苛，以至于风能难以成为持续发电的能源来源。

13　公用事业领域的新技术正浮出水面。例如，微电网应用了自适应系统，可以根据具体供电情况切换能源来源。举例来说，当风速超出最佳范围时，微电网可以无缝切换到天然气或煤炭等基础负荷发电，以确保向终端用户提供稳定的能源供应。

14　Eric Schwartz, testimony of Eric Schwartz, U.S. Senate Committee on Energy and Natural Resources, January 8, 2009, http://www.energy.senate.gov/public/index.cfm/files/serve?File_id=b71e8843–a99a–a76a–b5bb–54d2914e9a1b, accessed December 3, 2013.

15　内蒙古是个典型例子。

16　目前，光伏发电及聚光太阳能发电产生的是直流电，而不是交流电，这意味着太阳能发电不适合直接并入电网。逆变器可以将直流电转换为交流电，所以借助逆变器，大规模光伏电站就可以并入电网。一种新型光伏模块内置有逆变器，在模块内部即可实现直流电向交流电的转换。科学家们正在努力研究适于输送直流电的新一代输电技术，如新一代超导输电线路等。欲知更多，可见 W. Kramer et al., *Advanced Power Electronic Interfaces for Distributed Energy Systems* (National Renewable Energy Laboratory, U.S. Department of Energy, March 2008), http://www.nrel.gov/docs/fy08osti/42672.pdf.

17　O. Siddiqui, *The Green Grid: Energy Savings and Carbon Emissions Reductions Enabled by a Smart Grid* (Palo Alto, CA: Global Energy Partners, LLC and Electric Power Research Institute, 2008). 注：美国电力研究院认为，“智能电网”是指在现有的输电基础设施上叠加一个统一的通信及控制系统，从而能够在正确的时间向正确的实体提供正确的信息，以便采取正确的行动。该系统可以优化电力供应及电力输送，最大限度地减少损失，实现自我恢复，达到极高的能源效率，并实现需求侧响应。智能电网可以实现能源效率最大化，而微电网解决了能源不稳定性供应的问题。

18　摘自美国国防部长威廉·科恩（ William Cohen ）及议员山姆·纳恩
（ Sam Nunn ）致奥巴马总统的联名信。April 23, 2009, accessed December
21, 2011.

19　现有的储能技术包括抽水蓄能、压缩空气储能、各种类型的电池、
飞轮储能、电容器储能等。Energy storage technologies overview: U.S.
Department of Energy, *Grid Energy Storage* (2013), 66, https://energy.gov/
sites/prod/files/2014/09/f18/Grid%20Energy%20Storage%20December%20
2013.pdf.

20　Jaquelin Cochran et al., *Flexibility in 21st Century Power Systems* [Golden,
CO: National Renewable Energy Laboratory (NREL), 2014], http://www.nrel.
gov/docs/fy14osti/61721.pdf.

21　REN21, *Renewables 2017 Global Status Report.*

22　美国国土安全部称，能源行业内部团体通力合作，共享了大量关于有
效及最佳实践的信息。许多所有者及运营者在基础设施保护方面有着
丰富的经验，且近期将注意力集中在网络安全上，但这并不代表基
础设施安全问题已经得到根本解决。Department of Homeland Security,
U.S. National Infrastructure Protection Plan: 2007/2008 Update (August
2008), accessed December 12, 2013, http://www.dhs.gov/xlibrary/assets/nipp_
update_2007_2008.pdf.

23　Joel Gordes and Michael Mylrea, "A New Security Paradigm Is Needed to
Protect Critical U.S. Energy Infrastructure from Cyberwarfare," *Foreign
Policy Journal*, September 14, 2009, accessed December 8, 2013, http://www.
forcignpolicyjournal.com/2009/09/14/a-new-security-paradigm-is-needed-
to-protect-critical-us-energy-*infrastructure-from-cyberwarfare/*.

24　P.G. Wodehouse, "The Delayed Exit of Claude and Eustace," in *The World of
Jeeves* (London: Arrow Books, 2008), 305.

25 不同人对帝国主义的含义及价值观的理解不尽相同。本杰明·迪斯雷利（Benjamin Disraeli）、塞西尔·罗德斯（Cecil Rhodes）、鲁迪亚德·吉卜林（Rudyard Kipling）等 19 世纪著名的保守主义思想家及决策者认为，以西方国家为主的发达国家可以利用帝国主义来维护社会秩序。具体来说，帝国主义可以帮助国家建立市场，保护贸易渠道，维持"帝国"内部的就业水平，最重要的是，还可以将注意力从可能引起内部紧张局势的当地问题转移到外国殖民地问题上。20 世纪现实主义地缘政治观认为，帝国主义是力量平衡的后果，而不是实现力量平衡的方式。帝国主义降低了主导国家的政治和战略脆弱性，所以有助于力量平衡的实现。一些人对这种观点持反对意见。更激进的观点则是将帝国主义与因财富高度集中导致的消费不足联系在一起，这自然会导致帝国主义国家就财富的再分配发生冲突。从社会心理学的角度来看，以熊彼特的观点为例，一些国家的国内政治由扩张主义精英或勇士阶层主导，而帝国主义是这些国家采取并实现制度化的一种行为模式。此时，国家安全需要帝国主义的维护，帝国主义也逐渐被纳入国家的长期政治考量，并通过操纵舆论而存续下去。自由主义观则认为，帝国主义不是"自然过程"，而是一种政治选择，是普遍存在的世界体系的必然结果。John A. Hobson, *Imperialism: A Study* (Ann Arbor: Michigan University Press, 1965), 59.

26 David Harvey, *The New Imperialism* (Oxford: Oxford University Press, 2005).

27 Friedemann Müller, *Energy Security: Demands Imposed on German and European Foreign Policy by a Changed Configuration in the World Energy Market* (Berlin: German Institute for International and Security Affairs, January 2007), http://www.swp−berlin.org/fileadmin/contents/products/research_papers/2007_RP02_mlr_ks.pdf; Flynt Leverett, "The Geopolitics of Oil and America's International Standing," testimony of Flynt Leverett, U.S. Senate Committee on Energy and Natural Resources, January 10, 2007, http://

www.newamerica.net/files/070110leverett_testimony.pdf, accessed December 3, 2013.

28 委内瑞拉的油气法可以用作资源民族主义研究。该法律规定，国家保有勘探、生产、运输并储存石油、石油伴生气的权利，且与油气相关的主要活动均应直接由国家、国家完全控股的公司或国家持股 50% 以上的合资公司完成。2007 年 2 月，委内瑞拉颁布了一项法令，要求四个战略合作组织合并成一家合资公司，且委内瑞拉国有石油公司将持有合资公司 60% 的股份。Bureau of Economic and Business Affairs, *Investment Climate Statement—Venezuela* (Washington, D.C.: Bureau of Economic and Business Affairs, U.S. Department of State, March 2013).

29 在拉丁美洲，在资源国有化方面态度最强硬的国家是委内瑞拉，玻利维亚紧随其后。2009 年，玻利维亚正式颁布了新宪法，其中规定，油气资源全部属于玻利维亚人民，且国家将控制油气资源的勘探、开采、工业化、运输、销售等环节。2012 年，玻利维亚政府将由西班牙跨国公司 Iberdrola 运营的电力公司、西班牙 Red Eléctrica 公司所有的输电公司以及瑞士大宗商品巨头嘉能可国际公司（Glencore International）所有的科尔基里锌锡矿区收归国有。Shane Romig, "Bolivia Nationalizes Its Three Largest Airports," *Wall Street Journal*, February 21, 2013, http://online.wsj.com/news/articles/SB10001424127887323949404578312640857437314.

30 厄瓜多尔 2008 版宪法规定，所有地下资源都属于国家。石油部门由两家国有企业控制。2010 年，厄瓜多尔通过了油气法规的修正案，明确允许政府在外国公司不遵守厄瓜多尔法律的情况下将其拥有的油田收归国有。"Ecuador President Imposes Oil Nationalization Law," *Bloomberg Businessweek*, July 24, 2010, http://www.businessweek.com/ap/financialnews/D9H5LVA00.htm. 2010 年，巴西国家石油公司（Petrobras）与厄瓜多尔政府谈判失败，不得不退出厄瓜多尔市场。"Ecuador: Nationalization of

Oilfields Operated by Petrobras," *Global Trade Alert,* October 20, 2011.

31　2021 年，阿根廷政府及立法机构通过了将西班牙跨国能源公司雷普索尔持有的 YPF（阿根廷最大的能源公司）股份收归国有的决议。自 YPF 公司实现国有化之后，产量一直保持平稳。Eliana Raszewski and Pablo Gonzalez, "YPF Grab Backfires as Imports Whittle Surplus: Argentine Credit," *Bloomberg,* April 12, 2012.

32　2013 年，墨西哥政府启动了一系列体制改革，意图打破国有企业墨西哥石油公司对能源部门长达 75 年的垄断，以提升能源部门的竞争力。为此，墨西哥修改了宪法，允许私人投资石油部门。欲知更多，可参阅 R. Vietor and H. Sheldahl–Thomason, "Mexico's Energy Reform," *Harvard Business School*, 717‐027, January 23, 2017, 32.

33　https://oilprice.com/Energy/Crude-Oil/This-Unexpected-Move-Could-Derail-Mexicos-Oil-Boom.html.

34　Andreas Pickel, Explaining (with) Economic Nationalism, TIPEC Working Paper 02/1 (Trent International Political Economy Center, 2002), 2.

35　Robert D. Kaplan, *The Coming Anarchy: Shattering the Dreams of the Post-Cold War* (New York: Random House, Inc., 2000), 51. Robert D. Kaplan, "The Coming Anarchy," *The Atlantic Monthly*, February 1, 1994.

36　关于美国力量及突出地位的详细讨论，可见 David Slater, *Geopolitics and the Post-Colonial: Rethinking North-South Relations* (Malden: Blackwell Publishing, 2004).

37　David Bunnell, J. Brockman, *Digerati: Encounters with the Cyber Elite* (San Francisco: Hardwired, 1996), 36.

38　Joseph S. Nye, *Bound to Lead: The Changing Nature of American Power* (New York: Basic Books, 1991). 在国际关系中，实力（即力量）可以等同于知识生产及将知识强加于其他行为主体的能力。不同行为主体被灌输对可达成目标的理解，并在这种理解的基础上形成了一套常规思想及组织规则，进而构成了知识网络。这些知识反过来描述了可以用作投射力量的具体结构。力量其实是通过直接或间接传播知识，明确或含蓄地将特定反应强加给其他行为主体的能力。通过力量投射影响其他行为主体的行为要受一定规则的制约，这些规则决定了当时的地缘政治秩序，也定义了力量的合法使用方式。在后威斯特伐利亚秩序中，合法与不合法的力量使用方式之间的区别变得越来越模糊。如今，力量的动态变化是由多变的社会条件造成的。这种变化跨越了概念意义上的社会边界，向更远的领域传播开来，导致众多支持者作出不同的价值判断。非正式实力，即"软实力"的大小由行为主体的社会地位决定。地位的高低体现在行为主体管理其使用的资源及使用方式时应用的隐性制度设定以及程序与监管框架。

39 Susan Strange, *States and Markets: An Introduction to International Political Economy* (London: Pinter, 1988), 24–25.

40 Henry A. Kissinger, *American Foreign Policy*, 3rd ed. (New York: W. W. Norton & Co., 1977), 61.

41 Jerome D. Frank, *Sanity and Survival. Psychological Aspects of War and Peace* (New York: Random House, 1968), 139.

42 将感知到的弱势转化为威慑，可见 David Newman, "Contemporary Geopolitics of Israel–Palestine: Conflict Resolution and the Construction of Knowledge," *Eurasian Geography and Economics* 51, no. 6 (November‑December, 2010).

43 例如，冷战时期的威慑战略（相互保证毁灭原则，简称 M.A.D 机制）假定战略具有确定性，因而采取"暴力遏制及军事碾压相结合的方式"来避免侵略。可参考 T. Hentsch, *Imagining the Middle East*, trans. F. A. Reed (Montreal: Black Rose, 1992); D. Campbell, *Politics without Principle: Sovereignty, Ethics and the Narratives of the Gulf War* (Boulder: Lynne Rienner, 1993).

44　Mikkel Vedby Rasmussen, "Reflexive Security: NATO and International Risk Society," *Millennium* 30, no. 2 (2001): 285.

45　C. Aradau and R. van Munster, "Governing Terrorism through Risk: Taking Precautions, (Un)Knowing the Future," *European Journal of International Relations* 13, no. 1 (2007): 101.

46　例如，"为满足全球能源贸易需要，能源供应国已经建立了一个由管道、储罐、港口、收发场站、炼厂、加工设施构成的大规模能源基础设施。大规模改造现有基础设施或建设一套新基础设施都需要大量时间及资金投入。在某种程度上，时间、金钱等高昂成本对因政治或经济纠纷而起的能源供应中断起到了威慑作用"。Frank Verrastro and Sarah Ladislaw, "Providing Energy Security in an Interdependent World," *The Washington Quarterly* 30, no. 4 (Autumn 2007): 100.

47　Albert O. Hirschman, *National Power and the Structure of Foreign Trade* (Berkeley: University of California Press, 1945), 17.

48　南苏丹和苏丹之间的关系就是一个例子。2011 年，南苏丹脱离苏丹，正式独立，但两国在共同边界问题上仍存在分歧。两国为地处边界线上的几个地区争执不休。阿卜耶伊盛产石油，因此也是归属之争的焦点。2012 年 1 月，南苏丹与苏丹在过境费上的谈判破裂，南苏丹不再通过苏丹管道（南苏丹唯一的石油出口通道）向苏丹出口石油。南苏丹的这一举动就是在利用石油出口作为力量投射及威胁。此外，2012 年 3 月，位于共同边境区域的苏丹南科尔多凡州及南苏丹团结州爆发了敌对行动，争夺石油资源丰富的黑格里格地区的控制权。同年，两国就部分争端签署了解决协议。切断石油出口最终损害了两国的经济利益。International Crisis Group, "Sudan: Major Reform or More War," Africa Report N °194, November 29, 2012, https://www.crisisgroup.org/africa/horn–africa/sudan/sudan–major–reform–or–more–war.

49　Robert Ebel, *Energy Choices in the Near Abroad: The "Haves" and*

"Have-Nots" Face the Future (Washington, D.C.: Center for Strategic and International Studies, 1997), 2.

50 David Victor, *The Politics of Fossil-Fuel Subsidies*, UC San Diego, CA (Geneva, Switzerland: Global Subsidies Initiative of the International Institute for Sustainable Development, October 2009), 34, http://www.iisd.org/gsi/sites/default/files/politics_ffs.pdf.

51 David Robertson, *The Routledge Dictionary of Politics,* 3rd ed. (London: Routledge, 2004).

52 例如，"经济力量是一种强制力，即一个国家以剥夺另一个国家的经济利益来威胁该国家。行使经济力量通常是为了获得经济利益，但亦受其他原因的驱使"。Klaus Knorr, *The Power of Nations* (New York: Basic Books, 1975), 14.

53 Mary Boies, "The Pursuit of Black Gold: Pipeline Politics on the Caspian Sea," *panel discussion hosted at the Council on Foreign Relations, New York,* November 13, 2007, accessed December 2, 2013, http://2001–2009.state.gov/p/sca/rls/rm/2007/97957.htm.

54 Jean–François Lyotard, *Postmodern Fables* (Minneapolis: University of Minnesota Press, 1997), 192.

55 General James L. Jones, *A Transition Plan for Securing America's Energy Future* (Washington, D.C.: Institute for 21st Century Energy, U.S. Chamber of Commerce, November 2008), 36, http://www.mcs.anl.gov/~anitescu/EXTRAS/READING/Transition_Plan.pdf. 琼斯将军还曾担任美国商会 21 世纪能源研究所所长。

56 夏侯雅伯于 2004 年 1 月 5 日至 2009 年 8 月 1 日期间担任北约秘书长。

57 General Jaap de Hoop Scheffer, speech by NATO Secretary General Jaap de Hoop Scheffer at Economist Energy Security dinner, October 23, 2008, http://www.nato.int/docu/speech/2008/s081023b.html, accessed December 9, 2013.

58 Sherri W. Goodman and Paul J. Kern, "Bad Tidings," *The National Interest*, January‐February 2008.

59 Philippe Le Billon, *Geopolitics of Resource Wars: Resource Dependence, Governance and Violence* (Routledge, 2005), 7.

60 George F. Kennan, "X Article: The Sources of Soviet Conduct," *Foreign Affairs* 26, no. 2 (July 1947): 566–82.

61 关于19世纪时期人们如何看待技术对战争的影响，可参考 I. F. Clarke, *Voices Prophesying War 1763–1984* (London: Oxford University Press, 1966) and Herbert G. Wells, *Anticipations of the Reaction of Mechanical and Scientific Progress upon Human Life and Thought* (London: Harper & Brothers, 1901).

62 考虑到扩建水电站困难重重，本分析未涵盖水能。

63 目前，获取核能的原理是通过可控核裂变反应，从原子核中提取的可用能量。将来，核聚变和放射性衰变也可能成为核能的来源。

64 截至2016年年底，水电约占全球总发电量的16.6%。*Renewables 2017 Global Status Report*.

65 Mycle Schneider et al., *World Nuclear Industry Status Report 2017* (Paris: a Mycle Schneider Consulting Project, September 2017), https://www.worldnuclearreport.org/IMG/pdf/20170912wnisr2017-en-lr.pdf.

66 核能发电、水电、风电在整个生命周期中的温室气体排放量低于每千瓦时15克二氧化碳当量，远低于煤炭及天然气的温室气体排放量，是温室气体排放量最少的能源来源。Climate Change and Nuclear Power 2016, International Atomic Energy Agency, 2016, http://www-pub.iaea.org/MTCD/Publications/PDF/CCANP16web-86692468.pdf.

67 1千克铀能够释放的能量相当于230万升汽油。H. Douglas Lightfoot et al., "Nuclear Fission Fuel Is Inexhaustible," paper presented at the *Climate Change Technology Conference "Engineering Challenges and Solutions in*

the 21st Century," *Engineering Institute of Canada, Ottawa, Canada, May 10–12, 2006*, 1–8.

68 2017 年 7 月 1 日，共有 447 个核反应堆处于运行状态，分布在全球 30 个国家。正在建设的核反应堆共 60 个，分布于 15 个国家。"International Status and Prospects for Nuclear Power 2017," report by the Director General, IAEA Board of Governors General Conference, July 28, 2017. 由于统计方法不同，《世界核能产业现况报告》统计数据时未将已经停产几年的发电机组计算在内，所以它统计的数量少于国际原子能机构统计的数量。Mycle Schneider et al., *World Nuclear Industry Status Report 2017*.

69 同上。

70 同上。

71 能源市场的竞争日趋激烈。2015 年，美国核电站的平均发电成本为 35.5 美元 / 兆瓦时。尽管核电成本已经十分低廉，但可再生能源的发电成本可以进一步降低：据报道，智利、墨西哥、摩洛哥、阿拉伯联合酋长国和美国的可再生能源发电的拍卖价格甚至小于等于 30 美元 / 兆瓦时，创下了历史新低。Mycle Schneider et al., *World Nuclear Industry Status Report 2017*.

72 尽管许多国家对核能缺乏信任，负面舆论盛行，但也有很多措施能够解决核能造成的安全问题。例如，国际原子能机构吸取了福岛第一核电站事故的教训，编制了《核安全行动计划》，将核电站的选址、建设、应急措施等事项纳入其中。International Atomic Energy Agency, *Nuclear Safety Review 2017* (Vienna, Austria: Department of Nuclear Safety and Security, July 2017).

73 Mycle Schneider et al., *World Nuclear Industry Status Report 2017*.

74 如果某国的邻国以及与该国同处一个地区的竞争对手都在大力开发核武器，那么该国也可能会决定开发核武器。21 世纪的核武器发展很可能符合"多米诺骨牌理论"。George Tenet, testimony of CIA

Director George Tenet, "Current and Projected National Security Threats to the United States," hearing before the Committee on Intelligence, Senate Select Intelligence Committee, S. Hrg. 108‒161, 108th Congress, 1 session (Washington, D.C., February 11, 2003), 28, http://www.gpo.gov/fdsys/pkg/CHRG‒108shrg89797/html/CHRG‒108shrg89797.htm, accessed November 12, 2011.

75 有关核武器的水平扩散，可见 Daniel H. Joyner, *International Law and the Proliferation of Weapons of Mass Destruction* (Oxford, New York: Oxford University Press, 2009), xiv‒xv.

76 非国家行为主体获取核武器的难度和复杂性比我们想象中大得多。著名的国家安全专家大多认为这是一个"概率小、影响大"的事件。William Langewiesche, *The Atomic Bazaar: Dispatches from the Underground World Of Nuclear Trafficking* (New York: Farrar, Straus and Giroux, 2008). 联合国裁军研究所在近期的一项研究中指出，"过去的15～20年，国际层面及国家层面切实有效地应对了非国家行为主体获取并使用核武器带来的脆弱性，并降低相应风险"，尽管新的脆弱性"也伴随数字时代和其他新兴科技而来"。Elena K. Sokova, "Non-State Actors and Nuclear Weapons," in *Understanding Nuclear Weapon Risks*, eds. John Borrie, Tim Caughley, and Wilfred Wan [The United Nations Institute for Disarmament Research (UNIDIR), 2017].

77 用慕尼黑安全会议主席沃尔夫冈·伊辛格（Wolfgang Ischinger）的话说，俄德天然气管道项目北溪 2 号是当前"欧盟能源安全中争议最多、难度最大的问题"。也可见 Jeffrey Lightfoot. "Germany May Not Like the American Messenger. But is Should Heed His Message." *The Atlantic Council*, June 26, 2020.

78 Scarlett, Sir. John. "Sir John Scarlett, Former Chief of the British Secret Intelligence Service MI6, on Geopolitics of Energy." Columbia University ‒

Center on Global Energy Policy, June 13, 2016, New York, NY.

79　可见 David Omand, Joe Devanny, Robert Dover and Michael S. Goodman, "The UK Government Needs a New Approach to Intelligence." RUSI Journal, January 28, 2019.

80　在这种动荡的环境中，地区领导者会建立起管理安全利益、威胁、能源机会的新体系。被排斥在世界市场之外的边缘化经济体开始与邻国合作，拥有越来越多新机会。行为主体（包括非国家行为主体以及意识形态团体）也在逐步进入全球治理真空。

81　数据来自 Department of Defense Annual Energy Management and Resilience (AEMR) Report Fiscal Year 2017, July 2018.

82　James Fairgrieve, *Geography and World Power* (New York: E.P. Dutton, 1941), 4.

83　Thomas Hobbes, *Leviathan*, book 1, ch. 13 (Paris: A & W Cooke, 1651).

84　军事作战的能源安全体现在燃料、电力生产和分配系统，终端用户设备等方面，"具有五大特征：能够不间断地获取能源和燃料来源；能源和燃料来源即使受损也具有韧性及耐久性；确保能源的供应，传统化石燃料及替代能源（核能、生物质能、氢能、水能、地热能、风能、潮汐能和太阳能）均可；能够获得充足的电力与燃料；具有可持续性，通过限制需求、减少浪费和最大限度利用资源等方式提高能源利用率"。Department of Defense, "Army Energy Security Implementation Strategy (AESIS)," January 13, 2009.

85　John V. Farr et al., *Methodology for Prioritization of Investments to Support the Army Energy Strategy for Installations* (New York, NY: Center For Nation Reconstruction and Capacity Development, July 2012).

86　关于技术进步对军事力量投射的影响，可见 Williamson Murray and MacGregor Knox, *The Dynamics of Military Revolution: 1300–2050* (New York: Cambridge University Press, 2001) and Williamson Murray and Allan

R. Millett, eds., *Military Innovation in the Interwar Period* (Cambridge: Cambridge University Press, 1996).

87 Herbert R. McMaster, "On War: Lessons to Be Learned," *Survival* 50, no. 1 (2008): 19–30.

88 武装冲突法也称国际人道主义法，旨在避免不必要的苦难与破坏，是规范战时行为的国际公法。武装冲突法由条约法和习惯国际法构成，主要条约有《日内瓦公约》及《海牙公约》。

89 Richard Danzig, *Driving in the Dark: Ten Propositions about Predictions and National Security* (Washington, D.C.: Center for a New American Security, 2011), 8.

90 Williamson Murray and Allan R. Millett, eds., *Military Innovation in the Interwar Period* (Cambridge: Cambridge University Press, 1996), 191.

91 美国军方用"力量运用"（force presentation）一词指代其力量结构。Mark Gunzinger, *Shaping America's Future Military: Toward a New Force Planning Construct* (Washington, D.C.: Center for Strategic and Budgetary Assessments, 2013), 20.

92 武装部队的总体结构包括组成武装部队的全部军事及民事组织。"Department of Defense Dictionary of Military and Associated Terms," Joint Publication 1–02, *Joint Chiefs of Staff* (Washington, D.C.: Department of Defense, 2010), accessed July 2, 2014.

93 据美国国防部预计，无人驾驶运载工具的比例将从 2013 年的 25% 提升至 2035 年的 70%。U.S. Department of Transportation Research, Innovative Technology Administration, John A. Volpe National Transportation Systems Center, *Unmanned Aircraft System (UAS) Service Demand 2015– 2035. Literature Review & Projections of Future Usage*, DOT–VNTSC– DoD–13–01 (Cambridge: U.S. Department of Transportation Research, John A. Volpe National Transportation Systems Center, 2013), 137, https://fas.org/irp/

program/collect/service.pdf.

94　无人机与武器结合在一起，就可以取代大型多任务设备。Matt Peckham, "Robot Swarms of the Future (Because Sometimes It Takes a Village)," *Time Tech*, April 1, 2013.

95　2001 年，美国成为首个在战争中使用武装无人机的国家。现在，至少有 28 个国家拥有武装无人机。"Unmanned Aerial Vehicles (UAVs)—Comparing the USA, Israel, and China," *TechEmergence.com*, last modified September 1, 2017. 经研究人员确认，在叙利亚和伊拉克的冲突中活跃着 6 个国家制造的 38 架无人机。"The Drone Database," *Center for the Study of the Drone at Bard College website*, last modified January 30, 2017, http://dronecenter.bard.edu/the-drone-database.

96　定向能武器包括主动拒阻系统、激光武器、射频武器、反卫星武器和高功率微波武器。其优势有精度高、速度快、可扩展，弹匣容量几乎没有上限，因而能从根本上改变作战性质。Andrew Feickert, *U.S. Army Weapons-Related Directed Energy (DE) Programs: Background and Potential Issues for Congress,* Congressional Research Service, February 12, 2018, https://fas.org/sgp/crs/weapons/R45098.pdf.

97　附加制造也称 3D 打印，是根据数字模型创建复杂产品和系统的技术。该技术大大缩短了从原型设计到实际部署的时间。附加制造技术无须配套生产线就可以制造重型武器部件等产品，而且可以实现无限复制。John Koten, "A Revolution in the Making," *Wall Street Journal Reports*, June 10, 2013, http://online.wsj.com/article/SB10001424127887324063304578522812684722382.html; Berenice Baker, "Made to Measure: The Next Generation of Military 3D Printing," *army-technology.com*, last modified January 23, 2018, https://www.army-technology.com/features/made-measure-next-generation-military-3d-printing.

98　英国国防供应商 BAE 系统公司与布里斯托尔大学、牛津大学、南安普顿大学、帝国理工学院等院校携手研究的基于分散数据和信息网络的自主学习项目就是一个例子。N.R. Jennings et al., "The Aladdin Project: Intelligent Agents for Disaster Management," IARP/EURON Workshop on Robotics for Risky Interventions and Environmental Surveillance, 2008.

99 Winston S. Churchill, *The World Crisis*, vol. 1 (New York: Scribner's, 1923), 136.

100 "未来战士"的概念反映出各国军队为预测未来武装冲突的性质，以及为适应未来武装冲突所做出的努力。可见 U.S. Department of Defense, *Army Strategic Planning Guidance* (Washington, D.C.: Department of Defense, 2013).

101 Julian Lindley-French and Yves Boyer, eds., *The Oxford Handbook of War* (Oxford: Oxford University Press, 2012), 2.

102 Admiral Michael Mullen, "Sea Enterprise: Resourcing Tomorrow's Fleet," *Proceedings Magazine*, 130/1/1,211 (January 2004), http://www.usni.org/magazines/proceedings/2004-01/sea-enterprise-resourcing-tomorrows-fleet.

103 Robert Gates in "Oil Shockwave: Simulation Report and Summary of Findings," National Commission on Energy Policy and Securing America's Energy Future, 2005.

104 John Dowdy and Scott Gebicke, "Benchmarking Defense Efficiency and Effectiveness," *RUSI Defence Systems 2010*, December 20, 2010, accessed November 2, 2012.

105 关于温伯格和鲍威尔主义及其对决策产生的影响，可见 Ivo H. Daalder and Michael E. O'Hanlon, "Unlearning the Lessons of Kosovo," *Foreign Policy*, 116, Autumn, 1999, 128-140; Caspar Weinberger, *Fighting for Peace: Seven Critical Years in the Pentagon* (New York: Warner Books, 1990); Colin Powell and Joseph E. Persico, *My American Journey* (New York: Ballantine Books, 1995).

106 能源效率对于伊拉克和阿富汗战场尤为重要，因为这些国家的作战
效率较低，极大影响着能源的有效性。美国海军中将、美国国家航
空航天局前局长理德·H. 特鲁利（Richard H. Truly）表示，这些国
家"效率太低，因此我们必须用大量运油车运送燃料，还必须派出
士兵和其他车辆来保护这些运油车"。"Powering America's Defense:
Energy and the Risks to National Security," *CNA Corporation*, May 2009,
http://www.cna.org/sites/default/files/Powering%20Americas%20Defense.pdf,
accessed July 2, 2011.

107 有关军队后勤的有效性及效率，见 Steve R. Waddell, *United States Army
Logistics: The Normandy Campaign, 1944* (Westport, CT: Greenwood Press,
1994); William G. Pagonis and Jeffrey L. Cruikshank, *Moving Mountains:
Lessons in Leadership and Logistics from the Gulf War* (Boston, MA:
Harvard Business School Press, 1994).

108 Gen. James Cartright, USMC (Ret.), Preparing Military Leadership for the
Future, Center for Strategic & International Studies, Panel Discussion.
Washington, D.C., November 13, 2017.

109 美国国防部长办公室认为，前方作战设施"可供作战部队轮流使用，
可以联合前方作战基地或前方作战点。小型永久性部队可以扩大规
模，以适应各种作战结构，并支持持续作战。可能包含预置设备。科
索沃邦德斯蒂尔军事基地就是一个前方作战设施"。United States Army,
Base Camp Facilities Standards For Contingency Operations (U.S. Army
European Operations Red Book, 2004), 2, accessed June 11, 2014.

110 The Pew Charitable Trust–commissioned report: Jeffrey Marqusee, Craig
Schultz and Dorothy Robyn, *Power Begins at Home: Assured Energy for
U.S. Military Bases* (Noblis, 2017), http://www.pewtrusts.org/~/media/
assets/2017/01/ce_power_begins_at_home_assured_energy_for_us_military_
bases.pdf.

111 Sierra Hicks, *Fact Sheet: Powering the Department of Defense* (American Security Project, September 18, 2017), accessed January 7, 2018, https://www.americansecurityproject.org/fact–sheet–powering–the–department–of–defense/.

112 U.S. Department of Defense, *Army Strategic Planning Guidance.*

113 U.S. Department of Defense, *2016 Operational Energy Strategy* (Washington D.C, Department of Defense, 2015).

114 2007 年，阿富汗战争处于极度胶着状态，每 8 辆运油车中就有一辆遭到袭击，每 24 名美国军人中就有一人因此伤亡。CNA Military Advisory Board, Advanced Energy and U.S. National Security (Washington, D.C.: CNA, 2017), https://www.cna.org/CNA_files/PDF/IRM–2017–U–015512.pdf. 在伊拉克冲突最激烈的时候，每天有高达 240 万加仑燃油会经过有争议领土运输，装甲车和攻击直升机每天要守卫高达 240 万加仑经由有争议领土运输的燃油。CNA Corporation, National Security and the Threat of Climate Change (CNA, 2007), 38, https://www.cna.org/cna_files/pdf/national%20security%20and%20the%20threat%20of%20climate%20change.pdf. 美国海军陆战队司令詹姆斯·康韦上将说，"政府购买一加仑燃油只需要 1.05 美元，但将一加仑燃油运输到阿富汗战场的成本可能会飙升至 400 美元"。除了高昂的成本之外，人员伤亡的代价也很惨重。Andrew Scutro, "Surge to Strain Supply Lines," *Defense News*, December 7, 2009, 20.

115 Secretary of Defense Leon E. Panetta, "Major Budget Decisions," statement given at the Pentagon, Washington, D.C., January 26, 2012, accessed March 2, 2014, http://www.defense.gov/speeches/speech.aspx?speechid=1647.

116 地面可再生能源网络系统（GREENS）是为美国海军陆战队开发的便携式混合光伏及电池电源系统。见 Eric Shields and Alex Askari, *Design Development and Testing of the Ground Renewable Expeditionary Energy*

System (NAVSEA Warfare Centers, Carderock Division, May 2011). Office of Naval Research, "Ground Renewable Expeditionary Energy Network System," accessed February 28, 2018.

117 美国国防部制定的可再生能源标准比美国国家标准更严格。根据国防部的要求，到 2025 年，国防设施用电量的 25% 应来自可再生能源。如果美国能在大范围内达成该目标，那么美方就能提升作战效率，增强军方的能源独立性。

118 可参考 Meyer, Pamela. "Lie Spotting: Proven Techniques to Detect Deception." *St. Martin's Griffin,* 2011.

119 Chuck Hagel with Peter Kaminsky, *America: Our Next Chapter* (New York: HarperCollins, 2008), 163.

120 抛弃人类因素来看待战争，可见 John Markoff, "Driver Not Included in This Performance Test," *New York Times,* June 15, 2007, http://www.nytimes.com/2007/06/15/technology/15robot.html?_r=0.

121 Sydney J. Freedberg Jr., "Airstrikes up in Iraq & Syria, Afghanistan Eats ISR: CENTCOM," *Breaking Defense* (blog), accessed April 17, 2018, https://breakingdefense.com/2016/07/airstrikes–up–in–iraq–syria–afghanistan–eats–isr–centcom–data/.

122 Board on Army Science and Technology, Division on Engineering & Physical Sciences, *Making the Soldier Decisive on Future Battlefields* (the National Academy of Sciences, 2013), accessed June 12, 2014, http://sites.nationalacademies.org/DEPS/cs/groups/depssite/documents/webpage/deps_083666.pdf.

123 President Ronald Reagan, "National Policy on Telecommunications and Auto-mated Information Systems Security," National Security Decision Directive NSDD 145, September 17, 1984, accessed December 2, 2013.

124 能量自律战术机器项目旨在开发以生物质为燃料的自动机器人平

台，实现长时间执行远程任务，而无须重新加油。"Energetically Autonomous Tactical Robot," Robotic Technology Inc., accessed October 10, 2013, http://www.robotictechnologyinc.com/images/upload/file/Overview%20 Of%20EATR%20Project%20Brief%206%20April%2009.pdf.

125 Protonex Technology Corporation, accessed October 10, 2013. 能源撷取是指从周边环境中撷取少量能源。Frank Furman, "Energy Scavenging: Expeditionary Logistics/Water Power," in *Warfighting in a Highly-Contested Electromagnetic Environment*, Innovation, Office of Naval Research, vol. 2, Fall 2012, 14–16, accessed July 11, 2014.

126 "Defense Spending in a Time of Austerity," *The Economist,* August 26, 2010.

127 美国空军已经开始对太空行动进行战略评估。Air Force Doctrine Document (AFDD) 2–2.1, "Counterspace Operations," August 2004, as well as Scott M. Fox, "Deterring and Dissuading in Space: A Systems Approach," U.S.Army War College, March 2008, accessed August 12, 2013.

128 Space Foundation, "Schulte: Space Is Congested, Contested, Competitive," *Space Foundation.org*, last modified June 1, 2011.

129 Sandra Erwin, "STRATCOM Chief Hyten: 'I Will Not Support Buying Big Satellites That Make Juicy Targets,'" *Spacenews.com*, last modified November 19, 2017, https://spacenews.com/stratcom–chief–hyten–i–will– not–support–buying–big–satellites–that–make–juicy–targets/.

130 例如，曼哈顿计划探索了核能的可行性，美国为降低军事动员难度修建了州际公路系统，亚特兰蒂斯导弹项目为太空商业化铺平了道路，阿帕网虽不为国防独用，但为互联网技术打下了基础。这些项目促进了创新技术的研发，推动了替代能源在国防领域以外的大规模部署。如今，国防领域技术在其他领域的应用程度已大不如前了。Peter J. Denning, "The ARPANET after Twenty Years," *American Scientist* 77 (Nov– Dec 1989): 530–535. 军队经常是民用创新的试验台和初始客户，因此非国防组织在新民用技术的部署上占有一定竞争优势。

131 Vernon Ruttan, *Is War Necessary for Economic Growth? Military Procurement and Technology Development* (New York: Oxford University Press, 2006).

132 "死亡之谷"是指初创企业从获得初始资本到获得来自市场的持续收入之间的时间。初创企业很难熬过这段时间,因为将产品推向市场的成本可能高于预期,而在这一阶段获得额外资金投入的可能性微乎其微。

133 关于美国和英国及英国北美殖民地之间的冲突,见 Martin Melosi, *Coping with Abundance* (New York: Knopf, 1985).

134 其中包括:公元前 1200 年左右,青铜被铁取代,这带来了巨大的战争变革,也被称为军务革命。14 世纪和 15 世纪的陆上及海上战争中使用了火药,19 世纪人类发明了炸药,20 世纪战争中动用了飞机、核武器和船只。21 世纪,替代能源投入军事应用后,这种转变还可能重演。

135 军方数据来自 "U.S. Military Marches Forward on Green Energy, despite Trump," *Reuters*, March 1, 2017. 其他数据来自美国能源情报署。

136 2011 年,美国陆军能源倡议特别工作组成立。2014 年,美国陆军常设能源倡议办公室成立。

137 2012 年,特别工作组启动了一项 70 亿美元的可再生能源采购计划,以达成国会制定的可再生能源目标,即到 2025 年,美国陆军能源总需求的 25% 应由可再生能源构成。

138 Marcy E. Gallo, *Defense Advanced Research Projects Agency: Overview and Issues for Congress*, Congressional Research Service (CRS, February 2, 2018), https://fas.org/sgp/crs/natsec/R45088.pdf.

130 该机构承担的超高效太阳能电池项目旨在研究发电效率超过 50% 的光伏组件。该机构承担的生物燃料项目旨在使用油菜籽、藻类、真菌、细菌等原料开发廉价的替代军用喷气燃料(JP8)。DARPA Strategic Plan, Department of Defense, (May 2009), 45, accessed March 12, 2012.

140 Department of Defense Annual Energy Management and Resilience (AEMR) Report Fiscal Year 2016.

141 "Pentagon Official on QDR Priorities," NPR Transcript, February 3, 2010.

142 Pike Research, *Renewable Energy for Military Applications*, Navigant Research, 2012, accessed May 15, 2014.

143 美国国会于 2006 年通过《国防授权法案》，于 2007 年颁布《能源独立与安全法案》。

144 Department of Defense, "2016 Operational Energy Strategy," Washington, D.C, 2015, accessed February 28, 2018.

145 同上。

146 关于"净零"计划，可见 Pacific Northwest National Laboratory for OASA, *Army Net Zero Initiative 2015 Progress Report* [U.S. Army, Assistant Secretary of the Army (Installations, Energy, and Environment), 2016].

147 Department of Defense, Annual Energy Management and Resilience (AEMR) Report Fiscal Year 2016.

148 2010 年 4 月 22 日，美国海军展示了一架 F/A–18E/F 超级大黄蜂多用途战斗机，由生物燃料混合动力驱动。Liz Wright, "Navy Tests Biofuel-Powered 'Green Hornet,'" Navy Office of Information, *Navy.mil*, last modified April 22, 2010.

149 评论来自美国海军部部长雷·马布斯。"Deployment of the Great Green Fleet," Naval Air Station North Island, San Diego, California, Wednesday, January 20, 2016.

150 Ian Graham, "Air Force Scientists Test, Develop Bio Jet Fuels," *the Official Website of the U.S.Air Force*, last modified March 3, 2010.

151 使用费托法制作的合成燃料以及酯类和脂肪酸经过加氢处理得到的生物燃料与传统的 JP-8 或 Jet-A 航煤混合，即为掺混燃料。U.S. Air Force Energy Flight Plan 2017–2036, January 6, 2017, http://www.

airforcemag.com/DocumentFile/Documents/2017/AFEnergyFlightPlan2017. pdf.

152 同上。

153 Sierra Hicks, *Fact Sheet: Powering the Department of Defense*; Pew Charitable Trusts, "Power Surge: How the Department of Defense Leverages Private Resources to Enhance Energy Security and Save Money on U.S. Military Bases," *pewtrusts.org*, www.pewtrusts.org/~/media/legacy/ uploadedfiles/peg/publications/report/pewdodreport2013ks10020314pdf.

154 Department of Defense, Annual Energy Management and Resilience (AEMR) Report Fiscal Year 2016.

155 Pew Charitable Trusts, *From Barracks to the Battlefield: Clean Energy Innovation and America's Armed Forces*, the Pew Project on National Security, Energy, and Climate (Pew Charitable Trusts, 2011), http://www. pewtrusts.org/en/research-and-analysis/reports/2011/09/21/from-barracks- to-the-battlefield-clean-energy-innovation-and-americas-armed-forces.

156 Army Office of Energy Initiatives and Renewable and Alternative Energy Resilience Projects.

157 Assistant Secretary of the Army, *Net Zero Progress Report,* U.S. Army (October 2016).

158 "Bucharest Summit Declaration," *NATO*, April 2008, last modified May 8, 2014, http://www.nato.int/cps/en/natolive/official_texts_8443.htm.

159 Statement of James Schlesinger before the Committee on Foreign Relations, U.S. Senate, Washington, D.C., November 16, 2005, accessed December 2, 2013, http://www.gpo.gov/fdsys/pkg/CPRT 109SPRT28001/html/CPRT- 109SPRT28001.htm.

160 北约的管道系统就是思想转变的范例。冷战初期，北约建立了10个独立的储油设施，并在欧洲铺开了输油系统。可再生能源解决方案以及冷战结束后的地缘军事风险转型对军事能源基础设施的设计、功能及保护的新方法提出了明确要求。

161 然而，军事能源基础设施或替代能源并未涵盖在内。

162 Ariel Cohen, "Weak Energy Prices Show Russia's Achilles Heel." Forbes, June 2, 2020; Stephen J. Hadley, "It's Time to Stand Up to Russia's Aggression in Ukraine." *Foreign Policy*, January 18, 2019.

163 NATO, *Active Engagement, Modern Defense: Strategic Concept for the Defense and Security of the Members of the North Atlantic Treaty Organisation* (Lisbon: NATO, 2010), accessed February 11, 2012, http://www.nato.int/lisbon2010/strategic-concept-2010-eng.pdf.

164 土耳其和希腊的政治纷争以及二者就塞浦路斯合法地位的争议阻碍了欧盟与北约的联手。欧盟与北约未能正式达成一致意见，也未曾开展结构性军事合作。由威望驱动的考量以及责任与权力的争议使得欧盟与北约的僵局更加复杂。

165 北约已经注意到，北非拥有丰富的太阳能和风能资源。撒哈拉信风"发电潜力实属地球最大"。欧盟已经提出在撒哈拉沙漠地区建造大型太阳能发电厂，并通过海底电缆将电力传输到欧洲的计划。"Sahara Trade Winds to Hydrogen: Applied Research for Sustainable Energy Systems," *NATO*, last modified May 11, 2008, http://www.nato.int/issues/science-environmental-security/projects/8/.

166 Pierre Goldschmidt et al., *The Next Generation of Security Threats—Reprogramming NATO?* (Brussels: NATO, 2009).

167 Jaap de Hoop Scheffer, NATO Secretary General, speech at the Economist Energy Security Dinner, October 23, 2008, accessed December 2, 2011, http://www.nato.int/docu/speech/2008/s081023b.html.

168 Ian Brzezinski, "NATO and Energy Security: A Readout from Chicago," Atlantic Council of the United States, June 5, 2012, transcript available on

accessed on October 9, 2012.

169   George Robertson. "NATO at 70: The Durable Alliance." *European Leadership Network*, January 31, 2019.

170   Daniel Fiott, "A Revolution Too Far? U.S. Defense Innovation, Europe and NATO's Military–Technological Gap," *Journal of Strategic Studies* 40, no. 3 (2016): 417–437, DOI: 10.1080/01402390.2016.1176565.

171   "300GW of solar, 150GW of wind suggested for China's 14th 5 Year Plan," *Smart Energy International*, May 27, 2020.

172   Alanna Petroff, "These Countries Want to Ban Gas and Diesel Cars," *CNNMoney*, last modified September 11, 2017, http://money.cnn.com/2017/09/11/autos/countries–banning–diesel–gas–cars/index.html.

173   英国国防部利用太阳能、生物质能、地热供暖系统以及"绿色"节能汽车等节能措施，有效实现了减排12.5%的目标。为减少二氧化碳排放，英国国防部购买了约1300辆"绿色"汽车，其中包括油电混合动力汽车。英国国防部采用了新能源信息管理系统"智能电表计划"，阿富汗赫尔曼德省驻军应用了轻型太阳能电池，如此种种都为英国进步作出了贡献。这些举措贯彻了使用绿色军事能源的理念，也减轻了士兵运送重型电池的负担。国防部也在私营部门的协助下，尝试将可再生能源引入军事基地及军事设施之中，以解决安全脆弱性问题。

174   Danish Ministry of Defence, *Climate and Energy Strategy of the Ministry of Defence 2012–2015* (Forsvarministeriet, 2012), accessed May 2, 2014.

175   Christophe–Alexandre Paillard, "Security and Energy Efficiency, a Smart Energy for a Smart Defense: Examples Taken from France," in *Energy Security: Operational Highlights*, no. 5 (NATO Energy Security Centre of Excellence, 2014), 13–14.

176   "Defense Technology Plan," *UK MOD*, accessed May 10, 2012.

177   UK Ministry of Defence, "Securing Britain in an Age of Uncertainty: The

Strategic Defense and Security Review," presented to Parliament by the Prime Minister by Command of Her Majesty, October 2010, https://assets. publishing.service.gov.uk/government/uploads/system/uploads/attachment_ data/file/62482/strategic–defence–security–review.pdf.

178 UK Ministry of Defence, *Defense Technology Strategy for the Demands of the 21st Century* (London: MOD, 2012).

179 例如，欧盟委员会下属的欧洲防务局正在与其成员国（包括除丹麦外的所有欧盟国家）共同探讨如何开发新型长续航移动电池组及其他可供个别军人使用的能源来源。不过，这种能源是部队保护技术的研究对象。更重要的是，欧洲防务局尚未针对能源效率、替代能源生产、战区绿色燃料的后勤及保护，以及气候变化产生的更广泛的战略影响等事项出台明确政策。

180 "The IAF Goes Green," *Israeli Air Force website*, last modified January 2, 2018.

181 National Defense, Government of Canada, "Defense Energy and Environment Strategy," October 4, 2017, https://www.canada.ca/content/dam/dnd–mdn/ documents/reports/2017/20171004–dees–en.pdf.

182 商用车辆的储能设计只需要满足电力负载均衡及稳定输出等要求，而军用车辆的储能设计还必须满足"无声观察"及"无声移动"等额外要求。

183 风力涡轮机会干扰飞机的传感器系统，削弱其探测识别附近飞机的能力，还可能导致飞机飞越或飞离指定区域，并在错误的区域传回可识别的空中图像。风力涡轮机会"遮挡"雷达的电磁波：防空雷达通过发射高频电磁波来完成探测、跟踪、瞄准等任务，因此若要准确执行任务，就需要确保发射端和接收端之间的视距无遮挡，而位于雷达和目标物之间的地理特征与结构都会产生雷达阴影效应或遮挡效应（事实上，军用飞机很容易利用这种现象实现雷达隐身）。风力涡轮机很可能产生遮挡效应，具体影响大小取决于涡轮机的大小、雷达发射机的类型以及涡轮机与雷达射线的角度。另外，远程控制监视雷达不易辨别多个分布较为密集的涡轮机，这与高楼产生衍射效应的原理一致。涡轮机之间的距离越短，衍射效应就越明显。DTI, Civil Aviation Authority, British Wind Energy Association, *Wind Energy and Aviation Interests—Interim Guidelines* (Crown copyright 2002), accessed November 2, 2011, http://webarchive.nationalarchives.gov.uk/+/http://www.berr.gov.uk/files/file17828.pdf

184 风力涡轮机的位置固定，而且高度与地面接近，因此风力涡轮机会"干扰"防空雷达。现代的实用级风力涡轮机都比较大，因此在常见雷达波段中的雷达截面积也很大，单个涡轮机的雷达截面积与"商务机"飞机接近，更大的甚至能超过宽体飞机。此外，风力涡轮机的叶片旋转会产生与飞机飞行类似的多普勒频移效应，频移的大小与防空雷达视线内的涡轮机数量成正比，进而削弱防空任务的执行能力。工作中的风力涡轮机可能会间歇性地出现在雷达显示屏上（研究表明，雷达每扫描 6 次，就有 1 次会显示风力涡轮机）。如果多个涡轮机之间的距离较近，那么雷达每次扫描都会出现多次回波，也就是所谓的"闪烁"效应。考虑到涡轮机组会分布在不同的位置，雷达系统可能将多个涡轮机组的回波解释为一个或多个移动物体，继而监视雷达就会开始"跟踪"回波。这样一来，雷达系统可能会出现混乱，最终可能导致过载。Office of the Director of Defense Research and Engineering, *The Effect of Windmill Farms on Military Readiness*, Report to the Congressional Defense Committees (U.S. Department of Defense, 2006), 52, http://users.ece.utexas.edu/~ling/US1%20dod_windfarms.pdf

185 对发电和储能而言，电磁辐射可能是复杂的影响因素，但电磁辐射也能转化成可以利用的能量。磁场会对军事等领域产生恶劣影响。首先，磁场可能对人类健康造成极大负面影响。其次，电磁场和脉冲可能会损害某些国家的军事基础设施。替代能源技术也会产生磁场，其影响可能与非核电磁脉冲类似。DTI, Civil Aviation Authority, British Wind Energy Association, *Wind Energy and Aviation Interests—Interim Guidelines,* 39–40.

186 例如，1990—2005 年，全世界有 330 起针对石油和天然气设施的恐怖袭击。Memorial Institute for the Prevention of Terrorism, the Terrorism Knowledge Base, accessed January 22, 2014.

187 Stephen Peter Rosen, "The Future of War and the American Military," *Harvard Magazine*, May‐June 2002, accessed March 2, 2012, http://harvardmagazine.com/2002/05/the-future-of-war-and-th.html.

188 这里举一个相对容易理解的例子，来证明这个观点。后勤人员在规划军事行动时秉持着"多多益善"的态度，这也是后勤人员为作战部队提供物资补给的底层逻辑。军事规划者宁愿付出供应过剩的代价，也要确保作战人员及其他支援部队在战时能够获得所需资源，因为供应过剩的成本不高，但供应不足的后果却很严重。在执行军事任务时，指挥官的重点也应该是实现作战目标，保证部队安全，而不是节约资源。如果为了提高燃料效率而摒弃"多多益善"的思想，就可能降低军事效率。

189 自冷战以来，技术创新对战争产生的影响引发了激烈的辩论，冷战后的战略背景将这一辩论推向了高潮。这种战略背景集合了不对称的脆弱性、多个行为主体及其各异的能力。

190 混合式装备是指集成多种作战能力的装备（例如在步兵战车上配备武器），而模块化装备是指通过交换或添加模块（例如在步枪上安装手榴弹发射组件）而携带其他功能的装备。Thomas Held, Bruce Newsome, and Matthew W. Lewis, Commonality in Military Equipment: *A Framework to Improve Acquisition Decisions* (RAND Corporation, 2008), accessed November 2, 2013, http://www.rand.org/content/dam/rand/pubs/

monographs/2008/RAND_MG719.pdf.

191 互操作性和兼容性体现的是不同国家军队进行联合作战的能力，主要包括思想、基础设施、基地与装备的联合统一。NATO, *Interoperability for Joint Operations* (Brussels: NATO Diplomacy Division, July 2006), http://www.nato.int/nato_static/assets/pdf/pdf_publications/20120116_interoperability−en.pdf.

192 美国空军上将罗纳德·E. 基斯（Ronald E. Keys）指出，"战术系统的情况棘手得多。战术系统价格昂贵，服役时间长达 30 年以上，所以现有的涡轮机及柴油机很难在短期内更换。即便已经掌握了替代能源技术，想要用其取代传统战术系统也需要几十年时间。另外，必须提前为替代能源的使用制订计划，并支付相关费用"。General Ronald E. Keys, USAF ( ), former commander, Air Combat Command, quoted in "*Powering America's Defense: Energy and the Risks to National Security*," the CNA Corporation, May 2009, accessed July 2, 2011, http://www.cna.org/sites/default/files/Powering%20Americas%20Defense.pdf.

193 北约预计，在其成员国中，有 15 个将于 2024 年达到 2014 年北约峰会上发布的国防投资目标，即国防投资额达到国内生产总值的 2%。Jim Garamone, "Secretary General: More Countries on Track to Meet NATO Spending Goals," *DoD News, Defense Media Activity*, last modified February 13, 2018, https://www.defense.gov/News/Article/Article/1439951/secretary-general−more−countries−on−track−to−meet−nato−spending−goals/.

194 关于人类改善自然的实践，可见 Peter Ward, *The Medea Hypothesis: Is Life on Earth Ultimately Self-Destructive?* (Princeton, NJ: Princeton University Press, 2009); Larry Hickman, "Green Pragmatism: Reals without Realism, Ideals without Idealism," *Research in Philosophy and Technology* 18 (1999): 39–56.

195 Hugh Dyer, "Environmental Security: The New Agenda," in C. Jones and C.

Kennedy–Pipe, eds., *International Security in a Global Age—Securing the Twenty-First Century* (London: Frank Cass, 2000), 139.

196 可见 Jared Diamond, *Collapse: How Societies Choose to Fail or Succeed*, revised ed. (New York: Penguin, 2011). 一些研究给出了部分环境安全问题的答案，包括 M. Finger, "The Military, the Nation State and the Environment," *The Ecologist* 21, no. 5 (1991); O. Greene, "Environmental Issues," in *The Globalization of World Politics: An Introduction to International Relations*, ed. J. Baylis and S. Smith, 3rd ed. (New York: Oxford University Press, 2005).

197 政府对将南营国家的环境退化风险整合进入北营国家安全路径的支持，标志着人们开始意识到环境问题的重要性。自那时起，环境安全超越了中心 – 外围关系及南北关系的考量范畴。环境破坏及为应对环境破坏而出台的相应政策给北营国家和南营国家造成了负担，因此全球多边讨论越来越多地涉及环境安全化的必要性。时至今日，国家为实现环境安全化而采取的行动并不是由规则或国家安全利益驱动的，而是由社会压力和政治需求驱动的。例如，对于臭氧层空洞、气候变化等全球性问题，行为主体如果放弃与他国合作，选择单独采取行动，就很难应对安全威胁，其手段也十分有限。虽然已经有了针对臭氧层空洞的全球解决方案，但该方案需要各国达成共同的监管基础，此举不会极大改善全球实践，也不会极大提升人类生存环境。

198 Garrett Hardin, "The Tragedy of the Commons," *Science* 162 (1968): 1243–1248.

199 John K. Galbraith, *Economics and the Public Purpose* (New York: Signet, 1973), 277.

200 Peter Gleick, "Water, War and Peace in the Middle East," *Environment* 36, no. 3 (April, 1994): 6–42.

201 C. Meyer et al., "The Massacre Mass Grave of Schöneck–Kilianstädten

Reveals New Insights into Collective Violence in Early Neolithic Central Europe," *Proceedings of the National Academy of Sciences* 112, no. 36 (2015): 11217–11222.

202　Thomas Homer–Dixon, "Environmental Scarcities and Violent Conflict: Evidence from Cases," *International Security* 19, no. 1 (1994): 5–40; Thomas Homer–Dixon and Valerie Percival, *Environmental Scarcity and Violent Conflict: Briefing Book* (Washington, D.C.: American Association for the Advancement of Science, 1996); Michael T. Klare, *Resource Wars: The New Landscape of Global Conflict* (NY: Henry Holt and Company, 2001).

203　Gustavo Sosa–Nunez, Ed Atkins, eds., *Environment, Climate Change and International Relations* (Bristol: E–International Relations Publishing, 2016), 2.

204　之所以未将环境问题等广泛事务纳入全球安全框架，是因为："一是将环境退化视为国家安全威胁具有一定误导性，因为国家安全的传统重点在于国家间暴力冲突，而这与环境问题及其解决方案毫无交集；二是利用民族主义思潮来增强环境意识并引导环境行动可能会破坏全球政治稳定，最终适得其反；三是环境恶化不太可能引发国家间战争。" Daniel Deudney, "The Case against Linking Environmental Degradation and National Security," *Millennium* 19, no. 3 (1990): 461.

205　Roland Dannreuther, *International Security: The Contemporary Agenda* (Cambridge: Polity, 2007), 66.

206　常规做法是逐渐引入可再生能源等替代能源技术，并逐步淘汰化石能源。寻找性价比最高、破坏性最小的方法的前提是假设"所有重要技术都是可用的"。IPCC, *Summary for Policymakers*, Climate Change 2014: Mitigation of Climate Change, IPCC Working Group III Contribution to AR5 (Berlin: UN IPCC, April 2014), https://www.ipcc.ch/pdf/assessment–report/ ar5/wg3/ipcc_wg3_ar5_summary–for–policymakers.pdf.

207　技术和环境一直是关于人与自然和人类自身的争论的基本要素。在某些情况下，技术是人类进步和迎接自然挑战的象征，而在其他情况下，技术是人类剥夺自然、利用自然的机制。一些受文化偏见影响，表达道德价值观的愿景在人与自然之间的鸿沟之上搭起了桥梁。关于道德和技术的详细讨论，请参见 K. H. Whiteside, *Divided Natures: French Contributions to Political Ecology* (Cambridge, MA: MIT Press, 2002); B. G. Norton, *Sustainability: A Philosophy of Adaptive Ecosystem Management* (Chicago: University of Chicago Press, 2005).

208 PwC, *20 Years inside the Mind of the CEO... What's Next?* (PwC, 2017), https://www.pwc.com/gx/en/ceo-survey/2017/pwc-ceo-20th-survey-report-2017.pdf.

209 2016 年，经济合作与开发组织成立了绿色金融与投资中心，旨在促进绿色投资及融资。世界经济论坛针对发展中国家开展的项目包括新能源建筑、农业新发展、可持续交通生态系统、水资源集团等。

210 Isaac Asimov, "Visit to the World's Fair of 2014," *New York Times*, April 16, 1964, accessed March 22, 2014, http://www.nytimes.com/books/97/03/23/lifetimes/asi-v-fair.html.

211 Jennifer Taylor, "Ethics of Renewable Energy," paper submitted to *World Wind Energy Conference, York University, May 30, 2008*, accessed January 10, 2014.

212 关于人类的社会互动及社会认同，可见 Alexander Mirtchev, *Conformity and the Political Society* (Sofia: N. M., 1991).

213 John Rawls, *Political Liberalism* (New York: Columbia University Press, 1993), 192.

214 Gareth Porter, "Environmental Security as a National Security Issue," *Current History* 94, no. 21 (May 1995): 218–222.

215 应对环境安全威胁的政策相当多样化，既有关于环境保护的一般法，也有针对温室气体排放、水资源使用、保护特定地区生物多样性的法规。

216　Johan Rockström et al., "A Safe Operating Space for Humanity," *Nature* 461 (2009): 472–475.

217　Thomas Friedman, "Is It Weird Enough Yet?," *New York Times*, September 13, 2011, http://www.nytimes.com/2011/09/14/opinion/friedman-is-it-weird-enough-yet.html?_r=0.

218　Leslie Garisto Pfaff. "Power Issue: Shirley Tilghman." New Jersey Monthly, December 9, 2008.

219　例如，默克尔曾表示，"气候变化正在加速，威胁着我们的福祉与安全，也阻碍了经济发展。如果不采取果断的应对措施，气候变化导致的风险将超出我们的控制范围，其破坏性也将异常强大"。

220　D. Puig and T. Morgan, eds., *Assessing the Effectiveness of Policies to Support Renewable Energy* (United Nations Environment Programme, 2013), http://orbit.dtu.dk/files/69996503/Assessing_the_effectiveness.pdf; REN21, *Renewables 2016 Global Status Report.*

221　REN21, *Renewables 2017 Global Status Report.*

222　总的来说，基于价格的可再生能源激励措施共有两种，为固定价格制和可再生能源配额制。其中固定价格制是指，支付给发电商的电价（或溢价）由政府决定，而发电量由市场决定。这两种措施都保护了可再生能源市场，规定了常规发电机应该支付的外部环境成本。这些措施旨在激励技术进步与降低成本，进而降低可再生能源价格，使其向传统能源的价格靠拢。

223　投资补贴是指按照可再生能源发电机额定功率（单位：千瓦）给予资金补贴。基于发电机功率而非发电总量的资金补贴机制可能会导致技术开发效率低下，但与其他激励措施搭配使用时，这种补贴机制就能更好地发挥效用。固定上网电价指按固定单价向发电商支付电价。德国、西班牙、丹麦等国利用这两种措施推动了风能的发展。

224 固定补贴价格有时也被称为"环保奖金"，即在基本批发电价的基础上，额外向发电商支付一笔固定数额的补贴。与固定上网电价相比，固定补贴价格机制下的单位电价更难预测，因为它会随市场电价变化而变化。然而，固定补贴价格更易融入电力市场，因为市场参与者能够对市场价格信号作出反应。这一机制常见于西班牙、美国、加拿大等国。

225 可再生能源配额制（在美国称可再生能源组合标准）是指，可再生能源发电量占公用事业用电量的比例由政府规定，而价格由市场决定。招标制是指就特定项目的建设运营合同开展竞争性招标，或对固定数量的可再生能源发电份额进行竞争性招标，且政府会以每千瓦时发电量为单位，对拥有绿色交易证书的可再生能源发电项目给予资金奖励。爱尔兰、法国、英国、丹麦和中国利用招标机制支持风电的发展。英国、瑞典、意大利、美国应用的是可交易绿色证书制度，也称可再生能源组合标准。

226 R. Haas et al., "Promoting Electricity from Renewable Energy Sources——Lessons Learned from the EU, United States, and Japan," in *Competitive Electricity Markets*, ed. F. P. Sioshansi (Oxford: Elsevier, 2008). 关于美国为支持可再生能源而出台的一系列重要政策，可见 "State Policies to Support Renewable Energy," *EPA*, accessed January 20, 2018, https://www.epa.gov/statelocalenergy/state-renewable-energy-resources#.

227 联合国环境规划署委托丹麦技术大学开展的一项政策有效性评估表明，尽管部分政策可以有效发挥作用，但由于替代能源部署受阻的原因各异，因此一劳永逸的解决方案并不存在。D. Puig and T. Morgan, eds., *Assessing the Effectiveness of Policies to Support Renewable Energy* (United Nations Environment Programme, 2013), http://orbit.dtu.dk/files/69996503/Assessing_the_effectiveness.pdf.

228 European Environment Agency, "Towards a Green Economy in Europe: EU

Environmental Policy Targets and Objectives 2010–2050," EEA Report No. 8 (Copenhagen: European Environment Agency, 2013), https://www.kowi.de/Portaldata/2/Resources/fp/Report–Towards–a–green–economy–in–Europe.pdf.

229 索林卓公司是一家薄膜太阳能电池制造商，受《美国复苏与再投资法案》的财政支持。2011 年，该公司在收到美国政府 5.27 亿美元的贷款后申请破产。由于大部分资金是由《美国复苏与再投资法案》提供的，该破产案件在美国国会掀起了一场政治风波，并最终影响到了 2012 年总统竞选。

230 National Research Council et al., *Renewable Fuel Standard: Potential Economic and Environmental Effects of U.S. Biofuel Policy* (Washington, D.C.: the National Academies Press, 2011).

231 B. Goldman, "What Is the Future of Environmental Justice?," *Antipode* 28, no. 2 (1996): 122–141; M.K. Heiman, "Race, Waste, and Class: New Perspectives on Environmental Justice," *Antipode* 28, no. 2 (1996): 111–121; R. Moore and L. Head, "Acknowledging the Past, Confronting the Future: Environmental Justice in the 1990s," in *Toxic Struggles: The Theory and Practice of Environmental Justice,* ed. R. Hofrichter (Philadelphia: New Society, 1993).

232 A. Herod et al., ed., *An Unruly World?* (London: Routledge, 1998).

233 全球环境问题和解决这些问题的框架主要是从规制理论的角度来考虑的，其重点是原则、规则、规范和决策程序。可见 Gareth Porter and Janet Brown, *Global Environmental Politics* (Boulder, CO: Westview Press, 1991).

234 联合国环境规划署有义务推动环境的和谐、和平、安全发展。一旦裁军和安全问题涉及环境，就应持续给予适当关注。UN General Assembly Resolution 42/186, "Environmental Perspective to the Year 2000 and

Beyond," paragraph 86, 96th plenary meeting of the UN General Assembly, December 11, 1987, accessed December 5, 2013. 也可见 John Negroponte, "The United Nations is Still Making the World Stronger." FoxNews.com, September 17, 2019, available at https://www.foxnews.com/opinion/united–nations–stronger–support–un–amb–negroponte.

235 这几个协定为全球政策制定了指导方针，但仍有部分国家对此持保留态度。《京都议定书》未得到所有国家的支持，美国更是在签署后又退出了该协定。美国对《巴黎协定》也嗤之以鼻。此外，这些协定还激发了发达国家和发展中国家之间的争执。然而，有证据表明，美国企业自愿且有效履行了《京都议定书》的要求。Stuart Eizenstat and Ruben Kraiem, "In Green Company." *Foreign Policy*, October 21, 2009.

236 Cary Funkand Meg Hefferon, "U.S. Public Views on Climate and Energy," Pew Research Center, November 25, 2019.

237 Robert Jackson, *The Global Covenant: Human Conduct in a World of States* (Oxford: Oxford University Press, 2000), 175–178.

238 Rice, Condoleezza and Zelikow, Philip. *To Build a Better World: Choices to End the Cold War and Create a Global Commonwealth*. Gran Central Publishing, 2019.

239 有关"生态社会"的更多信息，请参阅 David W. Orr, "In the Tracks of the Dinosaur: Modernization & the Ecological Perspective," *Polity* 11, no. 4 (1979): 562–587.

240 国际合作倡议有可再生能源及能源效率伙伴关系计划（REEEP）、地球村能源伙伴关系计划（GVEP）、21世纪全球可再生能源政策网络（REN21），以及全球能源可持续发展网络（GNESD）等。

241 栖息地面临的严峻问题正在推动地缘政治互动新秩序原则的建立，也创造了"环境地缘政治学"一词。这一术语体现了环境安全对国家间关系格局日益重要的意义，以及环境考量的全球化，即环境考量的地理范围更广、程度更深、发展和传播的速度更快。可见 Daniel C. Esty "Pivotal States and the Environment," in *The Pivotal States: A New Framework for U.S. Policy in the Developing World*, eds. Robert Chase, Emily Hill, and Paul Kennedy (New York: W. W. Norton & Co., 1999).

242 Noel Castree, "Nature, Economy and the Cultural Politics of Theory: The 'War against the Seals' in the Bering Sea, 1870–1911," *Geoforum* 28 (1997): 1–20.

243 据联合国政府间气候变化专门委员会预计，到 21 世纪中叶，全球气温可能升高 4.5 摄氏度以上。Theresa Sabonis-Helf, "Climate Change," in *Global Strategic Assessment, 2009: America's Security Role in a Changing World*, ed. Patrick Cronin (Washington, D.C.: National Defense University Press, 2009), 85.

244 Hermann E. Ott, "Climate Change: An Important Foreign Policy Issue," *International Affairs* 77, no. 2 (2001): 295.

245 Robert Zoellick, "Modernizing Multilateralism and Markets," speech at the Peterson Institute for International Economics, Washington, D.C., October 6, 2008, accessed January 10, 2014. 诚然，这种观点过于理想化，也似乎尚未成为现实，而能否进行这种"大谈判"，取决于行为主体对可再生能源技术所蕴含的地缘政治力量的认知。

246 Al Gore, "The Climate for Change," *New York Times*, November 9, 2008, http://www.nytimes.com/2008/11/09/opinion/09gore.html?pagewanted=all.

247 替代能源作为"可持续发展"理论框架的组成部分，可以有力对抗"增长极限论"的论断。世界环境与发展委员会（WCED）于 1987 年成立，由挪威首相布伦特兰（Brundtland）出任主席。该委员会将可持续发展定性为明确的政治问题，并为其制定了有效的战略目标。

248 James D. Wolfensohn, "Securing the Twenty-First Century," address by the World Bank Group President to the Board of Governors of the World Bank

Group at the Joint Annual Discussion, 2004 Annual Meetings, Washington, D.C., October 3, 2004, accessed December 25, 2013, http://www.imf.org/external/am/2004/speeches/pr03e.pdf.

249 可见 Ken Conca and Geoffrey D. Dabelko, eds., *Environmental Peacemaking* (Washington, D.C.: Woodrow Wilson Center Press, 2002).

250 UNEP, "Environmental Governance Update November 2017," accessed January 19, 2018, https://wedocs.unep.org/bitstream/handle/20.500.11822/7506/-Sustainable_Development_Goals_-_UNEP_annual_report_2015-2016UNEP-AR-2015-SustainableDevelopmentGoals.pdf.pdf?sequence=3&isAllowed=y.

251 Jessica Shankleman et al., "We're Going to Need More Lithium," *Bloomberg Businessweek*, September 7, 2017, accessed January 19, 2018, https://www.bloomberg.com/graphics/2017-lithium-battery-future/.

252 Countries with the largest lithium reserves worldwide as of 2016, https://www.statista.com/statistics/268790/countries-with-the-largest-lithium-reserves-worldwide/, accessed January 19, 2018.

253 "Current Energy Security Challenges," S. Hrg. 111-2, hearing before the Committee on Energy and Natural Resources, January 8, 2009, http://www.gpo.gov/fdsys/pkg/CHRG-111shrg47252/pdf/CHRG-111shrg47252.pdf.

254 "US Generals Urge Climate Action," *BBC News*, last modified April 15, 2007, http://news.bbc.co.uk/2/hi/americas/6557803.stm.

255 Ahmad Babiker Nahar, statement by Minister of Environment and Urban Development of the Republic of Sudan Ahmad Babiker Nahar, closing plenary session of the Summit on Climate Change, New York, September 22, 2009, accessed March 22, 2011, http://www.g77.org/statement/2009.html.

256 当开采出的淡水量占可用淡水资源总量的比例超过 25% 的临界值时，水资源就会出现紧张。UN, *The Sustainable Development Goals Report 2017* (New York: United Nations, 2017), accessed January 19, 2018, https://

unstats.un.org/sdgs/files/report/2017/TheSustainableDevelopmentGoalsRepo rt2017.pdf.

257 C. Adam Schlosser et al., *The Future of Global Water Stress: An Integrated Assessment*, Report No. 254 (Cambridge, MA: MIT Joint Program on the Science and Policy of Global Change, 2014), http://globalchange.mit.edu/sites/ default/files/MITJPSPGC_Rpt254.pdf.

258 UN, *Sustainable Development Goals Report 2017*.

259 John Reilly and Sergey Paltsev, *Biomass Energy and Competition for Land*, Report No. 145 (Cambridge, MA: MIT Joint Program on the Science and Policy of Global Change, 2007), accessed November 22, 2012, http://web.mit. edu/globalchange/www/MITJPSPGC_Rpt145.pdf.

260 Jerrold S. Cooper, *Reconstructing History from Ancient Inscriptions: The Lagash-Umma Border Conflict: 2 (Sources from the Ancient Near East)* (Malibu, CA: Undena Press, 1983).

261 Heba Saleh and John Aglionby, "Egypt and Ethiopia Clash over Huge River Nile Dam," *Financial Times*, December 17, 2017, https://www.ft.com/ content/58f66390–dfda–11e7–a8a4–0a1e63a52f9c.

262 Saki, "The Jesting of Arlington Stringham," in *The Chronicles of Clovis* (Harmondsworth: Penguin, 1911), 78.

263 Ralph Waldo Emerson, *The Journals and Miscellaneous Notebooks* (Boston: Harvard University Press, 1965), 260.

264 Zalmay Khalilzad and Ian Lesser, ed., *Sources of Conflict in the 21st Century: Regional Futures and U.S. Strategy* (Santa Monica, CA: RAND, 1998), 34.

265 Anabela Botelho et al., "Effect of Wind Farm Noise on Local Residents' Decision to Adopt Mitigation Measures," *International Journal of Environmental Research and Public Health 14*, is. 7 (2017), https://www.

ncbi.nlm.nih.gov/pmc/articles/PMC5551191/pdf/ijerph-14-00753.pdf. 另见加拿大政府开展的一项广泛研究：Health Canada. Government of Canada, "Wind Turbine Noise and Health Study: Summary of Results".

266 Adam Vaughan, "Is This the Future? Dutch Plan Vast Windfarm Island in North Sea," *Guardian*, December 29, 2017.

267 制作光伏电池的部分原料具有毒性，可能致癌，容易自燃。这些材料对人类健康造成的实际危害取决于其固有的毒理学特性以及人类接触这些材料的强度、频率和时长。要广泛应用光伏技术，就必须特别注意这些危害，因为这些危害贯穿了产品源头、加工、使用、处置等产品寿命全周期。National Research Council, *Energy Futures and Urban Air Pollution* (Washington, D.C.: the National Academies Press, 2007), 223–224.

268 R. R. Hernandez et al., "Environmental Impacts of Utility–Scale Solar Energy," *Renewable and Sustainable Energy Reviews* 29, January 2014, 766–779, https://www.researchgate.net/publication/257200435_Environmental_impacts_of_utility–scale_solar_energy.

269 研究者基于瑞士联邦材料科学与技术研究所生命周期评估与建模负责人雷纳·扎赫（Rainer Zah）的方法对 26 种生物燃料进行了研究，结果表明，21 种生物燃料在燃烧时产生的温室气体排放量比燃烧汽油产生的温室气体排放量减少了 30% 以上，但是就对环境的总体影响而言，有 12 种生物燃料的影响比化石燃料更大，其中包括较为廉价的燃料，如美国的玉米乙醇、巴西的甘蔗乙醇和大豆制柴油，以及马来西亚的棕榈油制柴油等。由厨余废油等废弃物生产的生物燃料最受欢迎，用草和木头生产的乙醇也广受追捧。

270 National Research Council, *Energy Futures and Urban Air Pollution* (Washington, D.C.: the National Academies Press, 2007), 223.

271 据研究人员估计，风能（0.2–12 m^3 TJe–1）、光伏太阳能（6–303 m^3 TJe–1）和地热能（7–759 m^3 TJe–1）的水足迹最低，而生物质（50000–500000 m^3

TJe–1）和水电（300–850000 m³ TJe–1）的水足迹最高。化石燃料及核能的水足迹居中。Mesfin M. Mekonnen, P. W. Gerbens-Leenes, and Arjen Y. Hoekstra, "The Consumptive Water Footprint of Electricity and Heat: A Global Assessment," *Environmental Science: Water Research & Technology* (the Royal Society of Chemistry, 2015), DOI: 10.1039/c5ew00026b, http://waterfootprint.org/media/downloads/Mekonnen–et–al–2015.pdf.

272 若以可持续的方式发电，6600平方公里森林所提供的木材仅能发电2000兆瓦。此外，欧盟向生物质发电投入了大量木材，导致木材价格上涨，建筑等使用木材的行业也受到了影响。"Bonfire of the Subsidies," *the Economist* 16, April 6, 2013, http://www.economist.com/news/leaders/21575759–europes–wood–subsidies–show–folly–focusing–green–policy–renewables–bonfire, accessed January 10, 2014.

273 Jörn P.W. Scharlemann and William F. Laurance, "How Green Are Biofuels?," *Science* 319, no. 5859 (2008), 43–44.

274 第二代生物燃料主要利用粮食作物的非食用部分（如粮食作物的茎、叶及外壳等）、非粮食作物（如柳枝稷、草、麻疯树、青贮玉米、芒草，以及产量极低的谷物），以及工业废料（如木片、果皮，还有榨果汁剩下的果肉等）。

275 有人认为，在冷战后范式转变的背景下，传统安全机构已经"接纳"了环境安全，并已将环境问题纳入其规划和政策之中。克林顿执政时期明确将环境安全与传统资源减少归为国家安全风险。引用的报告指出，资源枯竭"已经对世界各地的局部稳定构成了实实在在的风险"，而且"环境恶化最终会阻碍经济增长"。"National Strategy of Engagement and Enlargement," the White House, February 1995, accessed January 10, 2014.

276 Jon Barnett, "Environmental Security," in *The Routledge Handbook of New Security Studies*, ed. J. Peter Burgess (New York: Routledge, 2010), 124–125.

277 J. Dittmer et al., "Have You Heard the One about the Disappearing Ice? Recasting Arctic Geopolitics," *Political Geography* 30 (2011): 202–214.

278 Javier Solana, "The External Energy Policy of the European Union," speech at the Annual Conference of the French Institute of International Relations (IFRI), Brussels, February 1, 2008, accessed January 10, 2014, http://www.consilium. europa.eu/ueDocs/cms_Data/docs/pressdata/EN/discours/98532.pdf.

279 Edward Luttwak, "From Geopolitics to Geo–Economics: Logic of Conflict, Grammar of Commerce," *the National Interest*, no. 20, Summer 1990, 17–24.

280 Arnold Wolfers, "'National Security' as an Ambiguous Symbol," in Arnold Wolfers, *Discord and Collaboration. Essays on International Politics* (Baltimore: John Hopkins University Press, 1962), 147–165.

281 Dan Caldwell and Robert E. Williams, Jr., *Seeking Security in an Insecure World* (Lanham, MD: Rowman & Littlefield Publishers, 2006), 145.

282 例如，萨缪尔森（Samuelson）在他的经典著作中为"经济"下了六种定义，并表示经济的定义还将进一步扩充。Paul A. Samuelson, *Economics*, 10th ed. (New York: McGraw–Hill, 1976), 3.

283 Lars Osberg, "The 'Disappearance' of Involuntary Unemployment," *Journal of Economic Issues* 22, no. 3 (1998): 17.

284 R. M. Solow, "A Contribution to the Theory of Economic Growth," *The Quarterly Journal of Economics* 70, (1956): 65–94.

285 2012 年，能源行业为美国创造的就业岗位占所有就业岗位的 6%。据估计，到 2035 年，美国能源行业的累计资本支出将超过 5.1 万亿美元；到 2020 年，能源将为美国创造 130 万个新工作岗位，共提供 300 万个工作岗位。IHS Global Insight, "America' s New Energy Future: The Unconventional Oil and Gas Revolution and the U.S. Economy," October 2012.

286 债务往往是阻碍欠发达国家经济增长的沉重负担。债务不但妨碍国家发展，而且会引发国家内部冲突甚至国家间冲突。

287 能否利用可再生能源带来积极影响，取决于替代能源的开发和实施方式，以及新收入的分配方式。可再生能源资源丰富的国家可能会成为所谓的"资源诅咒"的受害者，也可能受到不可再生能源资源丰富国的威胁。这是因为，资源部门处于主导地位，因此国家往往对资源价格波动过于敏感，制造业及农业发展欠佳，最终导致经济增长乏力，社会紧张局势加剧。欠发达国家对自然资源的治理通常不够妥当，这意味着国家行为主体可能存在管理不善和腐败的风险，进而阻碍社会经济向积极的方向发展。关于"资源诅咒"，可见 Jeffrey Sachs and Andrew Warner, *Natural Resource Abundance and Economic Growth,* Working Paper (NBER, 1995), DOI: 10.3386/w5398; Michael L. Ross, *The Oil Curse: How Petroleum Wealth Shapes the Development of Nations* (Princeton, N.J.: Princeton University Press, 2012); *From Curse to Blessing: Natural Resources and Institutional Quality*, Environment Matters 2006 —World Bank Group, 2006.

288 J. R. McNeill, "World Environmental History: The First 100,000 Years," *Historically Speaking: The Bulletin of the Historical Society* 8, no. 6 (July/August 2007): 8.

289 Bill Clinton, remarks at Georgetown University, November 7, 2001.

290 Colin Gray, "Global Security and Economic Well-Being: A Strategic Perspective," *Political Studies* 42 (1994): 30, http://onlinelibrary.wiley.com/doi/10.1111/j.1467-9248.1994.tb01672.x/abstract.

291 Wolfgang Sachs and Tilman Santarius, eds., *Fair Future: Resource Conflicts, Security, and Global Justice* (London: Zed Books, 2007).

292 Terry Lynn Karl, *The Paradox of Plenty: Oil Booms and Petro-States* (Berkeley: University of California Press, 1997).

293 Dave Keating, "Trump Follows Europe's Lead with Chinese Solar Panel

Tariffs," *Forbes*, January 23, 2018.

294 Nicholas Spykman, *America's Strategy in World Politics: The United States and the Balance of Power* (New York: Harcourt, Brace, and Company, 1942), 265–341.

295 主权民族国家制度建立于威斯特伐利亚和平时期。自那时起，不干涉别国事务一直是国际共识。这也是美国最初并未参加第一次和第二次世界大战的原因之一。Nicholas J. Wheeler, *Saving Strangers: Humanitarian Intervention in International Society* (Oxford: Oxford University Press, 2000); David Fisher, *Morality and War: Can War Be Just in the Twenty-First Century?* (Oxford: Oxford University Press, 2011).

296 可见 Niall Ferguson, *Empire: How Britain Made the Modern World* (London: Penguin, 2008).

297 需要注意的是，全球贸易规制框架实际上是以平衡的方式运作的。在世界贸易组织的监管下，关税与贸易总协定乌拉圭回合拟定的工业品贸易协定（GATT1994）、农产品贸易协定、服务贸易协定（GATS）和知识产权协定（TRIPS）迫使发达国家先发展中国家一步，削减更多关税，提供更多补贴。欠发达国家得到了特殊待遇。几十年来，欧盟一直实行普惠制，免除或极大降低发展中国家出口至欧盟市场的商品的关税。世界贸易组织的争端解决机制往往倾向于发展中国家，而不利于发达国家。可见 Julio Lacarte-Muro and Petina Gappah, "Developing Countries and the WTO Legal and Dispute Settlement System: A View from the Bench," *Journal of International Economic Law* 3, no. 3 (2000): 395–401, http://jiel.oxfordjournals.org/content/3/3/395.abstract.

298 Lazard, "Levelized Cost of Energy Analysis—Version 11.0," November 2017, https://www.lazard.com/media/450337/lazard–levelized–cost–of–energy–version–110.pdf.

299 International Renewable Energy Agency, "Falling Renewable Power Costs

Open Door to Greater Climate Ambition", May 29, 2019, https://www.irena. org/newsroom/pressreleases/2019/May/Falling-Renewable-Power-Costs-Open-Door-to-Greater-Climate-Ambition.

300 Cédric Philibert, *Renewable Energy for Industry. From Green Energy to Green Materials and Fuels*, OECD/IEA (IEA Publication, 2017).

301 Alvin Toffler, *Future Shock* (New York: Bantam Books, 1970), 9.

302 International Renewable Energy Agency, *Renewable Energy and Jobs Annual Review 2017* (Abu Dhabi: IRENA, 2017), www.irena.org/-/media/Files/IRENA /Agency/Publication/2017/May/IRENA_RE_Jobs_Annual_Review_2017.pdf.

303 欧盟委员会估计，若要实现到 2020 年可再生能源发电量占总用电量的 20% 的目标，可再生能源行业将需要新增 41.7 万个新工作岗位。如果 要在此基础上，实现到 2020 年能源效率提高 20% 的目标，将需要额 外新增 41 万个新工作岗位。"EU Climate and Energy Package," Brussels, European Commission, accessed November 3, 2013.

304 International Renewable Energy Agency, *Renewable Energy and Jobs Annual Review 2017.*

305 同上。

306 德国联邦就业局就业研究所估计，可再生能源行业的高技能工人 比例比传统能源行业高 9%，工程师的比例比传统能源行业高 5%。 Manfred Antoni, Markus Janser, and Florian Lehmer, *The Hidden Winners of Renewable Energy Promotion,* IAB-Discussion Paper 12 (Nuremberg, IAB, 2014), http://doku.iab.de/discussionpapers/2014/dp1214.pdf.

307 W. Brian Arthur, *The Nature of Technology: What It Is and How It Evolves* (New York: Free Press, 2009), 194.

308 Joseph Schumpeter, *Capitalism, Socialism, and Democracy* (New York: Harper & Row, 1942), 81.

309 资本积累率（储蓄率）和资本投资对增长率的影响是暂时的。工人工资比新机器的成本更高，最终将导致收益递减。Robert Solow, "A Contribution to the Theory of Economic Growth," *Quarterly Journal of Economics* 70 (1956): 65–94, http://faculty.lebow.drexel.edu/LainczC/cal38/Growth/Solow_1956.pdf.

310 Richard Lipsey, *Economic Transformations: General Purpose Technologies and LongTerm Economic Growth* (London and New York: Oxford University Press, 2005).

311 尽管埃夫塞·多马（Evsey Domar）在 1957 年否定了自己的理论，但关注资本积累和投资仍然是主导范式。发展经济学尤为关注资本积累与投资，发展中国家经济政策和援助方案的制定也多参考哈罗德 – 多马模型。

312 Frankfurt School–UNEP Collaborating Centre/BNEF, *Global Trends in Renewable Energy Investment 2018*.

313 最早讨论创新轨迹扩散的是这本书：Everett M. Rogers，*Diffusion of Innovations* (New York: Free Press of Glencoe, 1962)。

314 Directive 2009/28/EC of the European Parliament and of the Council of 23 April 2009, Official Journal of the European Union, L 140/16, June 6, 2009, http://eur–lex.europa.eu/legal–content/EN/TXT/PDF/?uri=CELEX:32009L0028&from=EN.

315 European Commission, *Renewable Energy Progress Report* (Brussels: EC, 2017), http://eur–lex.europa.eu/legal–content/EN/TXT/PDF/?uri=CELEX:52017DC0057&qid=1488449105433&from=EN.

316 https://www.pv–magazine.com/2018/01/17/eu–parliament–votes–in–favor–of–2030–binding–renewable–energy–target–of–35/.

317 U.S. Department of Energy, *Strategic Plan 2014–2018*, https://energy.gov/sites/prod/files/2014/04/f14/2014_dept_energy_strategic_plan.pdf.

318 上网电价是一种激励措施，即区域与国家电力公司有义务以高于政府设定的市场价格购买可再生能源发电量。更高的售价可以弥补可再生能源的成本劣势。不同方式获得的发电量可能价格不同。一旦可再生能源的市场渗透率足够高（如达到 20%），政府就会逐步撤销上网电价措施，因为届时，对可再生能源进行补贴不再具备经济上的可持续性。

319 REN21, *Renewables 2017 Global Status Report*.

320 IRENA and CPI: International Renewable Energy Agency, *Global Landscape of Renewable Energy Finance* (Abu Dhabi: IRENA, 2018), http://www.irena.org/publications/2018/Jan/Global-Landscape-of-Renewable-Energy-Finance.

321 现代可再生能源包括地热能、太阳能、水能、风能，以及生物质能（不含用于烹饪、取暖的木材或农业副产品等传统生物质）。

322 International Energy Agency, *Renewables 2018*.

323 International Renewable Energy Agency, *Global Landscape of Renewable Energy Finance*.

324 Frankfurt School-UNEP Collaborating Centre/BNEF, *Global Trends in Renewable Energy Investment 2018*.

325 气候投资基金向 72 个发展中国家提供财政支持，以助其缓解应对气候变化挑战并降低其温室气体排放量。公共部门与私营部门也发起了诸多倡议，以引导私营部门资本进入发展中国家和转型期经济体的清洁能源项目，诸如 "全球能源效率和可再生能源基金"。

326 关于金融工具的数据有限，因此本书未能就此展开个别探讨。International Renewable Energy Agency, *Global Landscape of Renewable Energy Finance*, January 2018.

327 Frankfurt School-UNEP Collaborating Centre/BNEF. *Global Trends in Renewable Energy Investment 2019*.

328 同上。

329 International Renewable Energy Agency, *Global Landscape of Renewable Energy Finance*, January 2018.

330 Frankfurt School–UNEP Collaborating Centre/BNEF, *Global Trends in Renewable Energy Investment 2018*.

331 "Tata BP Solar India Renamed as Tata Power Solar," *EnergyNext*, last modified August 31, 2012, www.energynext.in/tata–bp–solar–india–renamed–tata–power–solar.

332 所有人都能使用公共产品，并且一个人使用公共产品不会排斥其他人的使用，因此公共产品具有非排他性及非竞争性。可见 Hal Varian, *Microeconomic Analysis,* 3rd ed. (New York and London: W. W. Norton & Co., 1992).

333 根据美国国防部的数据，2011 年至 2015 年，军用可再生能源项目的数量几乎增加了两倍，2015 年共有 1390 个项目。Reuters, March 1, 2017, https://www.reuters.com/article/us-usa-military-green-energy-insight/u-s-militarymarches-forward-on-green-energy-despite-trump-idUSKBN1683BL. 此外，美国陆军能源倡议特别工作组动用私营部门力量以及国防资源来促进大型可再生能源和替代能源项目的发展，提升替代能源效率，从而助力美国陆军实现其可再生能源目标。

334 International Renewable Energy Agency, *Global Landscape of Renewable Energy Finance*, January 2018. 国际可再生能源署调查显示，只有 27 个西欧国家和日本公开了有关此类政策的政府支出数据，因此该分析有一定局限性。

335 同上。

336 同上；Council of European Energy Regulators, *Status Review of Renewable Support Schemes in Europe* (Brussels: CEER, 2017).

337 International Renewable Energy Agency, *Global Landscape of Renewable*

Energy Finance, January 2018.

338 "Chapter 3: Global Energy Transition Prospects and the Role of Renewables," in *Perspectives for the Energy Transition—Investment Needs for a Low-Carbon Energy System* (Abu Dhabi: IRENA, 2017).

339 https://energy.gov/eere/cemi/clean–energy–manufacturing–initiative–current–activities.

340 据估计，在德国沼气制造业的产成品中，高达68%的产品用于对外出口。2013年，81%的德国太阳能光伏产业业务在他国开展。德国的风力涡轮机行业多分布于北海和波罗的海沿岸，其67%的技术销往全球市场。2014年，出口提供的岗位占德国可再生能源设施制造业就业岗位的44%。Paul Hockenos, "Jobs Won, Jobs Lost—How the Energiewende Is Transforming the Labour Market," *Clean Energy Wire*, last modified March 15, 2015, https://www.cleanenergywire.org/dossiers/energy–transitions–effect–jobs–and–business#Business.

341 有分析表明，美国向替代能源投入的研发经费可能增加四倍。这一举动能够成功应对油价冲击、电力供应中断和环境威胁等风险。该分析将可再生能源研发称为抵御此类威胁的"保险"。Robert N. Schock et al., "How Much Is Energy Research & Development Worth as Insurance?," *Annual Review of Energy and the Environment* 24 (1999): 487–512.

342 Paul Hockenos, "Jobs Won, Jobs Lost—How the Energiewende Is Transforming the Labour Market."

343 私营部门的参与是国家支持可再生能源的重要优先事项之一。在国家范围内实行的可再生能源支持计划有美国清洁能源制造倡议，多个国家的多边支持计划有2015年在法国巴黎启动的创新使命计划。

344 曾任英国财政大臣的威廉·格拉德斯通提出了研究电力有什么实际价值的问题，英国物理学家迈克尔·法拉第就是这样回答他的。摘自 Alan L. Mackay, *The Harvest of a Quiet Eye: A Selection of Scientific*

Quotations (Bristol: Institute of Physics, 1977), 56.

345 David Newman, "Borders and Bordering: Towards an Interdisciplinary Dialogue," *European Journal of Social Theory* 9, no. 2 (May 2006): 171–186.

346 Jeffrey D. Sachs, "Technological Keys to Climate Protection," *ScientificAmerican. com* (April 1, 2008), https://www.scientificamerican.com/article/keys-to-climate-protection/.

347 Margaret Thatcher, *The Downing Street Years*, (London: HarperCollins, 1993), 639.

348 Aristotle, *The Politics*, Book 3, ch. 12 (80b), trans. Benjamin Jowett (New York: Colonial Press, 1900), 5.

349 2008 年 10 月，联合国粮农组织呼吁对生物燃料补贴和政策进行审查，并指出这些补贴和政策是加剧贫困国家粮食价格上涨及造成饥饿的元凶之一。The State of Food and Agriculture (Rome: Food and Agriculture Organization of the United Nations, 2008), http://www.fao.org/docrep/011/i0100e/i0100e00.htm.

350 Ivan Penn, "California Invested Heavily in Solar Power. Now There's So Much That Other States Are Sometimes Paid to Take It," Los Angeles Times, June 22, 2017.

351 "绿丝带"指的是围绕环境问题制定的，有时难以预测且不确定的规章制度。这些规章制度会影响投资决策，扭曲基于市场作出的决策。政府政策往往是临时性的，无法整合该领域的知识，这些政策的结果往往并不确定，是人们设想出来的。

352 Richard Rahn, "The End of Progress?," Washington Times, July 19, 2011.

353 Friedrich August von Hayek, the Sveriges Riksbank Prize in Economic Sciences in Memory of Alfred Nobel speech, 1974, accessed January 7, 2014, http://www.nobelprize.org/nobel_prizes/economic-sciences/laureates/1974/

hayek-lecture.html.

354 European Commission, *Renewable Energy Progress Report.*

355 替代能源开发造成的影响外溢及碳泄漏，是指由于监管不匹配，市场参与者将生产业务迁至对碳排放监管较松的国家，进而规避对替代能源碳排放严格监管的现象。

356 Milton Friedman, quoted in Elizabeth M. Knowles, ed., The Oxford Dictionary of Quotations, major new ed. (New York: Oxford University Press, 1999), 325.

357 国际能源机构估计，2015 年全球化石燃料补贴总额约为 3200 亿美元，而全球可再生能源补贴总额为 1500 亿美元。Toshiyuki Shirai, "Commentary: Putting the Right Price on Energy," *International Energy Agency*, last modified April 2017, 2017.

358 可见美国能源研究所的计算：https://instituteforenergyresearch.org/analysis/eia-subsidy-report-solar-subsidies-increase-389-percent/.

359 煤电站发电成本为每兆瓦时 54 美元到 120 美元；天然气发电成本为每兆瓦时 67 美元至 105 美元；核能发电成本为每兆瓦时 29 美元至 82 美元；陆上风力发电成本为每兆瓦时 48 美元至 163 美元；海上风力发电成本为每兆瓦时 101 美元至 188 美元；太阳能发电成本为每兆瓦时 136 美元至 215 美元。不同技术的成本之所以差异如此之大，是因为不同技术的原材料获取、技术、与基础设施的连接、其他生产要素的成本水平等因素有明显差异。International Energy Agency, Nuclear Energy Agency, OECD, Projected Costs of Generating Electricity (Paris: OECD Publishing, 2010).

360 Richard Higgott, American Unilateralism, Foreign Economic Policy and the "Securitisation" of Globalisation, Working Paper 124 (Coventry: University of Warwick, Centre for the Study of Globalisation and Regionalisation, 2003), https://warwick.ac.uk/fac/soc/pais/research/researchcentres/csgr/papers/workingpapers/2003/wp12403.pdf.

361 Richard Stubbs, "Performance Legitimacy and 'Soft Authoritarianism,'" in *Democracy, Human Rights, and Civil Society in Southeast Asia*, eds. Amitav Acharya, B. Michael Frolic, and Richard Stubbs (Toronto: Joint Centre for Asia Pacific Studies, York University, 2001), 37–54.

362 Peter Hough, *Understanding Global Security*, 2nd ed. (London: Routledge, 2008).

363 制裁是治国工具之一，而且通常是"一种简单粗暴的处理问题的方式"。尽管制裁通常只是一种象征性的举动，但有时确实卓有成效。例如，"经济制裁与油价下跌对伊朗造成了严重后果"。Richard Perle, Wilson Center Interview on the Effectiveness of U.S. Sanctions, April 28, 2015.

364 关于聪明制裁，可见 G. Lopez and D. Cortright, "Smarting under Sanctions," the World Today, 58(3), March 2002, 17–18.

365 Peter Dicken, *Global Shift: Transforming the World Economy*, 3rd ed. (New York: Guilford, 1998), 1–15.

366 可见 Rodney Bruce Hall and Thomas J. Biersteker, "The Emergence of Private Authority in the International System," in *The Emergence of Private Authority in Global Governance*, ed. Rodney Bruce Hall and Thomas J. Biersteker (Cambridge: Cambridge University Press, 2002), 3–22.

367 有关身份与归属国，可见 Robert Reich, *The Work of Nations* (New York: Knopf, 1991).

368 在全球化世界中，行为主体将努力实现集体成果的最大化，其中最成功的方法是所谓的"以牙还牙"战略，即对其他国家的行动作出相应的反应。然而，由于各国最终都是为了自身利益行事，"以牙还牙"战略很容易导致不恰当的行动。关于"以牙还牙"战略，见 Robert Axelrod, *The Evolution of Cooperation* (New York: Basic Books, 1984).

369 马歇尔计划是美国实现安全化的典型案例。人们通常认为，该计划意图重建欧洲，以此保护美国的国家利益。另一个例子是克林顿执政时期的"经济外交"，即通过地缘经济手段应对可能出现的安全威胁。David E. Sanger, "A Grand Trade Bargain," *Foreign Affairs 80*, no. 1 (2001): 67.

370　从近期来看，美国联邦储备委员会于 2008 年为金融机构纾困，以规避对金融系统的威胁。这一举动绕过了既有的破产惯例。Matthew Karnitschnig et al., "U.S. to Take over AIG in $85 Billion Bailout; Central Banks Inject Cash as Credit Dries Up," Wall Street Journal, September 16, 2008, http://online.wsj.com/news/articles/SB122156561931242905.

371　Organization for Economic Cooperation and Development, The Security Economy (Paris: OECD, 2004), accessed January 7, 2014, http://www.oecd.org/futures/16692437.pdf.

372　J. Pickles and J. Popke, "The Specter That Haunts: Marx and Derrida in Eastern Europe, South Africa, and Mexico," paper presented at the annual conference of the Association of American Geographers, Boston, MA, 1998, 13.

373　关于现代化范式的分析，见 Walt Rostow, *The Stages of Economic Growth* (New York: Cambridge University Press, 1960).

374　例如，国家不可能同时为所有人提供前途光明的工作岗位，但可以创造良好的工作环境，帮助更多人找到工作。总的来说，经济指涉对象的安全化通常指在一定的战略环境下，考虑特定的资源、能力及知识，基于具体威胁所对应的社会、政治及历史背景，不断调整应对威胁的措施。Edward Kolodziej, "Renaissance in Security Studies? Caveat Lector!," *International Studies Quarterly 36*, no. 4 (1992): 422.

375　区域经济安全综合体在某些情况下可以等同于区域军事安全综合体。此外，区域经济安全综合体并不是一成不变的，其结构与形式往往会根据环境不断变化。Peter Katzenstein and Christopher Hemmer, "Why Is There No

NATO in Asia? Collective Identity, Regionalism, and the Origins of Multilateralism," *International Organization 56*, no. 3 (2002): 575.

376 例如，一些科学家认为，玛雅文明的衰落要归咎于森林砍伐造成的环境破坏以及农业系统因环境破坏受到的负面影响。可见 Nicholas P. Dunning and Timothy Beach, "Noxious or Nurturing Nature? Maya Civilization in Environmental Contexts," in *Continuity and Change in Maya Archaeology*, eds. Charles Golden and Greg Borgstede (New York: Routledge Press, 2003), 125–142.

377 水和粮食都是可再生资源，它们一直是引发紧张局势和战争的主要原因。

第四章

1 Plato, *Timaeus and Critias*, trans. Desmond Lee, revised trans. T. K. Johansen (Oxford: Penguin Classics, 2008).

2 Tennessee Williams, *Orpheus Descending* (New York: Dramatists Play Service, 1959).

3 例如，美国北达科他州探明的石油储量巨大，北达科他州因此成为继得克萨斯州之后的美国第二大石油生产州。"Formation Pressures," *the Economist,* March 16, 2013, 39, http://www.economist.com/news/united-states/21573569–booming–north–dakota–numbers–formation–pressures.

4 一些人认为，这些新发现的化石能源可以被视为替代能源的"替代品"。Wesley Clark, "Bringing It All Back Home, *Washington Monthly*, November/December 2010, accessed November 2, 2013.

5 成本包含技术的基本成本、可再生能源的运输成本、基础设施改造成本，以及生产的实际边际成本。关于可再生能源的成本问题，可见

Katherine Derbyshire, "Public Policy for Engineers: Solar Industry Depends on Policymakers' Goodwill," *Solid State Technology* 51, no. 8 (August 2008): 24; "3.03 Electricity Sector–Renewable Energy Initiatives," in Annual Report of the Office of the Auditor General of Ontario, 2011. A. Rauch and M. Thöne, *Biofuels—At What Cost? Mandating Ethanol and Biodiesel Consumption in Germany* (Geneva, Switzerland: Global Subsidies Initiative of the International Institute for Sustainable Development, 2011), accessed December 2, 2012.

6 页岩气是页岩地层中储存的天然气，是一种非常规资源。尽管页岩气的开发、部署和应用面临着诸多阻碍，但仍有许多人寄期望于依靠页岩气解决能源安全问题。美国和加拿大的页岩储量丰富，页岩气也是这两个国家的重要能源来源。页岩气将改变国家的能源依赖情况，使美国等国家从能源净消费国转变为潜在的能源出口国，并赋予这些国家额外的力量投射能力及地缘政治影响力。Alexander Mirtchev, "Our Best New Foreign Policy Tool: Energy," RealClearEnergy, November 27, 2013, accessed December 11, 2013, http://www.realclearenergy.org/articles/2013/11/27/our_best_new_foreign_policy_tool_energy_107372.html. 油页岩（也称煤质页岩）与页岩油和致密油不同，尽管二者的开采技术有部分雷同（不同的是，油页岩是固体，因此若要从中提取页岩气，就必须将油页岩先转化为液体，或是经过干馏处理）。美国西部格林河地层的可开采页岩油储量约为 1.1 万亿桶，科罗拉多州、犹他州和怀俄明州部分地区均有部分储量。尽管页岩油的开采成本比液态石油更高，但页岩油不失为一种可行的选择。2017 年，每桶页岩油的价格约为 50 美元。James T. Bartis et al., Oil Shale Development in the United States: Prospects and Policy Issues (Rand Corporation, 2005); John Kemp, "U.S. Shale Breakeven Price Revealed around US\$50," Reuters, August 9, 2017, https://www.reuters.com/article/us-usa-shale-kemp/u-s-shale-breakeven-pricerevealed-around-50-kemp-idUSKBN1AP25M. 沥青砂

（也称油砂）也是一种化石基能源。沥青砂由石英、黏土、水、微量矿物、少量沥青以及高硫油组成。沥青是一种复杂有机物，其中很多组分可以加工成油品。沥青砂的开采成本高，但储量较大，可以满足世界未来数年的能源需求。据估计，全球沥青砂储量相当于 3 万 ~ 4 万亿桶石油当量，近一半储量集中在加拿大阿尔伯塔省，委内瑞拉紧随其后。Advanced Resources International, Inc., "EIA/ARI World Shale Gas and Shale Oil Resource Assessment," June 2013, accessed January 2, 2014, http://www.adv-res.com/pdf/A_EIA_ARI_2013%20World%20Shale%20 Gas%20and%20Shale%20Oil%20Resource%20Assessment.pdf.

7   Giuseppe Recchi, "Eni's Recchi Says China's Priority Is Securing Energy for Growth," *Bloomberg*, June 6, 2013.

8   William Shakespeare, *The Tempest*, Act II, Scene 1 (London: Macmillan, 1915).

9   Klaus Schwab, "The Fourth Industrial Revolution. What It Means and How to Respond," Foreign Affairs, December 12, 2015.

10 T. Nagasawa et al., Accelerating Clean Energy through Industry 4.0: Manufacturing the Next Revolution (Vienna, Austria: United Nations Industrial Development Organization, 2017), https://www.unido.org/sites/ default/files/2017–08/REPORT_Accelerating_clean_energy_through_ Industry_4.0.Final_0.pdf.

11 U.S. Department of Energy's Office of Energy Efficiency and Renewable Energy (EERE) website, accessed June 16, 2018, https://www.energy.gov/eere/ wind/videos/transforming–wind–turbine–blade–mold–manufacturing–3d– printing.

12 K. L. Tedin, "Political Ideology and the Vote," Research in Micropolitics 2 (1987): 63–94.

13 Darin Barney, Prometheus Wired (Chicago: University of Chicago Press,

2000), 28.

14　将太阳能用于色彩、光线与艺术能够让我们思考新背景下的人类未来。
Sarah Hall, www.sarahhallstudio.com.

15　艺术表现与艺术形象不仅代表、象征着鲍德里亚所谓的"更广泛的现
实"，也拥有自身的物质性。就可再生能源而言，这种现实是一种技
术美学，它不仅是社会愿景的产物，更在塑造整个社会的潜意识。替
代能源大趋势的意象投射出了一种价值，为技术与艺术的结合搭建
了"真实世界"的背景，构建了观察者的周围环境，并向观察者指出
了技术美学的意义。更多相关讨论，可见 Jean Baudrillard, *Simulacra
& Simulation: The Precession of Simulacra*, trans. Sheila Faria Glaser
(Michigan: University of Michigan Press, 1994), 124.

16　无论美学判断是否有客观依据，人们都能通过观察得知，美是"经过
价值观与信仰塑造的"。David Suzuki, "The Beauty of Windfarms," New
Scientist, April 16, 2005.

17　Guy Debord, *Society of the Spectacle* (Detroit: Black & Red translation,
1977), http://www.marxists.org/reference/archive/debord/society.htm.

18　Amelia Amon, "Aesthetics: Ignore at Our Peril," address delivered to the
American Solar Energy Society, June 2003, Alt Technica, accessed December
5, 2013, http://www.alt-technica.com/Aesthetics_Ignore_at_Peril.pdf.

19　技术乐观主义的概念赋予技术进步以内在的"善"，即技术乐观主义假
定技术进步从道德意义上讲是好的，对人类有利。该概念的批评者视
其为技术乌托邦主义与科学主义，认为技术乐观主义会造成对技术与
科学的过度依赖，进而会削弱人类的其他能力。Max More and Natasha
Vita-More, *The Transhumanist Reader: Classical and Contemporary Essays
on the Science, Technology, and Philosophy of the Human Future* (New
Jersey: John Wiley & Sons, 2013); Walter Bodmer, *The Public Understanding
of Science* (London: Royal Society, 1985); Paul Slovic, "Perception of Risk,"

Science 236, no. 4749 (1987): 280–285.

20　现实的社会建构和行为主体网络理论突出了导致现代世界体系复杂性的主要原因。不管个人和群体的观点有多大权重，它们最终都会汇聚成一个概念，这个概念决定了国家、组织、公司、团体、社会群体、个人等地缘政治代理人将对现实作出何种反应。获批的行动来源于在社会政治谈判的基础上达成的共识，而这些谈判基于什么是真实的、什么是适当的这两个既定概念展开。行为主体网络理论认为，社会方法与技术都对发展有重大影响。关于这一点，可参考 Bruno Latour, *We Have Never Been Modern*, trans. C. Porter (Cambridge: Harvard University Press, 1993).

21　近期研究显示，人们对全球变暖的关注程度以及在某些情况下针对全球变暖问题的政策偏好不仅受党派归属、意识形态信仰、教育程度等个人因素的影响，还受处理极端天气事件和异常季节温度等个人直接经验的影响。Christopher P. Borick and Barry G. Rabe, "Personal Experience, Extreme Weather Events, and Perceptions of Climate Change," *Oxford Research Encyclopedia of Climate Science*, March 29, 2017, https://doi.org/10.1093/acrefore/9780190228620.013.311.

22　关于线性创新模型，可见 D. C. Mowery, "Economic Theory and Government Technology Policy," *Policy Sciences* 16 (1983): 27–43; Benoît Godin, *The Linear Model of Innovation: The Historical Construction of an Analytical Framework*, Working Paper No. 30 (Canadian Science and Innovations Consortium, Project on the History and Sociology of S&T Statistics, 2005), http://www.csiic.ca/PDF/Godin_30.pdf.

23　根本性技术创新是能够带来新功能特性的创新，而二次创新则指对已投入实际应用的技术的现有功能进行重大改进的创新。可以说，蒸汽机是一种根本性技术创新，而半导体产品小型化则是一种二次创新。也可参考 Frederick Betz, *Strategic Technology Management* (New

York: McGraw–Hill, 1993); Melissa Schilling, *Strategic Management of Technological Innovation* (New York: McGraw–Hill, 2005), 38–39.

24 创新通常起步缓慢，之后其传播速度会随着采用率的提高而相应加快，最终趋于稳定。创新在不同社会群体中有不同的采用率，采用率的高低取决于社会习俗、既有的实践、兴趣、需求和创新性。E. M. Rogers, *Diffusion of Innovations* (New York: Free Press, 2003).

25 创新和既有实践面临着种种传统障碍，但这并没有阻止谷歌公司前进的脚步。大约十年前，谷歌公司还只代表一个小型搜索引擎，而如今，谷歌公司已家喻户晓。

26 Arthur C. Clarke, "Spectral Lines: Bringing You the Magic," *IEEE Spectrum* 41, no. 11 (2004): 14.

27 摆脱当前线性发展模式的局限性可能与弗朗西斯·培根（Francis Bacon）所描述的发明的进化本质类似："初生之物往往是不美的，革新中的事物也是如此，因为革新正是时间所孕育的婴儿。然而，正如为家庭带来荣誉的第一人通常比成功的家庭成员更有价值，第一个优秀的实例通常源于创新，而非模仿。"Francis Bacon, "On Innovation," in *The Essays* (Harmondsworth: Penguin Books, 1985).

28 英特尔公司联合创始人戈登·摩尔（Gordon Moore）提出了摩尔定律。其内容为：硅芯片表面可容纳的晶体管数目将不断增加，相应地，处理器性能每年提升一倍。之后，摩尔对该定律进行了修正，称处理器性能每两年提升一倍。根据当前的估计，芯片性能每 18 个月提升一倍。"The Law and the Profits," *Technology Quarterly—The Economist*, March 9, 2013, accessed December 2, 2013, http://www.economist.com/news/technology-quarterly/21572919-technology-forecasting-new-stcp and-wait-model-claims-outperform-industry.

29 Robert K. Merton, "The Unanticipated Consequences of Purposive Social Action," *American Sociological Review* 1, no. 6, (December 1936): 894–904.

30 Henri Poincare, *Calcul des Probabilites* (Paris: Gauthier–Villars, 1912), 2.

31 Christopher Riley, "Apollo 40 Years On: How the Moon Missions Changed the World for Ever," *Guardian*, December 16, 2012, http://www.theguardian.com/science/2012/dec/16/apollo–legacy–moon–space–riley.

32 对于历届美国政府对能源安全的担忧，以及对盛产石油的中东地区的关注，美国第 39 任总统吉米·卡特曾表示："我们的立场非常明确：外部势力试图控制波斯湾地区的任何企图都将被视为对美国切身利益的攻击。美国将动用武力等一切必要手段进行反击。"这一观点也称为卡特主义，至今仍深刻影响着美国的战略思维。President Jimmy Carter, State of the Union Address by President Jimmy Carter, January 23, 1980, accessed December 21, 2013, http://millercenter.org/president/speeches/detail/3404.

33 当前，美国一次能源消费量的 35.37% 来自石油，27% 来自天然气。U.S. Energy Information Administration, Annual Energy Outlook 2017 with Projections to 2050 (EIA, April 2017), https://www.eia.gov/outlooks/aeo/pdf/0383(2017).pdf.

34 关于技术浪潮，可见 Robert D. Atkinson, *The Past and Future of America's Economy: Long Waves of Innovation That Power Cycles of Growth* (Cheltenham: Edward Elgar, 2004).

35 引文出自 Gary Litman, Vice President for Global Initiatives at the U.S. Chamber of Commerce quoted in Luiza Ch. Savage.

36 Galen L. Barbose, U.S. Renewables Portfolio Standards: 2017 Annual Status Report, LBNL–2001031, Berkeley Lab (Electricity Markets and Policy Group, July 2017).

37 Todd Olinsky–Paul, "States Support Clean Energy for Low–Income Residents," Renewable Energy World, February 29, 2016, https://www.renewableenergyworld.com/ugc/articles/2016/02/states–support–clean–

energy-for-lowincome-residents.html.

38 Benjamin Storrow, "Cuomo Announces Funding for Low-Income Solar," E&E News, December 8, 2016, http://www.eenews.net/climatewire/2016/12/08/ stories/1060046837; Melanie Santiago-Mosier, "A Bright Spot for Low-Income Solar in Illinois Energy Legislation," Renewable Energy World, December 5, 2016, https://www.renewableenergyworld. com/ugc/articles/2016/12/02/a-bright-spot-for-lowincome-solar-in-illinois-energy-legislation.html.

39 Frankfurt School-UNEP Collaborating Centre/BNEF, Global Trends in Renewable Energy Investment 2017 (Bloomberg NEF, 2017), https:// europa.eu/capacity4dev/unep/documents/global-trends-renewable-energy-investment-2017.

40 同上。

41 北美"拱心石"输油管道扩展项目在美国一直备受争议，因为该管道涉及美加两国的利益冲突。该管道长 3462 公里，北起加拿大阿尔伯塔省，南至美国伊利诺伊州炼油厂和俄克拉荷马州石油储配中心，最大输送能力可达 59 万桶 / 天。扩展项目的运输介质是加拿大阿尔伯塔省生产的合成原油和稀释沥青以及美国蒙大拿州和北达科他州生产的原油和轻质原油。油品将经由管道输送至内布拉斯加州枢纽，最终输送至得克萨斯州墨西哥湾沿岸的炼油厂。2012 年，俄克拉荷马州库欣油库至墨西哥湾沿岸之间的输油管道开始建造。然而，加拿大阿尔伯塔省至美国内布拉斯加州之间原拟建的 1897 公里长的输油管道遭到了环保团体的反对、炼油厂的起诉以及联邦政府对其环境影响的担忧，因而被搁置下来。

42 美国 2009 年经济刺激法案包含约 500 亿美元财政补贴及 200 亿美元税收减免。国家向各州和城镇拨款共 63 亿美元用于能源项目。约 88 亿美元用于能源研究（其中洁净煤技术 8 亿美元，工业碳捕捉技术 15 亿美元，生物质技术 8 亿美元，地热能技术 4 亿美元)。税收减免方面，政府在当前 8 亿美元存量的基础上，又批准了 16 亿美元清洁能源债券。绿色能源制造厂商享受 30% 的投资税收抵免。安装木炉等节能家电的房主也能享受 30% 的税收补贴。

43 Jena Baker McNeill, James Jay Carafano, and Jessica Zuckerman, "39 Terror Plots Foiled Since 9/11: Examining Counterterrorism's Success Stories," *Heritage Foundation,* May 20, 2011, http://www.heritage.org/research/reports/2011/05/39–terror–plots–foiled–since–911–examining–counterterrorisms–success–stories.

44 Jennifer A. Dlouhy and Michael Riley, "Russian Hackers Attacking U.S. Power Grid and Aviation, FBI Warns," Bloomberg.com, March 16, 2018, https://www.bloomberg.com/news/articles/2018–03–15/russian–hackers–attacking–u–s–power–grid–aviation–fbi–warns.

45 REN21, *Renewables 2017 Global Status Report.*

46 National Energy Board, *Canada's Adoption of Renewable Power Sources—Energy Market Analysis May 2017* (NEB, 2017).

47 Lloyd Axworthy, "Human Security and Global Governance: Putting People First," Global Governance 7, no. 1 (2001): 19–23.

48 "Ontario Suspends Large Renewable Energy Procurement," *Ontario Newsroom*, September 27, 2016, https://news.ontario.ca/mndmf/en/2016/9/ontario–suspends–large–renewable–energy–procurement.html; "Ontario Government Cancels 758 Renewable Energy Contracts, Says It Will Save Millions," *CBC*, July 13, 2018, https://www.cbc.ca/news/canada/toronto/758–renewable–energy–cancelled–1.4746293.

49 *Natural Resources Canada*, accessed January 29, 2018, http://www.nrcan.gc.ca/ecoaction/14145.

50 例如，日本和欧盟认为加拿大的一些省份执行的上网电价政策是违法的。世界贸易组织站在自身的角度对该政策进行了裁定，认为对本地企业的上网电价政策补贴违反了世界贸易组织规则。"Interim WTO Ruling Finds Canadian Renewable Energy Scheme Discriminatory," Bridges Trade BioRes, accessed October 15, 2012.

51　"Brazil—Renewable Energy," *Export.gov*, accessed October 8, 2017, https://www.export.gov/article?id=Brazil-Renewable-Energy.

52　REN21, *Renewables 2017 Global Status Report*.

53　Thomas "Mack" McLarty. "Chapter 16 Update: Latin America." *Energy & Security Strategies for a World in Transition (2d edition)*, The Wilson Center Press, 2013.

54　REN21, *Renewables 2016: Global Status Report* (Paris: REN21 Secretariat, 2016).

55　Frankfurt School-UNEP Collaborating Centre/BNEF, *Global Trends in Renewable Energy Investment 2016* (Bloomberg NEF, 2016), https://europa.eu/capacity4dev/public-environment-climate/document/global-trends-renewable-energy-investment-2016-back-overview-0.

56　International Renewable Energy Agency, Renewable Power Capacity Statistics (Abu Dhabi: IRENA, 2016).

57　International Renewable Energy Agency, Renewable Energy Prospects: Mexico, Remap country report (Abu Dhabi: IRENA, 2015), http://www.irena.org/publications/2015/May/Renewable-Energy-Prospects-Mexico.

58　2016 年，法国可再生能源消费量占本国能源消费总量的 9.9%，瑞典可再生能源消费量占本国能源消费总量的 53.9%。2016 年，欧盟可再生能源消费量占欧盟能源消费总量的约 17%。"Renewable Energy Statistics," Eurostat, January 2018, accessed February 2, 2018, http://ec.europa.eu/eurostat/statistics-explained/index.php/Renewable_energy_statistics.

59   Angela Merkel, speech by Chancellor of the Federal Republic of Germany and President of the European Council Angela Merkel, official ceremony marking the 50th anniversary of the signing of the Treaties of Rome, March 25, 2007, http://www.eu2007.de/en/News/Speeches_Interviews/March/0325BKBerliner. html, accessed December 4, 2013.

60   Robin Niblett. "Liberalism in Retreat: The Demise of a Dream." Foreign Affairs, Jan/February 2017.

61   European Environment Agency, *Renewable Energy in Europe—2017 Update: Recent Growth and Knock-On Effects*, EEA Report No 23/2017 (Luxembourg: Publications Office of the European Union, 2017), https://www.eea.europa.eu/ publications/renewable–energy–in–europe/#parent–fieldname–title. 欧洲环境署发布的数据显示，2016 年，欧盟地区的可再生电力装机容量为 422 吉瓦，人均可再生电力装机容量为 830 瓦。

62   European Environment Agency, *Renewable Energy in Europe—2017 Update: Recent Growth and Knock-On Effects.*

63   2016 年 11 月，欧盟委员会发布了一份关于修订可再生能源指令的提案。修订案指出，欧盟要成为可再生能源领域的全球领导者，且到 2030 年，欧盟的可再生能源消耗量应至少达到最终能源消费量的 27%。

64   Renewable Energy Statistics, Eurostat, January 2020, https://ec.europa.eu/ eurostat/statistics–explained/index.php/Renewable_energy_statistics.

65   REN21, *Renewables 2016 Global Status Report* (Paris: REN21 Secretariat).

66   Nicolas Sarkozy, remark by President of France Nicolas Sarkozy, quoted in Arnaud Leparmentier, "M. Sarkozy Veut Investir un Euro dans le Renouvelable pour un Euro dans le Nucléaire," *Le Monde*, June 10, 2009, http://www.lemonde.fr/politique/article/2009/06/09/m–sarkozy– veut–investir–un–euro–dans–le–renouvelable–pour–chaque–euro–dans– lenucleaire_1204830_823448.html.

67   Alexander Mirtchev, "The New EU External Energy Policy: An Important
      Move—If It Is Not Too Late," European Energy Review, December 8, 2011.

68   EU Energy Security and Solidarity Action Plan: Second Strategic Energy
      Review, European Commission, DG Energy and Transport, 2008.

69   EEA, "Overall Progress towards the European Union's '20-20-20' Climate
      and Energy Targets," European Environment Agency, November 2017,
      accessed February 3, 2018, https://www.eea.europa.eu/themes/climate/trends-
      and-projections-in-europe/trends-and-projections-in-europe-2017/
      overall-progress-towards-the-european.

70   战略能源技术计划（Strategic Energy Technology Plan）于 2007 年出台，
      涵盖可再生能源、清洁煤炭、智能电网、核能等领域的研究政策，旨
      在推动欧盟的能源研究工作，并鼓励各国就可再生能源领域展开合作，
      积极发展可再生能源，提升可再生能源竞争力。根据计划，未来十年
      内，能源研究预算将增加到 500 亿欧元。为达到这一要求，公共部门和
      私营部门投入的资金需要从目前的 30 亿欧元 / 年增加到 80 亿欧元 / 年。

71   欧盟碳排放交易系统允许温室气体排放国纳入符合规定的来自欧盟以
      外的减排量，前提是 50% 的减排量发生在温室气体排放国。A. Denny
      Ellerman and Paul L. Joskow, "The European Union's Emissions Trading
      System in Perspective," report of the Pew Center on Global Climate Change
      (Washington, D.C.: May 2008), http://www.c2es.org/docUploads/EU-ETS-In-
      Perspective-Report.pdf. 然而，出于对自身竞争力的担忧，欧盟在实施
      某些措施时并不严格，例如非欧盟航空公司无须为其排放的二氧化碳
      支付费用。Dave Keating, "EU Surrenders on Aviation in ETS," European
      Voice, last modified March 5, 2014, accessed May 19, 2014.

72   "Parliament Rubber-Stamps EU Carbon Market Reform," *EURACTIV.com
      with Reuters,* February 7, 2018, https://www.euractiv.com/section/emissions-
      trading-scheme/news/parliament-rubber-stamps-eu-carbon-market-

reform/.

73　Ministry of Energy of the Russian Federation, *Draft of the Energy Strategy of the Russian Federation for the Period until 2035* (Moscow: Ministry of Energy of the Russian Federation, 2017).

74　78 International Renewable Energy Agency, *REmap 2030 Renewable Energy Prospects for Russian Federation*, Working Paper (Abu Dhabi: IRENA 2017), www_irena_org_remap http://www.irena.org/publications/2017/Apr/Renewable-Energy-Prospects-for-the-Russian-Federation-REmap-working-paper.

75　同上。

76　"Government Resolution No.512-r of 3 April 2013 on the State Programme for Energy Efficiency and Energy Sector Development, 2013-2020," the Russian Government, Government Decisions, April 3, 2013, http://government.ru/en/docs/1171/.

77　IFC Advisory Services in Europe and Central Asia, *Russia's New Capacity-Based, Renewable Energy Support Scheme: An Analysis of Decree No. 449* (IFCI and Gef, 2013).

78　Angela Stent, "An Energy Superpower? Russia and Europe," in *The Global Politics of Energy*, ed. Kurt M. Campbell and Jonathon Price (Washington, D.C.: the Aspen Institute, 2008), 77-94.

79　尽管世界范围内的可再生能源在稳步发展，但其规模和产量远不及石油和天然气，因此可再生能源难以为各国提供地缘政治力量及影响力。俄罗斯化石燃料储量丰富，相比之下可再生能源只能说是聊胜于无，因此国家不会对可再生能源给予大力支持。Svetlana Chernysheva, "The Development of Renewable Energy in Russia: Challenges and Constraints" (Master's thesis, Master of Science in Globalization, Global Politics, and Culture, Norwegian University of Science and Technology, 2014), 35.

80 Armando Mombelli, "Renewable Energies: Switzerland Lagging behind in Europe," Swissinfo.ch, last modified May 17, 2017, https://www.swissinfo. ch/eng/politics/energy-strategy-2050_renewable-energies-switzerland-lagging-behind-in-europe/43187716.

81 "Renewable Energy Production in Norway," Government.no, last modified May 11, 2016, https://www.regjeringen.no/en/topics/energy/renewable-energy/ renewable-energy-production-in-norway/id2343462/.

82 Republic of Serbia, Ministry of Mining and Energy, Energy Sector Development Strategy of the Republic of Serbia for the Period by 2025 with Projections by 2030 (Belgrade, 2016), www.mre.gov.rs/doc/efikasnost-izvori/23.06.02016%20ENERGY%20SECTOR%20DEVELOPMENT%20 STRATEGY%20OF%20THE%20REPUBLIC%20OF%20SERBIA.pdf.

83 International Energy Agency, Renewables 2017 (IEA, October 2017).

84 https://about.bnef.com/blog/decade-renewable-energy-investment-led-solar-tops-usd-2-5-trillion/. September 6, 2019.

85 D. Cusick, "Chinese Wind Turbine Maker Is Now World's Largest," *Scientific American*, February 23, 2016. "Vestas Reclaims Top Spot in Annual Ranking of Wind Turbine Makers," *Bloomberg New Energy Finance,* February 22, 2017, https://about.bnef.com/blog/vestas-reclaims-top-spot-annual-ranking-wind-turbine-makers/.

86 Robert A. Manning, *The Asian Energy Factor* (New York: Palgrave, 2002).

87 Thomas Kane, *Chinese Grand Strategy and Maritime Power* (London and Portland: Frank Cass, 2002).

88 Ministry of New and Renewable Energy (India, 2013).

89 Frankfurt School-UNEP Collaborating Centre/BNEF, Global Trends in Sustainable Energy Investment 2011, UNEP-SEFI New Energy Finance Report (United Nations Environment Programme, 2011), accessed December

5, 2013.

90 Frankfurt School-UNEP Collaborating Centre/BNEF, *Global Trends in Renewable Energy Investment 2016,* 107.

91 关于福岛核事故的更多信息，可见 "Fukushima Accident," World Nuclear Association, last modified June 2018, http://www.world-nuclear.org/ info/Safety-and-Security/Safety-of-Plants/Fukushima-Accident/.

92 福岛核事故发生前，日本共有 54 座核反应堆，它们提供的电力约占日本总用电量的 30%。日本政府的目标是到 2017 年将这一比例提高到 40%。可见 Information from JAIF and the World Nuclear Association。日本 2003 年《能源基本计划》呼吁使用替代能源和清洁技术，同时开发混合动力汽车、智能运输系统，以及在轻水反应堆中使用钍元素。

93 REN21, *Renewables 2017 Global Status Report.*

94 自 2011 年 3 月福岛核事故发生以来，日本政府的管理失职破坏了日本作为技术领导者的形象。最严重的是，福岛核电站运营商东京电力公司承认，至少有 300 吨高放射性污水从储水罐中泄漏到地下。该公司还称，每天有多达 300 吨放射性污水从受损反应堆排放到太平洋中。

95 新可再生能源目标于 2010 年 1 月 1 日开始实施，目标是到 2020 年将可再生能源的发电量提高到 450 亿千瓦时。2011 年 1 月，新可再生能源目标计划被细分为小规模可再生能源计划和大规模可再生能源目标计划（LRET）。根据修订后的方案，大规模可再生能源目标计划的中期目标是，在 2020—2030 年，将可再生能源发电量从 2012 年的 163.38 亿千瓦时提高到 410 亿千瓦时。预计家庭和小型企业的发电量将达到甚至超过 40 亿千瓦时。澳大利亚制订了太阳能电池板补贴计划，鼓励安装小型太阳能发电机组和太阳能热水器。目前，这些小型太阳能发电装置的发电量占小规模可再生能源计划目标发电量的一大部分。清洁能源未来计划的目标是，2020 年澳大利亚碳排放量减少到 2000 年的 95%，2050 年减少到 2000 年的 20%。为实现这一

目标，澳大利亚出台了碳价格机制（碳排放量大的企业将为碳排放支
付相应费用）以及一揽子补充措施等政策。澳大利亚的固定碳价机制
持续了三年，之后过渡到了碳排放交易机制。Department of Resources,
Energy and Tourism, Government of Australia, Energy White Paper 2012:
Australia's Energy Transformation (Canberra, 2012), https://aip.com.au/sites/
default/files/download-files/2017-09/Energy_%20White_Paper_2012-.pdf.

96 Australian Government, Australian Renewable Energy Agency, Innovating
Energy: ARENA's Investment Plan (Canberra, 2017), https://arena.gov.
au/assets/2017/05/AU21397_ARENA_IP_Document_FA_Single_Pages_
LORES.pdf.

97 REN21, *Renewables 2016 Global Status Report.*

98 同上。

99 该地区太阳能年辐射量高达 4 ~ 8 千瓦时 / 米，法向直接辐射量高，
平均云量较少。整个地区的入射辐射强度高于实际生产所需的辐射强
度，因此聚光太阳能发电和光伏发电在该地区具有极大潜力。REN21,
Renewables Global Status Report, is. paper (Paris: REN21 Secretariat, 2007).

100 阿布扎比未来能源公司资助了一个关于碳捕获技术的可行性研究项目，
并称希望就太阳能的未来发展以及建筑物与工业中的能源效率进行探
讨。Dennis Ross, "Arab and Gulf Perspectives on Energy," in *The Global
Politics of Energy*, ed. Kurt M. Campbell and Jonathon Price (Washington,
D.C.: Aspen Institute, 2008), 65–74.

101 Suzanne Goldenberg, "Masdar's Zero-Carbon Dream Could Become World's
First Green Ghost Town," *Guardian*, last modified February 16, 2016.

102 A. DiPaola, "Dubai Starts Desert Solar Plant as Part of World's Biggest
Park," *Bloomberg Businessweek*, March 20, 2017, https://www.bloomberg.
com/news/articles/2017-03-20/dubai-starts-desert-solar-plant-as-part-of-
world-s-biggest-park.

103 Noam Segal, "Israel: The 'Energy Island's' Transition to Energy Independence," *Heinrich Böll Foundation North America*, last modified June 20, 2016, https://us.boell.org/2016/06/20/israel–energy–islands–transition–energy–independence.

104 REN21, *Renewables 2017 Global Status Report.*

105 关于以色列可再生能源研究的优先事项，可见 Ministry of National Infrastructure, Energy and Water Resources, *Research and Development 2014–2016* (the Chief Scientist Office, Ministry of National Infrastructure, Energy and Water Resources, www.energy.gov.il, January 2017).

106 Benjamin Netanyahu, address of Israel's Prime Minister Benjamin Netanyahu to the Presidential Conference, Jerusalem, October 20 – 22, 2009.

107 2009 年，化石燃料总量约占非洲一次能源供应总量的 54%，石油、煤炭和天然气分别占非洲一次能源供应总量的 22%、16% 和 12%。2010 年，非洲大陆约 80% 的电力来自化石燃料发电。据预测，未来 30 年内，化石燃料发电仍将占非洲电力的绝大部分。据非洲开发银行和英国石油公司估计，非洲大陆已探明石油储量超过 1220 亿桶，潜在石油储量近 1590 亿桶，已探明天然气储量约 560 万亿立方英尺，潜在天然气储量约 319 万亿立方英尺。African Development Bank Group, African Development Report 2012: Towards Green Growth in Africa [Tunis–Belvédère, Tunisia: Temporary Relocation Agency (TRA), 2013], http://www.afdb.org/fileadmin/uploads/afdb/Documents/Publications/African%20Development%20Report%202012%20–%20Overview.pdf.

108 同上。

109 UNEP, Global Trends in Sustainable Energy Investment 2009, UNEP–SEFI New Energy Finance Report (United Nations Environment Programme, New York, 2009), http://wedocs.unep.org/handle/20.500.11822/7799. 注：2009 年 3 月，南非宣布实行上网电价机制，以保证可再生能源项目的稳定

回报率。在肯尼亚，第一家由私人提供融资的地热发电厂正在建设中，并且图尔卡纳湖附近拟建一座风电厂。在埃塞俄比亚，法国风力涡轮机制造商 Vergnet 公司与埃塞俄比亚电力公司签署了一份为该电力公司提供涡轮机的合同。巴西人正在安哥拉建造甘蔗加工厂。北非的可再生能源（特别是太阳能和风能）集中在摩洛哥、突尼斯和埃及。

110　未来，国外资金可能会投资于撒哈拉以南非洲化石燃料资源的开发，这些投资可能解决某些引发冲突的问题。2012 年，苏丹和南苏丹暂时停止了敌对行动，恢复了南苏丹油田向苏丹管道的供油。中国对苏丹和南苏丹石油部门兴趣颇丰，在该领域投入了大量资金，还与两国开展了外交活动，中国的举动加速了敌对行动的结束。油田大多位于南苏丹，但输油管道和炼厂都在苏丹修建，因此两国必须携手合作。

111　Department of Energy, Republic of South Africa, State of Renewable Energy in South Africa (South Africa, 2015).

112　P. Papapetrou, Enabling Renewable Energy in South Africa: Assessing the Renewable Energy Independent Power Producer Procurement Programme [South Africa, WWF-SA—World Wide Fund for Nature (formerly World Wildlife Fund), September 2014], http://awsassets.wwf.org.za/downloads/enabling_re_in_sa.pdf.

113　Lee-Ann Steenkamp, Powering Up: A Look at Section 12B Allowance for Renewable Energy Machinery, *South African Institute of Tax Professionals*, last modified January 21, 2016, http://www.thesait.org.za/news/269950/Powering-up-A-look-at-section-12B-allowance-for-renewable-energy-machinery.htm.

114　Department of Energy, Republic of South Africa, *State of Renewable Energy in South Africa*, 2017.

115　REN21, *Renewables 2017 Global Status Report*.

116　全球能源安全机构包括北大西洋公约组织、欧盟、上海合作组织、独联体集体安全条约组织、石油输出国组织、国际能源机构。

117 更多关于安全措施政治化的讨论，可见 Barbara Adam, Ulrich Beck, and Joost van Loon, *The Risk Society and Beyond: Critical Issues for Social Theory* (London: Sage Publications Ltd., 2000), 1.

118 John Podesta and Peter Ogden, "A Blueprint for Energy Security," in *The Global Politics of Energy*, eds. Kurt M. Campbell and Jonathon Price (Washington, D.C.: Aspen Institute, 2008).

119 国际层面可能会达成重大妥协，"可能需要签署正式协议"以确保"不合作的国家改变态度"。Frederick Kempe and Robert Hutchings, "The Global Grand Bargain," *Foreign Policy*, November 5, 2008, http://www.foreignpolicy.com/articles/2008/11/04/the_global_grand_bargain.

120 科学通常会受社会的影响。社会互动能够反映科学和技术的意义，还能改造科学，使其适应社会的具体情况。科学是材料的使用与对材料的社会评价之间相互交流，共同作用形成的结果。科学创造了一种文化和社会机制，能够帮助人们区分幻象与现实。A. Clarke and V. Olesen, eds., *Revisioning Women, Health, and Healing: Feminist, Cultural and Technoscientific Perspectives* (New York: Routledge, 1999); D. MacKenzie and G. Spinardi, "Tacit Knowledge, Weapons Design, and the Uninvention of Nuclear Weapons," *American Journal of Sociology* 101, (1995): 44–99; Joan Fujimura, *Crafting Science* (Cambridge, MA: Harvard University Press, 1996); Harry Collins, "The Sociology of Scientific Knowledge: Studies of Contemporary Science," *Annual Review of Sociology* 9 (1983): 265–285; Monica Casper, *The Making of the Unborn Patient: A Social Anatomy of Fetal Surgery* (New Brunswick, NJ: Rutgers University Press, 1998).

121 用户创新的初衷通常是想更好地利用某种产品或服务，而不是促进销售。就替代能源大趋势而言，大多数发电商也是"领先用户"，他们引领了市场趋势，创造了需求，进而吸引了新用户。

122 Jean-Jacques Rousseau, "Final Reply," in *Collected Writing of Jean-Jacques Rousseau*, vol. 1, eds. Roger D. Masters and Christopher Kelly (Hanover, NH and London: University Press of New England, 1992), 110.

123 Simon Dalby, *Environmental Security* (Minneapolis, MN: University of Minnesota Press, 2002): 163–164.

124 "North Korea 'Most Urgent' Threat to Security: Mattis," *Reuters*, June 13, 2017, https://www.reuters.com/article/us-usa-northkorea/north-korea-most-urgent-threat-to-security-mattis-idUSKBN19407I.

125 Arnold Toynbee, *A Study of History* (Oxford: Oxford University Press, 1987), 11.

126 广泛接受并采用此类衡量指标对于安全威胁的确定与量化，以及对应对安全威胁的力量、能力和资源的测量和评估至关重要。安全化行为主体需要对有利结果进行量化，并将削弱效益的因素指定为安全威胁。

127 James R. Clapper, Lt. Gen., USAF (Ret.), "Unclassified Statement for the Record on the Worldwide Threat Assessment of the US Intelligence Community for the Senate Select Committee on Intelligence," January 31, 2012, 1, accessed November 11, 2012, http://www.fas.org/irp/congress/2012_hr/013112clapper.pdf.

128 A. J. P. Taylor, *The Origins of the Second World War* (Harmondsworth: Penguin, 1964).

129 例如，在全球金融危机时期，各国政府需要向特定的企业实体给予援助，这是紧迫问题。政府需要减轻预算压力，不向"大而不倒"的受威胁企业提供额外的资金援助，这是必要问题。Gary H. Stern and Ron J. Feldman, *Too Big to Fail: The Hazards of Bank Bailouts*, with a foreword by Paul Volcker (Washington, D.C.: Brookings Institution Press, 2009).

130 这种框架的构建可基于埃莉诺·奥斯特罗姆（Elinor Ostrom）的当地公共池塘资源管理原则构建。Elinor Ostrom, *Governing the Commons: The*

Evolution of Institutions for Collective Action (Cambridge, UK: Cambridge University Press, 1990).

结语

1　Johann Wolfgang von Goethe, *Faust* (Leipzig: Brockhaus, 1881), 17.

2　所谓的阿尔卡那，就是能将基本物质转化为完美精神本质（即奥秘，英文 arcana）的公式，其中最典型的就是将普通金属转化为黄金的哲人之石。然而，从历史上看，阿尔卡那集合了多个领域数百年研究与知识的精华，它们是现代科学的来源之一。Paracelsus, *The Hermetic and Alchemical Writings of Paracelsus*, trans. Arthur Waite (London, 1894, republished Hong Kong: Forgotten Books, 2007); Carl G. Jung, *Psychology and Alchemy: The Collected Works of C.G. Jung*, vol. 12, eds. Sir Herbert Read et al. (New York: Princeton University Press, 1953); Jean D'Espagnet, *The Hermetic Arcanum* (Whitefish, MT: Kessinger Publishing, 2003).

3　作为一种新"阿尔卡那"，替代能源大趋势可以"比作伊索寓言中的农夫。濒死之时，农夫告诉他的儿子们，他把金子埋在了葡萄园地下。他的儿子们翻遍了葡萄园的土地，却没有发现金子。但正是因为他们不断地翻土，第二年，葡萄园的产量颇丰。在探索与追求炼金术的过程中，出现了很多成果颇丰的好发明、好实验，人们也在此过程中了解了自然，知道了发挥人类价值的方式方法"。Francis Bacon, "Of the Advancement of Learning" in *The Works of Francis Bacon* (London: H. Bryer, 1803), 34.

4　Lucan (Marcus Annaeus Lucanus), "Bellum Civile," in *Bryn Mawr Latin Commentaries*, ed. David P. Kubiak (Bryn Mawr, PA: Bryn Mawr College, 1985), ii, 14.

5 可以肯定，火、气、水、土是相互联系、相互包含的。所有事物最终都可以归为一个共同的基质。Aristotle, "Meteorology," in *The Complete Works of Aristotle*, trans. E. W. Webster, ed. Jonathan Barnes, vol. 1, book 1 (Princeton, NJ: Princeton University Press, 1984), 556.

6 Jean D'Espagnet, *The Hermetic Arcanum* (Whitefish, MT: Kessinger Publishing, 2003), 4.

7 Giordano Bruno, *The Expulsion of the Triumphant Beast*, ed. and trans. Arthur D. Imerti (New Brunswick, NJ: University of Nebraska Press, 1964), 205.

8 Mary Anne Atwood, "The Golden Treatise of Hermes Trismegistus," in *Hermetic Philosophy and Alchemy: A Suggestive Inquiry into the Hermetic Mystery* (Abingdon, Oxford: Routledge, 2010), 113.

9 关于范式的建立方式，可见 Robert Nozick, *The Nature of Rationality* (Princeton, NJ: Princeton University Press, 1993).

10 Michel–Rolph Trouillot, *Silencing the Past: Power and the Production of History* (Boston: Beacon Press, 2012), 4.

11 Karl R. Popper, *The Poverty of Historicism* (New York: Harper and Row, 1964), vi–viii.

12 Georg Wilhelm Friedrich Hegel, *Early Theological Writings*, trans. T.M. Knox (Chicago: University of Chicago Press, 1948), 193.

13 Cicero, *Academia* (London: McMillan, 1874), i.13.

后记

本研究告一段落之时，我正与三两好友同在一个小岛上。他们对我的研究充满了好奇。我向他们简要说明了这本书的主要观点，而且我用不同的文学风格阐述了我的思想，既有达希尔·哈米特（Dashiell Hammett）、海明威的风格，也有陀思妥耶夫斯基、托马斯·曼（Thomas Mann）的风格。在这一过程中，我发现了一个令人惊讶的事实：不论我用哪种文学风格来描述替代能源大趋势，不论我像简短的侦探小说那样丝丝入扣地叙事，还是站在哲学的角度抽丝剥茧，或是引用人类状况的研究加以解释，终会殊途同归。

替代能源大趋势实质上就是一个跳板。为人们所熟知的、带有特定含义的特定对象在没有发生任何实质性变化的情况下，踏上这个跳板，一跃而起，突然改头换面，变得全然不同。当可再生能源成为一种普遍现象，它为人熟知的特性就发生了明显转变，进而以某种方式改变了我们周遭的物质世界。

替代能源大趋势的发展及安全轨迹刷新了我们对世界的认知，同时也是未来的象征与预兆。替代能源意味着改变与提升，也将更美好的世界呈现在我们眼前。

从这里出发，接下来讨论的就是探索知识。真是妙不可言。